国家“2011计划”司法文明协同创新中心资助
哈尔滨工业大学麦尼哲中国危机管理资源网技术支持

国家“2011计划”司法文明协同创新中心资助
哈尔滨工业大学麦尼哲中国危机管理资源网技术支持

中国司法文明指数
调查数据挖掘报告
2016

张　中◎主编

DATA MINING REPORT
ON CHINA JUSTICE INDEX 2016

编写人员◎张保生　张　中　吴洪淇　褚福民
满运龙　施鹏鹏　郑　飞　樊传明
米加宁　邱　枫

中国政法大学出版社
2018・北京

中国司法文明指数
项目组

项目顾问：张文显　陈光中

项目主任：张保生

项目副主任：张　中

项目执行主任：吴洪淇

项目组主要成员：张保生　张　中　吴洪淇　褚福民　满运龙　施鹏鹏　郑　飞　樊传明　柴　鹏　李　吟　张　伟　冯俊伟　刘世权　尚　华　戴　锐　曹　佳　董　帅　张文博　米加宁　邱　枫　陆誉蓉　朱　婧

Preface 前言

《中国司法文明指数报告2016》通过对我国司法文明状况进行实地动态监测，从普通人的视角，调查和评估可能影响人民群众日常生活的司法文明状况，展现司法文明程度的综合指标，以直接调查数据为基础，以直观图形呈现出来，反映了人民群众对本地司法文明发展的满意度。

在本次调查中，司法文明协同创新中心在北京、天津、河北、山西、内蒙古、辽宁、吉林、黑龙江、上海、江苏、浙江、安徽、福建、江西、山东、河南、湖北、湖南、广东、广西、海南、重庆、四川、贵州、云南、西藏、陕西、甘肃、青海、宁夏、新疆共31个省/自治区/直辖市进行了调研。本次调研以个人为调查对象，以调查问卷为数据采集形式，以受访者对于司法文明指数所包含各个方面的个人认识集合为统计总体。通过在上述31个省/自治区/直辖市发放公众卷（个人基本情况7题，主体问题21题）和专业卷（个人基本情况8题，主体问题36题）两类问卷，每个省/自治区/直辖市不少于800份问卷，其中公众卷600份，专业卷200份（法官、检察官、警察、律师各50份），最终回收有效样本总量共计24 400份调查问卷，其中公众卷18 552份，专业卷5848份。我们对这些问卷中所包含的各项数据进行统计分析，以便深入了解我国司法文明状况。

为了对司法文明调查数据进行更为有效的挖掘，我们在频数分析和主体问题及基本情况间交叉分析的基础上，利用主体问题间的交叉分析、相关性验证和比较分析等数据统计分析方法，对数据进行深入挖掘。其中，交叉分析的意义在于探寻数据之间的内在联系；相关性验证的目的在于探讨数据之间是否存在某种依存关系，以及依存方向和程度；比较分析的作用则在于，通过对同一主体问题不同受访人群答案的分布情况进行比较，描述数据间对应关系，进而挖掘不同群体受访者主观感受间的异同。课题组将2014年、2015年和2016年所考察内容相同的题目进行跨年对照分析，目的在于深入分析司法文明发展动态情况。

本书将以司法文明指数的衡量指标为划分依据，向您展示通过上述数据分析方法得到的数据分布情况，并通过归纳性推理，展示易读性数据分析结果，发现隐藏在数据下的内在联系，揭示数据中隐含的、先前未知的、有潜在价值的信息，从而直观呈现受访者对我国司法文明状况的主观感受，进而为研究人员发现问题、解决问题奠定基础，最终起到全面推进我国司法文明进程的作用。

编　者

2018年7月

General Instructions 总体说明

司法文明指数调研针对社会公众与法官、检察官、警察和律师等法律职业群体，分别设计两种类型的问卷。两类问卷包含与受访者基本情况、司法文明情况相关共计 10 个一级指标、32 个二级指标的 70 个问卷题目，以此了解不同人群、不同地区 2016 年中国司法文明指数情况。问卷调查旨在通过抽样调查的方式对我国司法文明情况进行全面评估，但因为样本选择、统计手段及问卷设计等因素会对问卷研究数据的准确性及真实性产生重要影响，所以对调查问卷样本数据进行合理性证实，就成为判断该样本统计数据是否具有研究、使用价值的重要依据。根据本次调研的实际情况，我们选择了抽样检测的方式，对公众卷回收的数据结果进行质量判定，进而获取完全符合逻辑的可用问卷结果。本次调查问卷中多数题目采用五级量表的形式进行考察，在对量表形式调查结果的可靠性进行数据挖掘之前，必须首先对该问卷信度和效度进行检验分析，以确保问卷设计的科学性和调查获得数据的合理性、代表性。

1 抽样情况检测

在本次调查中，样本数据的基本情况主要被限定在性别、年龄、职业、文化程度以及是否参加过诉讼活动等方面。因此，为了考察数据抽样的合理性及准确性，我们提取数据样本中相关项的组成结构及所占比例并与国家人口统计年鉴中的实际数据进行比对分析，以确定样本抽样情况的合理性。

各个指标选择以知网统计数据检索提供的最新数据为准，受限于普查年限及统计口径等因素，各指标的对比数据年限有所不同，下文中会根据具体情况进行详细说明。

1.1 性别

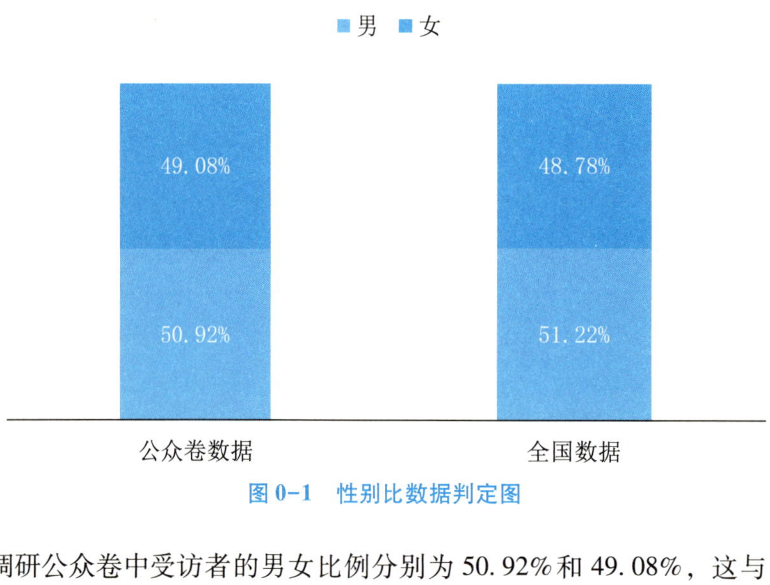

图 0-1 性别比数据判定图

司法文明指数调研公众卷中受访者的男女比例分别为 50.92% 和 49.08%，这与 2015 年国家统计年鉴实际男女比例的 51.22% 和 48.78% 已经非常接近。由此可见，抽样结果中性别比例非常接近总体水平，性别比例的抽样符合调研设计需求。

1.2 年龄

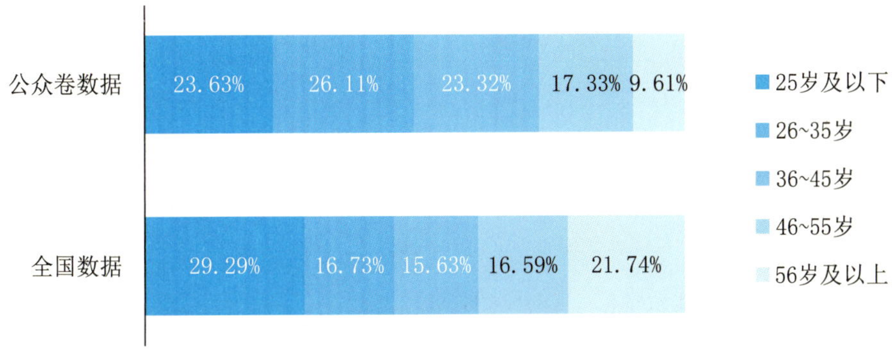

图 0-2 年龄比数据判定图

相较于2015年国家人口统计年鉴中全国人口年龄比，司法文明指数调研公众卷的抽样样本年龄更多地集中于26~55岁之间，因此问卷获得的数据结果更多地代表26~55岁年龄段人口的主观认知。考虑到不同年龄段公众价值观、社会认知的差异性，26~55岁年龄段人口对于司法文明状态会有相对更清晰的认知和把握，因此本问卷所获得的数据具有研究的理论价值和现实意义。但需要注意的是，严格地讲，本问卷的所有主观认知数据均受年龄抽样的影响，可能与总体的主观认知情况存在偏差。

1.3 文化程度

图 0-3 文化程度比数据判定图

相较于2015年国家人口统计年鉴中全国人口文化程度比，2016年司法文明指数调研公众卷的抽样样本文化程度更多地集中于专科及以上，因此问卷获得的数据结果更多地代表文化程度在专科及以上人群的主观认知。考虑到不同文化程度的公众价值观、社会认知的差异性，该部分人群对于司法文明状态有相对更清晰的认知和把握，因此本问卷所获得的数据具有研究的理论价值和现实意义。但需要注意的是，严格地讲，本问卷的所有主观认知数据均受文化程度抽样的影响，可能与总体的主观认知情况存在偏差。

因此，与目前国家统计年鉴中的实际数据相比，2016年司法文明指数调研公众卷的抽样更集中于26~55岁之间具有专科及以上学历的人群，因此本次调查所获得的信息可能受群体属性影响，与社会总体认知有些偏差。但鉴于26~55岁之间具有专科及以上学历的人群对于司法文明状态有相对更清晰的认知和把握，因此本问卷所获得的数据同样具有研究的理论价值和现实意义，且相关信息更能有效促进我国法治社会进程。

2　信度检验

信度检验（Reliability）是量表可靠性分析的一个重要方面，对于量表的应用具有较大的意义。信度即稳定性，指调查统计结果的稳定性和一致性，常用的信度检验的方法有重测信度、复本信度、内在一致性信度三类。

由于客观条件的限制，无法重复实施两次调查，所以无法进行重测信度和复本信度的检验，因而本次信度检验采用内部一致性信度检验，信度系数越大，其内部一致性就越高，获得的问卷结果越可靠，反之则越不可靠。具体的分析方法是采用克隆巴赫 α 系数法。一般来说，α 系数在 0.8 以上可认为问卷的可靠性最好；0.7~0.8 可认为问卷仍可采用；小于 0.7 则认为应该重新修订问卷或增删题型。

2.1　公众卷信度检验

我们对公众卷进行了全卷克隆巴赫 α 系数（Cronbach's Alpha）法检验，从而得到下表：

表 0-1　公众卷信度检验表

Cronbach's Alpha	项　数
0.729	31

表 0-2　公众卷删项度量表

	删除项后的标度平均值	删除项后的标度方差	修正后的项与总计相关性	删除项后的克隆巴赫 α 值
Q1：作为陪审员参与庭审的意愿度	92.45	92.737	0.208	0.725
Q2.1：法官收受贿赂的可能性	93.01	93.074	0.199	0.725
Q2.2：检察官收受贿赂的可能性	93.09	93.099	0.202	0.725
Q2.3：警察收受贿赂的可能性	92.86	93.370	0.173	0.727
Q3.1：律师虚假宣传的可能性	93.18	92.454	0.254	0.722
Q3.2：律师虚假承诺的可能性	93.16	92.585	0.246	0.722
Q3.3：律师与法官存在不正当利益往来的可能性	93.13	92.899	0.213	0.724
Q4.1：对法官的满意度	92.62	91.909	0.365	0.716
Q4.2：对检察官的满意度	92.64	91.747	0.365	0.716
Q4.3：对警察的满意度	92.86	92.771	0.254	0.722
Q5.1：对法院允许公众旁听审判的总体满意度	92.60	90.475	0.395	0.713
Q5.2：对法院及时公开判决书的总体满意度	92.66	90.344	0.388	0.713
Q6.1：审判过程的公正度	92.43	91.513	0.372	0.716
Q6.2：判决结果的公正度	92.51	91.366	0.359	0.716
Q7：无法通过协商、调解等方式解决纠纷的矛盾双方到法院起诉的可能性	92.60	92.201	0.299	0.719
Q8：法院审判程序没有问题但判决结果对其不利，尊重裁判的可能性	92.89	92.404	0.261	0.721
Q9：对在公共场所举行公捕、公判大会的态度	93.62	96.385	0.015	0.740
Q10：与枪决相比，对以注射方式执行死刑的态度	93.92	98.479	-0.065	0.741

续表

	删除项后的标度平均值	删除项后的标度方差	修正后的项与总计相关性	删除项后的克隆巴赫 α 值
Q11：贫富不同的当事人受到法院平等对待的可能性	92. 98	92. 469	0. 272	0. 721
Q12：假设一所高中发生一起失窃物品价值 5 万元左右的盗窃案，警方为破案对全校 1000 多名师生强制提取指纹的可能性	93. 42	94. 585	0. 147	0. 728
Q13：警察对犯罪嫌疑人刑讯逼供的可能性	93. 04	95. 576	0. 098	0. 731
Q14：被告人如果请不起律师，他/她得到无偿法律援助的可能性	93. 05	92. 425	0. 268	0. 721
Q15：刑事案件审判久拖不决的可能性	93. 09	95. 743	0. 107	0. 730
Q16：民事诉讼中法官强迫当事人接受调解的可能性	93. 29	95. 676	0. 114	0. 729
Q17. 1：民事案件生效判决得到有效执行的可能性	92. 58	90. 575	0. 414	0. 713
Q17. 2：行政机关败诉的生效判决得到有效执行的可能性	92. 98	90. 622	0. 337	0. 716
Q18. 1：老百姓家里被盗，到公安局报案后得到及时受理的可能性	92. 59	90. 255	0. 343	0. 716
Q18. 2：老百姓因借款纠纷到法院起诉得到及时受理的可能性	92. 59	90. 230	0. 391	0. 713
Q18. 3：老百姓到法院状告政府（“民告官”）得到及时受理的可能性	93. 21	90. 468	0. 318	0. 717
Q19. 1：“打官司就是打证据”的可能性	92. 26	91. 956	0. 287	0. 720
Q19. 2：“打官司就是打人情”的可能性	93. 14	96. 014	0. 053	0. 735

通过前表可知，公众卷的全卷信度系数为 0. 729，属于较高信度系数。同时，全部题目在剔除后均造成剩余问卷信度系数下降。综合两表，说明司法文明指数调研公众卷问卷设计合理可信。

2. 2 专业卷信度检验

我们对专业卷进行了全卷克隆巴赫 α 系数（Cronbach's Alpha）法检验，从而得到下表：

表 0–3 专业卷信度检验表

Cronbach's Alpha	项　数
0. 833	64

表 0–4 专业卷删项度量表

	删除项后的标度平均值	删除项后的标度方差	修正后的项与总计相关性	删除项后的克隆巴赫 α 值
Q1：在过去三年获得业务培训的总时长	184. 510	354. 939	0. 041	0. 837
Q2. 1：对职务晋升前景的满意度	185. 020	357. 789	−0. 001	0. 836
Q2. 2：对职业待遇（工资、奖金、福利等）的满意度	185. 100	358. 125	−0. 010	0. 837
Q2. 3：对履行法定职责保护机制的满意度	185. 150	360. 609	−0. 070	0. 838

续表

	删除项后的标度平均值	删除项后的标度方差	修正后的项与总计相关性	删除项后的克隆巴赫α值
Q3.1：办案受到单位外部的行政干预的压力	185.390	343.230	0.361	0.829
Q3.2：办案受到单位内部干预的压力	185.570	344.575	0.336	0.829
Q3.3：来自绩效考核的工作压力	185.040	345.918	0.264	0.831
Q3.4：来自当事人及其家属的工作压力	185.170	345.191	0.299	0.830
Q3.5：来自媒体舆论的工作压力	185.250	345.654	0.265	0.831
Q3.6：其他工作压力	186.670	352.312	0.084	0.836
Q4.1：律师调查取证权受到限制的可能性	185.340	342.575	0.339	0.829
Q4.2：律师在庭审中质证权行使受到限制的可能性	185.910	346.950	0.307	0.830
Q4.3：律师被追究伪证罪的可能性	186.040	347.156	0.299	0.830
Q4.4：律师在办案过程中被公检法人员羞辱的可能性	186.150	347.684	0.276	0.831
Q5.1：律师虚假宣传的可能性	184.970	341.652	0.440	0.827
Q5.2：律师虚假承诺的可能性	184.900	341.428	0.447	0.827
Q5.3：律师与法官存在不正当利益往来的可能性	185.200	341.838	0.433	0.828
Q6.1：法官办“关系案”的可能性	185.270	340.157	0.456	0.827
Q6.2：检察官办“关系案”的可能性	185.420	340.354	0.470	0.827
Q6.3：警察办“关系案”的可能性	185.200	338.834	0.469	0.826
Q7.1：法官收受贿赂的可能性	185.360	341.110	0.433	0.827
Q7.2：检察官收受贿赂的可能性	185.500	341.684	0.441	0.827
Q7.3：警察收受贿赂的可能性	185.310	339.654	0.457	0.827
Q8：法官办案受到本院领导干涉的可能性	185.070	340.493	0.445	0.827
Q9.1：法院办案受到党政机关干涉的可能性	184.940	338.570	0.490	0.826
Q9.2：检察院办案受到党政机关干涉的可能性	184.980	339.301	0.463	0.827
Q10：检察机关审查起诉时，充分听取辩护人意见的可能性	184.480	353.101	0.131	0.833
Q11.1：贫富不同的当事人受到法院平等对待的可能性	184.380	349.150	0.222	0.832
Q11.2：法院对刑事诉讼控辩双方“不偏不倚”的可能性	184.460	349.819	0.201	0.832
Q11.3：法院对行政诉讼原被告“不偏不倚”的可能性	184.610	351.732	0.146	0.833
Q12：法院参与当地拆迁的可能性	185.320	345.966	0.310	0.830
Q13：在审查起诉时发现有违法侦查行为，检察院决定退回补充侦查的可能性	184.460	351.075	0.182	0.833
Q14：对于公安机关移送审查起诉的案件，检察机关经过审查后认为证据不足，直接作出不起诉决定的可能性	184.850	351.258	0.180	0.833
Q15：警察对犯罪嫌疑人刑讯逼供的可能性	185.590	345.159	0.396	0.829
Q16：犯罪嫌疑人被超期羁押的可能性	185.750	346.472	0.338	0.830

续表

	删除项后的标度平均值	删除项后的标度方差	修正后的项与总计相关性	删除项后的克隆巴赫α值
Q17：刑事审判中，法官要求被告人提供对己不利证据的可能性	185.840	350.170	0.282	0.831
Q18.1：律师到看守所会见犯罪嫌疑人遇到无理障碍的可能性	185.550	344.144	0.357	0.829
Q18.2：律师去检察院阅卷遇到无理障碍的可能性	185.690	345.802	0.313	0.830
Q19：刑事审判中，如果被告人要求证人出庭作证，法官传唤该证人出庭作证的可能性	184.770	352.471	0.158	0.833
Q20：法官徇私枉法裁判的可能性	185.690	347.982	0.335	0.830
Q21：民事诉讼中，法官强迫当事人接受调解的可能性	185.660	349.033	0.290	0.831
Q22.1：民事案件生效判决得到有效执行的可能性	184.610	352.399	0.176	0.833
Q22.2：行政机关败诉的生效判决得到有效执行的可能性	184.710	353.367	0.126	0.834
Q23：对于应当受理的行政诉讼案件，法院不予受理的可能性	185.580	349.582	0.267	0.831
Q24：假设一所高中发生一起失窃物品价值5万元左右的盗窃案，警方为破案对全校1000多名师生强制提取指纹的可能性	185.860	351.231	0.230	0.832
Q25：警察未经审批程序，对涉嫌贩毒的犯罪嫌疑人进行电话监听的可能性	185.640	347.815	0.285	0.831
Q26：刑事案件审判久拖不决的可能性	185.530	348.175	0.307	0.830
Q27：对于被害人提起的自诉案件，法院适用简易程序审理的可能性	184.960	349.846	0.282	0.831
Q28.1：对确有错误的民事诉讼生效判决，法院启动再审程序予以纠正的可能性	184.620	350.216	0.215	0.832
Q28.2：对确有错误的刑事诉讼生效判决，法院启动再审程序予以纠正的可能性	184.640	350.463	0.188	0.832
Q28.3：对确有错误的行政诉讼生效判决，法院启动再审程序予以纠正的可能性	184.770	351.782	0.154	0.833
Q29.1："打官司就是打证据"的可能性	183.970	349.049	0.262	0.831
Q29.2："打官司就是打人情"的可能性	185.620	348.542	0.268	0.831
Q30：认定被告人有罪的证据不足，法官"宁可错放，也不错判"的可能性	184.790	351.044	0.168	0.833
Q31：辩护律师向法庭申请排除非法口供，并履行了初步证明责任，法官排除该证据的可能性	184.830	352.867	0.169	0.833
Q32.1：当事人遵守举证时限，庭审经过严格举证、质证程序才作出判决的可能性	184.280	351.134	0.187	0.832
Q32.2：证人证言在法庭上经过严格举证、质证程序才作出判决的可能性	184.240	350.646	0.188	0.832
Q33.1：对法官的满意度	184.270	356.220	0.062	0.834

续表

	删除项后的标度平均值	删除项后的标度方差	修正后的项与总计相关性	删除项后的克隆巴赫 α 值
Q33. 2：对检察官的满意度	184. 260	356. 646	0. 046	0. 835
Q33. 3：对警察的满意度	184. 480	359. 711	-0. 048	0. 837
Q34. 1：对法院允许公众旁听审判的总体满意度	184. 110	354. 836	0. 099	0. 834
Q34. 2：对法院及时公开判决书的总体满意度	184. 190	355. 367	0. 077	0. 834
Q35. 1：审判过程的公正度	184. 070	356. 586	0. 059	0. 834
Q35. 2：判决结果的公正度	184. 130	357. 557	0. 024	0. 835

通过前表可知，专业卷的全卷信度系数为 0. 833，属于高信度系数。同时，通过上表发现，问卷中有 3 道题，在予以剔除后，剩余问卷的信度系数会在现有基础上提高 0. 003~0. 004 不等；其余题目则在剔除后造成剩余问卷信度系数下降。综合两表，说明专业卷问卷设计基本合理可信；下阶段调查中，专业卷在问卷设计上还有进步的空间。

3 效度检验

效度检验（Validity），是用度量方法测出变量的准确程度，即准确性或正确性。效度是反映调查问卷设计者的意图能否让被调查者理解，即问卷能否有效地测量各项变量，各问题与实际要研究的问卷中的概念相符合的程度。调查问卷常用的效度检验方法有三种：内容效度、准则效度和结构效度。

内容效度，也称为逻辑效度，指的是测量的内容与测量目标之间是否适合，主要依据专家测评。

准则效度，指的是用一种不同于以往的测量方式或指标对同一事物或变量进行测量时，将原有的一种测量方式或指标作为准则，用新的方式或指标所得到的测量结果与原有准则的测量结果作比较，以判断新的测量方法的合理性。

结构效度考量的是统计数据和理论之间的一致性，即问卷是否真正测量到假设理论。

由于司法文明指数调研问卷与国际接轨，通过领域专家测评，无需再进行内容效度检验。并且调查工作中并未采取创新性测量方式，故不适用准则效度检验方法。因此我们将对此次调研进行结构效度检验分析，具体运用 KMO 检验分析：KMO 统计量取值在 0 和 1 之间，KMO 值越接近于 1，意味着变量间的相关性越强，原有变量越适合做因子，即该问卷的结构效度越好。

3. 1 公众卷效度检验

我们对公众卷进行了全卷 KMO 系数及巴特利球形检验，以判断问卷的结构效度情况，得到下表：

表 0-5 公众卷 KMO 系数及巴特利球形检验表

取样足够度的 Kaiser-Meyer-Olkin		0. 877
Bartlett 的球形度检验	近似卡方	207 727. 891
	df	496
	Sig	0. 000

司法文明指数调研公众卷整卷的 KMO 系数为 0. 877，属于较高水平范围，同时巴特利球形检验的显著性为 0. 000，低于 0. 05 的标准。这意味着该问卷回收数据原变量之间具有明显的结构性和相关关系，问卷结果具有较高结构效度，回收数据真实可用。

3.2 专业卷效度检验

我们对专业卷进行了全卷 KMO 系数及巴特利球形检验，以判断问卷的结构效度情况，得到下表：

表 0-6 专业卷 KMO 系数及巴特利球形检验表

取样足够度的 Kaiser-Meyer-Olkin		0.939
Bartlett 的球形度检验	近似卡方	243 352.954
	df	2016
	Sig	0.000

司法文明指数调研专业卷整卷的 KMO 系数为 0.939，属于较高水平范围，同时巴特利球形检验的显著性为 0.000，低于 0.05 的标准。这意味着该问卷回收数据原变量之间具有明显的结构性和相关关系，问卷结果具有较高结构效度，回收数据真实可用。

效度检验结果显示，公众卷与专业卷的 KMO 系数均在 0.8 以上，问卷回收数据原变量之间具有明显的结构性和相关关系，问卷结果具有较高结构效度，回收数据真实可用。

4 关于无挖掘数据的问题

数据挖掘是从大量的数据中通过相关性分析、交叉分析等分析手段搜索隐藏于其中的信息的过程，而在 2016 年中国司法文明指数调查的数据挖掘过程中，因调查题目间关联性或回收数据样本等原因，对于少数指标无法进行深度数据挖掘，仅能进行样本数据分析和不同受访人群的差异化分析。具体情况如下：

（1）指标 1 中第三个二级指标“司法权力公正行使”部分，公众卷和专业卷没有相同题目，无法进行跨卷分析。

（2）指标 2 中所有二级指标部分，公众卷和专业卷没有相同题目，无法进行跨卷分析。

（3）指标 4 中第二个二级指标“审查起诉公正有效”部分，公众卷和专业卷没有相同题目，无法进行跨卷分析。

（4）指标 5 中第一个二级指标“行政审判符合公正要求”部分，公众卷和专业卷没有相同题目，无法进行跨卷分析。

（5）指标 6 中所有二级指标部分，公众卷和专业卷没有相同题目，无法进行跨卷分析。

（6）指标 8 中，第一个二级指标“法律职业人员获得职业培训”部分，公众卷和专业卷没有相同题目，无法进行跨卷分析；第三个二级指标“法律职业人员享有职业保障”部分，由于题目设置原因，无法进行相关数据挖掘及跨卷分析，日后设计问卷时应更注意题目之间的关联性。

（7）指标 10 中所有二级指标部分，公众卷和专业卷没有相同题目，无法进行跨卷分析；且第四个二级指标“公众接受现代刑罚理念的意识及程度”部分，旨在调查公众接受现代刑罚理念的意识及程度本身，对于该问题不作相关性分析。

Glossary 专业词汇表

1. 频数分析：频数也称次数，对总数据按某种标准进行分组，统计出各个组内含个体的个数。我们把各个类别及其相应的频数全部列出来就是频数分布或称次数分布。频数分析即对于一组数据，考察不同的数值出现的频数，或者数据落入指定区域内的频数。

2. 交叉分析：又称立体分析法，是在纵向分析法和横向分析法的基础上，从交叉、立体的角度出发，由浅入深、由低级到高级的一种分析方法。

3. 相关性：是在分析某个问题或指标时，将相关问题或指标与该问题或指标进行对比，分析其相互关系或相关程度的一种方法。

4. 相关系数：相关系数 r 是衡量相关程度的指标，取值范围为 $[-1, 1]$，$r>0$ 表示正相关，$r<0$ 表示负相关，$|r|$ 表示变量之间相关程度的高低。特殊地，$r=1$ 称为完全正相关，$r=-1$ 称为完全负相关，$r=0$ 称为不相关。通常 $|r|$ 大于 0.8 时，认为两个变量有很强的线性相关性。

5. 正相关：指两个变量变动方向相同，一个变量由大到小或由小到大变化时，另一个变量亦由大到小或由小到大变化。

6. 负相关：指两个变量变动方向相反，一个变量由大到小或由小到大变化时，另一个变量反而由小到大或由大到小变化。

7. 弃真型错误：假设检验的目的是要根据样本信息作出决策，显然，研究者总是希望能作出正确的决定，也就是当原假设正确时没有拒绝它。但是由于决策是建立在样本信息的基础之上，而样本又是随机的，因而就有可能犯错误。假设检验过程中发生当原假设为真时拒绝原假设的情形，这便称为弃真型错误。

Contents
目 录

Contents

指标1　司法权力

司法权力作为一级指标，下设三个二级指标：①司法权力依法行使；②司法权力独立行使；③司法权力公正行使。涉及公众卷1个题目，专业卷7个题目。具体的数据挖掘结果如下：

1.1　司法权力依法行使

为测量这一指标，调查问卷设计两个问题：

问题一：“您所在地区法院参与当地拆迁的可能性有多大?”【专业卷】

问题二：“假设您所在地区的一所高中发生一起失窃物品价值5万元左右的盗窃案，警方为破案对全校1000多名师生强制提取指纹。您认为这样做是否可能?”【公众卷、专业卷】

1.1.1　司法权力依法行使问题基本数据

对于司法权力依法行使问题，我们提取有关问题进行了频数分析，其中公众卷部分基本数据情况如下：

问题二：“假设您所在地区的一所高中发生一起失窃物品价值5万元左右的盗窃案，警方为破案对全校1000多名师生强制提取指纹。您认为这样做是否可能?”【公众卷】

表1-1　公众卷：强制提取指纹可能性作答情况详表

公众卷		计　数	列N%
强制提取指纹可能性	完全不可能	1578	8.5%
	不太可能	7694	41.5%
	有可能	6230	33.6%
	很可能	2313	12.5%
	非常可能	659	3.6%
	拒　答	78	0.4%

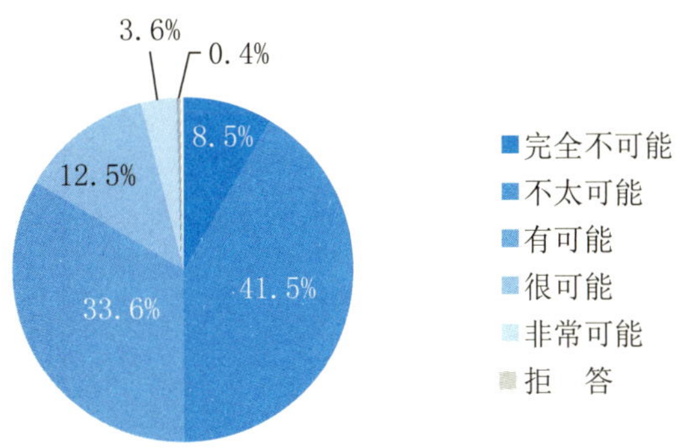

图1-1　公众卷：强制提取指纹可能性作答情况分布图

从上图可以看出，公众卷的受访者在回答“强制提取指纹可能性”问题时，更倾向于认为上述情况不太可能发生，选择“完全不可能”及“不太可能”的人数达到50%，认为“很可能”及“非常可能”

的受访者不足两成。

司法权力依法行使问题专业卷部分基本数据情况如下：

问题一："您所在地区法院参与当地拆迁的可能性有多大？"【专业卷】

表 1-2　专业卷：法院参与当地拆迁可能性作答情况详表

		法　官		检察官		警　察		律　师		全　体	
		计数	列 N%	计数	列 N%	计数	列 N%	计数	列 N%	计数	列 N%
法院参与当地拆迁可能性	几乎不可能	252	17. 1%	172	11. 4%	156	11. 3%	92	6. 2%	672	11. 5%
	不太可能	441	29. 9%	546	36. 2%	481	34. 9%	454	30. 6%	1922	32. 9%
	有可能	485	32. 9%	496	32. 9%	550	39. 9%	686	46. 3%	2221	38. 0%
	很可能	176	11. 9%	179	11. 9%	126	9. 1%	173	11. 7%	654	11. 2%
	非常可能	119	8. 1%	109	7. 2%	63	4. 6%	75	5. 1%	366	6. 3%
	拒　答	1	0. 1%	7	0. 5%	3	0. 2%	2	0. 1%	13	0. 2%

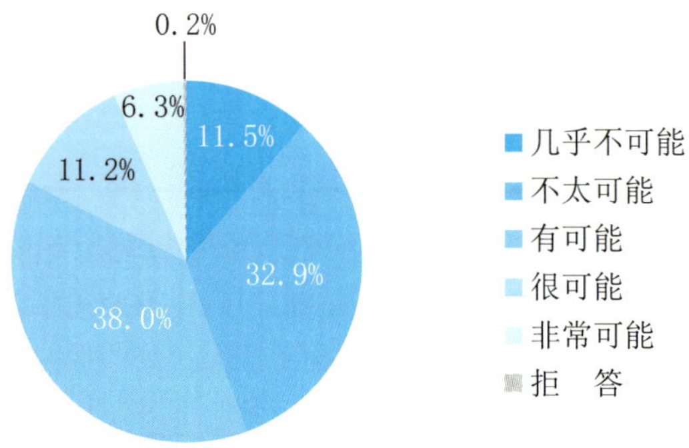

图 1-2　专业卷：法院参与当地拆迁可能性作答情况分布图

从上图可以看出，专业卷的受访者在回答"法院参与当地拆迁可能性"问题时，更倾向于认为有此种可能，选择"有可能"、"很可能"、"非常可能"的人数比例超过半数。

专业卷的受访者依照其职业又可进一步细分为四类人群，不同职业群体对法院参与当地拆迁的可能性判断对比如下图：

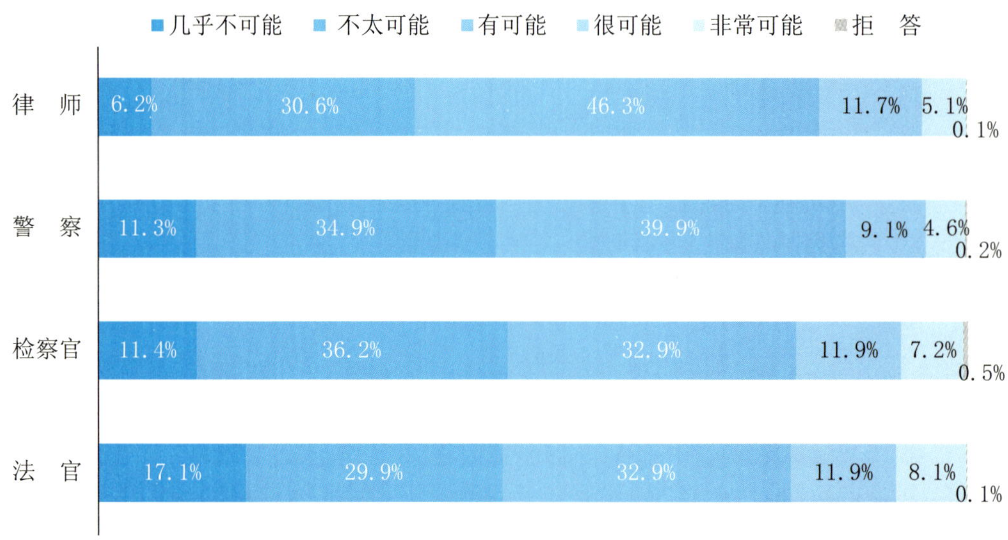

图 1-3　专业卷细分：法院参与当地拆迁可能性作答情况分布图

不同职业群体在"法院参与当地拆迁可能性"问题的回答上分布较为一致，经比较发现，律师群体认为上述情况发生的可能性更高。与之相对的是，检察官群体对上述情况，作出"有可能"、"很可能"和"非常可能"判断的人数最少。

问题二："假设您所在地区的一所高中发生一起失窃物品价值 5 万元左右的盗窃案，警方为破案对全校 1000 多名师生强制提取指纹。您认为这样做是否可能？"【专业卷】

表 1-3　专业卷：强制提取指纹可能性作答情况详表

		法官		检察官		警察		律师		全体	
		计数	列 N%	计数	列 N%	计数	列 N%	计数	列 N%	计数	列 N%
强制提取指纹可能性	完全不可能	271	18.4%	306	20.3%	324	23.5%	188	12.7%	1090	18.6%
	不太可能	838	56.9%	880	58.3%	659	47.8%	846	57.1%	3225	55.1%
	有可能	291	19.7%	266	17.6%	317	23.0%	347	23.4%	1222	20.9%
	很可能	52	3.5%	38	2.5%	58	4.2%	75	5.1%	223	3.8%
	非常可能	22	1.5%	18	1.2%	20	1.5%	23	1.6%	83	1.4%
	拒答	0	0.0%	1	0.1%	1	0.1%	3	0.2%	5	0.1%

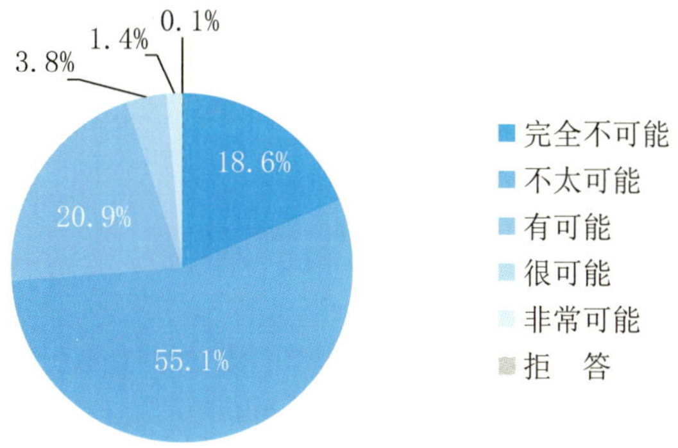

图 1-4　专业卷：强制提取指纹可能性作答情况分布图

从上图可以看出，专业卷的受访者在回答"强制提取指纹可能性"问题时，更倾向于认为上述情况不太可能发生，选择"完全不可能"及"不太可能"的人数比例高达 73.7%，认为"很可能"及"非常可能"的受访者仅为 5.2%。

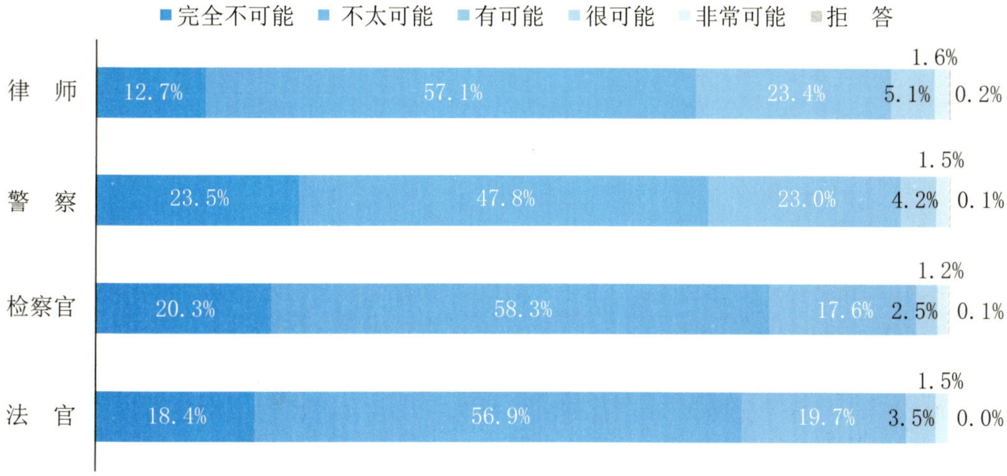

图 1-5　专业卷细分：强制提取指纹可能性作答情况分布图

不同职业群体在“强制提取指纹可能性”问题的回答上分布较为一致，经比较发现，律师群体对上述情况作出“有可能”、“很可能”、“非常可能”判断的人数比例最高。

1.1.2 司法权力依法行使问题相关分析

课题组采用相关性分析和交叉分析两种数据分析技术，对专业卷进行分析。

通过对 Q12 题和 Q33.1 题两组数据进行相关性分析，考察两组数据间的 Spearman 相关系数，可得到下表：

表 1-4 对法官满意度和法院参与当地拆迁可能性认知之间的相关分析表

			Q12：您所在地区法院参与当地拆迁的可能性有多大?	Q33.1：您对自己所在地区法官的总体满意度如何?
Spearman 的 rho	Q12：您所在地区法院参与当地拆迁的可能性有多大?	相关系数	1.000	-0.165**
		显著性（双尾）		0.000
		N*	5835	5825
	Q33.1：您对自己所在地区法官的总体满意度如何?	相关系数	-0.165**	1.000
		显著性（双尾）	0.000	
		N*	5825	5838

*N 为样本数；** 相关性在 0.01 层上显著（双尾）。

从上表中不难发现，Spearman 相关系数为-0.165，表示两题之间具有负相关性；同时双尾显著性为 0.000，表示该结果在 0.01 水平上显著，即表示其判断犯弃真型错误率小于 1%，结果准确。

为直观而深入地探寻两题间可能存在的深层次联系，我们对两题进行交叉分析：首先将拒答问卷全部剔除，再对剩下的问卷样本以受访者对法官的满意度作为区分条件，来分析对法官的满意度不同的受访者对法院参与当地拆迁可能性认知上具有的分布特性，得到下表：

表 1-5 对法官满意度和法院参与当地拆迁可能性认知之间的交叉分析表

			Q12：您所在地区法院参与当地拆迁的可能性有多大?					总 计
			几乎不可能	不太可能	有可能	很可能	非常可能	
Q33.1：您对自己所在地区法官的总体满意度如何?	非常不满意	计 数	15	14	22	7	17	75
		占满意度比	20.0%	18.7%	29.3%	9.3%	22.7%	100.0%
		占可能性比	2.2%	0.7%	1.0%	1.1%	4.6%	1.3%
		占总比	0.3%	0.2%	0.4%	0.1%	0.3%	1.3%
	不太满意	计 数	26	99	100	44	23	292
		占满意度比	8.9%	33.9%	34.2%	15.1%	7.9%	100.0%
		占可能性比	3.9%	5.2%	4.5%	6.7%	6.3%	5.0%
		占总比	0.4%	1.7%	1.7%	0.8%	0.4%	5.0%
	一 般	计 数	83	492	767	213	110	1665
		占满意度比	5.0%	29.5%	46.1%	12.8%	6.6%	100.0%
		占可能性比	12.4%	25.6%	34.6%	32.6%	30.1%	28.6%
		占总比	1.4%	8.4%	13.2%	3.7%	1.9%	28.6%

续表

<table>
<tr><td colspan="3" rowspan="2"></td><td colspan="5">Q12:您所在地区法院参与当地拆迁的可能性有多大?</td><td rowspan="2">总　计</td></tr>
<tr><td>几乎不可能</td><td>不太可能</td><td>有可能</td><td>很可能</td><td>非常可能</td></tr>
<tr><td rowspan="8">Q33.1:您对自己所在地区法官的总体满意度如何?</td><td rowspan="4">比较满意</td><td>计　数</td><td>299</td><td>1027</td><td>1063</td><td>324</td><td>164</td><td>2877</td></tr>
<tr><td>占满意度比</td><td>10.4%</td><td>35.7%</td><td>36.9%</td><td>11.3%</td><td>5.7%</td><td>100.0%</td></tr>
<tr><td>占可能性比</td><td>44.7%</td><td>53.5%</td><td>48.0%</td><td>49.5%</td><td>44.8%</td><td>49.4%</td></tr>
<tr><td>占总比</td><td>5.1%</td><td>17.6%</td><td>18.2%</td><td>5.6%</td><td>2.8%</td><td>49.4%</td></tr>
<tr><td rowspan="4">非常满意</td><td>计　数</td><td>246</td><td>288</td><td>264</td><td>66</td><td>52</td><td>916</td></tr>
<tr><td>占满意度比</td><td>26.9%</td><td>31.4%</td><td>28.8%</td><td>7.2%</td><td>5.7%</td><td>100.0%</td></tr>
<tr><td>占可能性比</td><td>36.8%</td><td>15.0%</td><td>11.9%</td><td>10.1%</td><td>14.2%</td><td>15.7%</td></tr>
<tr><td>占总比</td><td>4.2%</td><td>4.9%</td><td>4.5%</td><td>1.1%</td><td>0.9%</td><td>15.7%</td></tr>
<tr><td colspan="2" rowspan="2">总　计</td><td>计　数</td><td>669</td><td>1920</td><td>2216</td><td>654</td><td>366</td><td>5825</td></tr>
<tr><td>占总比</td><td>11.5%</td><td>33.0%</td><td>38.0%</td><td>11.2%</td><td>6.3%</td><td>100.0%</td></tr>
</table>

以受访者对法官满意度为横轴，以法院参与当地拆迁可能性为纵轴，可得下图：

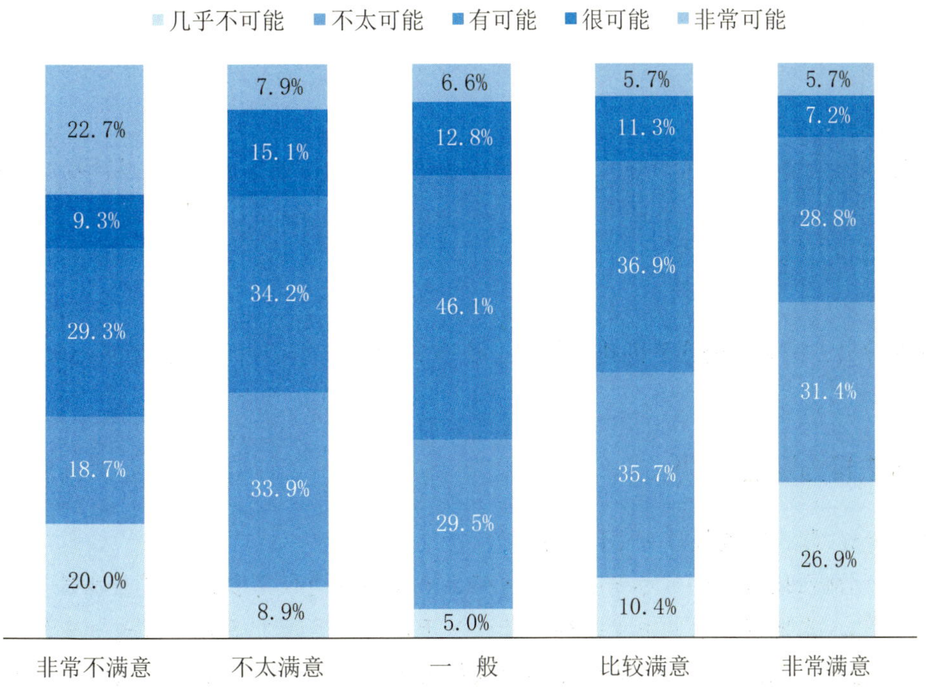

图 1-6　对法官满意度和法院参与当地拆迁可能性认知之间的交叉分析图

数据挖掘分析：

1. 对法官满意度为“非常不满意”的受访者中，认为法院很可能（包括“非常可能”和“很可能”）参与当地拆迁的比例为 32.0%。

2. 对法官满意度为“不太满意”的受访者中，认为法院很可能（包括“非常可能”和“很可能”）参与当地拆迁的比例为 23.0%。

3. 对法官满意度为“一般”的受访者中，认为法院很可能（包括“非常可能”和“很可能”）参与当地拆迁的比例为 19.4%。

4. 对法官满意度为“比较满意”的受访者中，认为法院很可能（包括“非常可能”和“很可能”）参与当地拆迁的比例为17.0%。

5. 对法官满意度为“非常满意”的受访者中，认为法院很可能（包括“非常可能”和“很可能”）参与当地拆迁的比例为12.9%。

数据表明，专业卷Q12题和Q33.1题之间，即受访者对法院参与当地拆迁可能性的认知与受访者对法官满意度之间存在一定的关联。具体来说，对法官满意度越低的受访者，越倾向于认为法院很可能参与当地拆迁。这意味着，为了进一步提高人们对法官群体的满意度，法院系统应该做到依法行使司法权力。

1.1.3 司法权力依法行使问题跨卷对比分析

专业卷和公众卷均就“强制提取指纹可能性”问题进行了调研，我们看看两个群体的作答情况是否呈现出明显差异：

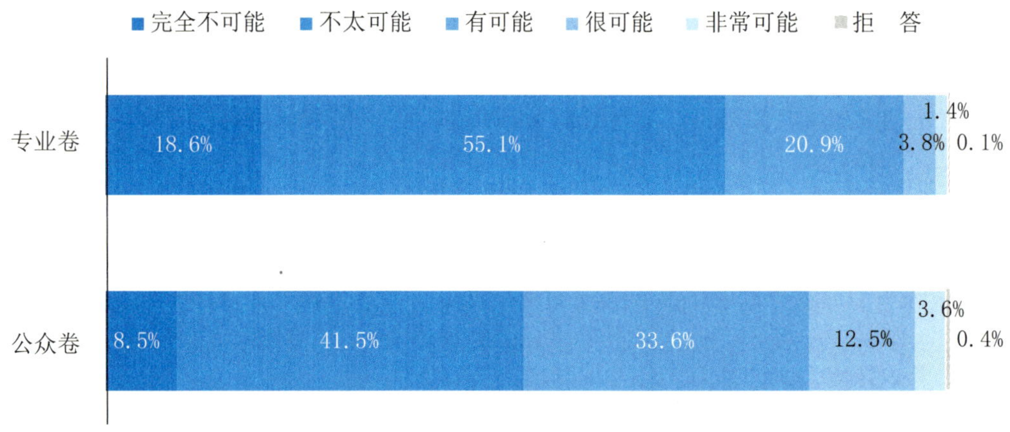

图1-7 专业卷与公众卷强制提取指纹可能性作答情况分布对照图

从上图可以看出，相对于公众卷的作答情况，更多的专业卷受访者认为，强制提取指纹的情况不太可能发生。

1.2 司法权力独立行使

为测量这一指标，调查问卷设计三个问题：

问题一：“在您所在地区，法官办案受到本院领导干涉的可能性有多大？”【专业卷】

问题二：“在您所在地区，法院办案受到党政机关干涉的可能性有多大？”【专业卷】

问题三：“在您所在地区，检察院办案受到党政机关干涉的可能性有多大？”【专业卷】

1.2.1 司法权力独立行使问题基本数据

对于司法权力独立行使问题，我们提取有关问题进行了频数分析，其基本数据情况如下：

问题一：“在您所在地区，法官办案受到本院领导干涉的可能性有多大？”【专业卷】

表 1-6　专业卷：法官办案受本院领导干涉可能性作答情况详表

		法　官		检察官		警　察		律　师		全　体	
		计数	列 N%	计数	列 N%	计数	列 N%	计数	列 N%	计数	列 N%
法官办案受本院领导干涉可能性	非常不可能	158	10.7%	130	8.6%	112	8.1%	42	2.8%	443	7.6%
	不太可能	518	35.1%	394	26.1%	334	24.2%	192	13.0%	1439	24.6%
	有可能	576	39.1%	669	44.3%	601	43.6%	662	44.7%	2510	42.9%
	很可能	135	9.2%	202	13.4%	205	14.9%	346	23.3%	888	15.2%
	非常可能	86	5.8%	103	6.8%	112	8.1%	237	16.0%	538	9.2%
	拒　答	1	0.1%	11	0.7%	15	1.1%	3	0.2%	30	0.5%

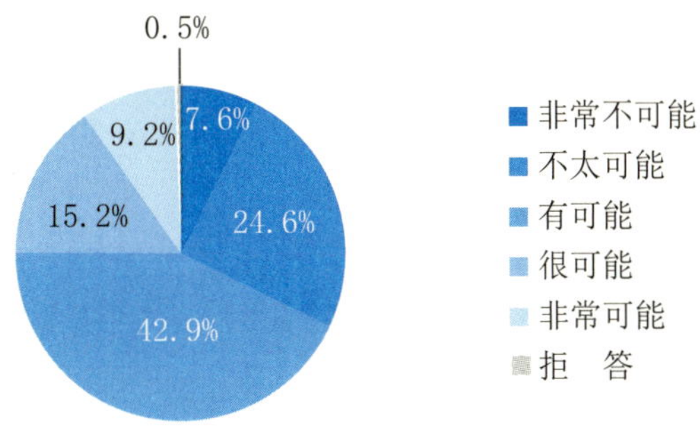

图 1-8　专业卷：法官办案受本院领导干涉可能性作答情况分布图

从上图可以看出，专业卷的受访者在回答“法官办案受本院领导干涉可能性”问题时，更倾向于认为有此种可能，选择“有可能”、“很可能”和“非常可能”的人数比例高达 67.3%。

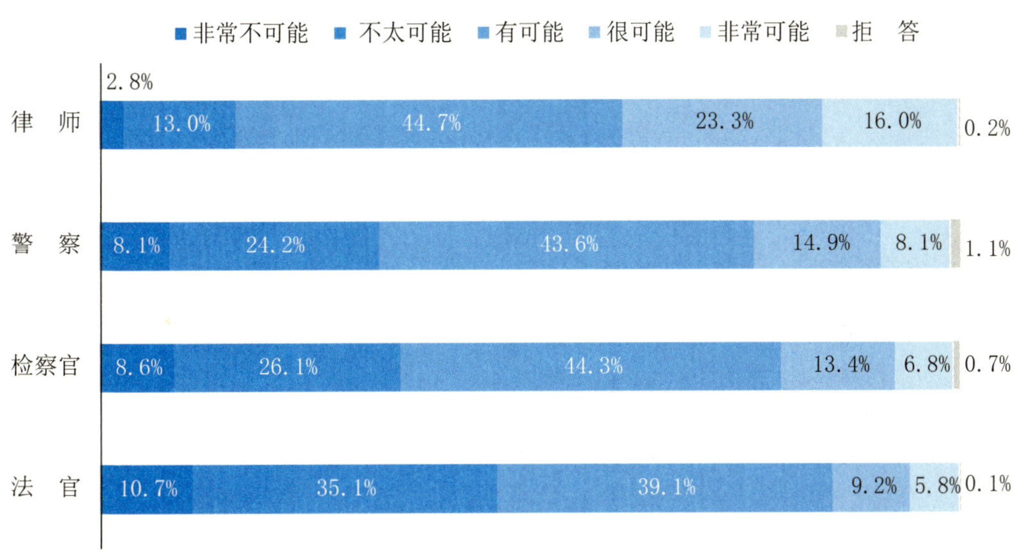

图 1-9　专业卷细分：法官办案受本院领导干涉可能性作答情况分布图

比较不同职业群体对“法官办案受本院领导干涉可能性”问题的判断，法官群体选择“非常不可能”与“不太可能”的人数比例最高，认为上述情况发生的可能性较低。相反，律师群体选择“有可能”、“很可能”和“非常可能”的人数比例最高，认为上述情况发生的可能性较高。

问题二：“在您所在地区，法院办案受到党政机关干涉的可能性有多大?”【专业卷】

表 1-7 专业卷：法院办案受党政机关干涉可能性作答情况详表

		法官		检察官		警察		律师		全体	
		计数	列 N%	计数	列 N%	计数	列 N%	计数	列 N%	计数	列 N%
法院办案受党政机关干涉可能性	非常不可能	116	7.9%	119	7.9%	104	7.5%	34	2.3%	373	6.4%
	不太可能	338	22.9%	332	22.0%	329	23.8%	207	14.0%	1208	20.7%
	有可能	627	42.5%	654	43.3%	567	40.9%	631	42.6%	2481	42.4%
	很可能	255	17.3%	244	16.2%	246	17.8%	378	25.5%	1123	19.2%
	非常可能	129	8.8%	144	9.5%	130	9.4%	226	15.2%	629	10.8%
	拒答	9	0.6%	16	1.1%	9	0.6%	6	0.4%	34	0.6%

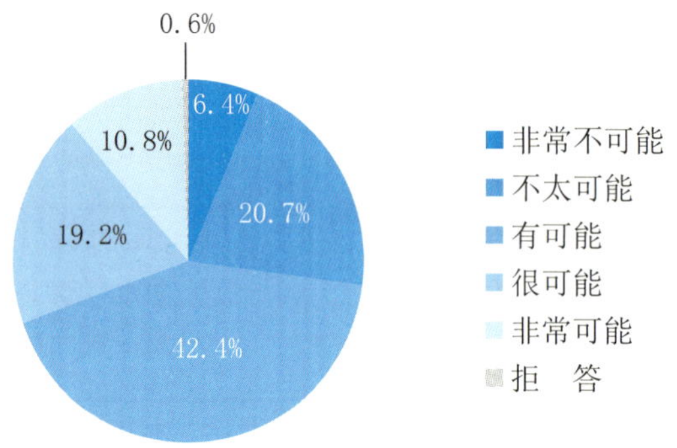

图 1-10 专业卷：法院办案受党政机关干涉可能性作答情况分布图

从上图可以看出，专业卷的受访者在回答“法院办案受党政机关干涉可能性”问题时，更倾向于认为上述情况有可能发生，选择“非常不可能”及“不太可能”的人数比例为 27.1%。

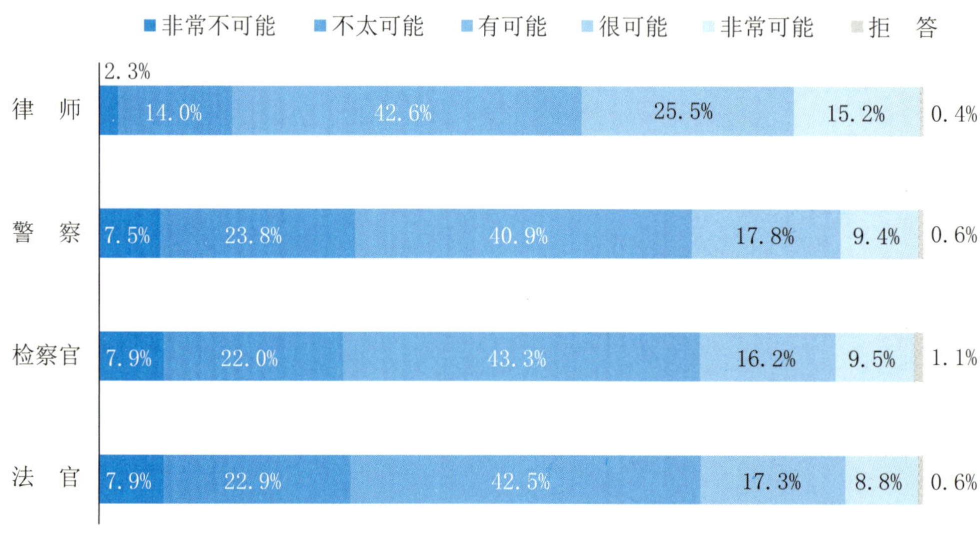

图 1-11 专业卷细分：法院办案受党政机关干涉可能性作答情况分布图

不同职业群体在“法院办案受党政机关干涉可能性”问题的回答上分布较为一致。经比较发现，警察群体选择“非常不可能”、“不太可能”的人数比例最高，认为上述情况发生的可能性较低。律师群体选择“有可能”、“很可能”、“非常可能”的人数比例最高，认为上述情况发生的可能性较高。

问题三：“在您所在地区，检察院办案受到党政机关干涉的可能性有多大？”【专业卷】

表 1-8　专业卷：检察院办案受党政机关干涉可能性作答情况详表

		法　官		检察官		警　察		律　师		全　体	
		计数	列 N%	计数	列 N%	计数	列 N%	计数	列 N%	计数	列 N%
检察院办案受党政机关干涉可能性	非常不可能	114	7.7%	135	8.9%	107	7.8%	33	2.2%	389	6.7%
	不太可能	325	22.0%	357	23.7%	344	24.9%	229	15.5%	1258	21.5%
	有可能	639	43.4%	635	42.1%	562	40.8%	617	41.6%	2454	42.0%
	很可能	245	16.6%	243	16.1%	228	16.5%	370	25.0%	1086	18.6%
	非常可能	128	8.7%	133	8.8%	123	8.9%	218	14.7%	602	10.3%
	拒　答	23	1.6%	6	0.4%	15	1.1%	15	1.0%	59	1.0%

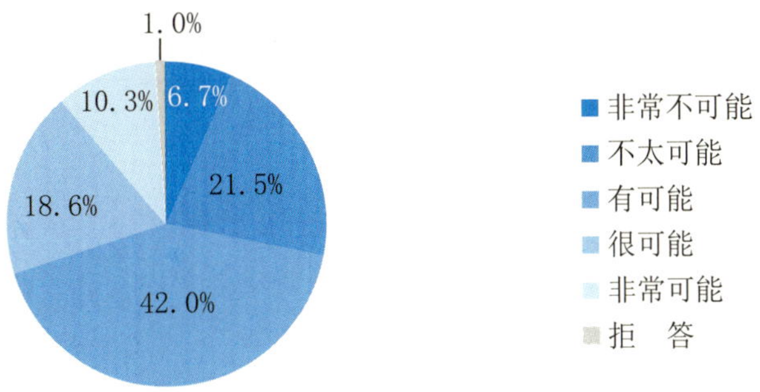

图 1-12　专业卷：检察院办案受党政机关干涉可能性作答情况分布图

从上图可以看出，专业卷的受访者在回答“检察院办案受党政机关干涉可能性”问题时，更倾向于认为上述情况有可能发生，选择“非常不可能”和“不太可能”的人数比例不到三成。

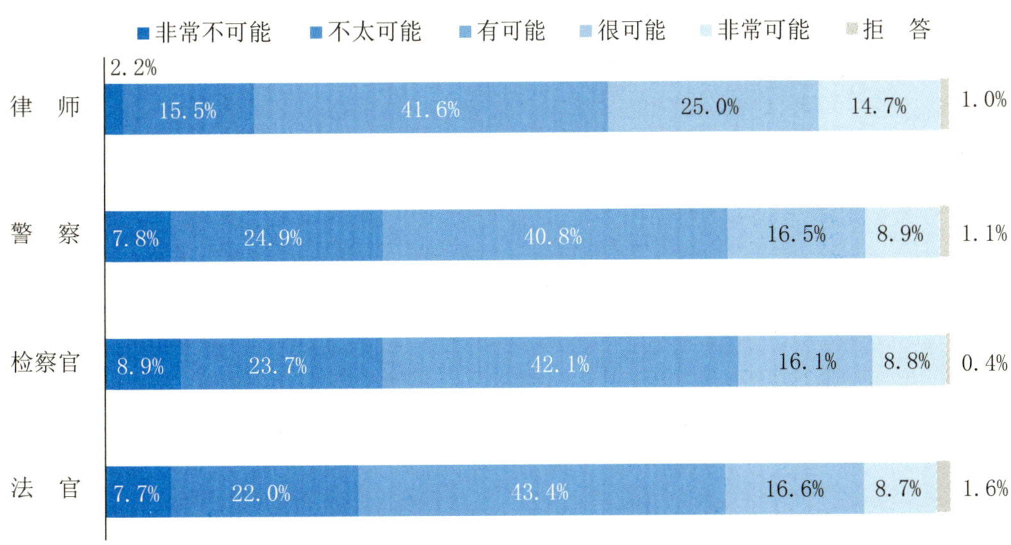

图 1-13　专业卷细分：检察院办案受党政机关干涉可能性作答情况分布图

不同职业群体在“检察院办案受党政机关干涉可能性”问题的回答上分布较为一致。经比较发现，警察和检察官群体选择“非常不可能”、“不太可能”的人数比例较高，认为上述情况发生的可能性较低。律师群体选择“有可能”、“很可能”、“非常可能”的人数比例最高，认为上述情况发生的可能性较高。

1.2.2　司法权力独立行使问题相关分析

课题组采用相关性分析和交叉分析两种数据分析技术，对专业卷进行分析。

通过对 Q8 题和 Q33.1 题进行相关性分析，考察两组数据间的 Spearman 相关系数，可得到下表：

表 1-9 对法官满意度和法官办案受本院领导干涉可能性认知之间的相关分析表

			Q8：在您所在地区，法官办案受到本院领导干涉的可能性有多大？	Q33.1：您对自己所在地区法官的总体满意度如何？
Spearman 的 rho	Q8:在您所在地区，法官办案受到本院领导干涉的可能性有多大？	相关系数	1.000	-0.376**
		显著性(双尾)		0.000
		N*	5818	5808
	Q33.1:您对自己所在地区法官的总体满意度如何？	相关系数	-0.376**	1.000
		显著性(双尾)	0.000	
		N*	5808	5838

*N 为样本数；** 相关性在 0.01 层上显著（双尾）。

从上表中不难发现，Spearman 相关系数为-0.376，表示两题之间具有负相关性；同时双尾显著性为 0.000，表示该结果在 0.01 水平上显著，即表示其判断犯弃真型错误率小于 1%，结果准确。

为直观而深入地探寻两题间可能存在的深层次联系，我们对两题进行交叉分析：首先将拒答问卷全部剔除，再对剩下的问卷样本以受访者对法官的满意度作为区分条件，来分析对法官的满意度不同的受访者对法官办案受本院领导干涉可能性这一问题的认知上具有的分布特性，得到下表：

表 1-10 对法官满意度和法官办案受本院领导干涉可能性认知之间的交叉分析表

			Q8：在您所在地区，法官办案受到本院领导干涉的可能性有多大？					总 计
			非常不可能	不太可能	有可能	很可能	非常可能	
Q33.1：您对自己所在地区法官的总体满意度如何？	非常不满意	计 数	10	5	8	12	40	75
		占满意度比	13.3%	6.7%	10.7%	16.0%	53.3%	100.0%
		占可能性比	2.3%	0.3%	0.3%	1.4%	7.5%	1.3%
		占总比	0.2%	0.1%	0.1%	0.2%	0.7%	1.3%
	不太满意	计 数	8	62	77	70	74	291
		占满意度比	2.7%	21.3%	26.5%	24.1%	25.4%	100.0%
		占可能性比	1.8%	4.3%	3.1%	7.9%	13.8%	5.0%
		占总比	0.1%	1.1%	1.3%	1.2%	1.3%	5.0%
	一 般	计 数	29	226	808	368	230	1661
		占满意度比	1.7%	13.6%	48.6%	22.2%	13.8%	100.0%
		占可能性比	6.6%	15.7%	32.2%	41.5%	42.9%	28.6%
		占总比	0.5%	3.9%	13.9%	6.3%	4.0%	28.6%
	比较满意	计 数	128	810	1380	383	166	2867
		占满意度比	4.5%	28.3%	48.1%	13.4%	5.8%	100.0%
		占可能性比	29.0%	56.3%	55.1%	43.2%	31.0%	49.4%
		占总比	2.2%	13.9%	23.8%	6.6%	2.9%	49.4%

续表

			Q8:在您所在地区,法官办案受到本院领导干涉的可能性有多大?					总　计
			非常不可能	不太可能	有可能	很可能	非常可能	
	非常满意	计　数	266	335	233	54	26	914
		占满意度比	29.1%	36.7%	25.5%	5.9%	2.8%	100.0%
		占可能性比	60.3%	23.3%	9.3%	6.1%	4.9%	15.7%
		占总比	4.6%	5.8%	4.0%	0.9%	0.4%	15.7%
总　计		计　数	441	1438	2506	887	536	5808
		占总比	7.6%	24.8%	43.1%	15.3%	9.2%	100.0%

以受访者对法官满意度为横轴，以法官办案受本院领导干涉可能性为纵轴，可得下图：

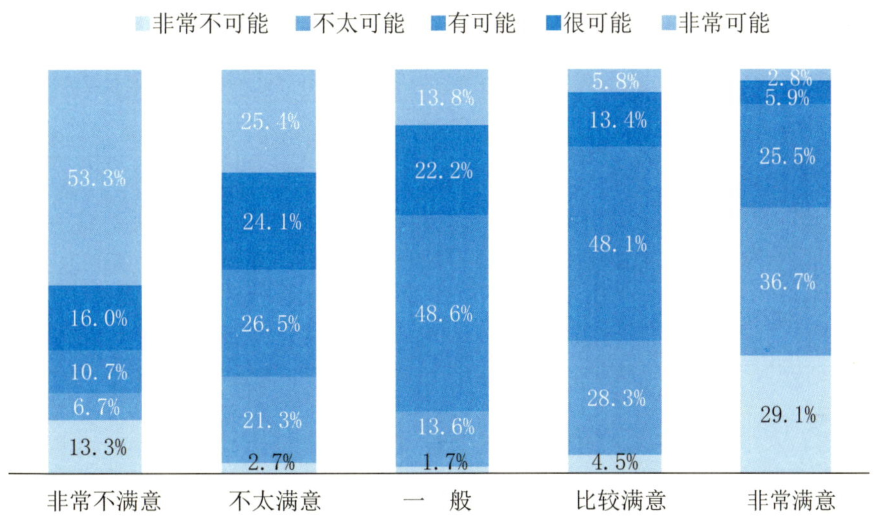

图 1-14　对法官满意度和法官办案受本院领导干涉可能性认知之间的交叉分析图

数据挖掘分析：

1. 对法官满意度为“非常不满意”的受访者中，认为法官办案很可能（包括“非常可能”和“很可能”）受本院领导干涉的比例为 69.3%。

2. 对法官满意度为“不太满意”的受访者中，认为法官办案很可能（包括“非常可能”和“很可能”）受本院领导干涉的比例为 49.5%。

3. 对法官满意度为“一般”的受访者中，认为法官办案很可能（包括“非常可能”和“很可能”）受本院领导干涉的比例为 36.0%。

4. 对法官满意度为“比较满意”的受访者中，认为法官办案很可能（包括“非常可能”和“很可能”）受本院领导干涉的比例为 19.2%。

5. 对法官满意度为“非常满意”的受访者中，认为法官办案很可能（包括“非常可能”和“很可能”）受本院领导干涉的比例为 8.7%。

数据表明，专业卷 Q8 题和 Q33.1 题之间，即受访者对法官办案受本院领导干涉可能性的认知与受访者对法官满意度之间存在一定的关联。具体来说，对法官满意度越高的受访者，越倾向于认为法官办案不太可能受本院领导干涉。这意味着，为了进一步提高人们对法官群体的满意度，法院系统可以从保障司法权力行使的独立性入手。

通过对 Q9.1 题和 Q33.1 题进行相关性分析，考察两组数据间的 Spearman 相关系数，可得到下表：

表 1-11　对法官满意度和法院办案受党政机关干涉可能性认知之间的相关分析表

			Q9.1：在您所在地区，法院办案受到党政机关干涉的可能性有多大？	Q33.1：您对自己所在地区法官的总体满意度如何？
Spearman 的 rho	Q9.1：在您所在地区，法院办案受到党政机关干涉的可能性有多大？	相关系数	1.000	−0.324**
		显著性（双尾）		0.000
		N*	5814	5804
	Q33.1：您对自己所在地区法官的总体满意度如何？	相关系数	−0.324**	1.000
		显著性（双尾）	0.000	
		N*	5804	5838

*N 为样本数；** 相关性在 0.01 层上显著（双尾）。

从上表中不难发现，Spearman 相关系数为−0.324，表示两题之间具有负相关性；同时双尾显著性为 0.000，表示该结果在 0.01 水平上显著，即表示其判断犯弃真型错误率小于 1%，结果准确。

为直观而深入地探寻两题间可能存在的深层次联系，我们对两题进行交叉分析：首先将拒答问卷全部剔除，再对剩下的问卷样本以受访者对法官的满意度作为区分条件，来分析对法官的满意度不同的受访者对法院办案受党政机关干涉可能性这一问题的认知上具有的分布特性，得到下表：

表 1-12　对法官满意度和法院办案受党政机关干涉可能性认知之间的交叉分析表

			Q9.1：在您所在地区，法院办案受到党政机关干涉的可能性有多大？					总　计
			非常不可能	不太可能	有可能	很可能	非常可能	
Q33.1：您对自己所在地区法官的总体满意度如何？	非常不满意	计　数	9	5	8	11	42	75
		占满意度比	12.0%	6.7%	10.7%	14.7%	56.0%	100.0%
		占可能性比	2.4%	0.4%	0.3%	1.0%	6.7%	1.3%
		占总比	0.2%	0.1%	0.1%	0.2%	0.7%	1.3%
	不太满意	计　数	7	51	82	67	83	290
		占满意度比	2.4%	17.6%	28.3%	23.1%	28.6%	100.0%
		占可能性比	1.9%	4.2%	3.3%	6.0%	13.2%	5.0%
		占总比	0.1%	0.9%	1.4%	1.2%	1.4%	5.0%
	一　般	计　数	22	199	771	423	246	1661
		占满意度比	1.3%	12.0%	46.4%	25.5%	14.8%	100.0%
		占可能性比	5.9%	16.5%	31.1%	37.7%	39.2%	28.6%
		占总比	0.4%	3.4%	13.3%	7.3%	4.2%	28.6%
	比较满意	计　数	88	685	1357	527	209	2866
		占满意度比	3.1%	23.9%	47.31%	18.4%	7.3%	100.0%
		占可能性比	23.7%	56.8%	54.8%	47.0%	33.3%	49.4%
		占总比	1.5%	11.8%	23.4%	9.1%	3.6%	49.4%

续表

			Q9.1:在您所在地区,法院办案受到党政机关干涉的可能性有多大?					总 计
			非常不可能	不太可能	有可能	很可能	非常可能	
	非常满意	计 数	246	265	259	94	48	912
		占满意度比	27.0%	29.1%	28.4%	10.3%	5.3%	100.0%
		占可能性比	66.1%	22.0%	10.5%	8.4%	7.6%	15.7%
		占总比	4.2%	4.6%	4.5%	1.6%	0.8%	15.7%
总 计		计 数	372	1205	2477	1122	628	5804
		占总比	6.4%	20.8%	42.7%	19.3%	10.8%	100.0%

以受访者对法官满意度为横轴，以法院办案受党政机关干涉可能性为纵轴，可得下图：

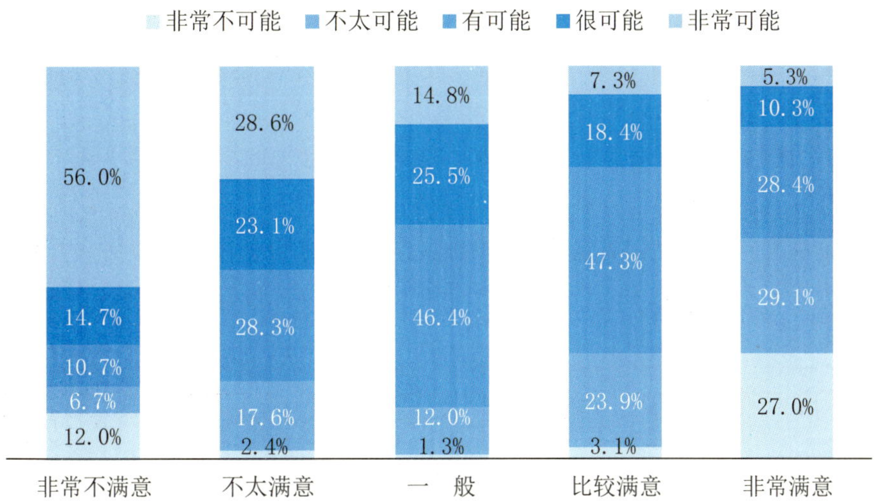

图 1-15 对法官满意度和法院办案受党政机关干涉可能性认知之间的交叉分析图

数据挖掘分析:

1. 对法官满意度为“非常不满意”的受访者中，认为法院办案很可能（包括“非常可能”和“很可能”）受党政机关干涉的比例为 70.7%。

2. 对法官满意度为“不太满意”的受访者中，认为法院办案很可能（包括“非常可能”和“很可能”）受党政机关干涉的比例为 51.7%。

3. 对法官满意度为“一般”的受访者中，认为法院办案很可能（包括“非常可能”和“很可能”）受党政机关干涉的比例为 40.3%。

4. 对法官满意度为“比较满意”的受访者中，认为法院办案很可能（包括“非常可能”和“很可能”）受党政机关干涉的比例为 25.7%。

5. 对法官满意度为“非常满意”的受访者中，认为法院办案很可能（包括“非常可能”和“很可能”）受党政机关干涉的比例为 15.6%。

数据表明，专业卷 Q9.1 题和 Q33.1 题之间，即受访者对法院办案受党政机关干涉可能性的认知与受访者对法官满意度之间存在一定的关联。具体来说，对法官满意度越低的受访者，越倾向于认为法院办案很可能受党政机关干涉。这意味着，想要进一步提高人们对法官群体的满意度，法院系统必须确保司法权力行使的独立性，从消除党政机关对法院裁判的不当干预的角度入手。

通过对专业卷的 Q9.2 题和 Q33.2 题进行相关性分析，考察两组数据间的 Spearman 相关系数，可得到下表：

表 1-13　对检察官满意度和检察院办案受党政机关干涉可能性认知之间的相关分析表

			Q9.2：在您所在地区，检察院办案受到党政机关干涉的可能性有多大?	Q33.2：您对自己所在地区检察官的总体满意度如何?
Spearman 的 rho	Q9.2：在您所在地区，检察院办案受到党政机关干涉的可能性有多大?	相关系数	1.000	-0.317**
		显著性（双尾）		0.000
		N*	5789	5779
	Q33.2：您对自己所在地区检察官的总体满意度如何?	相关系数	-0.317**	1.000
		显著性（双尾）	0.000	
		N*	5779	5829

*N 为样本数；** 相关性在 0.01 层上显著（双尾）。

从上表中不难发现，Spearman 相关系数为-0.317，表示两题之间具有负相关性；同时双尾显著性为 0.000，表示该结果在 0.01 水平上显著，即表示其判断犯弃真型错误率小于 1%，结果准确。

为直观而深入地探寻两题间可能存在的深层次联系，我们对两题进行交叉分析：首先将拒答问卷全部剔除，再对剩下的问卷样本以受访者对检察官的满意度作为区分条件，来分析对检察官的满意度不同的受访者对检察院办案受党政机关干涉可能性这一问题的认知上具有的分布特性，得到下表：

表 1-14　对检察官满意度和检察院办案受党政机关干涉可能性认知之间的交叉分析表

			Q9.2：在您所在地区，检察院办案受到党政机关干涉的可能性有多大?					总　计
			非常不可能	不太可能	有可能	很可能	非常可能	
Q33.2：您对自己所在地区检察官的总体满意度如何?	非常不满意	计　数	9	8	9	12	34	72
		占满意度比	12.5%	11.1%	12.5%	16.7%	47.2%	100.0%
		占可能性比	2.3%	0.6%	0.4%	1.1%	5.7%	1.2%
		占总比	0.2%	0.1%	0.2%	0.2%	0.6%	1.2%
	不太满意	计　数	11	49	93	68	82	303
		占满意度比	3.6%	16.2%	30.7%	22.4%	27.1%	100.0%
		占可能性比	2.8%	3.9%	3.8%	6.3%	13.6%	5.3%
		占总比	0.2%	0.8%	1.6%	1.2%	1.4%	5.3%
	一　般	计　数	27	199	734	392	248	1600
		占满意度比	1.7%	12.4%	45.9%	24.5%	15.5%	100.0%
		占可能性比	7.0%	15.9%	30.0%	36.2%	41.3%	27.7%
		占总比	0.5%	3.4%	12.7%	6.8%	4.3%	27.7%
	比较满意	计　数	95	699	1338	525	184	2841
		占满意度比	3.3%	24.6%	47.1%	18.5%	6.5%	100.0%
		占可能性比	24.5%	56.0%	54.6%	48.5%	30.6%	49.2%
		占总比	1.6%	12.1%	23.2%	9.1%	3.2%	49.2%

续表

			Q9.1：在您所在地区，法院办案受到党政机关干涉的可能性有多大?					总　计
			非常不可能	不太可能	有可能	很可能	非常可能	
	非常满意	计　数	246	294	276	86	53	955
		占满意度比	25.8%	30.8%	28.9%	9.0%	5.5%	100.0%
		占可能性比	63.4%	23.5%	11.3%	7.9%	8.8%	16.5%
		占总比	4.3%	5.1%	4.8%	1.5%	0.9%	16.5%
总　计		计　数	388	1249	2450	1083	601	5771
		占总比	6.7%	21.6%	42.5%	18.8%	10.4%	100.0%

以受访者对检察官满意度为横轴，以检察院办案受党政机关干涉可能性为纵轴，可得下图：

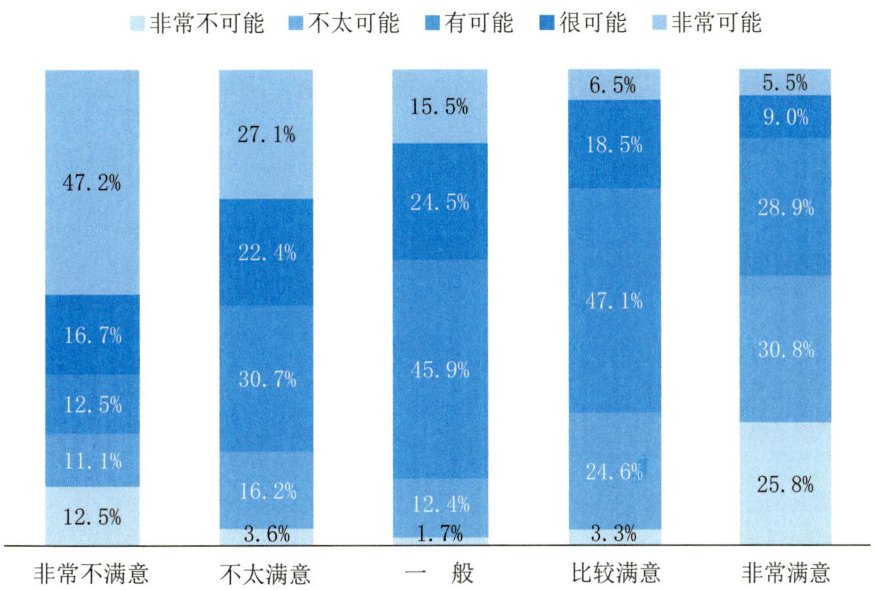

图 1-16　对检察官满意度和检察院办案受党政机关干涉可能性认知之间的交叉分析图

数据挖掘分析：

1. 对检察官满意度为“非常不满意”的受访者中，认为检察院办案很可能（包括“非常可能”和“很可能”）受党政机关干涉的比例为 63.9%。

2. 对检察官满意度为“不太满意”的受访者中，认为检察院办案很可能（包括“非常可能”和“很可能”）受党政机关干涉的比例为 49.5%。

3. 对检察官满意度为“一般”的受访者中，认为检察院办案很可能（包括“非常可能”和“很可能”）受党政机关干涉的比例为 40.0%。

4. 对检察官满意度为“比较满意”的受访者中，认为检察院办案很可能（包括“非常可能”和“很可能”）受党政机关干涉的比例为 25.0%。

5. 对检察官满意度为“非常满意”的受访者中，认为检察院办案很可能（包括“非常可能”和“很可能”）受党政机关干涉的比例为 14.5%。

数据表明，专业卷 Q9.2 题和 Q33.2 题之间，即受访者对检察院办案受党政机关干涉可能性的认知与受访者对检察官满意度之间存在一定的关联。具体来说，对检察官满意度越低的受访者，越倾向于认为检察院办案很可能受党政机关干涉。这意味着，想要进一步提高人们对检察官群体的满意度，检察院系统必须确保司法权力行使的独立性，从消除党政机关对检察院办案的不当干预的角度入手。

1.2.3 司法权力独立行使问题同卷对比分析

专业卷就“法院、检察院办案受党政机关干涉可能性”进行了调研，具体涉及检察院和法院，我们看看同一群体对上述两个部门的评价是否呈现出明显差异：

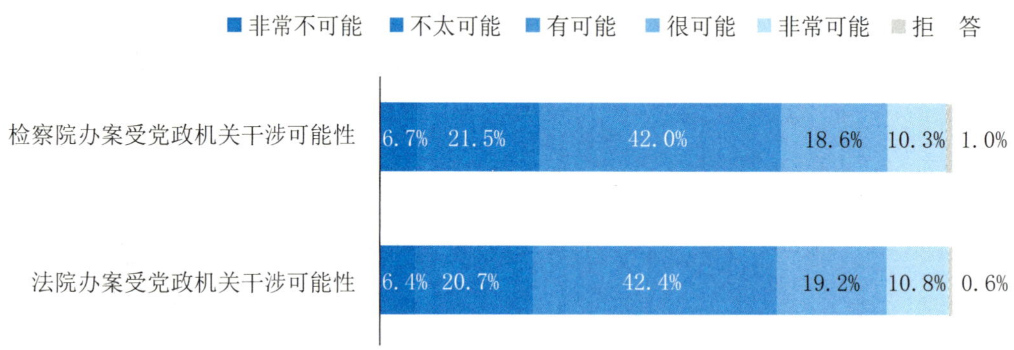

图 1-17　法院、检察院办案受党政机关干涉可能性作答情况分布对照图

从上图可以看出，专业卷的受访者对检察院、法院办案受党政机关干涉可能性的判断分布大致相当，没有呈现出明显差异。

1.3 司法权力公正行使

为测量这一指标，调查问卷设计两个问题：

问题一：“在您所在地区，检察机关审查起诉时，充分听取辩护人意见的可能性有多大？”【专业卷】

问题二：“在您所在地区，法官徇私枉法裁判的可能性有多大？”【专业卷】

1.3.1 司法权力公正行使问题基本数据

对于司法权力公正行使问题，我们提取有关问题进行了频数分析，其基本数据情况如下：

问题一：“在您所在地区，检察机关审查起诉时，充分听取辩护人意见的可能性有多大？”【专业卷】

表 1-15　专业卷：检察机关充分听取辩护人意见可能性作答情况详表

		法官		检察官		警察		律师		全体	
		计数	列 N%	计数	列 N%	计数	列 N%	计数	列 N%	计数	列 N%
检察机关充分听取辩护人意见可能性	非常不可能	15	1.0%	10	0.7%	29	2.1%	21	1.4%	75	1.3%
	不太可能	151	10.2%	74	4.9%	158	11.5%	258	17.4%	642	11.0%
	有可能	573	38.9%	316	20.9%	573	41.6%	774	52.2%	2238	38.3%
	很可能	500	33.9%	555	36.8%	440	31.9%	339	22.9%	1835	31.4%
	非常可能	225	15.3%	544	36.1%	170	12.3%	86	5.8%	1025	17.5%
	拒答	10	0.7%	10	0.7%	9	0.7%	4	0.3%	33	0.6%

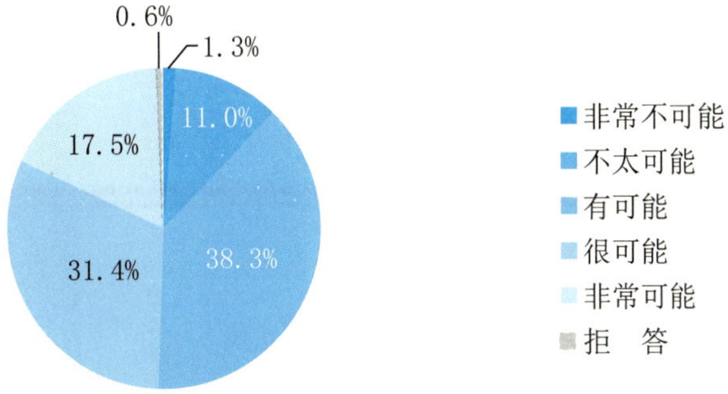

图 1-18　专业卷：检察机关充分听取辩护人意见可能性作答情况分布图

从上图可以看出，专业卷的受访者在回答“检察机关充分听取辩护人意见可能性”问题时，更倾向于认为上述情况有可能发生，选择“有可能”、“很可能”、“非常可能”的人数比例高达 87.2%。

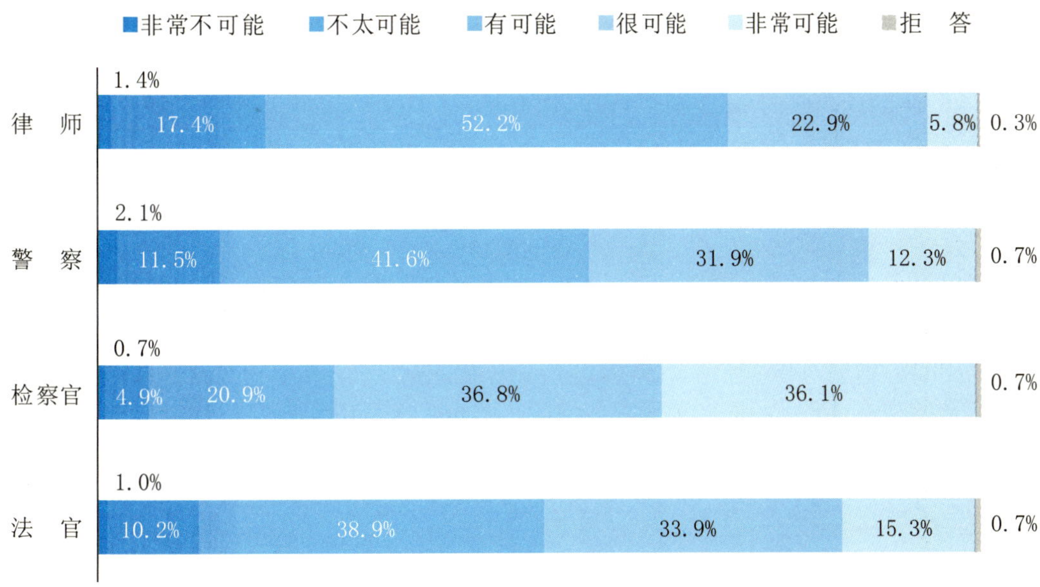

图 1-19　专业卷细分：检察机关充分听取辩护人意见可能性作答情况分布图

不同职业群体在回答“检察机关充分听取辩护人意见可能性”问题时，律师群体选择“非常不可能”和“不太可能”的人数比例最高，认为上述情况发生的可能性较低。检察官群体选择“有可能”、“很可能”和“非常可能”的人数比例最高，认为检察机关可能充分听取辩护人意见。

问题二：“在您所在地区，法官徇私枉法裁判的可能性有多大？”【专业卷】

表 1-16　专业卷：法官徇私枉法裁判可能性作答情况详表

		法　官		检察官		警　察		律　师		全　体	
		计数	列 N%	计数	列 N%	计数	列 N%	计数	列 N%	计数	列 N%
法官徇私枉法裁判可能性	非常不可能	389	26.4%	228	15.1%	197	14.3%	42	2.8%	856	14.6%
	不太可能	811	55.0%	764	50.6%	647	46.9%	524	35.4%	2749	47.0%
	有可能	242	16.4%	466	30.9%	455	33.0%	762	51.4%	1926	32.9%
	很可能	25	1.7%	36	2.4%	61	4.4%	106	7.2%	228	3.9%
	非常可能	6	0.4%	14	0.9%	19	1.4%	46	3.1%	85	1.5%
	拒　答	1	0.1%	1	0.1%	0	0.0%	2	0.1%	4	0.1%

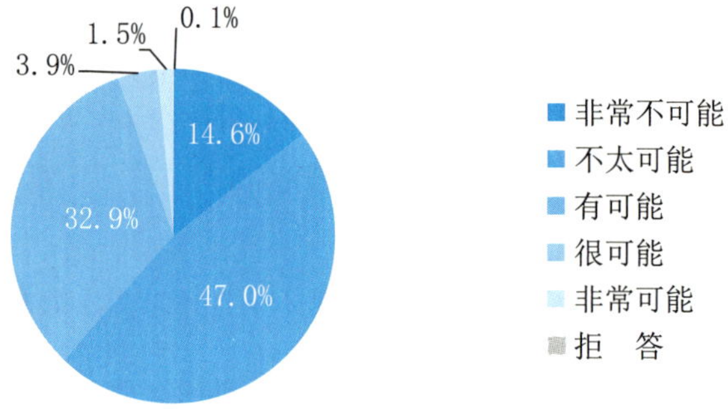

图 1-20　专业卷：法官徇私枉法裁判可能性作答情况分布图

从上图可以看出，专业卷的受访者在回答“法官徇私枉法裁判可能性”问题时，更倾向于认为上述情况不太可能发生，选择“有可能”、“很可能”、“非常可能”的人数比例仅为38.3%。

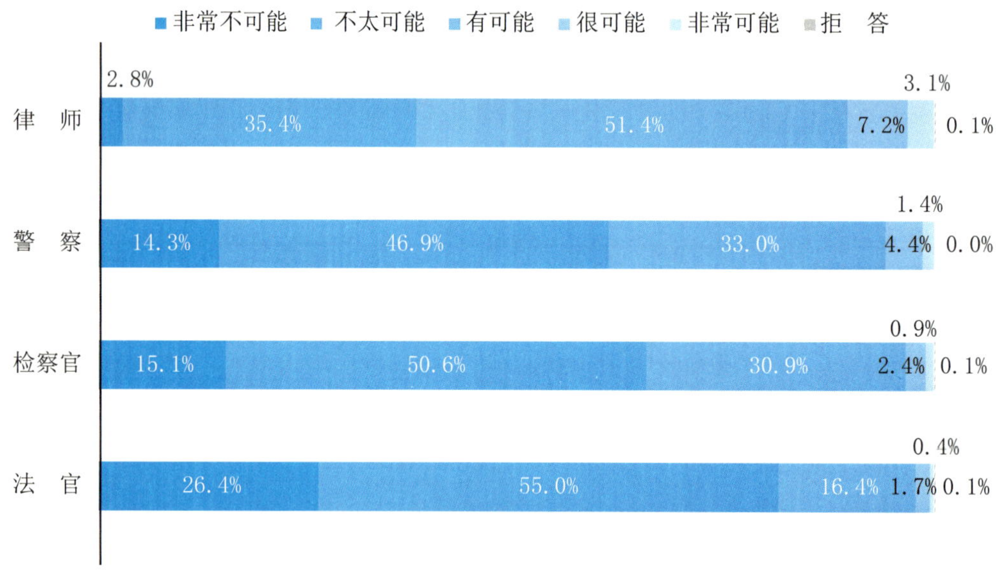

图 1-21　专业卷细分：法官徇私枉法裁判可能性作答情况分布图

不同职业群体在回答“法官徇私枉法裁判可能性”问题时，法官群体选择“非常不可能”和“不太可能”的人数比例最高，认为上述情况发生的可能性非常低。律师群体选择“有可能”、“很可能”和“非常可能”的人数比例最高，认为法官可能徇私枉法作出裁判。

1.3.2　司法权力公正行使问题相关分析

课题组采用相关性分析和交叉分析两种数据分析技术，对专业卷进行分析。

通过对专业卷的Q10题和Q33.2题进行相关性分析，考察两组数据间的Spearman相关系数，可得到表1-17：

表 1-17　对检察官满意度和检察机关审查起诉时充分听取辩护人意见可能性认知之间的相关分析表

			Q10：在您所在地区，检察机关审查起诉时，充分听取辩护人意见的可能性有多大？	Q33.2：您对自己所在地区检察官的总体满意度如何？
Spearman 的 rho	Q10：在您所在地区，检察机关审查起诉时，充分听取辩护人意见的可能性有多大？	相关系数	1.000	0.376**
		显著性（双尾）		0.000
		N*	5815	5796
	Q33.2：您对自己所在地区检察官的总体满意度如何？	相关系数	0.376**	1.000
		显著性（双尾）	0.000	
		N*	5796	5829

* N 为样本数；** 相关性在 0.01 层上显著（双尾）。

从上表中不难发现，Spearman 相关系数为 0.376，表示两题之间具有正相关性；同时双尾显著性为 0.000，表示该结果在 0.01 水平上显著，即表示其判断犯弃真型错误率小于 1%，结果准确。

为直观而深入地探寻两题间可能存在的深层次联系，我们对两题进行交叉分析：首先将拒答问卷全部剔除，再对剩下的问卷样本以受访者对检察官的满意度作为区分条件，来分析对检察官的满意度不同的受访者对检察机关审查起诉时充分听取辩护人意见可能性这一问题的认知上具有的分布特性，得到下表：

表 1-18　对检察官满意度和检察机关审查起诉时充分听取辩护人意见可能性认知之间的交叉分析表

			Q10：在您所在地区，检察机关审查起诉时，充分听取辩护人意见的可能性有多大？					总　计
			非常不可能	不太可能	有可能	很可能	非常可能	
Q33.2：您对自己所在地区检察官的总体满意度如何？	非常不满意	计　数	15	18	24	9	7	73
		占满意度比	20.5%	24.7%	32.9%	12.3%	9.6%	100.0%
		占可能性比	20.3%	2.8%	1.1%	0.5%	0.7%	1.3%
		占总比	0.3%	0.3%	0.4%	0.2%	0.1%	1.3%
	不太满意	计　数	13	110	115	44	25	307
		占满意度比	4.2%	35.8%	37.5%	14.3%	8.1%	100.0%
		占可能性比	17.6%	17.2%	5.2%	2.4%	2.4%	5.3%
		占总比	0.2%	1.9%	2.0%	0.8%	0.4%	5.3%
	一　般	计　数	16	255	852	371	114	1608
		占满意度比	1.0%	15.9%	53.0%	23.1%	7.1%	100.0%
		占可能性比	21.6%	39.9%	38.2%	20.3%	11.1%	27.7%
		占总比	0.3%	4.4%	14.7%	6.4%	2.0%	27.7%
	比较满意	计　数	13	209	1073	1108	448	2851
		占满意度比	0.5%	7.3%	37.6%	38.9%	15.7%	100.0%
		占可能性比	17.6%	32.7%	48.1%	60.5%	43.8%	49.2%
		占总比	0.2%	3.6%	18.5%	19.1%	7.7%	49.2%

续表

			Q9.1：在您所在地区，法院办案受到党政机关干涉的可能性有多大?					总　计
			非常不可能	不太可能	有可能	很可能	非常可能	
	非常满意	计　数	17	47	166	298	429	957
		占满意度比	1.8%	4.9%	17.3%	31.1%	44.8%	100.0%
		占可能性比	23.0%	7.4%	7.4%	16.3%	41.9%	16.5%
		占总比	0.3%	0.8%	2.9%	5.1%	7.4%	16.5%
总　计		计　数	74	639	2230	1830	1023	5796
		占总比	1.3%	11.0%	38.5%	31.6%	17.7%	100.0%

以受访者对检察官满意度为横轴，以检察机关审查起诉时充分听取辩护人意见可能性为纵轴，可得下图：

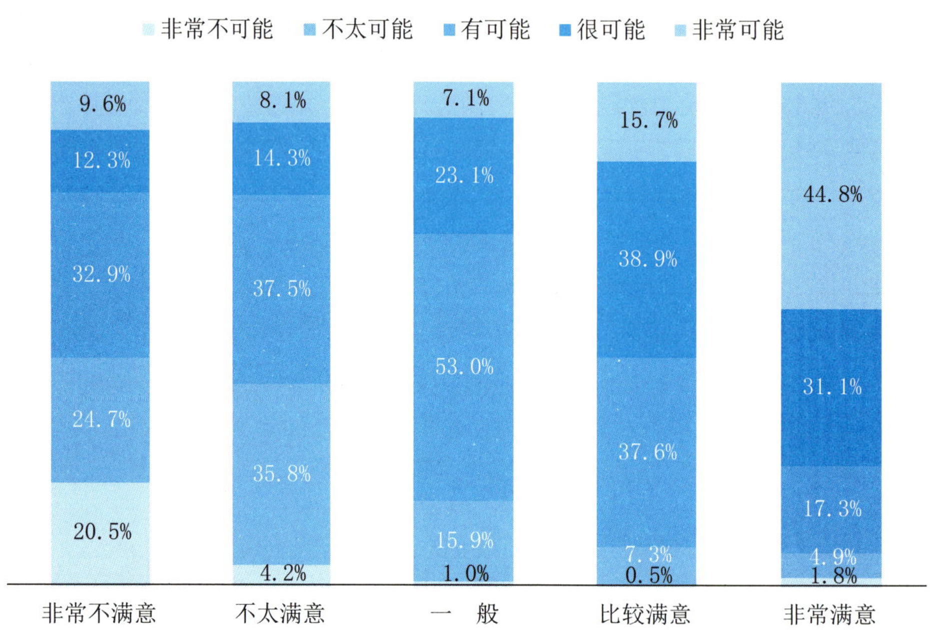

图 1-22　对检察官满意度和检察机关审查起诉时充分听取辩护人意见可能性认知之间的交叉分析图

数据挖掘分析：

若将选项“非常可能”、“很可能”和“有可能”合并视为“可能”，将选项“不太可能”和“非常不可能”合并视为“不可能”，则得数据如下：

1. 对检察官满意度为“非常不满意”的受访者中，认为检察机关审查起诉时可能充分听取辩护人意见的比例为 54.8%。

2. 对检察官满意度为“不太满意”的受访者中，认为检察机关审查起诉时可能充分听取辩护人意见的比例为 59.9%。

3. 对检察官满意度为“一般”的受访者中，认为检察机关审查起诉时可能充分听取辩护人意见的比例为 83.2%。

4. 对检察官满意度为“比较满意”的受访者中，认为检察机关审查起诉时可能充分听取辩护人意见的比例为 92.2%。

5. 对检察官满意度为“非常满意”的受访者中，认为检察机关审查起诉时可能充分听取辩护人意见的比例为 93.2%。

数据表明，专业卷 Q10 题和 Q33.2 题之间，即受访者对检察机关审查起诉时充分听取辩护人意见可能性的认知与受访者对检察官满意度之间存在一定的关联。具体来说，对检察官满意度越高的受访者，越倾向于认为检察机关审查起诉时可能充分听取辩护人意见。这意味着，检察系统可以从保障司法权力行使的公正性入手，进一步提高人们对检察官群体的满意度。

通过对专业卷的 Q20 题和 Q33.1 题进行相关性分析，考察两组数据间的 Spearman 相关系数，可得到下表：

表 1-19　对法官满意度和法官徇私枉法裁判可能性认知之间的相关分析表

<table>
<tr><td colspan="3"></td><td>Q20：在您所在地区，法官徇私枉法裁判的可能性有多大？</td><td>Q33.1：您对自己所在地区法官的总体满意度如何？</td></tr>
<tr><td rowspan="6">Spearman 的 rho</td><td rowspan="3">Q20：在您所在地区，法官徇私枉法裁判的可能性有多大？</td><td>相关系数</td><td>1.000</td><td>-0.476**</td></tr>
<tr><td>显著性（双尾）</td><td></td><td>0.000</td></tr>
<tr><td>N*</td><td>5844</td><td>5834</td></tr>
<tr><td rowspan="3">Q33.1：您对自己所在地区法官的总体满意度如何？</td><td>相关系数</td><td>-0.476**</td><td>1.000</td></tr>
<tr><td>显著性（双尾）</td><td>0.000</td><td></td></tr>
<tr><td>N*</td><td>5834</td><td>5838</td></tr>
</table>

＊N 为样本数；＊＊相关性在 0.01 层上显著（双尾）。

从上表中不难发现，Spearman 相关系数为-0.476，表示两题之间具有负相关性；同时双尾显著性为 0.000，表示该结果在 0.01 水平上显著，即表示其判断犯弃真型错误率小于 1%，结果准确。

为直观而深入地探寻两题间可能存在的深层次联系，我们对两题进行交叉分析：首先将拒答问卷全部剔除，再对剩下的问卷样本以受访者对法官的满意度作为区分条件，来分析对法官的满意度不同的受访者对法官徇私枉法裁判可能性这一问题的认知上具有的分布特性，得到下表：

表 1-20　对法官满意度和法官徇私枉法裁判的可能性认知之间的交叉分析表

<table>
<tr><td colspan="3" rowspan="2"></td><td colspan="5">Q20：在您所在地区，法官徇私枉法裁判的可能性有多大？</td><td rowspan="2">总　计</td></tr>
<tr><td>非常不可能</td><td>不太可能</td><td>有可能</td><td>很可能</td><td>非常可能</td></tr>
<tr><td rowspan="10">Q33.1：您对自己所在地区法官的总体满意度如何？</td><td rowspan="4">非常不满意</td><td>计　数</td><td>14</td><td>7</td><td>18</td><td>12</td><td>24</td><td>75</td></tr>
<tr><td>占满意度比</td><td>18.7%</td><td>9.3%</td><td>24.0%</td><td>16.0%</td><td>32.0%</td><td>100.0%</td></tr>
<tr><td>占可能性比</td><td>1.6%</td><td>0.3%</td><td>0.9%</td><td>5.3%</td><td>28.2%</td><td>1.3%</td></tr>
<tr><td>占总比</td><td>0.2%</td><td>0.1%</td><td>0.3%</td><td>0.2%</td><td>0.4%</td><td>1.3%</td></tr>
<tr><td rowspan="4">不太满意</td><td>计　数</td><td>21</td><td>86</td><td>121</td><td>41</td><td>22</td><td>291</td></tr>
<tr><td>占满意度比</td><td>7.2%</td><td>29.6%</td><td>41.6%</td><td>14.1%</td><td>7.6%</td><td>100.0%</td></tr>
<tr><td>占可能性比</td><td>2.5%</td><td>3.1%</td><td>6.3%</td><td>18.0%</td><td>25.9%</td><td>5.0%</td></tr>
<tr><td>占总比</td><td>0.4%</td><td>1.5%</td><td>2.1%</td><td>0.7%</td><td>0.4%</td><td>5.0%</td></tr>
<tr><td rowspan="2">一　般</td><td>计　数</td><td>45</td><td>569</td><td>918</td><td>110</td><td>26</td><td>1668</td></tr>
<tr><td>占满意度比</td><td>2.7%</td><td>34.1%</td><td>55.0%</td><td>6.6%</td><td>1.6%</td><td>100.0%</td></tr>
</table>

续表

			Q20：在您所在地区，法官徇私枉法裁判的可能性有多大？					总　计
			非常不可能	不太可能	有可能	很可能	非常可能	
Q33.1：您对自己所在地区法官的总体满意度如何？		占可能性比	5.3%	20.7%	47.8%	48.2%	30.6%	28.6%
		占总比	0.8%	9.8%	15.7%	1.9%	0.4%	28.6%
	比较满意	计　数	294	1731	797	56	5	2883
		占满意度比	10.2%	60.0%	27.6%	1.9%	0.2%	100.0%
		占可能性比	34.5%	63.0%	41.5%	24.6%	5.9%	49.4%
		占总比	5.0%	29.7%	13.7%	1.0%	0.1%	49.4%
	非常满意	计　数	478	354	68	9	8	917
		占满意度比	52.1%	38.6%	7.4%	1.0%	0.9%	100.0%
		占可能性比	56.1%	12.9%	3.5%	3.9%	9.4%	15.7%
		占总比	8.2%	6.1%	1.2%	0.2%	0.1%	15.7%
总　计		计　数	852	2747	1922	228	85	5834
		占总比	14.6%	47.1%	32.9%	3.9%	1.5%	100.0%

以受访者对法官满意度为横轴，以法官徇私枉法裁判可能性为纵轴，可得到下图：

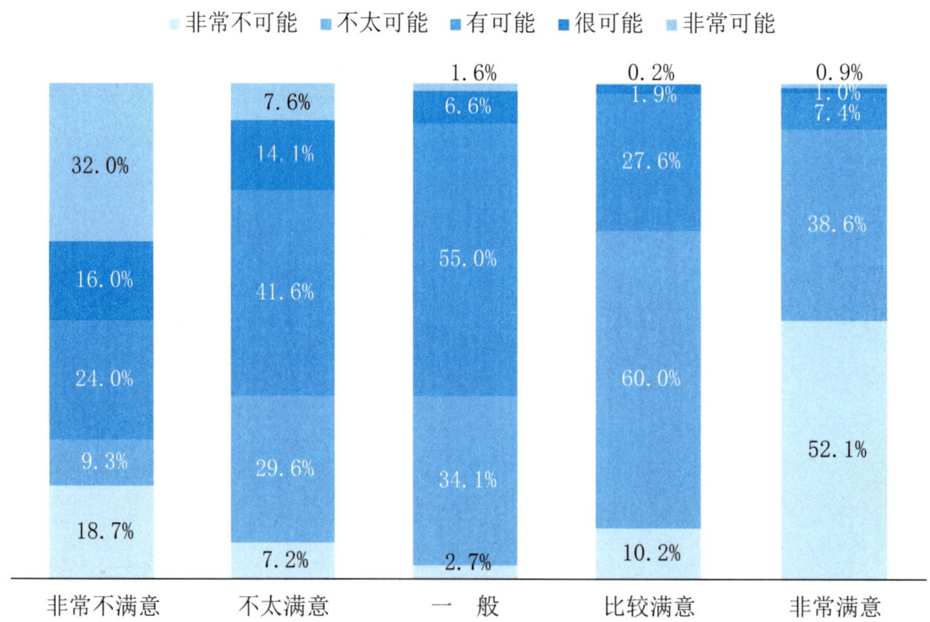

图 1-23　对法官满意度和法官徇私枉法裁判可能性认知之间的交叉分析图

数据挖掘分析：

若将选项“非常可能”、“很可能”和“有可能”合并视为“可能”，将选项“不太可能”和“非常不可能”合并视为“不可能”，则得数据如下：

1. 对法官满意度为“非常不满意”的受访者中，认为法官可能徇私枉法裁判的比例为72.0%。
2. 对法官满意度为“不太满意”的受访者中，认为法官可能徇私枉法裁判的比例为63.3%。
3. 对法官满意度为“一般”的受访者中，认为法官可能徇私枉法裁判的比例为63.2%。
4. 对法官满意度为“比较满意”的受访者中，认为法官可能徇私枉法裁判的比例为29.7%。

5. 对法官满意度为“非常满意”的受访者中，认为法官可能徇私枉法裁判的比例为 9.3%。

数据表明，专业卷 Q20 题和 Q33.1 题之间，即受访者对法官徇私枉法裁判可能性的认知与受访者对法官满意度之间存在一定的关联。具体来说，对法官满意度越高的受访者，越倾向于认为法官不可能徇私枉法作出裁判。这意味着，法院系统可以从保障司法权力行使的公正性入手，从而进一步提高人们对法官群体的满意度。

指标 2　当事人诉讼权利

当事人诉讼权利作为一级指标，下设四个二级指标：①当事人享有不被强迫自证其罪的权利；②当事人享有获得辩护、代理的权利；③当事人享有质证权利；④当事人享有获得救济的权利。涉及公众卷1个题目，专业卷7个题目。具体的数据挖掘结果如下：

2.1 当事人享有不被强迫自证其罪的权利

为测量这一指标,调查问卷设计一个问题：

“在您所在地区的刑事审判中，法官要求被告人提供对己不利证据的可能性有多大?”【专业卷】

2.1.1 当事人享有不被强迫自证其罪的权利问题基本数据

对于当事人享有不被强迫自证其罪的权利问题，我们提取有关问题进行了频数分析，其基本数据情况如下：

问题：“在您所在地区的刑事审判中，法官要求被告人提供对己不利证据的可能性有多大?”【专业卷】

表 2-1　专业卷：法官要求被告人提供对己不利证据可能性作答情况详表

		法　官		检察官		警　察		律　师		全　体	
		计数	列 N%	计数	列 N%	计数	列 N%	计数	列 N%	计数	列 N%
法官要求被告人提供对己不利证据可能性	非常不可能	303	20.6%	316	20.9%	251	18.2%	116	7.8%	986	16.9%
	不太可能	854	57.9%	845	56.0%	718	52.1%	740	49.9%	3157	54.0%
	有可能	273	18.5%	303	20.1%	352	25.5%	532	35.9%	1460	25.0%
	很可能	31	2.1%	32	2.1%	44	3.2%	72	4.9%	179	3.1%
	非常可能	11	0.7%	7	0.5%	9	0.7%	16	1.1%	43	0.7%
	拒　答	2	0.1%	6	0.4%	5	0.4%	6	0.4%	19	0.3%

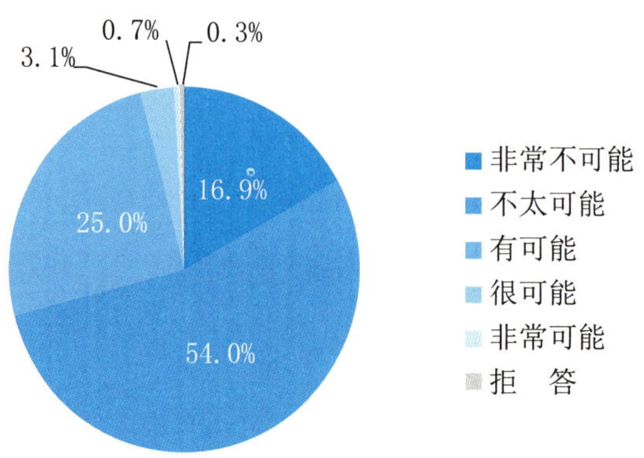

图 2-1　专业卷：法官要求被告人提供对己不利证据可能性作答情况分布图

从图 2-1 可以看出，专业卷的受访者在回答“法官要求被告人提供对己不利证据可能性”问题时，更倾向于认为上述情况不太可能发生，选择“非常不可能”、“不太可能”的人数比例高达 70.9%。

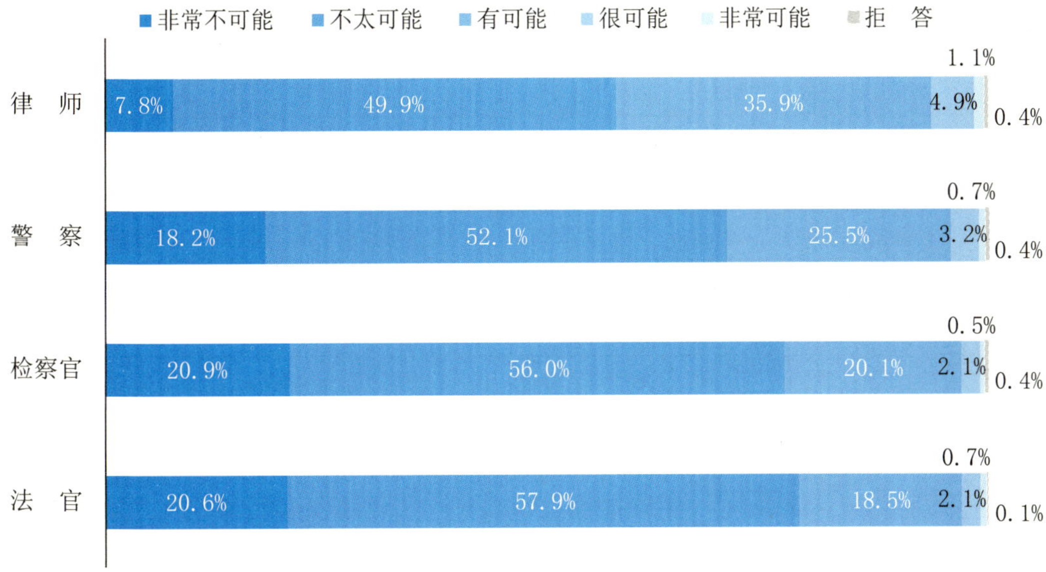

图 2-2　专业卷细分：法官要求被告人提供对己不利证据可能性作答情况分布图

不同职业群体在回答“法官要求被告人提供对己不利证据可能性”问题时，法官群体在“非常不可能”和“不太可能”两个选项的选择上高于其他群体。律师群体在“有可能”、“很可能”和“非常可能”三个选项的选择上高于其他群体，认为上述情况发生的可能性较高，人数比例为 41.9%。

2.1.2　当事人享有不被强迫自证其罪的权利问题相关分析

课题组采用相关性分析和交叉分析两种数据分析技术，对专业卷进行分析。

通过对专业卷的 Q17 题和 Q33.1 题进行相关性分析，考察两组数据间的 Spearman 相关系数，可得到下表：

表 2-2　对法官满意度和法官要求被告人提供对己不利证据可能性认知之间的相关分析表

			Q17：在您所在地区的刑事审判中，法官要求被告人提供对己不利证据的可能性有多大?	Q33.1：您对自己所在地区法官的总体满意度如何?
Spearman 的 rho	Q17：在您所在地区的刑事审判中，法官要求被告人提供对己不利证据的可能性有多大?	相关系数	1.000	-0.227**
		显著性（双尾）		0.000
		N*	5829	5819
	Q33.1：您对自己所在地区法官的总体满意度如何?	相关系数	-0.227**	1.000
		显著性（双尾）	0.000	
		N*	5819	5838

*N 为样本数；** 相关性在 0.01 层上显著（双尾）。

从下表中不难发现，Spearman 相关系数为-0.227，表示两题之间具有负相关性；同时双尾显著性为 0.000，表示该结果在 0.01 水平上显著，即表示其判断犯弃真型错误率小于 1%，结果准确。

为直观而深入地探寻两题间可能存在的深层次联系，我们对两题进行交叉分析：首先将拒答问卷全

部剔除，再对剩下的问卷样本以受访者对法官的满意度作为区分条件，来分析对法官的满意度不同的受访者对法官要求被告人提供对己不利证据可能性这一问题的认知方面具有的分布特性，得到下表：

表 2-3　对法官满意度和法官要求被告人提供对己不利证据可能性认知之间的交叉分析表

			Q17：在您所在地区的刑事审判中，法官要求被告人提供对己不利证据的可能性有多大?					总　计
			非常不可能	不太可能	有可能	很可能	非常可能	
Q33.1：您对自己所在地区法官的总体满意度如何?	非常不满意	计　数	15	26	24	4	4	73
		占满意度比	20.5%	35.6%	32.9%	5.5%	5.5%	100.0%
		占可能性比	1.5%	0.8%	1.6%	2.2%	9.3%	1.3%
		占总比	0.3%	0.4%	0.4%	0.1%	0.1%	1.3%
	不太满意	计　数	36	130	90	28	7	291
		占满意度比	12.4%	44.7%	30.9%	9.6%	2.4%	100.0%
		占可能性比	3.7%	4.1%	6.2%	15.7%	16.3%	5.0%
		占总比	0.6%	2.2%	1.5%	0.5%	0.1%	5.0%
	一　般	计　数	166	861	584	51	4	1666
		占满意度比	10.0%	51.7%	35.1%	3.1%	0.2%	100.0%
		占可能性比	16.9%	27.3%	40.1%	28.7%	9.3%	28.6%
		占总比	2.9%	14.8%	10.0%	0.9%	0.1%	28.6%
	比较满意	计　数	416	1732	644	65	15	2872
		占满意度比	14.5%	60.3%	22.4%	2.3%	0.5%	100.0%
		占可能性比	42.3%	54.9%	44.2%	36.5%	34.9%	49.4%
		占总比	7.1%	29.8%	11.1%	1.1%	0.3%	49.4%
	非常满意	计　数	351	407	116	30	13	917
		占满意度比	38.3%	44.4%	12.6%	3.3%	1.4%	100.0%
		占可能性比	35.7%	12.9%	8.0%	16.9%	30.2%	15.8%
		占总比	6.0%	7.0%	2.0%	0.5%	0.2%	15.8%
总　计		计　数	984	3156	1458	178	43	5819
		占总比	16.9%	54.2%	25.1%	3.1%	0.7%	100.0%

以受访者对法官满意度为横轴，以法官要求被告人提供对己不利证据可能性为纵轴，可得图 2-3：

数据挖掘分析：

若将选项“非常可能”、“很可能”和“有可能”合并视为“可能”，将选项“不太可能”和“非常不可能”合并视为“不可能”，则得数据如下：

1. 对法官满意度为“非常不满意”的受访者中，认为法官可能要求被告人提供对己不利证据的比例为43.9%。

2. 对法官满意度为“不太满意”的受访者中，认为法官可能要求被告人提供对己不利证据的比例为42.9%。

3. 对法官满意度为“一般”的受访者中，认为法官可能要求被告人提供对己不利证据的比例为38.4%。

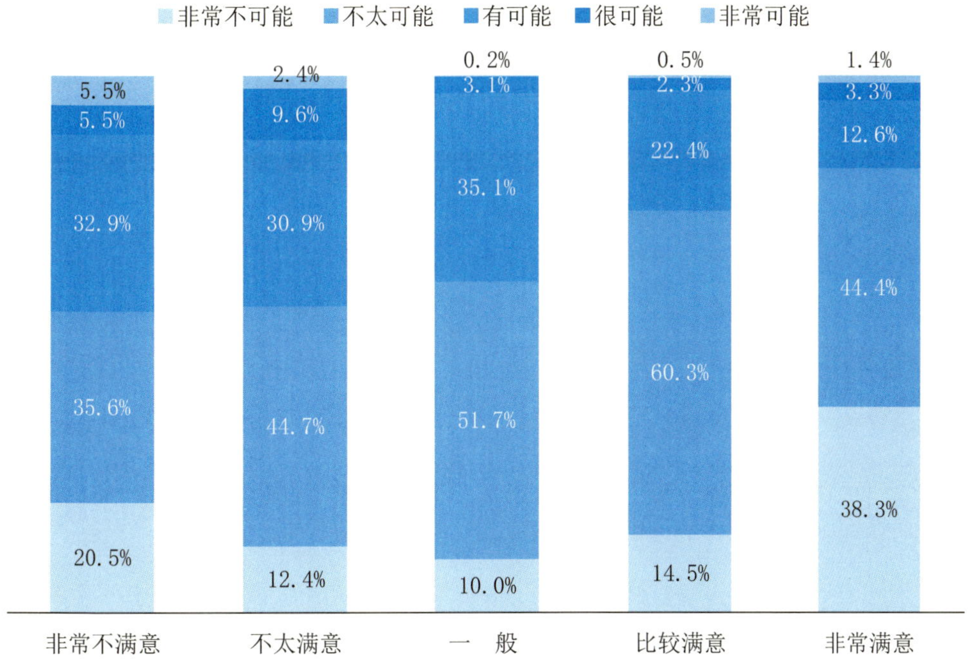

图 2-3　对法官满意度和法官要求被告人提供对己不利证据可能性认知之间的交叉分析图

4. 对法官满意度为“比较满意”的受访者中，认为法官可能要求被告人提供对己不利证据的比例为 25.2%。

5. 对法官满意度为“非常满意”的受访者中，认为法官可能要求被告人提供对己不利证据的比例为 17.3%。

数据表明，专业卷 Q17 题和 Q33.1 题之间，即受访者对法官要求被告人提供对己不利证据可能性的认知与受访者对法官满意度之间存在一定的关联。具体来说，对法官满意度越高的受访者，越倾向于认为法官不可能要求被告人提供对己不利证据。这意味着，受到刑事指控的人享有的不被强迫自证其罪的权利的实现情况，与人们对法官的满意度之间具有一定关联。因此，为了进一步提高人们对法官群体的满意度，法院系统可以从保障讯问行为的合法性入手，对受到刑事指控的人享有的不被强迫自证其罪权利予以保障。

2.2　当事人享有获得辩护、代理的权利

为测量这一指标，调查问卷设计三个问题：

问题一：“在您所在地区，被告人如果请不起律师，他/她得到无偿法律援助的可能性有多大?”【公众卷】

问题二：“在您所在地区，律师到看守所会见犯罪嫌疑人，遇到无理阻碍的可能性有多大?”【专业卷】

问题三：“在您所在地区，律师去检察院阅卷，遇到无理阻碍的可能性有多大?”【专业卷】

2.2.1　当事人享有获得辩护、代理的权利问题基本数据

对于当事人享有获得辩护、代理的权利问题，我们提取有关问题进行了频数分析，其中公众卷部分基本数据情况如下：

问题一：“在您所在地区，被告人如果请不起律师，他/她得到无偿法律援助的可能性有多大?”【公众卷】

表 2-4　公众卷：被告人得到无偿法律援助可能性作答情况详表

公众卷		计　数	列 N%
被告人得到无偿法律援助可能性	非常不可能	685	3.7%
	不太可能	4832	26.0%
	有可能	8295	44.7%
	很可能	3457	18.6%
	非常可能	1201	6.5%
	拒　答	82	0.4%

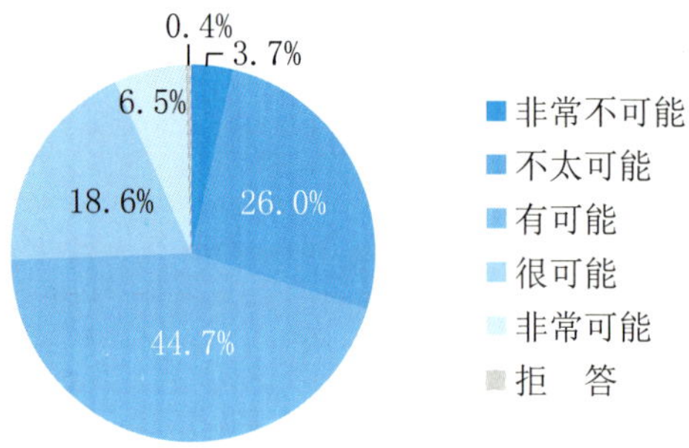

图 2-4　公众卷：被告人得到无偿法律援助可能性作答情况分布图

从上图可以看出，公众卷的受访者在回答“被告人得到无偿法律援助可能性”问题时，更倾向于认为上述情况有可能发生，选择“有可能”、“很可能”和“非常可能”的人数比例约为 69.8%。

当事人享有获得辩护、代理的权利问题专业卷部分基本数据情况则如下：

问题二：“在您所在地区，律师到看守所会见犯罪嫌疑人，遇到无理阻碍的可能性有多大?”【专业卷】

表 2-5　专业卷：律师会见嫌疑人遇到无理阻碍可能性作答情况详表

		法　官		检察官		警　察		律　师		全　体	
		计数	列 N%	计数	列 N%	计数	列 N%	计数	列 N%	计数	列 N%
律师会见嫌疑人遇到无理阻碍可能性	非常不可能	191	13.0%	375	24.9%	299	21.7%	77	5.2%	942	16.1%
	不太可能	641	43.5%	666	44.1%	590	42.8%	498	33.6%	2395	41.0%
	有可能	443	30.1%	342	22.7%	328	23.8%	540	36.4%	1653	28.3%
	很可能	135	9.2%	74	4.9%	103	7.5%	244	16.5%	556	9.5%
	非常可能	56	3.8%	48	3.2%	53	3.8%	117	7.9%	274	4.7%
	拒　答	8	0.5%	4	0.3%	6	0.4%	6	0.4%	24	0.4%

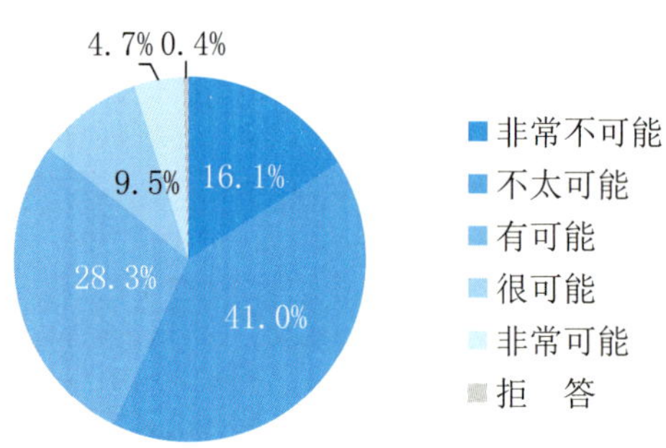

图 2-5　专业卷：律师会见嫌疑人遇到无理阻碍可能性作答情况分布图

从上图可以看出，专业卷的受访者在回答“律师会见嫌疑人遇到无理阻碍可能性”问题时，更倾向于认为上述情况不太可能发生，选择“非常不可能”和“不太可能”的人数比例超过半数。

专业卷的受访者依照其职业分为四类人群，不同职业群体对“律师会见嫌疑人遇到无理阻碍的可能性”判断对比如下图：

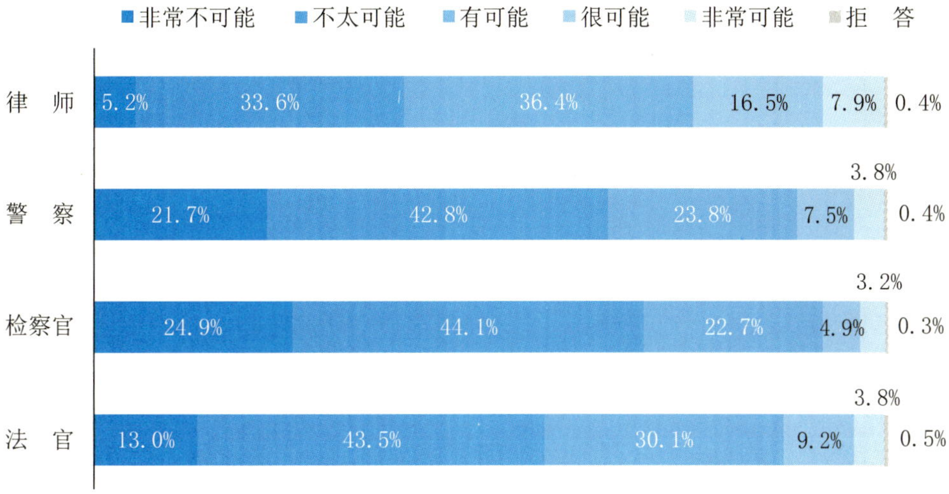

图 2-6　专业卷细分：律师会见嫌疑人遇到无理阻碍可能性作答情况分布图

不同职业群体在回答“律师会见嫌疑人遇到无理阻碍可能性”问题时，律师群体选择“有可能”、“很可能”和“非常可能”的人数比例为 60.8%，认为上述情况可能发生的比例最高。与之相对的是检察官群体，认为上述情况可能发生的比例最低。

问题三：“在您所在地区，律师去检察院阅卷，遇到无理阻碍的可能性有多大?”【专业卷】

表 2-6　专业卷：律师去检察院阅卷遇到无理阻碍可能性作答情况详表

		法　官		检察官		警　察		律　师		全　体	
		计数	列 N%	计数	列 N%	计数	列 N%	计数	列 N%	计数	列 N%
律师去检察院阅卷遇到无理阻碍可能性	非常不可能	227	15.4%	589	39.0%	266	19.3%	100	6.7%	1182	20.2%
	不太可能	683	46.3%	618	41.0%	567	41.1%	568	38.3%	2436	41.7%
	有可能	377	25.6%	198	13.1%	369	26.8%	541	36.5%	1485	25.4%
	很可能	115	7.8%	45	3.0%	108	7.8%	183	12.3%	451	7.7%
	非常可能	56	3.8%	47	3.1%	49	3.6%	82	5.5%	234	4.0%
	拒　答	16	1.1%	12	0.8%	20	1.5%	8	0.5%	56	1.0%

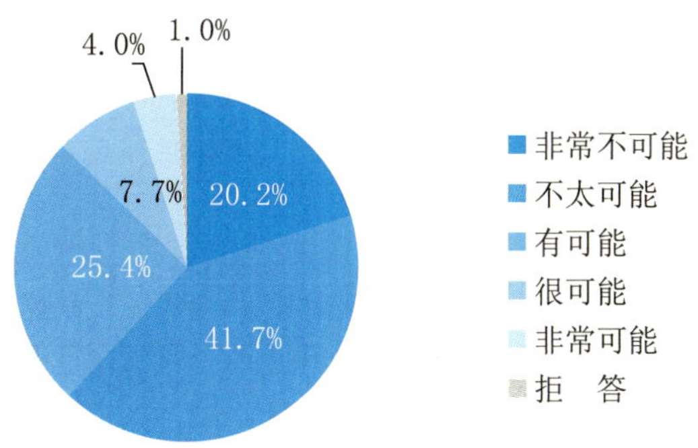

图 2-7　专业卷：律师去检察院阅卷遇到无理阻碍可能性作答情况分布图

从图2-7可以看出，专业卷的受访者在回答“律师去检察院阅卷遇到无理阻碍可能性”问题时，更倾向于认为上述情况不太可能发生，选择“非常不可能”和“不太可能”的人数比例高达61.9%，认为“很可能”和“非常可能”的受访者只有11.7%。

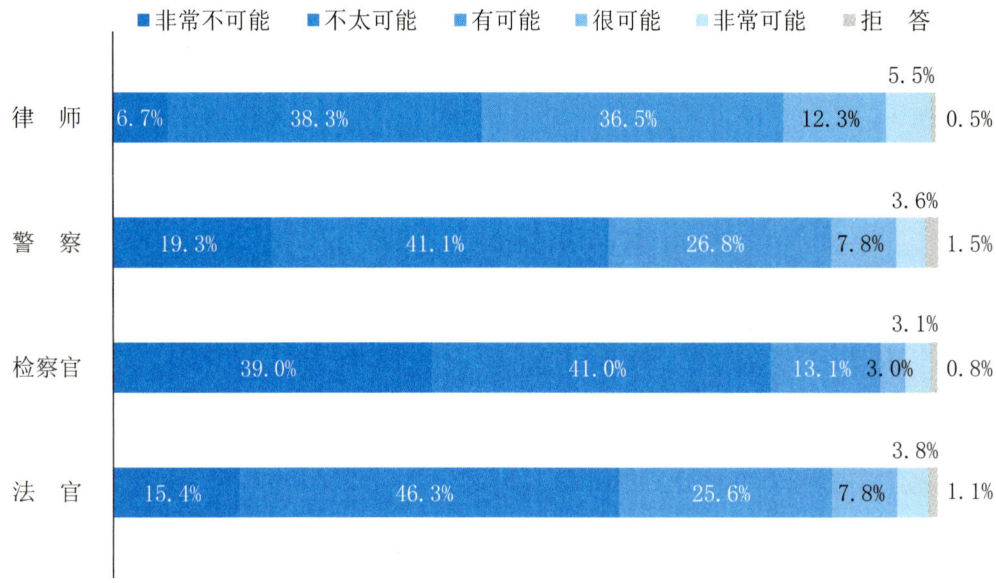

图2-8 专业卷细分：律师去检察院阅卷遇到无理阻碍可能性作答情况分布图

不同职业群体在回答“律师去检察院阅卷遇到无理阻碍可能性”问题时，检察官群体认为上述情况可能发生的人数比例最低，为19.2%。与之相对的是律师群体，认为上述情况可能发生的人数比例最高，为54.3%。

2.2.2 当事人享有获得辩护、代理的权利问题相关分析

课题组采用相关性分析和交叉分析两种数据分析技术，对公众卷和专业卷进行分析。

通过对公众卷的Q1题和Q14题进行相关性分析，考察两组数据间的Spearman相关系数，可得到下表：

表2-7 对参与法庭审判意愿度和被告人得到无偿法律援助可能性认知之间的相关分析表

			Q1：如果有当人民陪审员的机会，您愿意参与法庭审判吗?	Q14：在您所在地区，被告人如果请不起律师，他/她得到无偿法律援助的可能性有多大?
Spearman 的 rho	Q1：如果有当人民陪审员的机会，您愿意参与法庭审判吗?	相关系数	1.000	0.108**
		显著性（双尾）		0.000
		N*	18 485	18 421
	Q14：在您所在地区，被告人如果请不起律师，他/她得到无偿法律援助的可能性有多大?	相关系数	0.108**	1.000
		显著性（双尾）	0.000	
		N*	18 421	18 470

*N为样本数；** 相关性在0.01层上显著（双尾）。

从表2-7中不难发现，Spearman相关系数为0.108，表示两题之间具有正相关性；同时双尾显著性

为 0.000，表示该结果在 0.01 水平上显著，即表示其判断犯弃真型错误率小于 1%，结果准确。

为直观而深入地探寻两题间可能存在的深层次联系，我们对两题进行交叉分析：首先将拒答问卷全部剔除，再对剩下的问卷样本以受访者作为人民陪审员参与法庭审判的意愿度作为区分条件，来分析意愿度不同的受访者对请不起律师的被告人得到无偿法律援助可能性这一问题的认知上具有的分布特性，得到下表：

表 2-8　对参与法庭审判意愿度和被告人得到无偿法律援助可能性认知之间的交叉分析表

			Q14：在您所在地区，被告人如果请不起律师，他/她得到无偿法律援助的可能性有多大?					总　计
			非常不可能	不太可能	有可能	很可能	非常可能	
Q1：如果有当人民陪审员的机会，您愿意参与法庭审判吗?	非常不愿意	计　数	55	113	186	63	33	450
		占意愿度比	12.2%	25.1%	41.3%	14.0%	7.3%	100.0%
		占可能性比	8.1%	2.3%	2.2%	1.8%	2.8%	2.4%
		占总比	0.3%	0.6%	1.0%	0.3%	0.2%	2.4%
	不太愿意	计　数	105	766	1060	364	108	2403
		占意愿度比	4.4%	31.9%	44.1%	15.1%	4.5%	100.0%
		占可能性比	15.4%	15.9%	12.8%	10.5%	9.0%	13.0%
		占总比	0.6%	4.2%	5.8%	2.0%	0.6%	13.0%
	一　般	计　数	181	1597	2852	958	219	5807
		占意愿度比	3.1%	27.5%	49.1%	16.5%	3.8%	100.0%
		占可能性比	26.5%	33.1%	34.5%	27.8%	18.3%	31.5%
		占总比	1.0%	8.7%	15.5%	5.2%	1.2%	31.5%
	比较愿意	计　数	147	1386	2483	1206	327	5549
		占意愿度比	2.6%	25.0%	44.7%	21.7%	5.9%	100.0%
		占可能性比	21.5%	28.8%	30.0%	34.9%	27.3%	30.1%
		占总比	0.8%	7.5%	13.5%	6.5%	1.8%	30.1%
	非常愿意	计　数	195	958	1690	860	509	4212
		占意愿度比	4.6%	22.7%	40.1%	20.4%	12.1%	100.0%
		占可能性比	28.6%	19.9%	20.4%	24.9%	42.6%	22.9%
		占总比	1.1%	5.2%	9.2%	4.7%	2.8%	22.9%
总　计		计　数	683	4820	8271	3451	1196	18 421
		占总比	3.7%	26.2%	44.9%	18.7%	6.5%	100.0%

以受访者作为人民陪审员参与法庭审判的意愿度为横轴，以请不起律师的被告人得到无偿法律援助的可能性为纵轴，可得图 2-9：

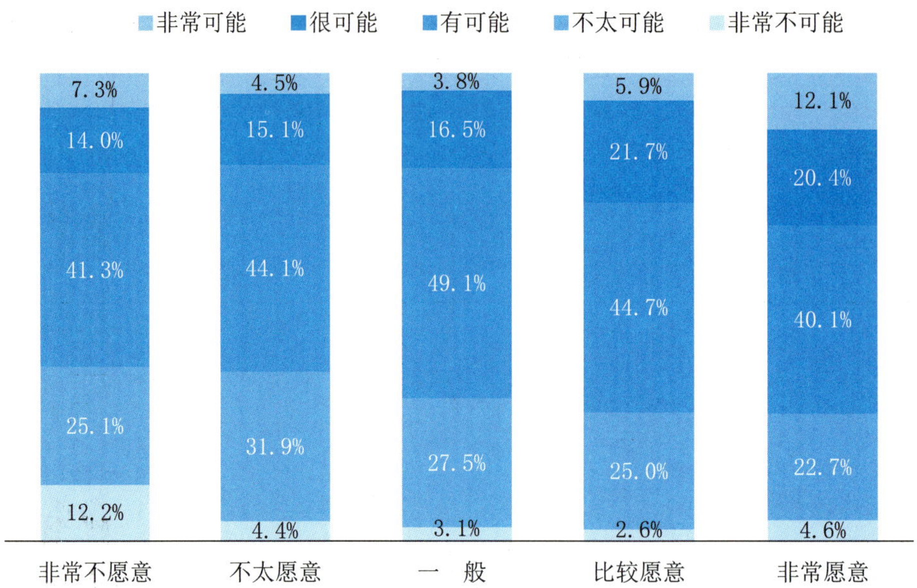

图 2-9　对参与法庭审判意愿度和被告人得到无偿法律援助可能性认知之间的交叉分析图

数据挖掘分析：

若将选项“非常可能”、“很可能”和“有可能”合并视为“可能”，将选项“不太可能”和“非常不可能”合并视为“不可能”，则得数据如下：

1. 对作为人民陪审员参与法庭审判意愿度为“非常不愿意”的受访者中，认为请不起律师的被告人可能得到无偿法律援助的比例为62.6%。

2. 对作为人民陪审员参与法庭审判意愿度为“不太愿意”的受访者中，认为请不起律师的被告人可能得到无偿法律援助的比例为63.7%。

3. 对作为人民陪审员参与法庭审判意愿度为“一般”的受访者中，认为请不起律师的被告人可能得到无偿法律援助的比例为69.4%。

4. 对作为人民陪审员参与法庭审判意愿度为“比较愿意”的受访者中，认为请不起律师的被告人可能得到无偿法律援助的比例为72.3%。

5. 对作为人民陪审员参与法庭审判意愿度为“非常愿意”的受访者中，认为请不起律师的被告人可能得到无偿法律援助的比例为72.6%。

数据表明，公众卷Q1题和Q14题之间，即受访者作为人民陪审员参与法庭审判的意愿度与受访者对请不起律师的被告人得到无偿法律援助可能性的认知之间存在一定的关联。具体来说，受访者作为陪审员参与法庭审判的意愿度越强，越倾向于认为请不起律师的被告人可能得到无偿法律援助。这表明，如果想要提升人们作为人民陪审员参与法庭审判的意愿度，可以考虑从保障当事人享有的获得辩护、代理的权利的角度入手。

通过对专业卷的Q18.1题和Q33.3题进行相关性分析，考察两组数据间的Spearman相关系数，可得到表2-9：

表 2-9　对警察满意度和律师会见嫌疑人遇到无理阻碍可能性认知之间的相关分析表

			Q18.1：在您所在地区，律师到看守所会见犯罪嫌疑人，遇到无理阻碍的可能性有多大？	Q33.3：您对自己所在地区警察的总体满意度如何？
Spearman 的 rho	Q18.1：在您所在地区，律师到看守所会见犯罪嫌疑人，遇到无理阻碍的可能性有多大？	相关系数	1.000	-0.295**
		显著性（双尾）		0.000
		N*	5824	5808
	Q33.3：您对自己所在地区警察的总体满意度如何？	相关系数	-0.295**	1.000
		显著性（双尾）	0.000	
		N*	5808	5832

*N 为样本数；** 相关性在 0.01 层上显著（双尾）。

从上表中不难发现，Spearman 相关系数为-0.295，表示两题之间具有负相关性；同时双尾显著性为 0.000，表示该结果在 0.01 水平上显著，即表示其判断犯弃真型错误率小于 1%，结果准确。

为直观而深入地探寻两题间可能存在的深层次联系，我们对两题进行交叉分析：首先将拒答问卷全部剔除，再对剩下的问卷样本以受访者对警察的满意度作为区分条件，来分析对警察的满意度不同的受访者对律师会见犯罪嫌疑人遇到无理阻碍可能性这一问题的认知上具有的分布特性，得到下表：

表 2-10　对警察满意度和律师会见嫌疑人遇到无理阻碍可能性认知之间的交叉分析表

			Q18.1：在您所在地区，律师到看守所会见犯罪嫌疑人，遇到无理阻碍的可能性有多大？					总　计
			非常不可能	不太可能	有可能	很可能	非常可能	
Q33.3：您对自己所在地区警察的总体满意度如何？	非常不满意	计　数	27	39	45	39	33	183
		占满意度比	14.8%	21.3%	24.6%	21.3%	18.0%	100.0%
		占可能性比	2.9%	1.6%	2.7%	7.0%	12.1%	3.2%
		占总比	0.5%	0.7%	0.8%	0.7%	0.6%	3.2%
	不太满意	计　数	41	188	209	89	53	580
		占满意度比	7.1%	32.4%	36.0%	15.3%	9.1%	100.0%
		占可能性比	4.4%	7.9%	12.7%	16.1%	19.4%	10.0%
		占总比	0.7%	3.2%	3.6%	1.5%	0.9%	10.0%
	一　般	计　数	190	694	730	226	75	1915
		占满意度比	9.9%	36.2%	38.1%	11.8%	3.9%	100.0%
		占可能性比	20.2%	29.0%	44.2%	40.8%	27.5%	33.0%
		占总比	3.3%	11.9%	12.6%	3.9%	1.3%	33.0%
	比较满意	计　数	326	1159	554	168	66	2273
		占满意度比	14.3%	51.0%	24.4%	7.4%	2.9%	100.0%
		占可能性比	34.7%	48.5%	33.6%	30.3%	24.2%	39.1%
		占总比	5.6%	20.0%	9.5%	2.9%	1.1%	39.1%

续表

			Q18.1：在您所在地区，律师到看守所会见犯罪嫌疑人，遇到无理阻碍的可能性有多大?					总 计
			非常不可能	不太可能	有可能	很可能	非常可能	
	非常满意	计 数	355	311	113	32	46	857
		占满意度比	41.4%	36.3%	13.2%	3.7%	5.4%	100.0%
		占可能性比	37.8%	13.0%	6.8%	5.8%	16.8%	14.8%
		占总比	6.1%	5.4%	1.9%	0.6%	0.8%	14.8%
总 计		计 数	939	2391	1651	554	273	5808
		占总比	16.2%	41.2%	28.4%	9.5%	4.7%	100.0%

以受访者对警察满意度为横轴，以律师会见嫌疑人遇到无理阻碍可能性为纵轴，可得下图：

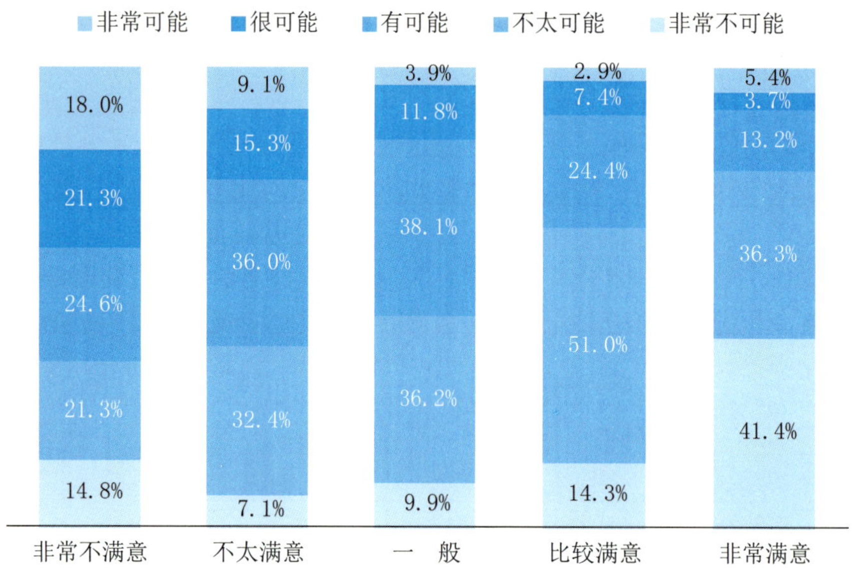

图 2-10 对警察满意度和律师会见嫌疑人遇到无理阻碍可能性认知之间的交叉分析图

数据挖掘分析：

若将选项“非常可能”、“很可能”和“有可能”合并视为“可能”，将选项“不太可能”和“非常不可能”合并视为“不可能”，则得数据如下：

1. 对警察满意度为“非常不满意”的受访者中，认为律师会见嫌疑人可能遇到无理阻碍的比例为63.9%。

2. 对警察满意度为“不太满意”的受访者中，认为律师会见嫌疑人可能遇到无理阻碍的比例为60.4%。

3. 对警察满意度为“一般”的受访者中，认为律师会见嫌疑人可能遇到无理阻碍的比例为53.8%。

4. 对警察满意度为“比较满意”的受访者中，认为律师会见嫌疑人可能遇到无理阻碍的比例为34.7%。

5. 对警察满意度为“非常满意”的受访者中，认为律师会见嫌疑人可能遇到无理阻碍的比例为22.3%。

数据表明，专业卷Q18.1题和Q33.3题之间，即受访者对律师会见嫌疑人遇到无理阻碍可能性的认知与受访者对警察的满意度之间存在一定的关联。具体来说，对警察满意度越低的受访者，越倾向于认为律师会见嫌疑人可能遇到无理阻碍。这意味着，当事人享有的获得辩护、代理的权利的实现情况，与受访者对警察的满意度之间具有一定的关联性。因此，为进一步提高人们对警察群体的满意度，公安系统可以从保障律师会见权的角度入手，对当事人享有的获得辩护、代理的权利予以保障。

通过对专业卷的 Q18.2 题和 Q33.2 题进行相关性分析，考察两组数据间的 Spearman 相关系数，可得到下表：

表 2-11 对检察官满意度和律师去检察院阅卷遇到无理阻碍可能性认知之间的相关分析表

			Q18.2：在您所在地区，律师去检察院阅卷，遇到无理阻碍的可能性有多大？	Q33.2：您对自己所在地区检察官的总体满意度如何？
Spearman 的 rho	Q18.2：在您所在地区，律师去检察院阅卷，遇到无理阻碍的可能性有多大？	相关系数	1.000	-0.331**
		显著性（双尾）		0.000
		N*	5792	5775
	Q33.2：您对自己所在地区检察官的总体满意度如何？	相关系数	-0.331**	1.000
		显著性（双尾）	0.000	
		N*	5775	5829

*N 为样本数；** 相关性在 0.01 层上显著（双尾）。

从上表中不难发现，Spearman 相关系数为-0.331，表示两题之间具有负相关性；同时双尾显著性为 0.000，表示该结果在 0.01 水平上显著，即表示其判断犯弃真型错误率小于 1%，结果准确。

为直观而深入地探寻两题之间可能存在的深层次联系，我们对两题进行交叉分析：首先将拒答问卷全部剔除，再对剩下的问卷样本以受访者对检察官的满意度作为区分条件，来分析对检察官的满意度不同的受访者在律师去检察院阅卷遇到无理阻碍可能性这一问题的认知上具有的分布特性，得到下表：

表 2-12 对检察官满意度和律师去检察院阅卷遇到无理阻碍可能性认知之间的交叉分析表

			Q18.2：在您所在地区，律师去检察院阅卷，遇到无理阻碍的可能性有多大？					总 计
			非常不可能	不太可能	有可能	很可能	非常可能	
Q33.2：您对自己所在地区检察官的总体满意度如何？	非常不满意	计 数	16	16	15	14	12	73
		占满意度比	21.9%	21.9%	20.5%	19.2%	16.4%	100.0%
		占可能性比	1.4%	0.7%	1.0%	3.1%	5.2%	1.3%
		占总比	0.3%	0.3%	0.3%	0.2%	0.2%	1.3%
	不太满意	计 数	30	95	97	50	31	303
		占满意度比	9.9%	31.4%	32.0%	16.5%	10.2%	100.0%
		占可能性比	2.5%	3.9%	6.5%	11.1%	13.4%	5.2%
		占总比	0.5%	1.6%	1.7%	0.9%	0.5%	5.2%
	一 般	计 数	143	572	642	184	60	1601
		占满意度比	8.9%	35.7%	40.1%	11.5%	3.7%	100.0%
		占可能性比	12.1%	23.5%	43.3%	40.9%	25.9%	27.7%
		占总比	2.5%	9.9%	11.1%	3.2%	1.0%	27.7%

续表

			Q18.2:在您所在地区,律师去检察院阅卷,遇到无理阻碍的可能性有多大?					总　计
			非常不可能	不太可能	有可能	很可能	非常可能	
Q33.2:您对自己所在地区检察官的总体满意度如何?	比较满意	计　数	521	1430	640	174	74	2839
		占满意度比	18.4%	50.4%	22.5%	6.1%	2.6%	100.0%
		占可能性比	44.2%	58.8%	43.2%	38.7%	31.9%	49.2%
		占总比	9.0%	24.8%	11.1%	3.0%	1.3%	49.2%
	非常满意	计　数	470	317	89	28	55	959
		占满意度比	49.0%	33.1%	9.3%	2.9%	5.7%	100.0%
		占可能性比	39.8%	13.0%	6.0%	6.2%	23.7%	16.6%
		占总比	8.1%	5.5%	1.5%	0.5%	1.0%	16.6%
总计		计　数	1180	2430	1483	450	232	5775
		占总比	20.4%	42.1%	25.7%	7.8%	4.0%	100.0%

以受访者对检察官满意度为横轴，以律师去检察院阅卷遇到无理阻碍可能性为纵轴，可得下图：

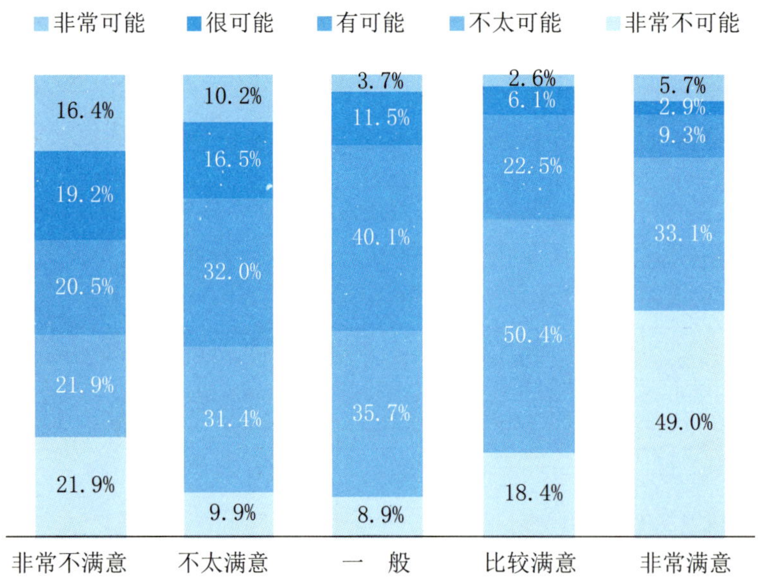

图 2-11　对检察官满意度和律师去检察院阅卷遇到无理阻碍可能性认知之间的交叉分析图

数据挖掘分析：

若将选项“非常可能”、“很可能”和“有可能”合并视为“可能”，将选项“不太可能”和“非常不可能”合并视为“不可能”，则得数据如下：

1. 对检察官满意度为“非常不满意”的受访者中，认为律师去检察院阅卷可能遇到无理阻碍的比例为 56.1%。

2. 对检察官满意度为“不太满意”的受访者中，认为律师去检察院阅卷可能遇到无理阻碍的比例为 58.7%。

3. 对检察官满意度为“一般”的受访者中，认为律师去检察院阅卷可能遇到无理阻碍的比例为 55.3%。

4. 对检察官满意度为“比较满意”的受访者中，认为律师去检察院阅卷可能遇到无理阻碍的比例为 31.2%。

5. 对检察官满意度为“非常满意”的受访者中，认为律师去检察院阅卷可能遇到无理阻碍的比例为 17.9%。

一般认为，对检察官满意度越低的受访者，越倾向于认为律师去检察院阅卷可能遇到无理阻碍。但从分析结果来看，并不能得出这种结论。

2.3 当事人享有质证权利

为测量这一指标，调查问卷设计一个问题：

“在您所在地区的刑事诉讼中，如果被告人要求证人出庭接受质证，法官传唤该证人出庭作证的可能性有多大?”【专业卷】

2.3.1 当事人享有质证权利问题基本数据

对于当事人享有质证权利问题，我们提取有关问题进行了频数分析，其基本数据情况如下：

问题：“在您所在地区的刑事诉讼中，如果被告人要求证人出庭接受质证，法官传唤该证人出庭作证的可能性有多大?”【专业卷】

表 2-13 专业卷：法官传唤被告人证人出庭作证可能性作答情况详表

		法官		检察官		警察		律师		全体	
		计数	列 N%	计数	列 N%	计数	列 N%	计数	列 N%	计数	列 N%
法官传唤被告人证人出庭作证可能性	非常不可能	21	1.4%	21	1.4%	43	3.1%	54	3.6%	139	2.4%
	不太可能	171	11.6%	241	16.0%	193	14.0%	302	20.4%	907	15.5%
	有可能	672	45.6%	749	49.6%	680	49.3%	754	50.9%	2855	48.9%
	很可能	355	24.1%	321	21.3%	327	23.7%	286	19.3%	1289	22.1%
	非常可能	250	17.0%	174	11.5%	132	9.6%	83	5.6%	639	10.9%
	拒答	5	0.3%	3	0.2%	4	0.3%	3	0.2%	15	0.3%

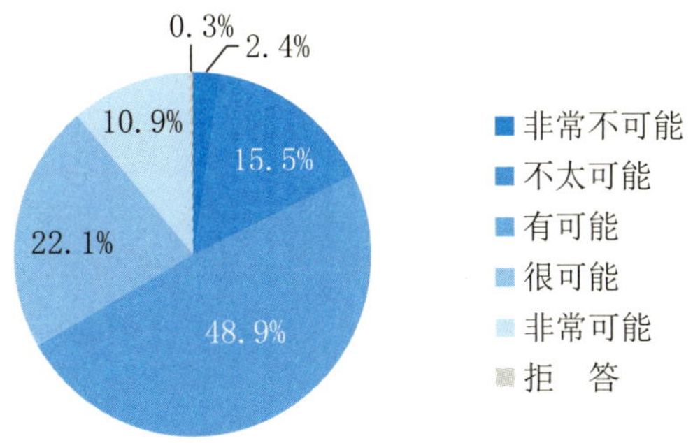

图 2-12 专业卷：法官传唤被告人证人出庭作证可能性作答情况分布图

从上图可以看出，专业卷的受访者在回答“法官传唤被告人证人出庭作证可能性”问题时，更倾向于认为上述情况有可能发生，选择“有可能”、“很可能”、“非常可能”的人数比例高达 81.9%。

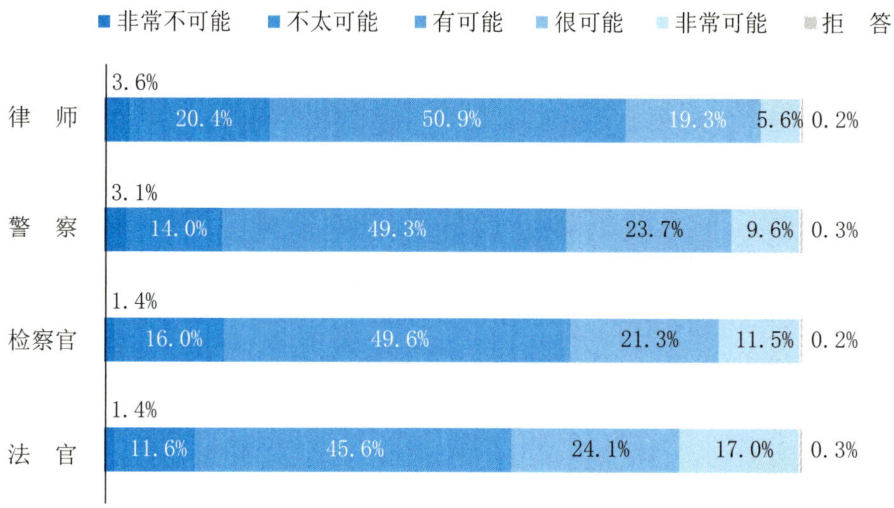

图 2-13　专业卷细分：法官传唤被告人证人出庭作证可能性作答情况分布图

不同职业群体在回答“法官传唤被告人证人出庭作证可能性”问题时，法官群体选择“有可能”、“很可能”与“非常可能”的人数比例为 86.7%，认为上述情况发生的可能性较高。与之相对的是，律师群体认为上述情况发生的可能性较低。

2.3.2　当事人享有质证权利问题相关分析

课题组采用相关性分析和交叉分析两种数据分析技术，对专业卷进行分析。

通过对专业卷的 Q19 题和 Q33.1 题进行相关性分析，考察两组数据间的 Spearman 相关系数，可得到下表：

表 2-14　对法官满意度和法官传唤被告人证人出庭作证可能性认知之间的相关分析表

			Q19：在您所在地区的刑事诉讼中，如果被告人要求证人出庭作证，法官传唤该证人出庭作证的可能性有多大？	Q33.1：您对自己所在地区法官的总体满意度如何？
spearman 的 rho	Q19：在您所在地区的刑事诉讼中，如果被告人要求证人出庭作证，法官传唤该证人出庭作证的可能性有多大？	相关系数	1.000	0.312**
		显著性（双尾）		0.000
		N*	5833	5823
	Q33.1：您对自己所在地区法官的总体满意度如何？	相关系数	0.312**	1.000
		显著性（双尾）	0.000	
		N*	5823	5838

＊N 为样本数；＊＊ 相关性在 0.01 层上显著（双尾）。

从上表中不难发现，Spearman 相关系数为 0.312，表示两题之间具有正相关性；同时双尾显著性为 0.000，表示该结果在 0.01 水平上显著，即表示其判断犯弃真型错误率小于 1%，结果准确。

为直观而深入地探寻两题之间可能存在的深层次联系，我们对两题进行交叉分析：首先将拒答问卷全部剔除，再对剩下的问卷样本以受访者对法官的满意度作为区分条件，来分析对法官的满意度不同的受访者对法官传唤被告人证人出庭作证可能性这一问题的认知上具有的分布特性，得到表 2-15：

表 2-15　对法官满意度和法官传唤被告人证人出庭作证可能性认知之间的交叉分析表

			Q19：在您所在地区的刑事诉讼中，如果被告人要求证人出庭作证，法官传唤该证人出庭作证的可能性有多大?					总　计
			非常不可能	不太可能	有可能	很可能	非常可能	
Q34.1：您对自己所在地区法官的总体满意度如何?	非常不满意	计　数	22	11	28	10	4	75
		占满意度比	29.3%	14.7%	37.3%	13.3%	5.3%	100.0%
		占可能性比	15.9%	1.2%	1.0%	0.8%	0.6%	1.3%
		占总比	0.4%	0.2%	0.5%	0.2%	0.1%	1.3%
	不太满意	计　数	26	106	110	39	11	292
		占满意度比	8.9%	36.3%	37.7%	13.4%	3.8%	100.0%
		占可能性比	18.8%	11.7%	3.9%	3.0%	1.7%	5.0%
		占总比	0.4%	1.8%	1.9%	0.7%	0.2%	5.0%
	一　般	计　数	37	356	961	226	82	1662
		占满意度比	2.2%	21.4%	57.8%	13.6%	4.9%	100.0%
		占可能性比	26.8%	39.3%	33.7%	17.6%	12.8%	28.5%
		占总比	0.6%	6.1%	16.5%	3.9%	1.4%	28.5%
	比较满意	计　数	35	374	1438	767	263	2877
		占满意度比	1.2%	13.0%	50.0%	26.7%	9.1%	100.0%
		占可能性比	25.4%	41.3%	50.4%	59.6%	41.2%	49.4%
		占总比	0.6%	6.4%	24.7%	13.2%	4.5%	49.4%
	非常满意	计　数	18	59	316	245	279	917
		占满意度比	2.0%	6.4%	34.5%	26.7%	30.4%	100.0%
		占可能性比	13.0%	6.5%	11.1%	19.0%	43.7%	15.7%
		占总比	0.3%	1.0%	5.4%	4.2%	4.8%	15.7%
总　计		计　数	138	906	2853	1287	639	5823
		占总比	2.4%	15.6%	49.0%	22.1%	11.0%	100.0%

以受访者对法官满意度为横轴，以法官传唤被告人证人出庭作证可能性为纵轴，可得图 2-14：

数据挖掘分析：

若将选项“非常可能”、“很可能”和“有可能”合并视为可能，选项“不太可能”和“非常不可能”视为不可能：

1. 对法官满意度为“非常不满意”的受访者中，认为法官不可能传唤被告人证人出庭作证的比例为 44.0%。

2. 对法官满意度为“不太满意”的受访者中，认为法官不可能传唤被告人证人出庭作证的比例为 45.2%。

3. 对法官满意度为“一般”的受访者中，认为法官不可能传唤被告人证人出庭作证的比例为 23.6%。

4. 对法官满意度为“比较满意”的受访者中，认为法官不可能传唤被告人证人出庭作证的比例为 14.2%。

5. 对法官满意度为“非常满意”的受访者中，认为法官不可能传唤被告人证人出庭作证的比例为 8.4%。

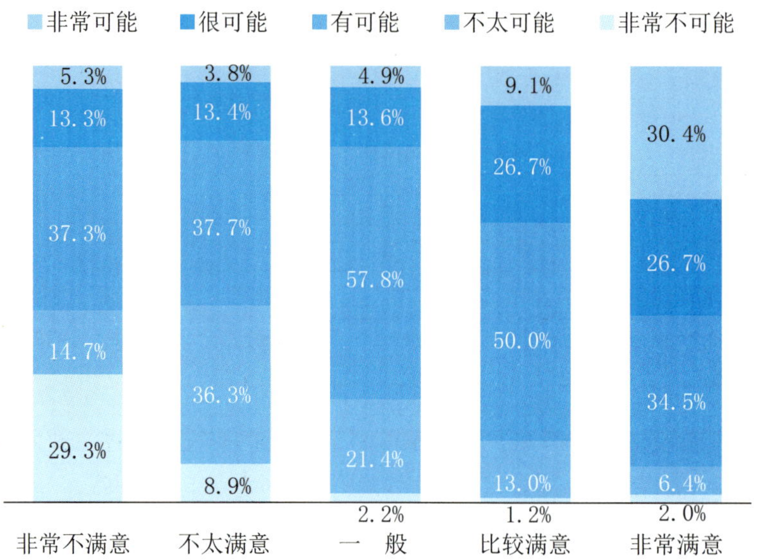

图 2-14　对法官满意度和法官传唤被告人证人出庭作证可能性认知之间的交叉分析图

一般认为，对法官满意度越低的受访者，越倾向于认为法官不可能传唤被告人证人出庭作证。但从分析结果来看，并不能得出这种结论。

2.4　当事人享有获得救济的权利

为测量这一指标，调查问卷设计三个问题：

问题一："在您所在地区，对确有错误的民事案件生效判决，法院启动再审程序予以纠正的可能性有多大?"【专业卷】

问题二："在您所在地区，对确有错误的刑事案件生效判决，法院启动再审程序予以纠正的可能性有多大?"【专业卷】

问题三："在您所在地区，对确有错误的行政案件生效判决，法院启动再审程序予以纠正的可能性有多大?"【专业卷】

2.4.1　当事人享有获得救济的权利问题基本数据

对于当事人享有获得救济的权利问题，我们提取有关问题进行了频数分析，其基本数据情况如下：

问题一："在您所在地区，对确有错误的民事案件生效判决，法院启动再审程序予以纠正的可能性有多大?"【专业卷】

表 2-16　专业卷：法院对确有错误的民事案件生效判决启动再审程序可能性作答情况详表

		法　官		检察官		警　察		律　师		全　体	
		计数	列 N%	计数	列 N%	计数	列 N%	计数	列 N%	计数	列 N%
法院对确有错误的民事案件生效判决启动再审程序可能性	非常不可能	11	0.7%	23	1.5%	41	3.0%	57	3.8%	132	2.3%
	不太可能	102	6.9%	137	9.1%	197	14.3%	320	21.6%	756	12.9%
	有可能	434	29.4%	707	46.9%	695	50.4%	724	48.9%	2560	43.8%
	很可能	488	33.1%	436	28.9%	322	23.4%	306	20.6%	1552	26.6%
	非常可能	438	29.7%	204	13.5%	121	8.8%	75	5.1%	838	14.3%
	拒　答	1	0.1%	2	0.1%	3	0.2%	0	0.0%	6	0.1%

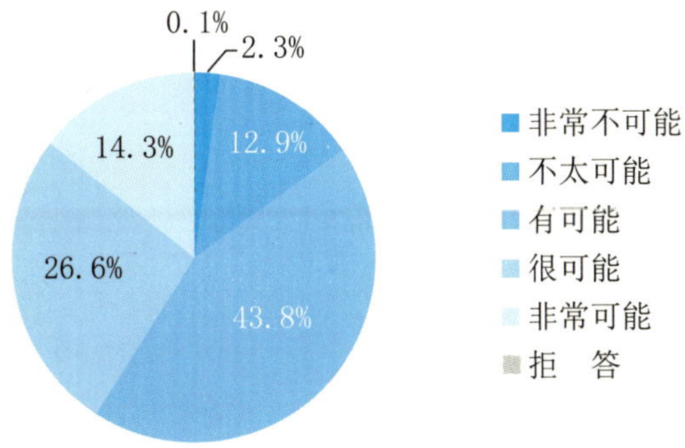

图 2-15 专业卷：法院对确有错误的民事案件生效判决启动再审程序可能性作答情况分布图

从上图可以看出，专业卷的受访者在回答“法院对确有错误的民事案件生效判决启动再审程序可能性”问题时，更倾向于认为上述情况有可能发生，选择“有可能”、“很可能”、“非常可能”的人数比例高达 84.7%。

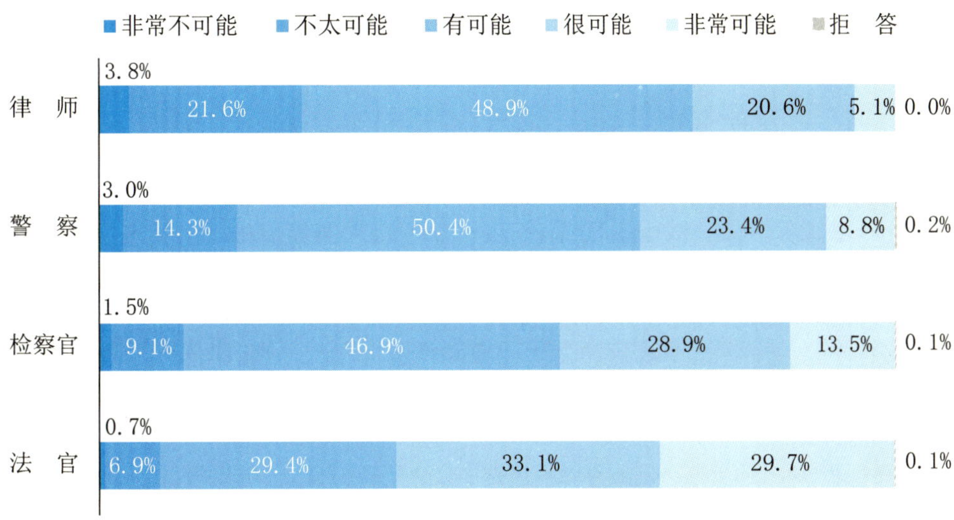

图 2-16 专业卷细分：法院对确有错误的民事案件生效判决启动再审程序可能性作答情况分布图

不同职业群体在回答“法院对确有错误的民事案件生效判决启动再审程序可能性”问题时，法官群体选择“有可能”、“很可能”和“非常可能”的人数比例高于其他三个群体，认为上述情况发生的可能性较高。与之相对的是律师群体，选择“非常不可能”、“不太可能”的人数比例最高，认为上述情况发生的可能性较低。

问题二：“在您所在地区，对确有错误的刑事案件生效判决，法院启动再审程序予以纠正的可能性有多大?”【专业卷】

表 2-17　专业卷：法院对确有错误的刑事案件生效判决启动再审程序可能性作答情况详表

		法官		检察官		警察		律师		全体	
		计数	列 N%	计数	列 N%	计数	列 N%	计数	列 N%	计数	列 N%
法院对确有错误的刑事案件生效判决启动再审程序可能性	非常不可能	14	0.9%	20	1.3%	39	2.8%	82	5.5%	155	2.7%
	不太可能	128	8.7%	155	10.3%	176	12.8%	385	26.0%	844	14.4%
	有可能	423	28.7%	630	41.7%	629	45.6%	688	46.4%	2370	40.6%
	很可能	482	32.7%	426	28.2%	349	25.3%	241	16.3%	1498	25.6%
	非常可能	416	28.2%	269	17.8%	170	12.3%	77	5.2%	932	15.9%
	拒答	11	0.7%	9	0.6%	16	1.2%	9	0.6%	45	0.8%

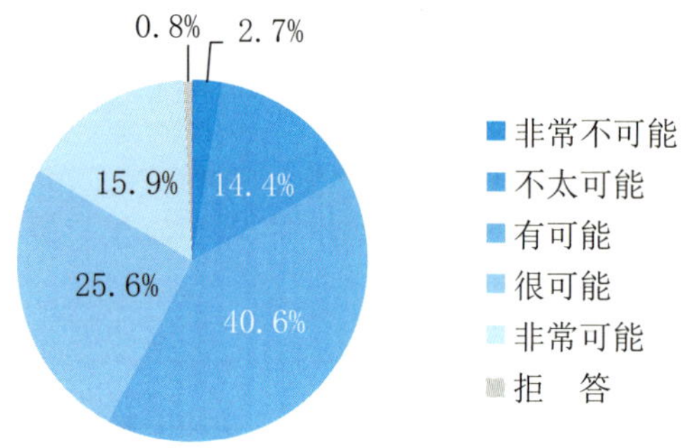

图 2-17　专业卷：法院对确有错误的刑事案件生效判决启动再审程序可能性作答情况分布图

从上图可以看出，专业卷的受访者在回答“法院对确有错误的刑事案件生效判决启动再审程序可能性”问题时，更倾向于认为上述情况有可能发生，选择“有可能”、“很可能”、“非常可能”的人数比例高达 82.1%。

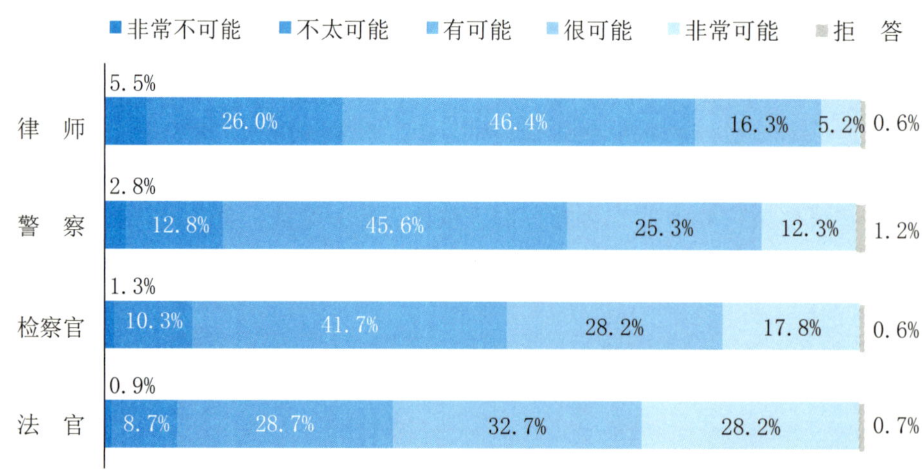

图 2-18　专业卷细分：法院对确有错误的刑事案件生效判决启动再审程序可能性作答情况分布图

不同职业群体在回答“法院对确有错误的刑事案件生效判决启动再审程序可能性”问题时，法官群体选择“有可能”、“很可能”与“非常可能”的人数比例最高，认为上述情况可能发生的比例达到 89.6%。与之相对的是律师群体，选择“非常不可能”与“不太可能”的人数比例最高，认为上述情况不可能发生的比例为 31.5%。

问题三：“在您所在地区，对确有错误的行政案件生效判决，法院启动再审程序予以纠正的可能性有多大？”【专业卷】

表 2-18　专业卷：法院对确有错误的行政案件生效判决启动再审程序可能性作答情况详表

		法　官		检察官		警　察		律　师		全　体	
		计数	列 N%	计数	列 N%	计数	列 N%	计数	列 N%	计数	列 N%
法院对确有错误的行政案件生效判决启动再审程序可能性	非常不可能	19	1.3%	39	2.6%	48	3.5%	128	8.6%	234	4.0%
	不太可能	143	9.7%	205	13.6%	195	14.1%	423	28.5%	966	16.5%
	有可能	458	31.1%	683	45.3%	680	49.3%	685	46.2%	2506	42.9%
	很可能	465	31.5%	368	24.4%	313	22.7%	186	12.6%	1332	22.8%
	非常可能	378	25.6%	206	13.7%	129	9.4%	50	3.4%	763	13.1%
	拒　答	11	0.7%	8	0.5%	14	1.0%	10	0.7%	43	0.7%

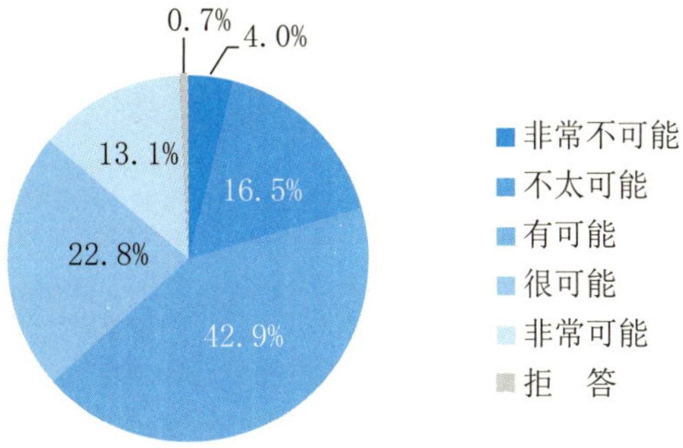

图 2-19　专业卷：法院对确有错误的行政案件生效判决启动再审程序可能性作答情况分布图

从上图可以看出，专业卷的受访者在回答“法院对确有错误的行政案件生效判决启动再审程序可能性”问题时，更倾向于认为上述情况有可能发生，选择“有可能”、“很可能”与“非常可能”的人数比例高达 78.8%。

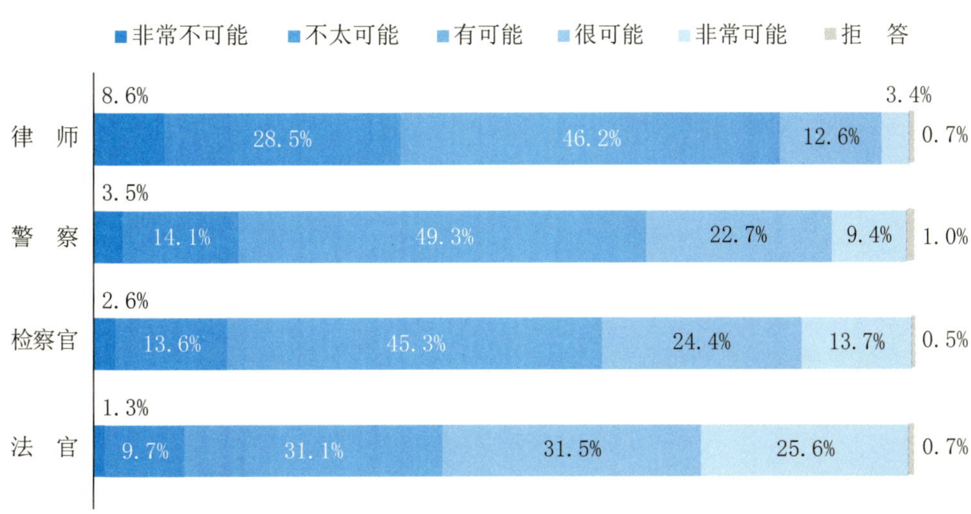

图 2-20　专业卷细分：法院对确有错误的行政案件生效判决启动再审程序可能性作答情况分布图

不同职业群体在回答“法院对确有错误的行政案件生效判决启动再审程序可能性”问题时，法官群体选择“有可能”、“很可能”与“非常可能”的人数比例最高，认为上述情况可能发生的比例达到 88.2%。与之相对的是律师群体，选择“非常不可能”与“不太可能”的人数比例最高，认为上述情况不可能发生的比例为 37.1%。

2.4.2 当事人享有获得救济的权利问题同卷对比分析

专业卷就“法院对确有错误的生效判决启动再审程序可能性”问题进行了调研，具体涉及民事案件、刑事案件、行政案件。同一群体对上述三类案件遇到错判时法院启动再审程序可能性的判断呈现出差异：

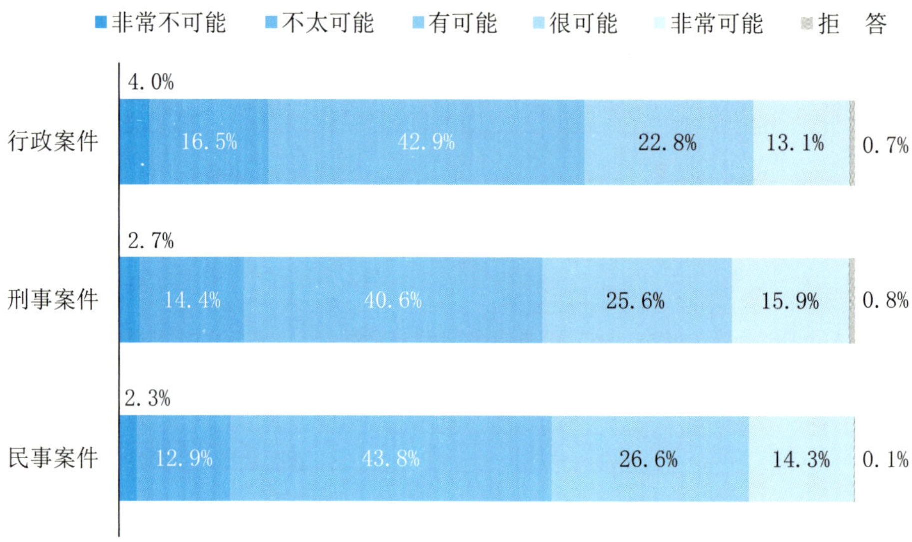

图 2-21　对不同类型错判案件法院启动再审程序可能性回答情况对比图

对比不同案件类型，专业卷的受访者对于“法院对确有错误的生效判决启动再审程序可能性”问题，在行政案件中选择“非常不可能”和“不太可能”的人数比例最高，认为对确有错误的行政案件生效判决，法院不太可能启动再审程序；而在民事案件中选择“有可能”、“很可能”和“非常可能”的人数比例高于其他两类案件，认为对确有错误的民事案件生效判决，法院启动再审程序的可能性较高。

指标 3　民事司法程序

民事司法程序作为一级指标，下设三个二级指标，具体为：①民事审判符合公正要求；②民事诉讼中的调解自愿、合法；③民事诉讼裁判得到有效执行。涉及公众卷 3 个题目，专业卷 3 个题目。具体的数据挖掘结果如下：

3.1　民事审判符合公正要求

为测量这一指标，调查问卷设计两个问题：

问题一："在您所在地区，贫富不同的当事人受到法院平等对待的可能性有多大？"【公众卷】

问题二："在您所在地区，法院对民事诉讼中贫富不同的当事人'不偏不倚'的可能性有多大？"【专业卷】

3.1.1　民事审判符合公正要求问题基本数据

对于民事审判符合公正要求问题，我们提取有关问题进行了频数分析，其中公众卷部分基本数据情况如下：

问题一："在您所在地区，贫富不同的当事人受到法院平等对待的可能性有多大？"【公众卷】

表 3-1　公众卷：贫富不同的当事人受到法院平等对待的可能性作答情况详表

公众卷		计　数	列 N%
贫富不同的当事人受到法院平等对待的可能性	非常不可能	612	3.3%
	不太可能	4127	22.2%
	有可能	8623	46.5%
	很可能	3918	21.1%
	非常可能	1183	6.4%
	拒　答	89	0.5%

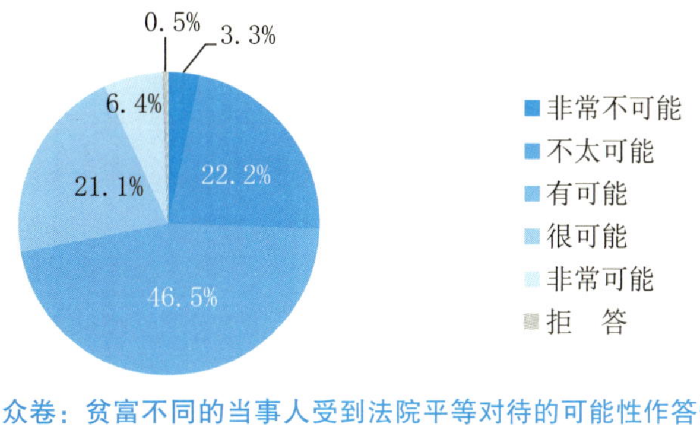

图 3-1　公众卷：贫富不同的当事人受到法院平等对待的可能性作答情况分布图

从上图可以看出，公众卷的受访者在回答"贫富不同的当事人受到法院平等对待的可能性"问题时，更倾向于认为当事人有可能被平等对待，选择"非常不可能"和"不太可能"的人数比例为 25.5%，选择"很可能"、"非常可能"的人数比例为 27.5%。

民事审判符合公正要求问题专业卷部分基本数据情况则如下：

问题二："在您所在地区，法院对民事诉讼中贫富不同的当事人'不偏不倚'的可能性有多大?"【专业卷】

表 3-2　专业卷：贫富不同的当事人受到法院平等对待的可能性作答情况详表

		法　官		检察官		警　察		律　师		全　体	
		计数	列 N%	计数	列 N%	计数	列 N%	计数	列 N%	计数	列 N%
贫富不同的当事人受到法院平等对待的可能性	非常不可能	38	2.6%	39	2.6%	57	4.1%	28	1.9%	162	2.8%
	不太可能	106	7.2%	113	7.5%	194	14.1%	184	12.4%	597	10.2%
	有可能	222	15.1%	471	31.2%	543	39.4%	657	44.3%	1893	32.4%
	很可能	432	29.3%	511	33.9%	433	31.4%	449	30.3%	1825	31.2%
	非常可能	673	45.7%	371	24.6%	150	10.9%	164	11.1%	1358	23.2%
	拒　答	3	0.2%	4	0.3%	2	0.1%	0	0.0%	9	0.2%

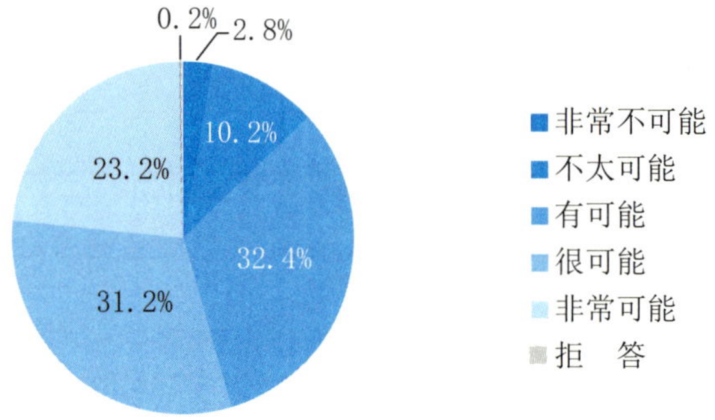

图 3-2　专业卷：贫富不同的当事人受到法院平等对待的可能性作答情况分布图

从上图可以看出，专业卷的受访者在回答"贫富不同的当事人受到法院平等对待的可能性"问题时，更倾向于认为当事人有可能被平等对待，选择"有可能"、"很可能"、"非常可能"的人数比例合计达到 86.8%。

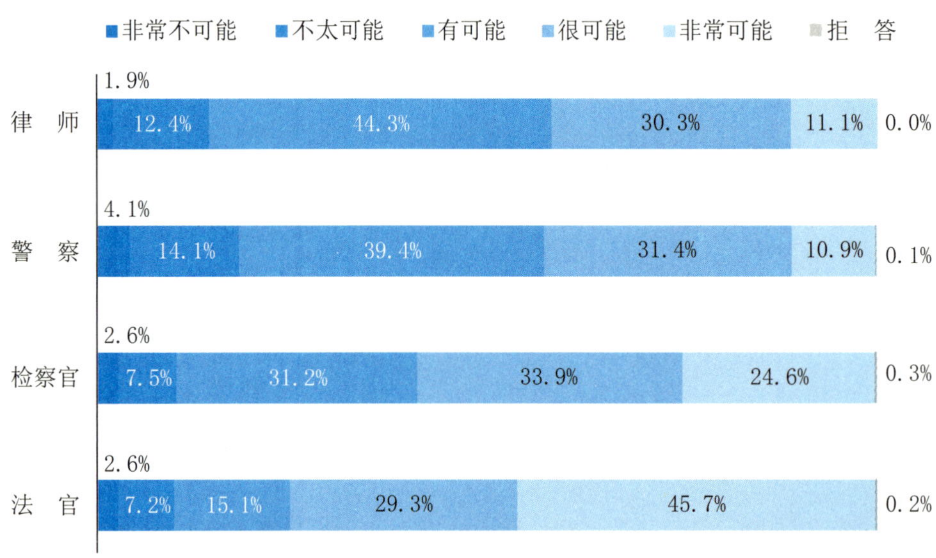

图 3-3　专业卷细分：贫富不同的当事人受到法院平等对待的可能性作答情况分布图

不同职业群体在回答“贫富不同的当事人受到法院平等对待的可能性”问题时，法官群体认为贫富不同的当事人受到法院平等对待的可能性更高，与之相对的是警察群体，选择“有可能”、“很可能”、“非常可能”的人数比例为 81.7%，占比最小。

3.1.2 民事审判符合公正要求问题相关分析

课题组采用相关性分析和交叉分析两种数据分析技术，对公众卷和专业卷进行分析。

通过对公众卷的 Q11 题和 Q4.1 题进行相关性分析，考察两组数据间的 Spearman 相关系数，可得到下表：

表 3-3　对法官满意度和贫富不同的当事人受到法院平等对待的可能性认知之间的相关分析表

			Q11：在您所在地区，贫富不同的当事人受到法院平等对待的可能性有多大？	Q4.1：您对自己所在地区法官的总体满意度如何？
Spearman 的 rho	Q11：在您所在地区，贫富不同的当事人受到法院平等对待的可能性有多大？	相关系数	1.000	0.254**
		显著性（双尾）		0.000
		N*	18 463	18 361
	Q4.1：您对自己所在地区法官的总体满意度如何？	相关系数	0.254**	1.000
		显著性（双尾）	0.000	
		N*	18 361	18 425

* N 为样本数；** 相关性在 0.01 层上显著（双尾）。

从上表中不难发现，Spearman 相关系数为 0.254，表示两题之间具有正相关性；同时双尾显著性为 0.000，表示该结果在 0.01 水平上显著，即表示其判断犯弃真型错误率小于 1%，结果准确。

为直观而深入地探寻两题间可能存在的深层次联系，我们对两题进行交叉分析：首先将拒答问卷全部剔除，再对剩下的问卷样本以受访者对法官的满意度作为区分条件，来分析对法官的满意度不同的受访者对贫富不同的当事人受到法院平等对待的可能性这一问题的认知上具有的分布特性，得到下表：

表 3-4　对法官满意度和贫富不同的当事人受到法院平等对待的可能性认知之间的交叉分析表

			Q11：在您所在地区，贫富不同的当事人受到法院平等对待的可能性有多大？					总　计
			非常不可能	不太可能	有可能	很可能	非常可能	
Q4.1：您对自己所在地区法官的总体满意度如何？	非常不满意	计　数	95	99	49	19	31	293
		占满意度比	32.4%	33.8%	16.7%	6.5%	10.6%	100.0%
		占可能性比	15.6%	2.4%	0.6%	0.5%	2.6%	1.6%
		占总比	0.5%	0.5%	0.3%	0.1%	0.2%	1.6%
	不太满意	计　数	94	337	341	135	61	968
		占满意度比	9.7%	34.8%	35.2%	13.9%	6.3%	100.0%
		占可能性比	15.5%	8.2%	4.0%	3.5%	5.2%	5.3%
		占总比	0.5%	1.8%	1.9%	0.7%	0.3%	5.3%

续表

			Q11：在您所在地区，贫富不同的当事人受到法院平等对待的可能性有多大？					总　计
			非常不可能	不太可能	有可能	很可能	非常可能	
Q4.1：您对自己所在地区法官的总体满意度如何？	一　般	计　数	272	2379	4746	1399	319	9115
		占满意度比	3.0%	26.1%	52.1%	15.3%	3.5%	100.0%
		占可能性比	44.7%	58.0%	55.3%	35.9%	27.1%	49.6%
		占总比	1.5%	13.0%	25.8%	7.6%	1.7%	49.6%
	比较满意	计　数	95	1123	3145	1991	446	6800
		占满意度比	1.4%	16.5%	46.3%	29.3%	6.6%	100.0%
		占可能性比	15.6%	27.4%	36.7%	51.0%	37.9%	37.0%
		占总比	0.5%	6.1%	17.1%	10.8%	2.4%	37.0%
	非常满意	计　数	52	162	295	357	319	1185
		占满意度比	4.4%	13.7%	24.9%	30.1%	26.9%	100.0%
		占可能性比	8.6%	4.0%	3.4%	9.2%	27.1%	6.5%
		占总比	0.3%	0.9%	1.6%	1.9%	1.7%	6.5%
总　计		计　数	608	4100	8576	3901	1176	18 361
		占总比	3.3%	22.3%	46.7%	21.2%	6.4%	100.0%

以受访者对法官满意度为横轴，以贫富不同的当事人受到法院平等对待的可能性为纵轴，可得下图：

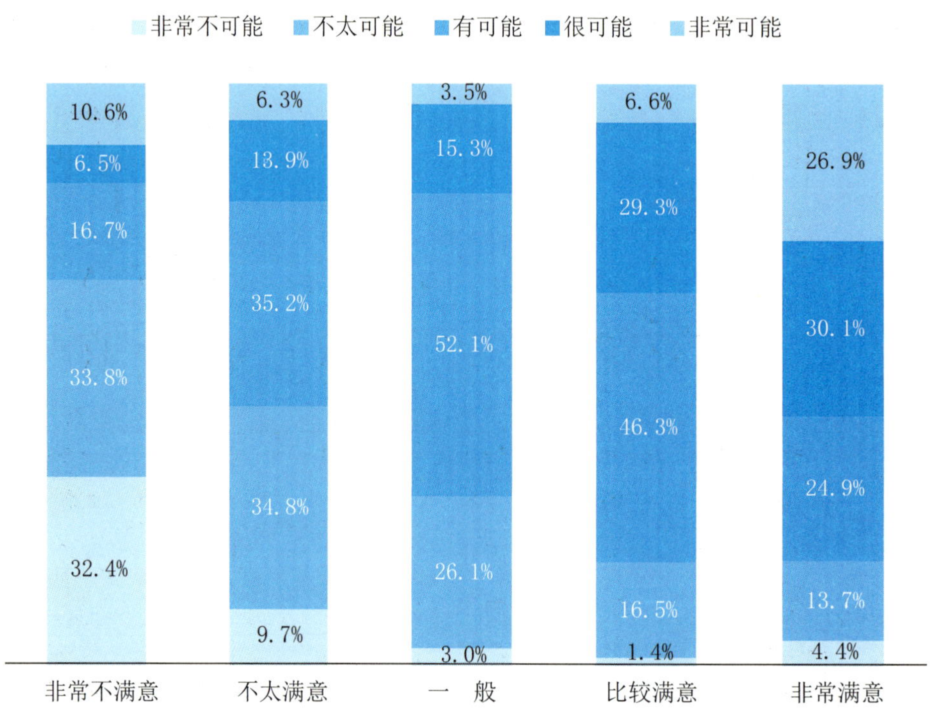

图 3-4　对法官满意度和贫富不同的当事人受到法院平等对待的可能性认知之间的交叉分析图

数据挖掘分析：

若将选项“非常可能”、“很可能”和“有可能”合并视为“可能”，将选项“不太可能”和“非常不可能”合并视为“不可能”，则得数据如下：

1. 对法官满意度为“非常不满意”的受访者中，认为贫富不同的当事人可能受到法院平等对待的比例为 33.8%。

2. 对法官满意度为“不太满意”的受访者中，认为贫富不同的当事人可能受到法院平等对待的比例为 55.4%。

3. 对法官满意度为“一般”的受访者中，认为贫富不同的当事人可能受到法院平等对待的比例为 70.9%。

4. 对法官满意度为“比较满意”的受访者中，认为贫富不同的当事人可能受到法院平等对待的比例为 82.2%。

5. 对法官满意度为“非常满意”的受访者中，认为贫富不同的当事人可能受到法院平等对待的比例为 81.9%。

以上数据表明，公众卷 Q11 题和 Q4.1 题之间，即受访者对贫富不同的当事人受到法院平等对待的可能性认知与受访者对法官满意度之间存在一定的关联。一般来说，法院越是能够平等对待贫富不同的当事人，越有利于提升人们对法官的满意度。

通过对公众卷的 Q1 题和 Q11 题进行相关性分析，考察两组数据间的 Spearman 相关系数，可得到下表：

表 3-5　对参与法庭审判意愿度和贫富不同的当事人受到法院平等对待的可能性认知之间的相关分析表

			Q1：如果有当人民陪审员的机会，您愿意参与法庭审判吗？	Q11：在您所在地区，贫富不同的当事人受到法院平等对待的可能性有多大？
Spearman 的 rho	Q1：如果有当人民陪审员的机会，您愿意参与法庭审判吗？	相关系数	1.000	0.102**
		显著性（双尾）		0.000
		N*	18 485	18 415
	Q11：在您所在地区，贫富不同的当事人受到法院平等对待的可能性有多大？	相关系数	0.102**	1.000
		显著性（双尾）	0.000	
		N*	18 415	18 463

* N 为样本数；** 相关性在 0.01 层上显著（双尾）。

从上表中不难发现，Spearman 相关系数为 0.102，表示两题之间具有正相关性；同时双尾显著性为 0.000，表示该结果在 0.01 水平上显著，即表示其判断犯弃真型错误率小于 1%，结果准确。

为直观而深入地探寻两题间可能存在的深层次联系，我们对两题进行交叉分析：首先将拒答问卷全部剔除，再对剩下的问卷样本以受访者作为人民陪审员参与法庭审判的意愿度作为区分条件，来分析意愿度不同的受访者对贫富不同的当事人受到法院平等对待的可能性这一问题的认知上具有的分布特性，得到表 3-6：

表 3-6 对参与法庭审判意愿度和贫富不同的当事人受到法院平等对待的可能性认知之间的交叉分析表

			Q11：在您所在地区，贫富不同的当事人受到法院平等对待的可能性有多大?					总 计
			非常不可能	不太可能	有可能	很可能	非常可能	
Q1：如果有当人民陪审员的机会，您愿意参与法庭审判吗?	非常不愿意	计 数	64	121	173	59	36	453
		占意愿比	14.1%	26.7%	38.2%	13.0%	7.9%	100.0%
		占可能性比	10.6%	2.9%	2.0%	1.5%	3.0%	2.5%
		占总比	0.3%	0.7%	0.9%	0.3%	0.2%	2.5%
	不太愿意	计 数	101	670	1136	410	87	2404
		占意愿比	4.2%	27.9%	47.3%	17.1%	3.6%	100.0%
		占可能性比	16.7%	16.3%	13.2%	10.5%	7.4%	13.1%
		占总比	0.5%	3.6%	6.2%	2.2%	0.5%	13.1%
	一 般	计 数	137	1234	3101	1076	257	5805
		占意愿比	2.4%	21.3%	53.4%	18.5%	4.4%	100.0%
		占可能性比	22.6%	30.0%	36.0%	27.5%	21.7%	31.5%
		占总比	0.7%	6.7%	16.8%	5.8%	1.4%	31.5%
	比较愿意	计 数	110	1141	2641	1366	280	5538
		占意愿比	2.0%	20.6%	47.7%	24.7%	5.1%	100.0%
		占可能性比	18.2%	27.7%	30.7%	35.0%	23.7%	30.1%
		占总比	0.6%	6.2%	14.3%	7.4%	1.5%	30.1%
	非常愿意	计 数	194	948	1556	995	522	4215
		占意愿比	4.6%	22.5%	36.9%	23.6%	12.4%	100.0%
		占可能性比	32.0%	23.0%	18.1%	25.5%	44.2%	22.9%
		占总比	1.1%	5.1%	8.4%	5.4%	2.8%	22.9%
总 计		计 数	606	4114	8607	3906	1182	18 415
		占总比	3.3%	22.3%	46.7%	21.2%	6.4%	100.0%

以受访者作为人民陪审员参与法庭审判的意愿度为横轴，以贫富不同的当事人受到法院平等对待的可能性为纵轴，可得图 3-5：

数据挖掘分析：

若将选项“非常可能”、“很可能”和“有可能”合并视为“可能”，将选项“不太可能”和“非常不可能”合并视为“不可能”，则得数据如下：

1. 对作为人民陪审员参与法庭审判意愿度为“非常不愿意”的受访者中，认为贫富不同的当事人可能受到法院平等对待的比例为 59.1%。

2. 对作为人民陪审员参与法庭审判意愿度为“不太愿意”的受访者中，认为贫富不同的当事人可能受到法院平等对待的比例为 68.0%。

3. 对作为人民陪审员参与法庭审判意愿度为“一般”的受访者中，认为贫富不同的当事人可能受到法院平等对待的比例为 76.3%。

4. 对作为人民陪审员参与法庭审判意愿度为“比较愿意”的受访者中，认为贫富不同的当事人可能

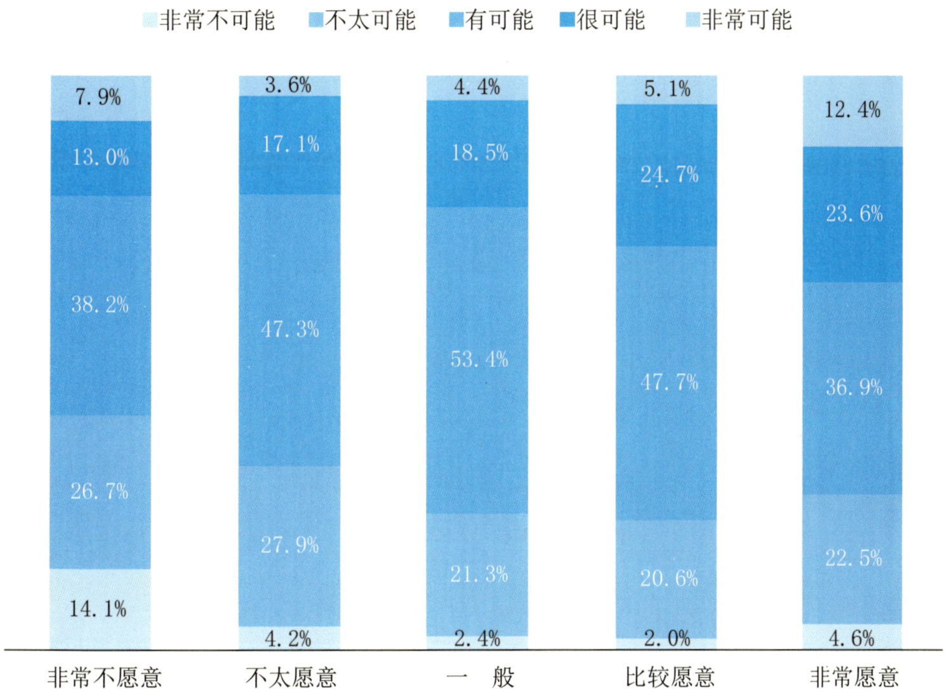

图 3-5　对参与法庭审判意愿度和贫富不同的当事人受到法院平等对待的可能性认知之间的交叉分析图

受到法院平等对待的比例为 77.5%。

5. 对作为人民陪审员参与法庭审判意愿度为“非常愿意”的受访者中，认为贫富不同的当事人可能受到法院平等对待的比例为 72.9%。

以上数据表明，公众卷 Q1 题和 Q11 题之间，即受访者对贫富不同的当事人受到法院平等对待的可能性认知与受访者作为人民陪审员参与法庭审判的意愿度间存在一定的关联。一般来说，法院越是能够平等对待贫富不同的当事人，越有利于提升人们作为陪审员参与法庭审判的意愿度。

通过对公众卷的 Q7 题和 Q11 题进行相关性分析，考察两组数据间的 Spearman 相关系数，可得到下表：

表 3-7　对矛盾双方到法院起诉和贫富不同的当事人受到法院平等对待的可能性认知之间的相关分析表

			Q7：在您所在地区，当矛盾双方无法通过协商、调解等方式解决纠纷时，人们可能会到法院起诉吗？	Q11：在您所在地区，贫富不同的当事人受到法院平等对待的可能性有多大？
Spearman 的 rho	Q7：在您所在地区，当矛盾双方无法通过协商、调解等方式解决纠纷时，人们可能会到法院起诉吗？	相关系数	1.000	0.177**
		显著性（双尾）		0.000
		N*	18 486	18 423
	Q11：在您所在地区，贫富不同的当事人受到法院平等对待的可能性有多大？	相关系数	0.177**	1.000
		显著性（双尾）	0.000	
		N*	18 423	18 463

* N 为样本数；** 相关性在 0.01 层上显著（双尾）。

从上表中不难发现，Spearman 相关系数为 0.177，表示两题之间具有正相关性；同时双尾显著性为 0.000，表示该结果在 0.01 水平上显著，即表示其判断犯弃真型错误率小于 1%，结果准确。

为直观而深入地探寻两题间可能存在的深层次联系，我们对两题进行交叉分析：首先将拒答问卷全

部剔除，再对剩下的问卷样本以矛盾双方到法院起诉解决纠纷的可能性作为区分条件，来分析受访者对贫富不同的当事人受到法院平等对待的可能性这一问题的认知上具有的分布特性，得到下表：

表 3-8　对矛盾双方到法院起诉和贫富不同的当事人受到法院平等对待的可能性认知之间的交叉分析表

			Q11：在您所在地区，贫富不同的当事人受到法院平等对待的可能性有多大?					总　计
			非常不可能	不太可能	有可能	很可能	非常可能	
Q7：在您所在地区，当矛盾双方无法通过协商、调解等方式解决纠纷时，人们可能会到法院起诉吗?	非常不可能	计　数	33	42	46	12	14	147
		占起诉可能性比	22.4%	28.6%	31.3%	8.2%	9.5%	100.0%
		占平等对待可能性比	5.4%	1.0%	0.5%	0.3%	1.2%	0.8%
		占总比	0.2%	0.2%	0.2%	0.1%	0.1%	0.8%
	不太可能	计　数	114	681	864	277	100	2036
		占起诉可能性比	5.6%	33.4%	42.4%	13.6%	4.9%	100.0%
		占平等对待可能性比	18.7%	16.5%	10.0%	7.1%	8.5%	11.1%
		占总比	0.6%	3.7%	4.7%	1.5%	0.5%	11.1%
	有可能	计　数	223	1894	4478	1431	319	8345
		占起诉可能性比	2.7%	22.7%	53.7%	17.1%	3.8%	100.0%
		占平等对待可能性比	36.6%	46.0%	52.0%	36.6%	27.0%	45.3%
		占总比	1.2%	10.3%	24.3%	7.8%	1.7%	45.3%
	很可能	计　数	118	1051	2451	1562	341	5523
		占起诉可能性比	2.1%	19.0%	44.4%	28.3%	6.2%	100.0%
		占平等对待可能性比	19.3%	25.5%	28.5%	40.0%	28.9%	30.0%
		占总比	0.6%	5.7%	13.3%	8.5%	1.9%	30.0%
	非常可能	计　数	122	448	771	625	406	2372
		占起诉可能性比	5.1%	18.9%	32.5%	26.3%	17.1%	100.0%
		占平等对待可能性比	20.0%	10.9%	9.0%	16.0%	34.4%	12.9%
		占总比	0.7%	2.4%	4.2%	3.4%	2.2%	12.9%
总　计		计　数	610	4116	8610	3907	1180	18 423
		占总比	3.3%	22.3%	46.7%	21.2%	6.4%	100.0%

以矛盾双方无法通过协商、调解解决纠纷而到法院起诉的可能性为横轴，以贫富不同的当事人受到法院平等对待的可能性为纵轴，可得图 3-6：

数据挖掘分析：

若将选项“非常可能”、“很可能”和“有可能”合并视为“可能”，将选项“不太可能”和“非常不可能”合并视为“不可能”，则得数据如下：

1. 认为矛盾双方无法通过协商、调解解决纠纷而到法院起诉的可能性为“非常不可能”的受访者中，认为贫富不同的当事人可能受到法院平等对待的比例为 49.0%。

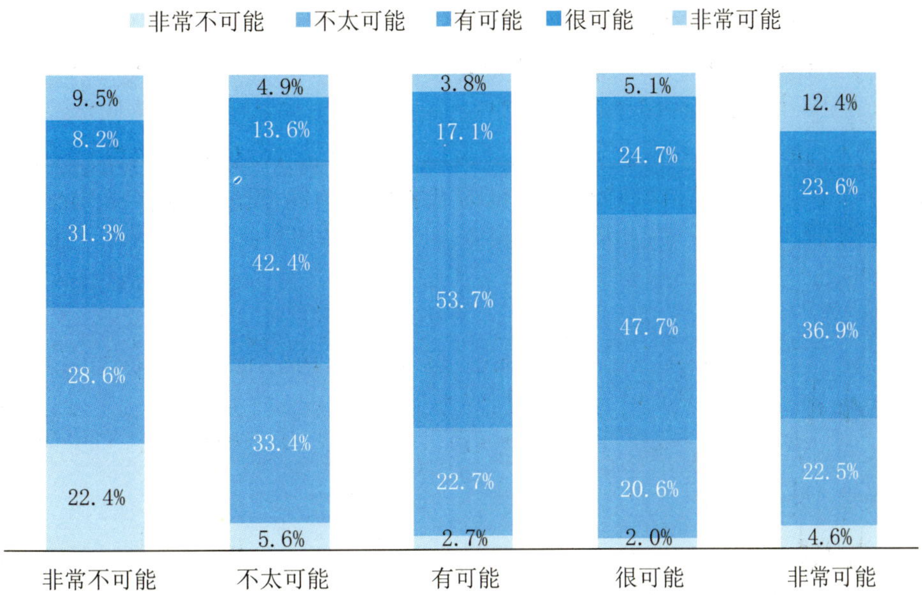

图 3-6　对矛盾双方到法院起诉和贫富不同的当事人受到法院平等对待的可能性认知之间的交叉分析图

2. 认为矛盾双方无法通过协商、调解解决纠纷而到法院起诉的可能性为“不太可能”的受访者中，认为贫富不同的当事人可能受到法院平等对待的比例为 60.9%。

3. 认为矛盾双方无法通过协商、调解解决纠纷而到法院起诉的可能性为“有可能”的受访者中，认为贫富不同的当事人可能受到法院平等对待的比例为 74.6%。

4. 认为矛盾双方无法通过协商、调解解决纠纷而到法院起诉的可能性为“很可能”的受访者中，认为贫富不同的当事人可能受到法院平等对待的比例为 77.5%。

5. 认为矛盾双方无法通过协商、调解解决纠纷而到法院起诉的可能性为“非常可能”的受访者中，认为贫富不同的当事人可能受到法院平等对待的比例为 72.9%。

以上数据表明，公众卷 Q7 题和 Q11 题之间，即受访者对贫富不同的当事人受到法院平等对待的可能性认知与受访者对无法通过协商、调解解决纠纷的矛盾双方到法院起诉的可能性认知之间存在一定的关联。一般来说，法院越是能够平等对待贫富不同的当事人，越有利于提升无法通过协商、调解解决纠纷的矛盾双方到法院起诉的可能性。

通过对专业卷的 Q11.1 题和 Q33.1 题进行相关性分析，考察两组数据间的 Spearman 相关系数，可得到下表：

表 3-9　对法官满意度和贫富不同的当事人受到法院平等对待的可能性认知之间的相关分析表

			Q11.1：在您所在地区，法院对民事诉讼中贫富不同的当事人“不偏不倚”的可能性有多大?	Q33.1：您对自己所在地区法官的总体满意度如何?
Spearman 的 rho	Q11.1：在您所在地区，法院对民事诉讼中贫富不同的当事人“不偏不倚”的可能性有多大?	相关系数	1.000	0.393**
		显著性（双尾）		0.000
		N*	5839	5829
	Q33.1：您对自己所在地区法官的总体满意度如何?	相关系数	0.393**	1.000
		显著性（双尾）	0.000	
		N*	5829	5838

*N 为样本数；** 相关性在 0.01 层上显著（双尾）。

从表3-9中不难发现，Spearman相关系数为0.393，表示两题之间具有正相关性；同时双尾显著性为0.000，表示该结果在0.01水平上显著，即表示其判断犯弃真型错误率小于1%，结果准确。

为直观而深入地探寻两题间可能存在的深层次联系，我们对两题进行交叉分析：首先将拒答问卷全部剔除，再对剩下的问卷样本以受访者对法官的满意度作为区分条件，来分析对法官的满意度不同的受访者对贫富不同的当事人受到法院平等对待的可能性这一问题的认知上具有的分布特性，得到下表：

表3-10　对法官满意度和贫富不同的当事人受到法院平等对待的可能性认知之间的交叉分析表

			Q11.1：在您所在地区，法院对民事诉讼中贫富不同的当事人“不偏不倚”的可能性有多大?					总　计
			非常不可能	不太可能	有可能	很可能	非常可能	
Q33.1：您对自己所在地区法官的总体满意度如何?	非常不满意	计　数	21	17	18	9	10	75
		占满意度比	28.0%	22.7%	24.0%	12.0%	13.3%	100.0%
		占可能性比	13.1%	2.8%	1.0%	0.5%	0.7%	1.3%
		占总比	0.4%	0.3%	0.3%	0.2%	0.2%	1.3%
	不太满意	计　数	15	84	125	45	21	290
		占满意度比	5.2%	29.0%	43.1%	15.5%	7.2%	100.0%
		占可能性比	9.4%	14.1%	6.6%	2.5%	1.5%	5.0%
		占总比	0.3%	1.4%	2.1%	0.8%	0.4%	5.0%
	一　般	计　数	33	234	840	426	136	1669
		占满意度比	2.0%	14.0%	50.3%	25.5%	8.1%	100.0%
		占可能性比	20.6%	39.2%	44.4%	23.3%	10.0%	28.6%
		占总比	0.6%	4.0%	14.4%	7.3%	2.3%	28.6%
	比较满意	计　数	49	210	828	1132	660	2879
		占满意度比	1.7%	7.3%	28.8%	39.3%	22.9%	100.0%
		占可能性比	30.6%	35.2%	43.8%	62.0%	48.7%	49.4%
		占总比	0.8%	3.6%	14.2%	19.4%	11.3%	49.4%
	非常满意	计　数	42	52	80	213	529	916
		占满意度比	4.6%	5.7%	8.7%	23.3%	57.8%	100.0%
		占可能性比	26.3%	8.7%	4.2%	11.7%	39.0%	15.7%
		占总比	0.7%	0.9%	1.4%	3.7%	9.1%	15.7%
总　计		计　数	160	597	1891	1825	1356	5829
		占总比	2.7%	10.2%	32.4%	31.3%	23.3%	100.0%

以受访者对法官满意度为横轴，以贫富不同的当事人受到法院平等对待的可能性为纵轴，可得图3-7：

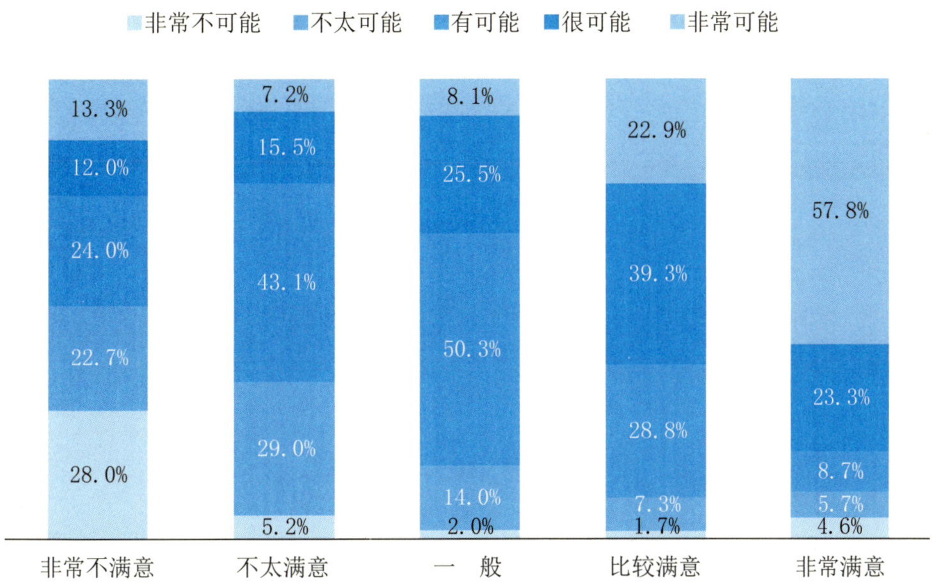

图 3-7 对法官满意度和贫富不同的当事人受到法院平等对待的可能性认知之间的交叉分析图

数据挖掘分析：

若将选项“非常可能”、“很可能”和“有可能”合并视为“可能”，将选项“不太可能”和“非常不可能”合并视为“不可能”，则得数据如下：

1. 对法官满意度为“非常不满意”的受访者中，认为贫富不同的当事人可能受到法院平等对待的比例为49.3%。

2. 对法官满意度为“不太满意”的受访者中，认为贫富不同的当事人可能受到法院平等对待的比例为65.8%。

3. 对法官满意度为“一般”的受访者中，认为贫富不同的当事人可能受到法院平等对待的比例为83.9%。

4. 对法官满意度为“比较满意”的受访者中，认为贫富不同的当事人可能受到法院平等对待的比例为91.0%。

5. 对法官满意度为“非常满意”的受访者中，认为贫富不同的当事人可能受到法院平等对待的比例为89.8%。

以上数据表明，专业卷Q11题和Q33.1题之间，即受访者对贫富不同的当事人受到法院平等对待的可能性认知与受访者对法官满意度之间存在一定的关联。一般来说，法院越是能够平等对待贫富不同的当事人，越有利于提升人们对法官的满意度。

3.1.3 民事审判符合公正要求问题跨卷对比分析

公众卷和专业卷均就“贫富不同的当事人受到法院平等对待的可能性”问题进行了调查，我们看看两个群体的作答情况是否呈现出明显差异：

从图3-8可以看出，公众卷的受访者对“贫富不同的当事人受到法院平等对待的可能性”问题的判断更为负面，相比之下，专业卷的受访者更多认为贫富不同的当事人可能受到法院平等对待。

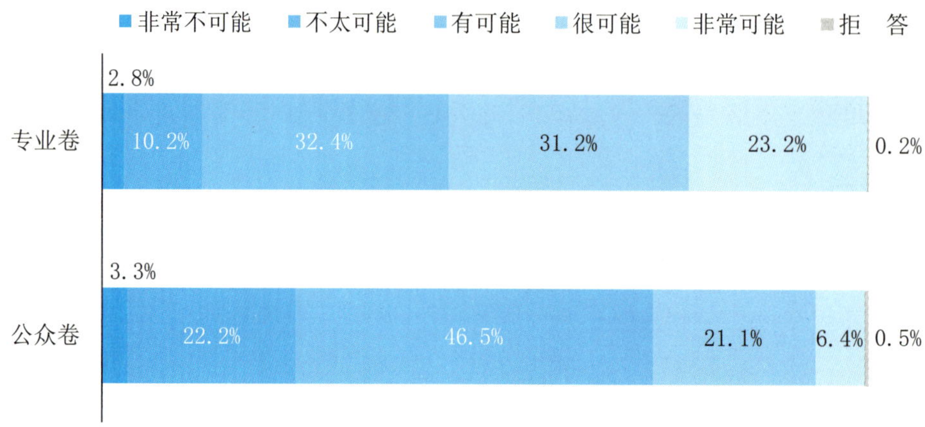

图 3-8　专业卷与公众卷贫富不同的当事人受到法院平等对待的可能性作答情况分布对照图

3.2 民事诉讼中的调解自愿、合法

为测量这一指标，调查问卷设计一个问题：

“在您所在地区的民事诉讼中，法官强迫当事人接受调解的可能性有多大?”【公众卷、专业卷】

3.2.1 民事诉讼中的调解自愿、合法问题基本数据

对于民事诉讼中的调解自愿、合法问题，我们提取有关问题进行了频数分析，其中公众卷部分基本数据情况如下：

问题：“在您所在地区的民事诉讼中，法官强迫当事人接受调解的可能性有多大?”【公众卷】

表 3-11　公众卷：法官强迫当事人接受调解可能性作答情况详表

公众卷		计　数	列 N%
法官强迫当事人接受调解可能性	非常不可能	575	3.1%
	不太可能	6787	36.6%
	有可能	8412	45.3%
	很可能	2249	12.1%
	非常可能	422	2.3%
	拒　答	107	0.6%

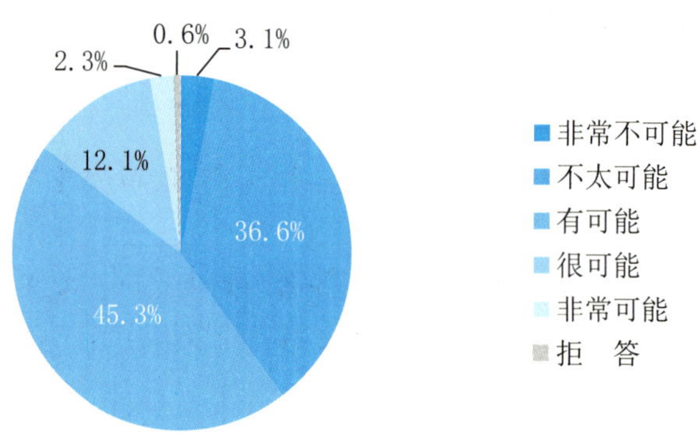

图 3-9　公众卷：法官强迫当事人接受调解可能性作答情况分布图

从上图可以看出，公众卷的受访者在回答“法官强迫当事人接受调解可能性”问题时，更倾向于认

为上述情况有可能发生，单是选择“有可能”这一项的人数比例就接近半数。

民事诉讼中的调解自愿、合法问题专业卷部分基本数据情况则如下：

问题：“在您所在地区的民事诉讼中，法官强迫当事人接受调解的可能性有多大?”【专业卷】

表 3-12　专业卷：法官强迫当事人接受调解可能性作答情况详表

		法　官		检察官		警　察		律　师		全　体	
		计数	列 N%	计数	列 N%	计数	列 N%	计数	列 N%	计数	列 N%
法官强迫当事人接受调解可能性	非常不可能	360	24.4%	194	12.9%	179	13.0%	60	4.0%	793	13.6%
	不太可能	769	52.2%	799	52.9%	669	48.5%	570	38.5%	2807	48.0%
	有可能	292	19.8%	418	27.7%	447	32.4%	653	44.1%	1810	31.0%
	很可能	38	2.6%	73	4.8%	68	5.0%	152	10.3%	331	5.7%
	非常可能	12	0.8%	21	1.4%	14	1.0%	45	3.0%	92	1.6%
	拒　答	3	0.2%	4	0.3%	2	0.1%	2	0.1%	11	0.2%

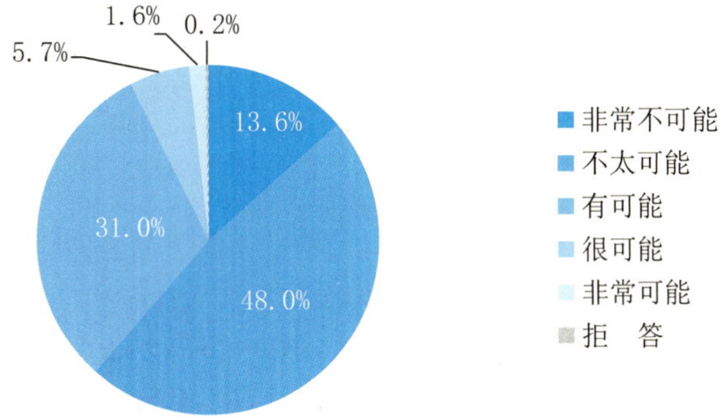

图 3-10　专业卷：法官强迫当事人接受调解可能性作答情况分布图

从上图可以看出，专业卷的受访者在回答“法官强迫当事人接受调解可能性”问题时，更倾向于认为上述情况不太可能发生，单是选择“不太可能”这一项的人数比例就接近半数。

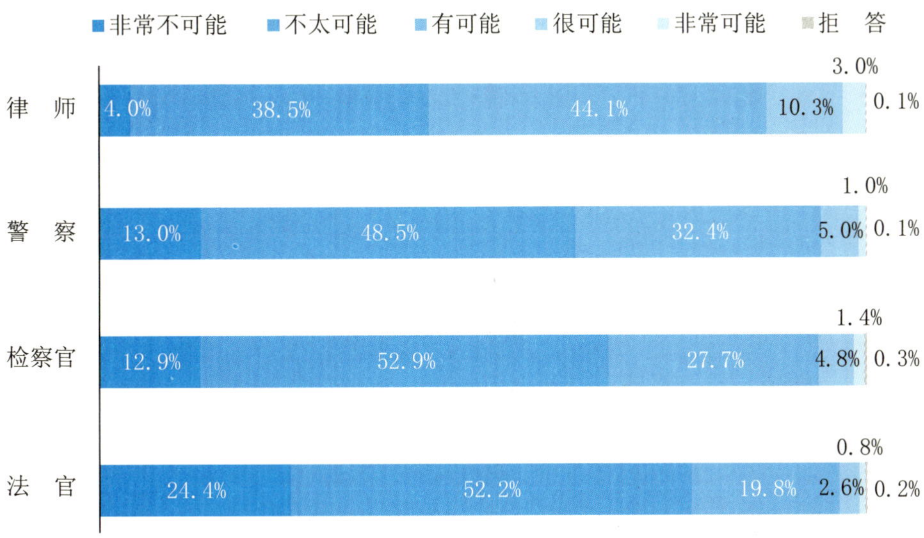

图 3-11　专业卷细分：法官强迫当事人接受调解可能性作答情况分布图

不同职业群体在回答“法官强迫当事人接受调解可能性”问题时，法官群体选择“非常不可能”和

"不太可能"的人数比例为76.6%，高于其他职业群体，认为上述情况发生的可能性最低。与之相对的是律师群体，认为上述情况发生的可能性最高。

3.2.2 民事诉讼中的调解自愿、合法问题相关分析

课题组采用相关性分析和交叉分析两种数据分析技术，对公众卷和专业卷进行分析。

通过对公众卷的Q16题和Q4.1题进行相关性分析，考察两组数据间的Spearman相关系数，可得到下表：

表3-13 对法官满意度和法官强迫当事人接受调解可能性认知之间的相关分析表

			Q16：在您所在地区的民事诉讼中，法官强迫当事人接受调解的可能性有多大?	Q4.1：您对自己所在地区法官的总体满意度如何?
Spearman的rho	Q16：在您所在地区的民事诉讼中，法官强迫当事人接受调解的可能性有多大?	相关系数	1.000	-0.172**
		显著性（双尾）		0.000
		N*	18 445	18 346
	Q4.1：您对自己所在地区法官的总体满意度如何?	相关系数	-0.172**	1.000
		显著性（双尾）	0.000	
		N*	18 346	18 425

*N为样本数；** 相关性在0.01层上显著（双尾）。

从上表中不难发现，Spearman相关系数为-0.172，表示两题之间具有负相关性；同时双尾显著性为0.000，表示该结果在0.01水平上显著，即表示其判断犯弃真型错误率小于1%，结果准确。

为直观而深入地探寻两题间可能存在的深层次联系，我们对两题进行交叉分析：首先将拒答问卷全部剔除，再对剩下的问卷样本以受访者对法官的满意度作为区分条件，来分析对法官的满意度不同的受访者对法官强迫当事人接受调解的可能性这一问题的认知上具有的分布特性，得到下表：

表3-14 对法官满意度和法官强迫当事人接受调解可能性认知之间的交叉分析表

			Q16：在您所在地区的民事诉讼中，法官强迫当事人接受调解的可能性有多大?					总　计
			非常不可能	不太可能	有可能	很可能	非常可能	
Q4.1：您对自己所在地区法官的总体满意度如何?	非常不满意	计　数	13	58	118	52	53	294
		占满意度比	4.4%	19.7%	40.1%	17.7%	18.0%	100.0%
		占可能性比	2.3%	0.9%	1.4%	2.3%	12.6%	1.6%
		占总比	0.1%	0.3%	0.6%	0.3%	0.3%	1.6%
	不太满意	计　数	23	241	470	192	39	965
		占满意度比	2.4%	25.0%	48.7%	19.9%	4.0%	100.0%
		占可能性比	4.0%	3.6%	5.6%	8.6%	9.3%	5.3%
		占总比	0.1%	1.3%	2.6%	1.0%	0.2%	5.3%
	一　般	计　数	122	2924	4766	1118	173	9103
		占满意度比	1.3%	32.1%	52.4%	12.3%	1.9%	100.0%
		占可能性比	21.3%	43.3%	57.0%	50.1%	41.2%	49.6%
		占总比	0.7%	15.9%	26.0%	6.1%	0.9%	49.6%

续表

			Q16：在您所在地区的民事诉讼中，法官强迫当事人接受调解的可能性有多大？					总　计
			非常不可能	不太可能	有可能	很可能	非常可能	
Q4.1：您对自己所在地区法官的总体满意度如何？	比较满意	计　数	232	3068	2676	726	102	6804
		占满意度比	3.4%	45.1%	39.3%	10.7%	1.5%	100.0%
		占可能性比	40.4%	45.4%	32.0%	32.6%	24.3%	37.1%
		占总比	1.3%	16.7%	14.6%	4.0%	0.6%	37.1%
	非常满意	计　数	184	464	337	142	53	1180
		占满意度比	15.6%	39.3%	28.6%	12.0%	4.5%	100.0%
		占可能性比	32.1%	6.9%	4.0%	6.4%	12.6%	6.4%
		占总比	1.0%	2.5%	1.8%	0.8%	0.3%	6.4%
总　计		计　数	574	6755	8367	2230	420	18 346
		占总比	3.1%	36.8%	45.6%	12.2%	2.3%	100.0%

以受访者对法官满意度为横轴，以法官强迫当事人接受调解可能性为纵轴，可得下图：

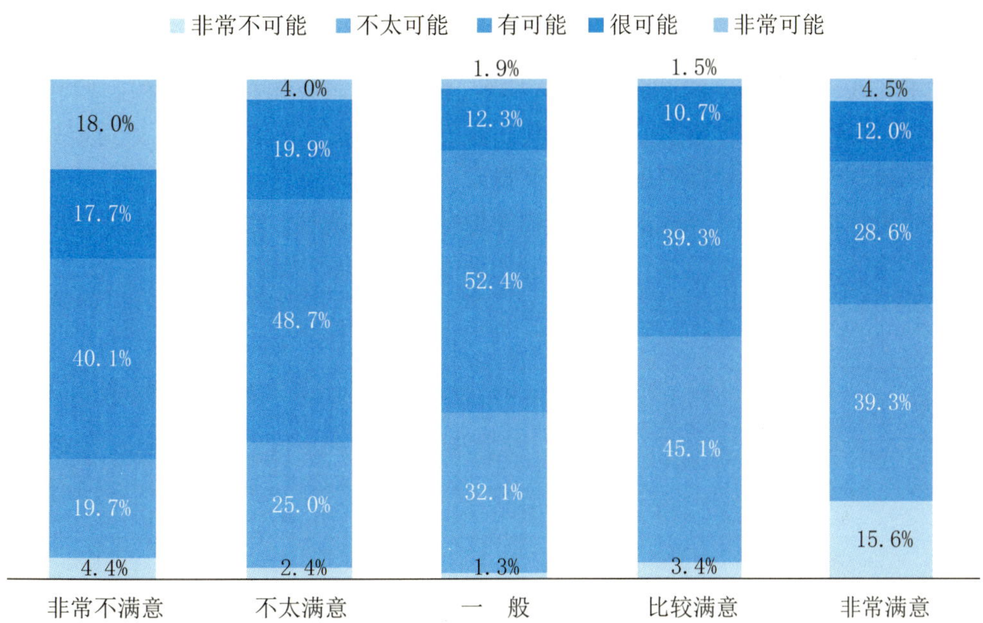

图 3-12　对法官满意度和法官强迫当事人接受调解可能性认知之间的交叉分析图

数据挖掘分析：

若将选项“非常可能”、“很可能”和“有可能”合并视为“可能”，将选项“不太可能”和“非常不可能”合并视为“不可能”，则得数据如下：

1. 对法官满意度为“非常不满意”的受访者中，认为法官可能强迫当事人接受调解的比例为75.8%。
2. 对法官满意度为“不太满意”的受访者中，认为法官可能强迫当事人接受调解的比例为72.6%。
3. 对法官满意度为“一般”的受访者中，认为法官可能强迫当事人接受调解的比例为66.6%。
4. 对法官满意度为“比较满意”的受访者中，认为法官可能强迫当事人接受调解的比例为51.5%。
5. 对法官满意度为“非常满意”的受访者中，认为法官可能强迫当事人接受调解的比例为45.1%。

以上数据表明，公众卷Q16题和Q4.1题之间，即受访者对法官强迫当事人接受调解的可能性认知与受访者对法官满意度之间存在一定的关联。具体来说，对法官满意度越高的受访者，越倾向于认为法官不可能强迫当事人接受调解。这意味着，若要提升人们对法官的满意度，法院系统应当确保民事诉讼调解的自愿性、合法性。

通过对专业卷的Q21题和Q33.1题进行相关性分析，考察两组数据间的Spearman相关系数，可得到下表：

表3-15　对法官满意度和法官强迫当事人接受调解可能性认知之间的相关分析表

			Q33.1：您对自己所在地区法官的总体满意度如何？	Q21：在您所在地区的民事诉讼中，法官强迫当事人接受调解的可能性有多大？
Spearman的rho	Q33.1：您对自己所在地区法官的总体满意度如何？	相关系数	1.000	-0.413**
		显著性（双尾）		0.000
		N*	5838	5827
	Q21：在您所在地区的民事诉讼中，法官强迫当事人接受调解的可能性有多大？	相关系数	-0.413**	1.000
		显著性（双尾）	0.000	
		N*	5827	5837

*N为样本数；** 相关性在0.01层上显著（双尾）。

从上表中不难发现，Spearman相关系数为-0.413，表示两题之间具有负相关性；同时双尾显著性为0.000，表示该结果在0.01水平上显著，即表示其判断犯弃真型错误率小于1%，结果准确。

为直观而深入地探寻两题间可能存在的深层次联系，我们对两题进行交叉分析：首先将拒答问卷全部剔除，再对剩下的问卷样本以受访者对法官的满意度作为区分条件，来分析对法官的满意度不同的受访者对法官强迫当事人接受调解的可能性这一问题的认知上具有的分布特性，得到下表：

表3-16　对法官满意度和法官强迫当事人接受调解可能性认知之间的交叉分析表

			Q21：在您所在地区的民事诉讼中，法官强迫当事人接受调解的可能性有多大？					总　计
			非常不可能	不太可能	有可能	很可能	非常可能	
Q33.1：您对自己所在地区法官的总体满意度如何？	非常不满意	计　数	14	10	22	12	16	74
		占满意度比	18.9%	13.5%	29.7%	16.2%	21.6%	100.0%
		占可能性比	1.8%	0.4%	1.2%	3.6%	17.4%	1.3%
		占总比	0.2%	0.2%	0.4%	0.2%	0.3%	1.3%
	不太满意	计　数	15	95	117	44	19	290
		占满意度比	5.2%	32.8%	40.3%	15.2%	6.6%	100.0%
		占可能性比	1.9%	3.4%	6.5%	13.3%	20.7%	5.0%
		占总比	0.3%	1.6%	2.0%	0.8%	0.3%	5.0%
	一　般	计　数	48	640	805	141	32	1666
		占满意度比	2.9%	38.4%	48.3%	8.5%	1.9%	100.0%
		占可能性比	6.1%	22.8%	44.5%	42.7%	34.8%	28.6%
		占总比	0.8%	11.0%	13.8%	2.4%	0.5%	28.6%

续表

			Q21：在您所在地区的民事诉讼中，法官强迫当事人接受调解的可能性有多大？					总　计
			非常不可能	不太可能	有可能	很可能	非常可能	
Q33. 1：您对自己所在地区法官的总体满意度如何？	比较满意	计　数	296	1675	781	115	13	2880
		占满意度比	10. 3%	58. 2%	27. 1%	4. 0%	0. 5%	100. 0%
		占可能性比	37. 4%	59. 7%	43. 1%	34. 8%	14. 1%	49. 4%
		占总比	5. 1%	28. 7%	13. 4%	2. 0%	0. 2%	49. 4%
	非常满意	计　数	418	384	85	18	12	917
		占满意度比	45. 6%	41. 9%	9. 3%	2. 0%	1. 3%	100. 0%
		占可能性比	52. 8%	13. 7%	4. 7%	5. 5%	13. 0%	15. 7%
		占总比	7. 2%	6. 6%	1. 5%	0. 3%	0. 2%	15. 7%
总　计		计　数	791	2804	1810	330	92	5827
		占总比	13. 6%	48. 1%	31. 1%	5. 7%	1. 6%	100. 0%

以受访者对法官满意度为横轴，以法官强迫当事人接受调解可能性为纵轴，可得下图：

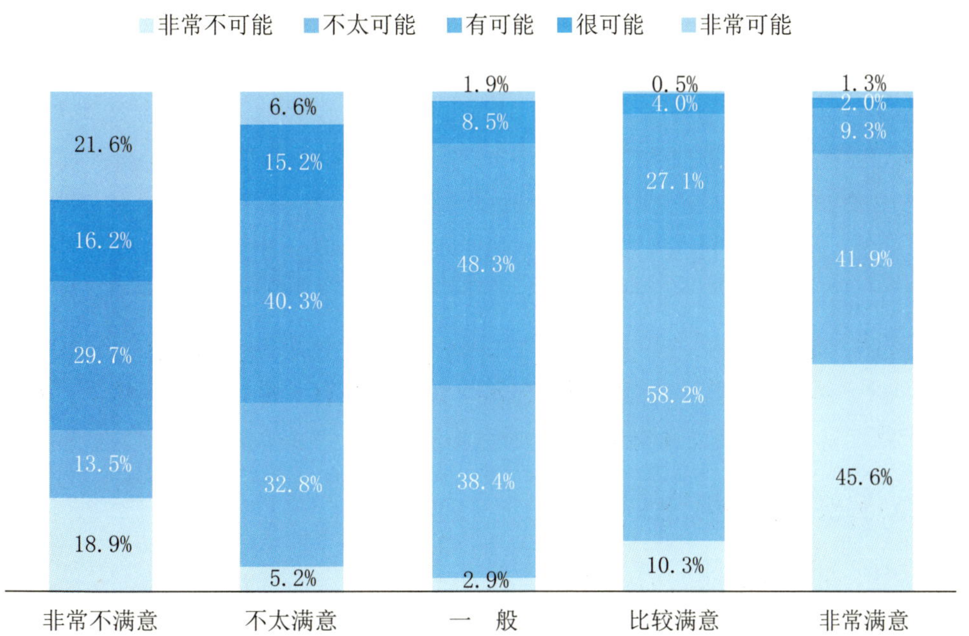

图 3-13　对法官满意度和法官强迫当事人接受调解可能性认知之间的交叉分析图

数据挖掘分析：

若将选项“非常可能”、“很可能”和“有可能”合并视为“可能”，将选项“不太可能”和“非常不可能”合并视为“不可能”，则得数据如下：

1. 对法官满意度为“非常不满意”的受访者中，认为法官可能强迫当事人接受调解的比例为 67. 5%。

2. 对法官满意度为“不太满意”的受访者中，认为法官可能强迫当事人接受调解的比例为 62. 1%。

3. 对法官满意度为“一般”的受访者中，认为法官可能强迫当事人接受调解的比例为58.7%。

4. 对法官满意度为“比较满意”的受访者中，认为法官可能强迫当事人接受调解的比例为31.6%。

5. 对法官满意度为“非常满意”的受访者中，认为法官可能强迫当事人接受调解的比例为12.6%。

以上数据表明，专业卷Q21题和Q33.1题之间，即受访者对法官强迫当事人接受调解的可能性认知与受访者对法官满意度之间存在一定的关联。具体来说，对法官满意度越高的受访者，越倾向于认为法官不可能强迫当事人接受调解。这意味着，若要提升人们对法官的满意度，法院系统应当确保民事诉讼调解的自愿性、合法性。

3.2.3 民事诉讼中的调解自愿、合法问题跨卷对比分析

公众卷和专业卷均就“法官强迫当事人接受调解可能性”问题进行了调查，我们看看两个群体的作答情况是否呈现明显差异：

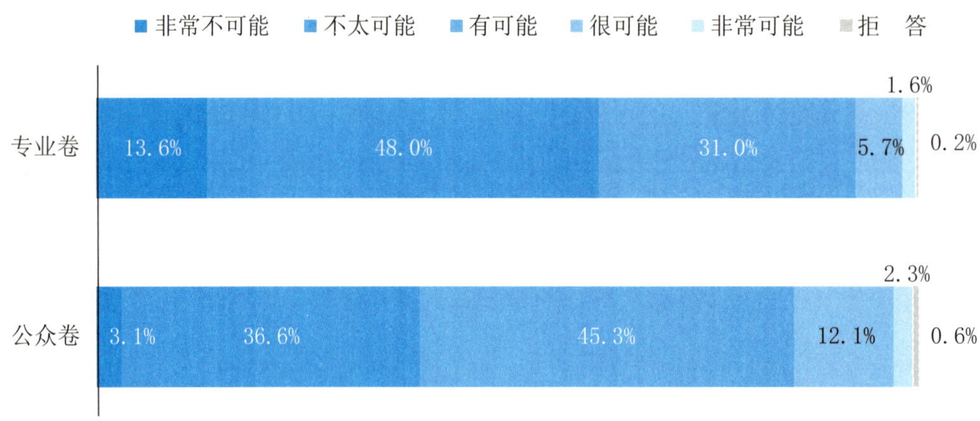

图3-14 专业卷与公众卷法官强迫当事人接受调解可能性作答情况分布对照图

从上图可以看出，专业卷的受访者更多认为法官强迫当事人接受调解可能性较小，近半数人选择了“不太可能”这一项，而公众卷的受访者则更多选择“有可能”这一项。专业卷的受访者中选择“很可能”和“非常可能”的人数比例也要远低于公众卷。

3.3 民事诉讼裁判得到有效执行

为测量这一指标,调查问卷设计一个问题:

“在您所在地区，民事案件生效判决得到有效执行的可能性有多大?【公众卷、专业卷】

3.3.1 民事诉讼裁判得到有效执行问题基本数据

对于民事诉讼裁判得到有效执行问题，我们提取有关问题进行了频数分析，其中公众卷部分基本数据情况如下：

问题：“在您所在地区，民事案件生效判决得到有效执行的可能性有多大?”【公众卷】

表 3-17 公众卷：民事案件生效判决得到有效执行可能性作答情况详表

公众卷		计 数	列 N%
民事案件生效判决得到有效执行可能性	非常不可能	165	0.9%
	不太可能	1380	7.4%
	有可能	8130	43.8%
	很可能	6995	37.7%
	非常可能	1684	9.1%
	拒 答	198	1.1%

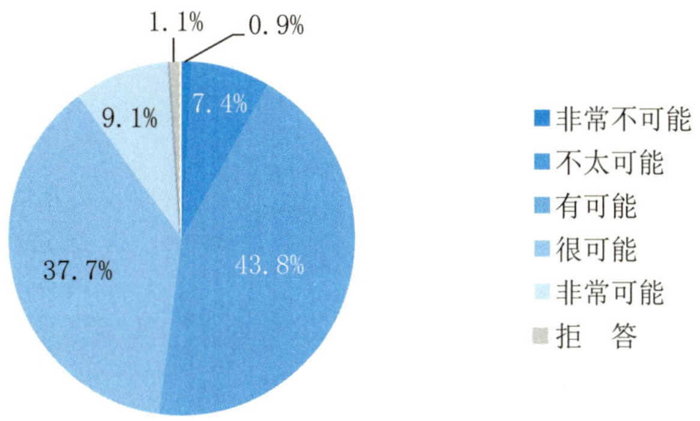

图 3-15 公众卷：民事案件生效判决得到有效执行可能性作答情况分布图

从上图可以看出，公众卷的受访者在回答“民事案件生效判决得到有效执行可能性”问题时，更倾向于认为上述情况有可能发生，选择“有可能”的人数比例接近半数，选择“不太可能”以及“非常不可能”的受访者不超过一成。

民事诉讼裁判得到有效执行问题专业卷部分基本数据情况则如下：

问题：“在您所在地区，民事案件生效判决得到有效执行的可能性有多大?”【专业卷】

表 3-18 专业卷：民事案件生效判决得到有效执行可能性作答情况详表

		法 官		检察官		警 察		律 师		全 体	
		计数	列 N%	计数	列 N%	计数	列 N%	计数	列 N%	计数	列 N%
民事案件生效判决得到有效执行可能性	非常不可能	6	0.4%	16	1.1%	52	3.8%	17	1.1%	91	1.6%
	不太可能	100	6.8%	113	7.5%	188	13.6%	143	9.6%	544	9.3%
	有可能	546	37.0%	727	48.2%	682	49.5%	795	53.6%	2750	47.1%
	很可能	562	38.1%	479	31.7%	344	24.9%	447	30.2%	1832	31.3%
	非常可能	257	17.4%	169	11.2%	109	8.0%	77	5.2%	612	10.5%
	拒 答	3	0.2%	5	0.3%	4	0.3%	3	0.2%	15	0.3%

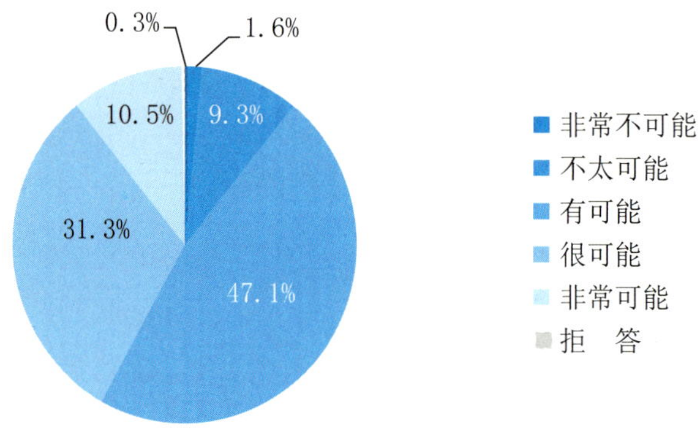

图 3-16　专业卷：民事案件生效判决得到有效执行可能性作答情况分布图

从上图可以看出，专业卷的受访者在回答“民事案件生效判决得到有效执行可能性”问题时，更倾向于认为上述情况有可能发生，选择“有可能”的受访者已接近半数，除此之外，选择“很可能”的受访者也已超过三成。

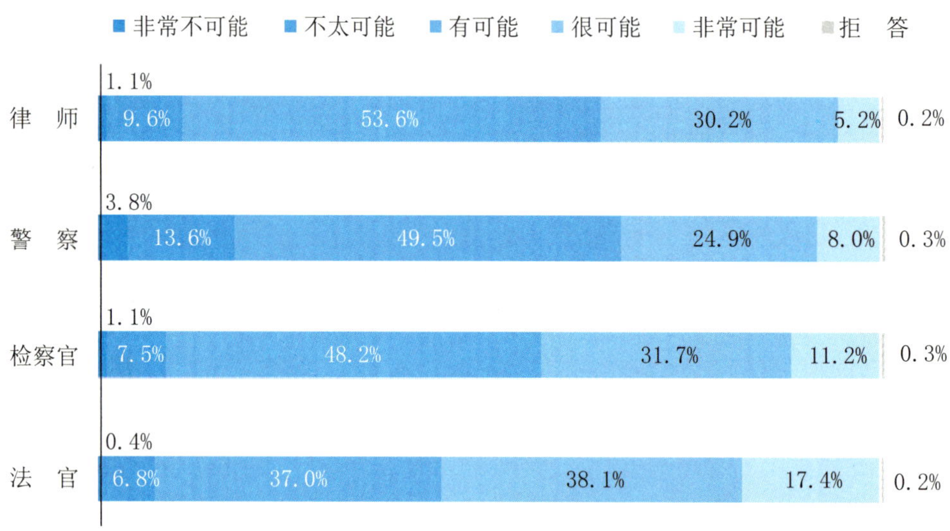

图 3-17　专业卷细分：民事案件生效判决得到有效执行可能性作答情况分布图

不同职业群体在回答“民事案件生效判决得到有效执行可能性”问题时，判断较为一致。法官群体选择“有可能”、“很可能”和“非常可能”的人数比例最高，为 92.5%。与之相对的是警察群体，选择“非常不可能”、“不太可能”的人数比例高于其他群体。

3.3.2　民事诉讼裁判得到有效执行问题相关分析

课题组采用相关性分析和交叉分析两种数据分析技术，对公众卷和专业卷进行分析。

通过对公众卷的 Q17.1 题和 Q4.1 题进行相关性分析，考察两组数据间的 Spearman 相关系数，可得到表 3-19。

从表 3-19 中不难发现，Spearman 相关系数为 0.277，表示两题之间具有正相关性；同时双尾显著性为 0.000，表示该结果在 0.01 水平上显著，即表示其判断犯弃真型错误率小于 1%，结果准确。

表 3-19　对法官满意度和民事案件生效判决得到有效执行可能性认知之间的相关分析表

			Q17.1：在您所在地区，民事案件生效判决得到有效执行的可能性有多大?	Q4.1：您对自己所在地区法官的总体满意度如何?
Spearman 的 rho	Q17.1：在您所在地区，民事案件生效判决得到有效执行的可能性有多大?	相关系数	1.000	0.277**
		显著性（双尾）		0.000
		N*	18 354	18 260
	Q4.1：您对自己所在地区法官的总体满意度如何?	相关系数	0.277**	1.000
		显著性（双尾）	0.000	
		N*	18 260	18 425

＊N 为样本数；＊＊ 相关性在 0.01 层上显著（双尾）。

为直观而深入地探寻两题间可能存在的深层次联系，我们对两题进行交叉分析：首先将拒答问卷全部剔除，再对剩下的问卷样本以受访者对法官的满意度作为区分条件，来分析对法官的满意度不同的受访者对民事案件生效判决得到有效执行可能性这一问题的认知上具有的分布特性，得到下表：

表 3-20　对法官满意度和民事案件生效判决得到有效执行可能性认知之间的交叉分析表

			Q17.1：在您所在地区，民事案件生效判决得到有效执行的可能性有多大?					总　计
			非常不可能	不太可能	有可能	很可能	非常可能	
Q4.1：您对自己所在地区法官的总体满意度如何?	非常不满意	计　数	33	64	112	56	27	292
		占满意度比	11.3%	21.9%	38.4%	19.2%	9.2%	100.0%
		占可能性比	20.1%	4.7%	1.4%	0.8%	1.6%	1.6%
		占总比	0.2%	0.4%	0.6%	0.3%	0.1%	1.6%
	不太满意	计　数	28	159	469	255	53	964
		占满意度比	2.9%	16.5%	48.7%	26.5%	5.5%	100.0%
		占可能性比	17.1%	11.7%	5.8%	3.7%	3.2%	5.3%
		占总比	0.2%	0.9%	2.6%	1.4%	0.3%	5.3%
	一　般	计　数	60	776	4824	2968	431	9059
		占满意度比	0.7%	8.6%	53.3%	32.8%	4.8%	100.0%
		占可能性比	36.6%	56.9%	59.7%	42.6%	25.7%	49.6%
		占总比	0.3%	4.2%	26.4%	16.3%	2.4%	49.6%
	比较满意	计　数	30	306	2444	3246	748	6774
		占满意度比	0.4%	4.5%	36.1%	47.9%	11.0%	100.0%
		占可能性比	18.3%	22.5%	30.2%	46.6%	44.6%	37.1%
		占总比	0.2%	1.7%	13.4%	17.8%	4.1%	37.1%
	非常满意	计　数	13	58	238	445	417	1171
		占满意度比	1.1%	5.0%	20.3%	38.0%	35.6%	100.0%
		占可能性比	7.9%	4.3%	2.9%	6.4%	24.9%	6.4%
		占总比	0.1%	0.3%	1.3%	2.4%	2.3%	6.4%

续表

		Q17.1：在您所在地区，民事案件生效判决得到有效执行的可能性有多大？					总　计
		非常不可能	不太可能	有可能	很可能	非常可能	
总　计	计　数	164	1363	8087	6970	1676	18 260
	占总比	0.9%	7.5%	44.3%	38.2%	9.2%	100.0%

以受访者对法官满意度为横轴，以民事案件生效判决得到有效执行可能性为纵轴，可得下图：

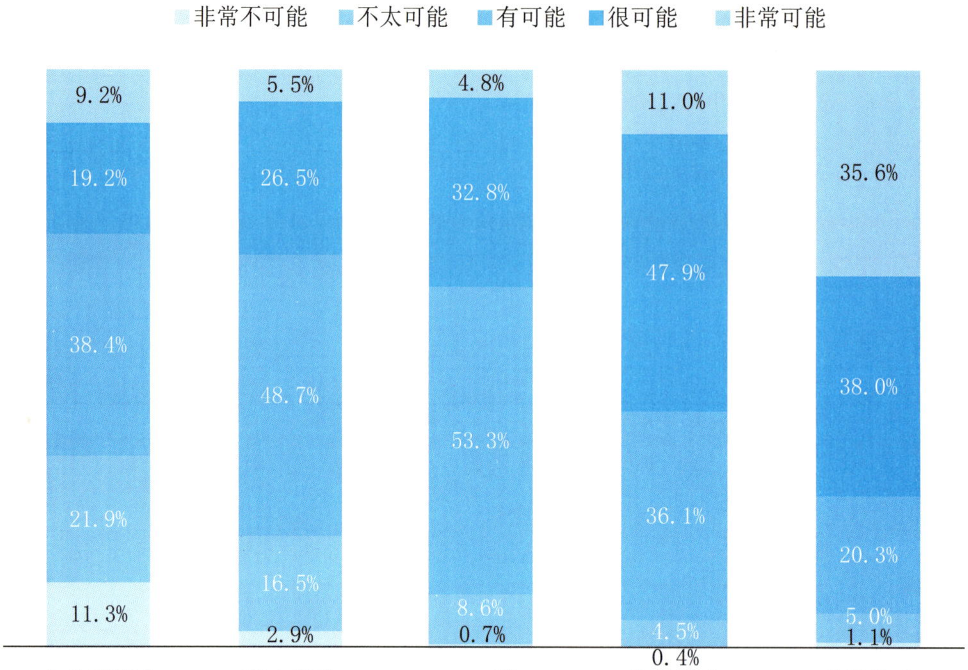

图 3-18　对法官满意度和民事案件生效判决得到有效执行可能性认知之间的交叉分析图

数据挖掘分析：

1. 对法官满意度为“非常不满意”的受访者中，认为民事案件生效判决很可能（包括“非常可能”和“很可能”）得到有效执行的比例为 28.4%。

2. 对法官满意度为“不太满意”的受访者中，认为民事案件生效判决很可能（包括“非常可能”和“很可能”）得到有效执行的比例为 32.0%。

3. 对法官满意度为“一般”的受访者中，认为民事案件生效判决很可能（包括“非常可能”和“很可能”）得到有效执行的比例为 37.6%。

4. 对法官满意度为“比较满意”的受访者中，认为民事案件生效判决很可能（包括“非常可能”和“很可能”）得到有效执行的比例为 58.9%。

5. 对法官满意度为“非常满意”的受访者中，认为民事案件生效判决很可能（包括“非常可能”和“很可能”）得到有效执行的比例为 73.6%。

以上数据表明，公众卷 Q17.1 题和 Q4.1 题之间，即受访者对民事案件生效判决得到有效执行可能性认知与受访者对法官满意度之间存在一定的关联。具体来说，受访者对法官满意度越高，越倾向于认为民事案件生效判决很可能得到有效执行。

通过对公众卷的 Q1 题和 Q17.1 题进行相关性分析，考察两组数据间的 Spearman 相关系数，可得到下表：

表 3-21 对参与法庭审判意愿度和民事案件生效判决得到有效执行可能性认知之间的相关分析表

			Q17.1：在您所在地区，民事案件生效判决得到有效执行的可能性有多大？	Q1：如果有当人民陪审员的机会，您愿意参与法庭审判吗？
Spearman 的 rho	Q17.1：在您所在地区，民事案件生效判决得到有效执行的可能性有多大？	相关系数	1.000	0.103**
		显著性（双尾）		0.000
		N*	18 354	18 309
	Q1：如果有当人民陪审员的机会，您愿意参与法庭审判吗？	相关系数	0.103**	1.000
		显著性（双尾）	0.000	
		N*	18 309	18 485

*N 为样本数；** 相关性在 0.01 层上显著（双尾）。

从上表中不难发现，Spearman 相关系数为 0.103，表示两题之间具有正相关性；同时双尾显著性为 0.000，表示该结果在 0.01 水平上显著，即表示其判断犯弃真型错误率小于 1%，结果准确。

为直观而深入地探寻两题间可能存在的深层次联系，我们对两题进行交叉分析：首先将拒答问卷全部剔除，再对剩下的问卷样本以受访者作为人民陪审员参与法庭审判的意愿度作为区分条件，来分析意愿度不同的受访者对民事案件生效判决得到有效执行可能性这一问题的认知上具有的分布特性，得到下表：

表 3-22 对参与法庭审判意愿度和民事案件生效判决得到有效执行可能性认知之间的交叉分析表

			Q17.1：在您所在地区，民事案件生效判决得到有效执行的可能性有多大？					总 计
			非常不可能	不太可能	有可能	很可能	非常可能	
Q1：如果有当人民陪审员的机会，您愿意参与法庭审判吗？	非常不愿意	计 数	21	58	202	128	43	452
		占意愿比	4.6%	12.8%	44.7%	28.3%	9.5%	100.0%
		占可能性比	12.8%	4.2%	2.5%	1.8%	2.6%	2.5%
		占总比	0.1%	0.3%	1.1%	0.7%	0.2%	2.5%
	不太愿意	计 数	31	229	1181	788	154	2383
		占意愿比	1.3%	9.6%	49.6%	33.1%	6.5%	100.0%
		占可能性比	18.9%	16.6%	14.6%	11.3%	9.2%	13.0%
		占总比	0.2%	1.3%	6.5%	4.3%	0.8%	13.0%
	一 般	计 数	48	398	2774	2153	390	5763
		占意愿比	0.8%	6.9%	48.1%	37.4%	6.8%	100.0%
		占可能性比	29.3%	28.9%	34.2%	30.9%	23.2%	31.5%
		占总比	0.3%	2.2%	15.2%	11.8%	2.1%	31.5%
	比较愿意	计 数	28	354	2336	2315	491	5524
		占意愿比	0.5%	6.4%	42.3%	41.9%	8.9%	100.0%
		占可能性比	17.1%	25.7%	28.8%	33.2%	29.2%	30.2%
		占总比	0.2%	1.9%	12.8%	12.6%	2.7%	30.2%

续表

			Q17.1：在您所在地区，民事案件生效判决得到有效执行的可能性有多大？					总 计
			非常不可能	不太可能	有可能	很可能	非常可能	
	非常愿意	计 数	36	337	1618	1594	602	4187
		占意愿比	0.9%	8.0%	38.6%	38.1%	14.4%	100.0%
		占可能性比	22.0%	24.5%	19.9%	22.8%	35.8%	22.9%
		占总比	0.2%	1.8%	8.8%	8.7%	3.3%	22.9%
总 计		计 数	164	1376	8111	6978	1680	18 309
		占总比	0.9%	7.5%	44.3%	38.1%	9.2%	100.0%

以受访者作为人民陪审员参与法庭审判的意愿度为横轴，以民事案件生效判决得到有效执行可能性为纵轴，可得下图：

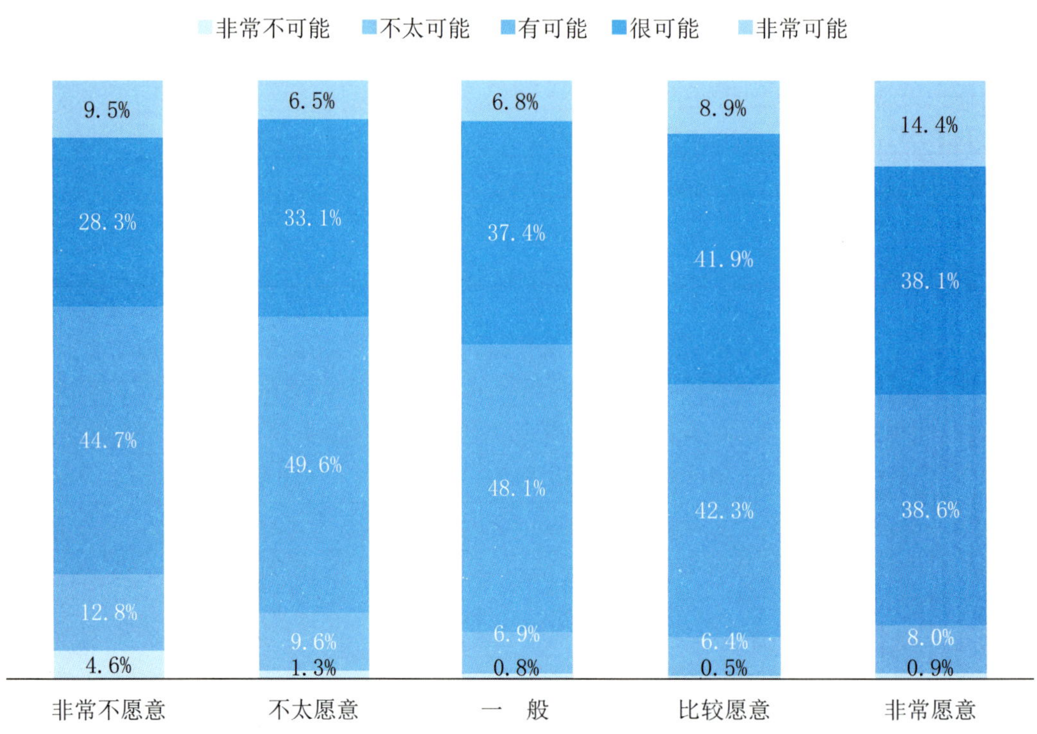

图 3-19 对参与法庭审判意愿度和民事案件生效判决得到有效执行可能性认知之间的交叉分析图

数据挖掘分析：

1. 对作为人民陪审员参与法庭审判意愿度为“非常不愿意”的受访者中，认为民事案件生效判决很可能（包括“非常可能”和“很可能”）得到有效执行的比例为37.8%。

2. 对作为人民陪审员参与法庭审判意愿度为“不太愿意”的受访者中，认为民事案件生效判决很可能（包括“非常可能”和“很可能”）得到有效执行的比例为39.6%。

3. 对作为人民陪审员参与法庭审判意愿度为“一般”的受访者中，认为民事案件生效判决很可能（包括“非常可能”和“很可能”）得到有效执行的比例为44.2%。

4. 对作为人民陪审员参与法庭审判意愿度为“比较愿意”的受访者中，认为民事案件生效判决很可能（包括“非常可能”和“很可能”）得到有效执行的比例为50.8%。

5. 对作为人民陪审员参与法庭审判意愿度为“非常愿意”的受访者中，认为民事案件生效判决很可能（包括“非常可能”和“很可能”）得到有效执行的比例为 52.5%。

以上数据表明，公众卷 Q1 题和 Q17.1 题之间，即受访者对民事案件生效判决得到有效执行可能性认知与受访者作为人民陪审员参与法庭审判的意愿度之间存在一定的关联。具体来说，对作为人民陪审员参与法庭审判意愿度越强的受访者，越倾向于认为民事案件生效判决很可能得到有效执行。

通过对公众卷的 Q7 题和 Q17.1 题进行相关性分析，考察两组数据间的 Spearman 相关系数，可得到下表：

表 3-23　对矛盾双方到法院起诉和民事案件生效判决得到有效执行可能性认知之间的相关分析表

			Q17.1：在您所在地区，民事案件生效判决得到有效执行的可能性有多大?	Q7：在您所在地区，当矛盾双方无法通过协商、调解等方式解决纠纷时，人们可能会到法院起诉吗?
Spearman 的 rho	Q17.1：在您所在地区，民事案件生效判决得到有效执行的可能性有多大?	相关系数	1.000	0.201**
		显著性（双尾）		0.000
		N*	18 354	18 311
	Q7：在您所在地区，当矛盾双方无法通过协商、调解等方式解决纠纷时，人们可能会到法院起诉吗?	相关系数	0.201**	1.000
		显著性（双尾）	0.000	
		N*	18 311	18 486

* N 为样本数；** 相关性在 0.01 层上显著（双尾）。

从上表中不难发现，Spearman 相关系数为 0.201，表示两题之间具有正相关性；同时双尾显著性为 0.000，表示该结果在 0.01 水平上显著，即表示其判断犯弃真型错误率小于 1%，结果准确。

为直观而深入地探寻两题间可能存在的深层次联系，我们对两题进行交叉分析：首先将拒答问卷全部剔除，再对剩下的问卷样本以民事案件生效判决得到有效执行可能性作为区分条件，来分析受访者对无法通过协商、调解解决纠纷的矛盾双方到法院起诉的可能性这一问题的认知上具有的分布特性，得到下表：

表 3-24　对矛盾双方到法院起诉和民事案件生效判决得到有效执行可能性认知之间的交叉分析表

			Q7：在您所在地区，当矛盾双方无法通过协商、调解等方式解决纠纷时，人们可能会到法院起诉吗?					总　计
			非常不可能	不太可能	有可能	很可能	非常可能	
Q17.1：在您所在地区，民事案件生效判决得到有效执行的可能性有多大?	非常不可能	计　数	17	45	56	25	22	165
		占执行可能性比	10.3%	27.3%	33.9%	15.2%	13.3%	100.0%
		占起诉可能性比	11.6%	2.2%	0.7%	0.5%	0.9%	0.9%
		占总比	0.1%	0.2%	0.3%	0.1%	0.1%	0.9%
	不太可能	计　数	25	311	621	278	143	1378
		占执行可能性比	1.8%	22.6%	45.1%	20.2%	10.4%	100.0%
		占起诉可能性比	17.1%	15.5%	7.5%	5.1%	6.1%	7.5%
		占总比	0.1%	1.7%	3.4%	1.5%	0.8%	7.5%

续表

			Q7：在您所在地区，当矛盾双方无法通过协商、调解等方式解决纠纷时，人们可能会到法院起诉吗？					总　计
			非常不可能	不太可能	有可能	很可能	非常可能	
Q17.1：在您所在地区，民事案件生效判决得到有效执行的可能性有多大？	有可能	计　数	47	921	4268	2100	770	8106
		占执行可能性比	0.6%	11.4%	52.7%	25.9%	9.5%	100.0%
		占起诉可能性比	32.2%	45.8%	51.5%	38.2%	32.7%	44.3%
		占总比	0.3%	5.0%	23.3%	11.5%	4.2%	44.3%
	很可能	计　数	38	624	2854	2522	942	6980
		占执行可能性比	0.5%	8.9%	40.9%	36.1%	13.5%	100.0%
		占起诉可能性比	26.0%	31.1%	34.4%	45.8%	39.9%	38.1%
		占总比	0.2%	3.4%	15.6%	13.8%	5.1%	38.1%
	非常可能	计　数	19	108	496	578	481	1682
		占执行可能性比	1.1%	6.4%	29.5%	34.4%	28.6%	100.0%
		占起诉可能性比	13.0%	5.4%	6.0%	10.5%	20.4%	9.2%
		占总比	0.1%	0.6%	2.7%	3.2%	2.6%	9.2%
总　计		计　数	146	2009	8295	5503	2358	18 311
		占总比	0.8%	11.0%	45.3%	30.1%	12.9%	100.0%

以民事案件生效判决得到有效执行可能性为横轴，以矛盾双方无法通过协商、调解解决纠纷而到法院起诉的可能性为纵轴，可得下图：

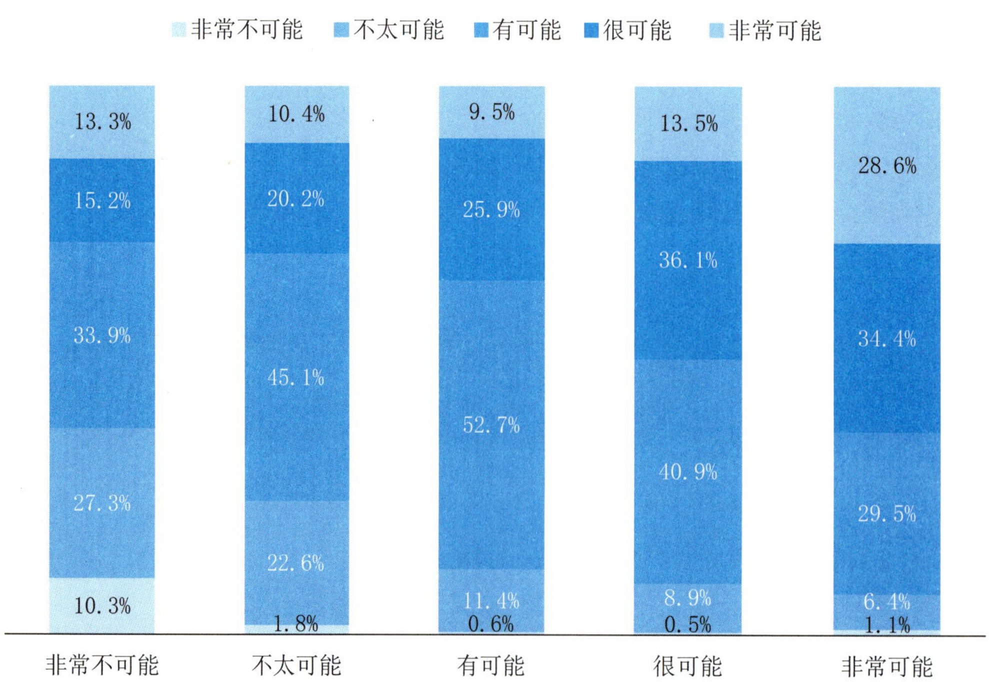

图 3-20　对矛盾双方到法院起诉和民事案件生效判决得到有效执行可能性认知之间的交叉分析图

数据挖掘分析：

若将选项“非常可能”、“很可能”和“有可能”合并视为“可能”，将选项“不太可能”和“非常不可能”合并视为“不可能”，则得数据如下：

1. 认为民事案件生效判决得到有效执行可能性为“非常不可能”的受访者中，认为无法通过协商、调解解决纠纷的矛盾双方可能到法院起诉的比例为 62.4%。

2. 认为民事案件生效判决得到有效执行可能性为“不太可能”的受访者中，认为无法通过协商、调解解决纠纷的矛盾双方可能到法院起诉的比例为 75.7%。

3. 认为民事案件生效判决得到有效执行可能性为“有可能”的受访者中，认为无法通过协商、调解解决纠纷的矛盾双方可能到法院起诉的比例为 88.1%。

4. 认为民事案件生效判决得到有效执行可能性为“很可能”的受访者中，认为无法通过协商、调解解决纠纷的矛盾双方可能到法院起诉的比例为 90.5%。

5. 认为民事案件生效判决得到有效执行可能性为“非常可能”的受访者中，认为无法通过协商、调解解决纠纷的矛盾双方可能到法院起诉的比例为 92.5%。

以上数据表明，公众卷 Q7 题和 Q17.1 题之间，即受访者对民事案件生效判决得到有效执行可能性认知与受访者对无法通过协商、调解解决纠纷的矛盾双方到法院起诉的可能性认知之间存在一定的关联。具体来说，认为民事案件生效判决得到有效执行可能性越高的受访者，同样认为无法通过协商、调解解决纠纷的矛盾双方到法院起诉的可能性越高，两者之间呈现正相关性。

通过对专业卷的 Q22.1 题和 Q33.1 题进行相关性分析，考察两组数据间的 Spearman 相关系数，可得到下表：

表 3-25 对法官满意度和民事案件生效判决得到有效执行可能性认知之间的相关分析表

<table>
<tr><th colspan="3"></th><th>Q22.1：在您所在地区，民事案件生效判决得到有效执行的可能性有多大?</th><th>Q33.1：您对自己所在地区法官的总体满意度如何?</th></tr>
<tr><td rowspan="6">Spearman 的 rho</td><td rowspan="3">Q22.1：在您所在地区，民事案件生效判决得到有效执行的可能性有多大?</td><td>相关系数</td><td>1.000</td><td>0.376**</td></tr>
<tr><td>显著性（双尾）</td><td></td><td>0.000</td></tr>
<tr><td>N*</td><td>5833</td><td>5823</td></tr>
<tr><td rowspan="3">Q33.1：您对自己所在地区法官的总体满意度如何?</td><td>相关系数</td><td>0.376**</td><td>1.000</td></tr>
<tr><td>显著性（双尾）</td><td>0.000</td><td></td></tr>
<tr><td>N*</td><td>5823</td><td>5838</td></tr>
</table>

* N 为样本数；** 相关性在 0.01 层上显著（双尾）。

从上表中不难发现，Spearman 相关系数为 0.376，表示两题之间具有正相关性；同时双尾显著性为 0.000，表示该结果在 0.01 水平上显著，即表示其判断犯弃真型错误率小于 1%，结果准确。

为直观而深入地探寻两题间可能存在的深层次联系，我们对两题进行交叉分析：首先将拒答问卷全部剔除，再对剩下的问卷样本以受访者对法官的满意度作为区分条件，来分析对法官的满意度不同的受访者对民事案件生效判决得到有效执行可能性这一问题的认知上具有的分布特性，得到表 3-26：

表 3-26　对法官满意度和民事案件生效判决得到有效执行可能性认知之间的交叉分析表

			Q22.1：在您所在地区，民事案件生效判决得到有效执行的可能性有多大？					总　计
			非常不可能	不太可能	有可能	很可能	非常可能	
Q33.1：您对自己所在地区法官的总体满意度如何？	非常不满意	计　数	23	17	30	4	1	75
		占满意度比	30.7%	22.7%	40.0%	5.3%	1.3%	100.0%
		占可能性比	25.6%	3.1%	1.1%	0.2%	0.2%	1.3%
		占总比	0.4%	0.3%	0.5%	0.1%	0.0%	1.3%
	不太满意	计　数	9	102	136	39	6	292
		占满意度比	3.1%	34.9%	46.6%	13.4%	2.1%	100.0%
		占可能性比	10.0%	18.8%	4.9%	2.1%	1.0%	5.0%
		占总比	0.2%	1.8%	2.3%	0.7%	0.1%	5.0%
	一　般	计　数	23	214	1009	358	63	1667
		占满意度比	1.4%	12.8%	60.5%	21.5%	3.8%	100.0%
		占可能性比	25.6%	39.3%	36.7%	19.6%	10.3%	28.6%
		占总比	0.4%	3.7%	17.3%	6.1%	1.1%	28.6%
	比较满意	计　数	19	179	1346	1115	215	2874
		占满意度比	0.7%	6.2%	46.8%	38.8%	7.5%	100.0%
		占可能性比	21.1%	32.9%	49.0%	60.9%	35.2%	49.4%
		占总比	0.3%	3.1%	23.1%	19.1%	3.7%	49.4%
	非常满意	计　数	16	32	227	314	326	915
		占满意度比	1.7%	3.5%	24.8%	34.3%	35.6%	100.0%
		占可能性比	17.8%	5.9%	8.3%	17.2%	53.4%	15.7%
		占总比	0.3%	0.5%	3.9%	5.4%	5.6%	15.7%
总　计		计　数	90	544	2748	1830	611	5823
		占总比	1.5%	9.3%	47.2%	31.4%	10.5%	100.0%

以受访者对法官满意度为横轴，以民事案件生效判决得到有效执行可能性为纵轴，可得图 3-21：

数据挖掘分析：

若将选项“非常可能”、“很可能”和“有可能”合并视为“可能”，将选项“不太可能”和“非常不可能”合并视为“不可能”，则得数据如下：

1. 对法官满意度为“非常不满意”的受访者中，认为民事案件生效判决可能得到有效执行的比例为 46.6%。

2. 对法官满意度为“不太满意”的受访者中，认为民事案件生效判决可能得到有效执行的比例为 62.1%。

3. 对法官满意度为“一般”的受访者中，认为民事案件生效判决可能得到有效执行的比例为 85.8%。

4. 对法官满意度为“比较满意”的受访者中，认为民事案件生效判决可能得到有效执行的比例为 93.1%。

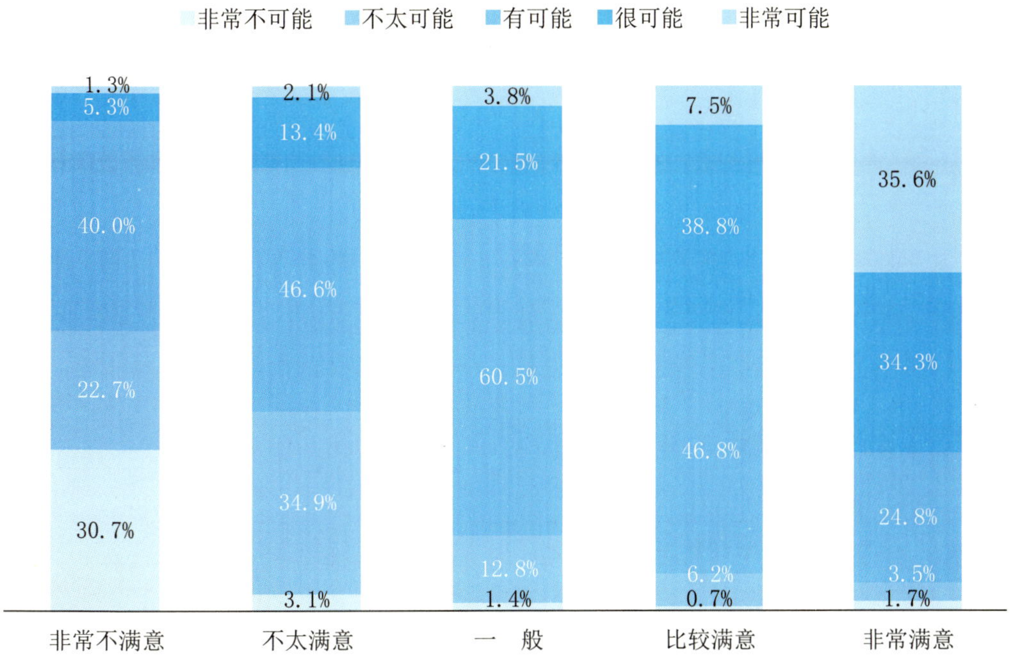

图 3-21 对法官满意度和民事案件生效判决得到有效执行可能性认知之间的交叉分析图

5. 对法官满意度为“非常满意”的受访者中，认为民事案件生效判决可能得到有效执行的比例为 94.7%。

以上数据表明，专业卷 Q22.1 题和 Q33.1 题之间，即受访者对民事案件生效判决得到有效执行可能性认知与受访者对法官满意度之间存在一定的关联。具体来说，受访者对法官满意度越高，越倾向于认为民事案件生效判决可能得到有效执行。

3.3.3 民事诉讼裁判得到有效执行问题跨卷对比分析

公众卷和专业卷均就“民事案件生效判决得到有效执行可能性”问题进行了调查，我们看看两个群体的作答情况是否呈现出明显差异：

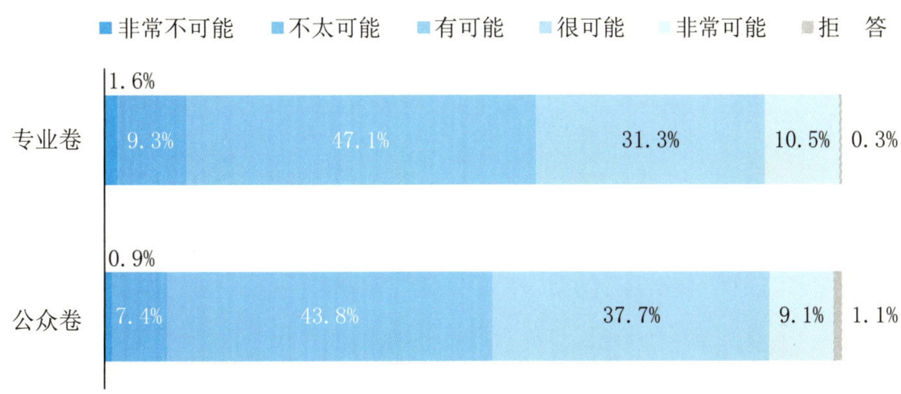

图 3-22 专业卷与公众卷民事案件生效判决得到有效执行可能性作答情况分布对照图

从上图可以看出，公众卷的受访者和专业卷的受访者对于民事案件生效判决得到有效执行可能性的判断大致相当。

指标 4　刑事司法程序

刑事司法程序作为一级指标，下设三个二级指标：①侦查措施及时合法；②审查起诉公正有效；③刑事审判公正及时有效。涉及公众卷 3 个题目，专业卷 8 个题目。具体的数据挖掘结果如下：

4.1　侦查措施及时合法

为测量这一指标，调查问卷设计四个问题：

问题一："在您所在地区，警察对犯罪嫌疑人刑讯逼供的可能性有多大?"【公众卷、专业卷】

问题二："在您所在地区，犯罪嫌疑人被超期羁押的可能性有多大?"【专业卷】

问题三："在您所在地区，警察未经审批程序，对涉嫌贩毒的犯罪嫌疑人进行电话监听的可能性有多大?"【专业卷】

问题四："在您所在地区，老百姓家里被盗，到公安局报案后得到及时受理的可能性有多大?"【公众卷】

4.1.1　侦查措施及时合法问题基本数据

对于侦查措施及时合法问题，我们提取有关问题进行了频数分析，其中公众卷部分基本数据情况如下：

问题一："在您所在地区，警察对犯罪嫌疑人刑讯逼供的可能性有多大?"【公众卷】

表 4-1　公众卷：警察对犯罪嫌疑人刑讯逼供的可能性作答情况详表

公众卷		计　数	列 N%
警察对犯罪嫌疑人刑讯逼供的可能性	非常不可能	517	2.8%
	不太可能	4977	26.8%
	有可能	8491	45.8%
	很可能	3323	17.9%
	非常可能	1176	6.3%
	拒　答	68	0.4%

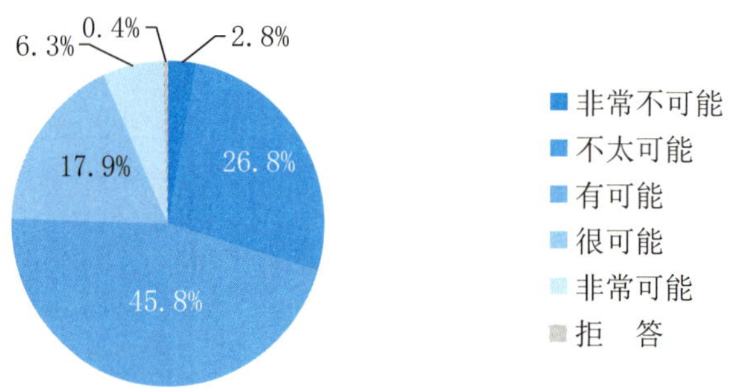

图 4-1　公众卷：警察对犯罪嫌疑人刑讯逼供的可能性作答情况分布图

从图 4-1 可以看出，公众卷的受访者在回答“警察对犯罪嫌疑人刑讯逼供的可能性”问题时，更倾向于认为上述情况有可能发生，选择“有可能”、“很可能”、“非常可能”的人数比例合计达到 70.0%。

问题四：“在您所在地区，老百姓家里被盗，到公安局报案后得到及时受理的可能性有多大？”【公众卷】

表 4-2　公众卷：老百姓家里被盗报案后得到及时受理的可能性作答情况详表

公众卷		计　数	列 N%
老百姓家里被盗报案后得到及时受理的可能性	非常不可能	568	3. 1%
	不太可能	2687	14. 5%
	有可能	6379	34. 4%
	很可能	5773	31. 1%
	非常可能	3065	16. 5%
	拒　答	80	0. 4%

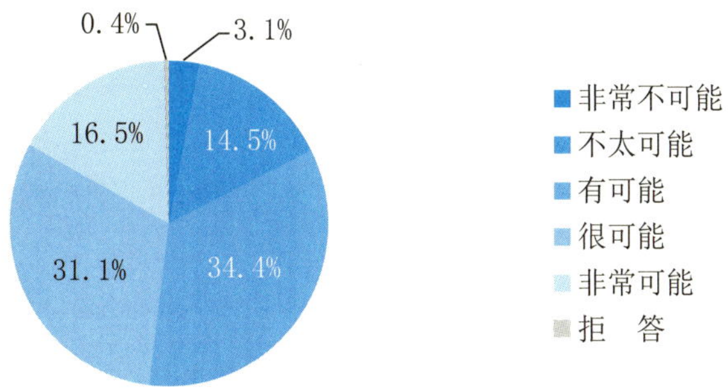

图 4-2　公众卷：老百姓家里被盗报案后得到及时受理的可能性作答情况分布图

从上图可以看出，公众卷的受访者在回答“老百姓家里被盗报案后得到及时受理的可能性”问题时，更倾向于认为上述情况有可能发生，选择“有可能”、“很可能”、“非常可能”的人数比例合计达到 82. 0%。

侦查措施及时合法问题专业卷部分基本数据情况则如下：

问题一：“在您所在地区，警察对犯罪嫌疑人刑讯逼供的可能性有多大？”【专业卷】

表 4-3　专业卷：警察对犯罪嫌疑人刑讯逼供的可能性作答情况详表

		法　官		检察官		警　察		律　师		全　体	
		计数	列 N%	计数	列 N%	计数	列 N%	计数	列 N%	计数	列 N%
警察对犯罪嫌疑人刑讯逼供的可能性	非常不可能	158	10. 7%	175	11. 6%	406	29. 4%	42	2. 8%	781	13. 4%
	不太可能	667	45. 3%	770	51. 0%	692	50. 2%	428	28. 9%	2557	43. 8%
	有可能	514	34. 9%	485	32. 1%	230	16. 7%	756	51. 0%	1985	34. 0%
	很可能	107	7. 3%	61	4. 0%	38	2. 8%	185	12. 5%	391	6. 7%
	非常可能	28	1. 9%	17	1. 1%	13	0. 9%	71	4. 8%	129	2. 2%
	拒　答	0	0. 0%	1	0. 1%	0	0. 0%	0	0. 0%	1	0. 0%

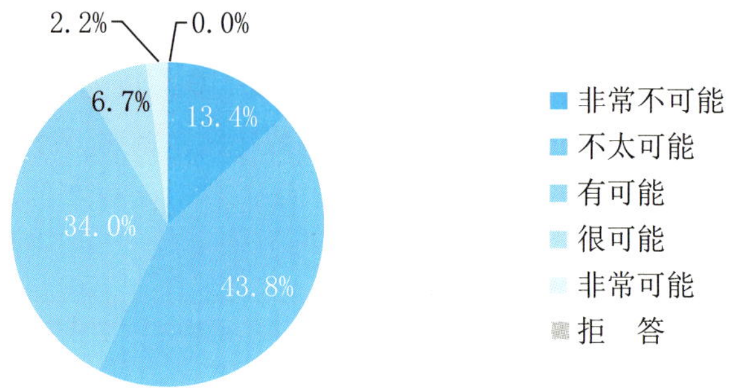

图 4-3　专业卷：警察对犯罪嫌疑人刑讯逼供的可能性作答情况分布图

从上图可以看出，专业卷的受访者在回答“警察对犯罪嫌疑人刑讯逼供的可能性”问题时，更倾向于认为上述情况不太可能发生，选择“不太可能”和“非常不可能”的人数比例为57.2%，其余更多选择“有可能”。

专业卷的受访者依照其职业分为四类人群，不同职业群体对警察对犯罪嫌疑人刑讯逼供的可能性判断对比如下图：

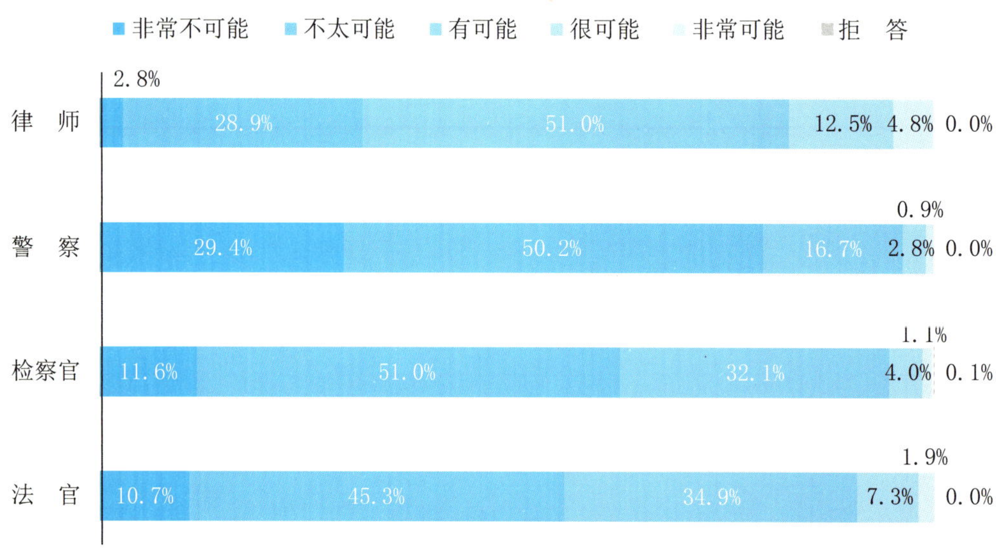

图 4-4　专业卷细分：警察对犯罪嫌疑人刑讯逼供的可能性作答情况分布图

不同职业群体在回答“警察对犯罪嫌疑人刑讯逼供的可能性”问题时，警察群体认为上述情况发生的可能性最低，其选择“非常不可能”和“不太可能”两项的人数比例为79.6%。与之对比的是律师群体，对于上述情况，选择“有可能”、“很可能”、“非常可能”的人数比例最高，为68.3%。

问题二：“在您所在地区，犯罪嫌疑人被超期羁押的可能性有多大?”【专业卷】

表 4-4　专业卷：犯罪嫌疑人被超期羁押的可能性作答情况详表

		法　官		检察官		警　察		律　师		全　体	
		计数	列 N%	计数	列 N%	计数	列 N%	计数	列 N%	计数	列 N%
犯罪嫌疑人被超期羁押的可能性	非常不可能	209	14.2%	421	27.9%	514	38.6%	69	4.7%	1229	21.0%
	不太可能	674	45.7%	721	47.8%	602	45.2%	504	34.0%	2521	43.1%
	有可能	478	32.4%	326	21.6%	182	13.7%	616	41.6%	1611	27.6%
	很可能	86	5.8%	31	2.1%	22	1.7%	228	15.4%	370	6.3%

续表

		法　官		检察官		警　察		律　师		全　体	
		计数	列 N%	计数	列 N%	计数	列 N%	计数	列 N%	计数	列 N%
	非常可能	25	1. 7%	9	0. 6%	8	0. 6%	63	4. 3%	105	1. 8%
	拒　答	2	0. 1%	1	0. 1%	3	0. 2%	2	0. 1%	8	0. 1%

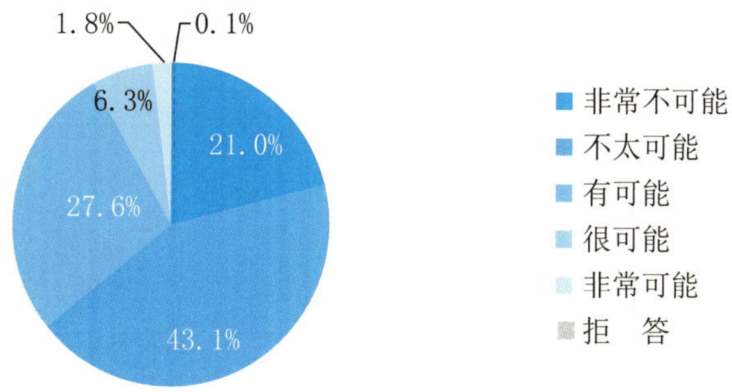

图 4-5　专业卷：犯罪嫌疑人被超期羁押的可能性作答情况分布图

从上图可以看出，专业卷的受访者在回答“犯罪嫌疑人被超期羁押的可能性”问题时，更倾向于认为上述情况不太可能发生，选择“有可能”、“很可能”、“非常可能”的人数比例仅为 35. 7%。

专业卷的受访者依照其职业分为四类人群，不同职业群体对犯罪嫌疑人被超期羁押的可能性判断对比如下图：

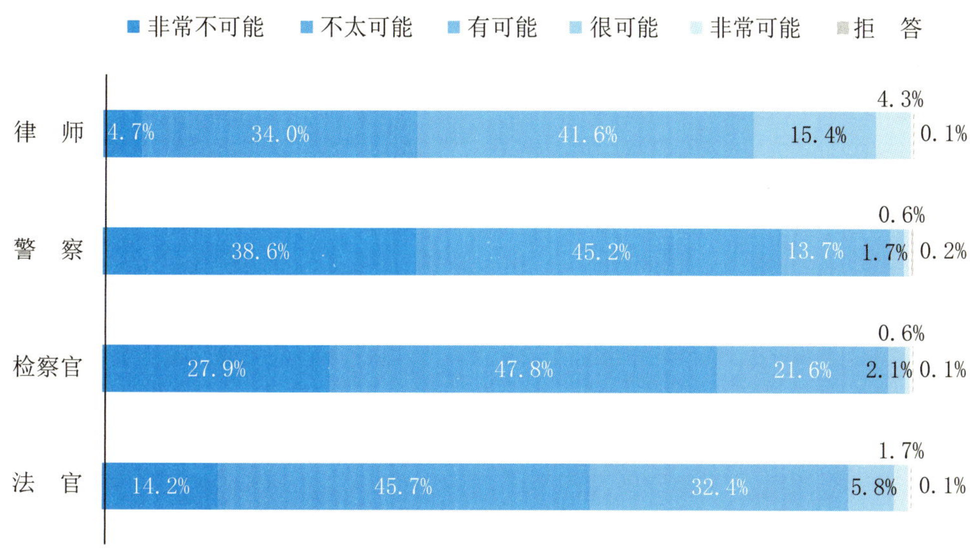

图 4-6　专业卷细分：犯罪嫌疑人被超期羁押的可能性作答情况分布图

不同职业群体在回答“犯罪嫌疑人被超期羁押的可能性”问题时，警察群体认为上述情况发生的可能性最低，其选择“非常不可能”和“不太可能”两项的人数比例为 83. 8%。与之对比的是律师群体，对于上述情况选择“有可能”、“很可能”、“非常可能”的人数比例最高，为 61. 3%。

问题三：“在您所在地区，警察未经审批程序，对涉嫌贩毒的犯罪嫌疑人进行电话监听的可能性有多大?”【专业卷】

表 4-5 专业卷：警察未经审批程序对贩毒嫌疑人进行电话监听的可能性作答情况详表

		法官		检察官		警察		律师		全体	
		计数	列 N%	计数	列 N%	计数	列 N%	计数	列 N%	计数	列 N%
警察未经审批程序对贩毒嫌疑人进行电话监听的可能性	非常不可能	185	12.6%	253	16.8%	556	40.3%	65	4.4%	1059	18.1%
	不太可能	655	44.4%	722	47.8%	540	39.4%	439	29.6%	2356	40.3%
	有可能	484	32.8%	436	28.9%	211	15.2%	702	47.4%	1833	31.4%
	很可能	106	7.2%	68	4.5%	55	3.9%	190	12.8%	419	7.2%
	非常可能	39	2.6%	28	1.9%	16	1.1%	79	5.3%	162	2.8%
	拒答	5	0.3%	2	0.1%	1	0.1%	7	0.5%	15	0.3%

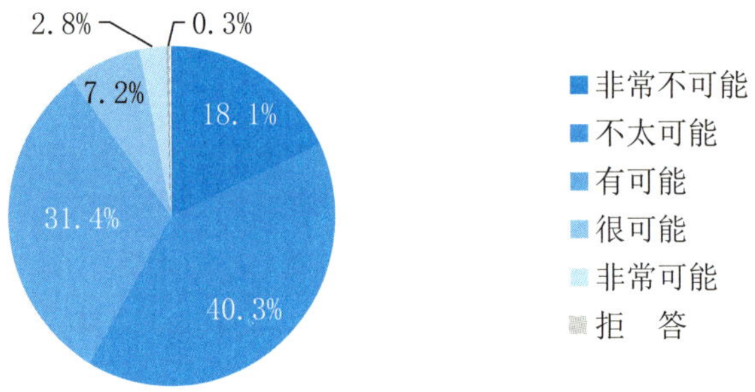

图 4-7 专业卷：警察未经审批程序对贩毒嫌疑人进行电话监听的可能性作答情况分布图

由上图可以看出，专业卷的受访者在回答“警察未经审批程序对贩毒嫌疑人进行电话监听的可能性”问题时，更倾向于认为上述情况不太可能发生，选择“不太可能”和“非常不可能”的人数比例为 58.4%，其余更多选择“有可能”。

专业卷的受访者依照其职业分为四类人群，不同职业群体对警察未经审批程序对贩毒嫌疑人进行电话监听的可能性判断对比如下图：

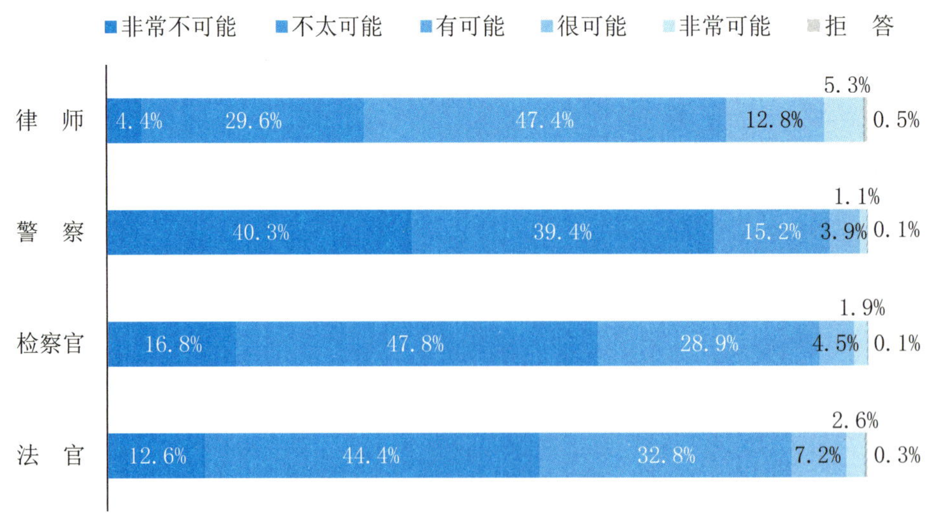

图 4-8 专业卷细分：警察未经审批程序对贩毒嫌疑人进行电话监听的可能性作答情况分布图

不同职业群体在回答“警察未经审批程序对贩毒嫌疑人进行电话监听的可能性”问题时，警察群体认为上述情况发生的可能性最低，选择“非常不可能”和“不太可能”的人数比例为 79.7%。与之对比的是律师群体，选择“有可能”、“很可能”、“非常可能”的人数比例最高，为 65.5%。

4.1.2 侦查措施及时合法问题相关分析

课题组采用相关性分析和交叉分析两种数据分析技术，对公众卷进行分析。

首先通过对公众卷的 Q13 题和 Q4.3 题进行相关性分析，考察两组数据间的 Spearman 相关系数，得到下表：

表 4-6　对警察满意度和警察对犯罪嫌疑人刑讯逼供可能性认知之间的相关分析表

			Q13：在您所在地区，警察对犯罪嫌疑人刑讯逼供的可能性有多大?	Q4.3：您对自己所在地区警察的满意度如何?
Spearman 的 rho	Q13：在您所在地区，警察对犯罪嫌疑人刑讯逼供的可能性有多大?	相关系数	1.000	-0.271**
		显著性（双尾）		0.000
		N*	18 484	18 402
	Q4.3：您对自己所在地区警察的满意度如何?	相关系数	-0.271**	1.000
		显著性（双尾）	0.000	
		N*	18 402	18 444

* N 为样本数；** 相关性在 0.01 层上显著（双尾）。

从上表中不难发现，Spearman 相关系数为-0.271，表示两题之间具有负相关性；同时双尾显著性为 0.000，表示该结果在 0.01 水平上显著，即表示其判断犯弃真型错误率小于 1%，结果准确。

为直观而深入地探寻两题间可能存在的深层次联系，我们对两题进行交叉分析：首先将拒答问卷全部剔除，再对剩下的问卷样本以受访者对警察的满意度作为区分条件，来分析对警察的满意度不同的受访者在对警察对犯罪嫌疑人刑讯逼供可能性这一问题的认知上具有的分布特性，得到下表：

表 4-7　对警察满意度和警察对犯罪嫌疑人刑讯逼供可能性认知之间的交叉分析表

			Q13：在您所在地区，警察对犯罪嫌疑人刑讯逼供的可能性有多大?					总　计
			非常不可能	不太可能	有可能	很可能	非常可能	
Q4.3：您对自己所在地区警察的满意度如何?	非常不满意	计　数	29	73	253	210	210	775
		占满意度比	3.7%	9.4%	32.6%	27.1%	27.1%	100.0%
		占可能性比	5.6%	1.5%	3.0%	6.4%	17.9%	4.2%
		占总比	0.2%	0.4%	1.4%	1.1%	1.1%	4.2%
	不太满意	计　数	39	461	1208	718	284	2710
		占满意度比	1.4%	17.0%	44.6%	26.5%	10.5%	100.0%
		占可能性比	7.6%	9.3%	14.3%	21.7%	24.3%	14.7%
		占总比	0.2%	2.5%	6.6%	3.9%	1.5%	14.7%
	一　般	计　数	99	1939	4540	1564	457	8599
		占满意度比	1.2%	22.5%	52.8%	18.2%	5.3%	100.0%
		占可能性比	19.3%	39.1%	53.7%	47.3%	39.0%	46.7%
		占总比	0.5%	10.5%	24.7%	8.5%	2.5%	46.7%

续表

			Q13：在您所在地区，警察对犯罪嫌疑人刑讯逼供的可能性有多大？					总　计
			非常不可能	不太可能	有可能	很可能	非常可能	
Q4.3：您对自己所在地区警察的满意度如何？	比较满意	计　数	160	2053	2163	681	148	5205
		占满意度比	3.1%	39.4%	41.6%	13.1%	2.8%	100.0%
		占可能性比	31.1%	41.4%	25.6%	20.6%	12.6%	28.3%
		占总比	0.9%	11.2%	11.8%	3.7%	0.8%	28.3%
	非常满意	计　数	187	434	288	132	72	1113
		占满意度比	16.8%	39.0%	25.9%	11.9%	6.5%	100.0%
		占可能性比	36.4%	8.8%	3.4%	4.0%	6.1%	6.0%
		占总比	1.0%	2.4%	1.6%	0.7%	0.4%	6.0%
总　计		计　数	514	4960	8452	3305	1171	18 402
		占总比	2.8%	27.0%	45.9%	18.0%	6.4%	100.0%

以受访者对警察满意度为横轴，以警察对犯罪嫌疑人刑讯逼供的可能性为纵轴，可得下图：

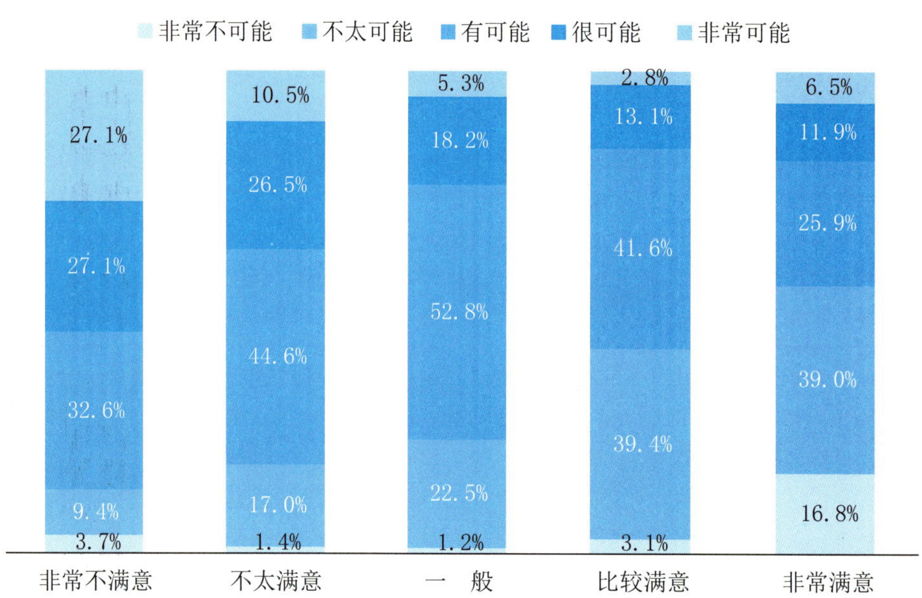

图 4-9　对警察满意度和警察对犯罪嫌疑人刑讯逼供可能性认知之间的交叉分析图

数据挖掘分析：

若将选项“非常可能”、“很可能”和“有可能”合并视为“可能”，将选项“不太可能”和“非常不可能”合并视为“不可能”，则得数据如下：

1. 对警察满意度为“非常不满意”的受访者中，认为警察可能对犯罪嫌疑人刑讯逼供的比例为86.8%。

2. 对警察满意度为“不太满意”的受访者中，认为警察可能对犯罪嫌疑人刑讯逼供的比例为81.6%。

3. 对警察满意度为“一般”的受访者中，认为警察可能对犯罪嫌疑人刑讯逼供的比例为76.3%。

4. 对警察满意度为“比较满意”的受访者中，认为警察可能对犯罪嫌疑人刑讯逼供的比例为 57.5%。

5. 对警察满意度为“非常满意”的受访者中，认为警察可能对犯罪嫌疑人刑讯逼供的比例为 44.3%。

以上数据表明，公众卷 Q13 题和 Q4.3 题之间，即受访者对警察对犯罪嫌疑人刑讯逼供可能性的认知与受访者对警察满意度之间存在一定的关联。具体来说，对警察满意度越低的受访者，越倾向于认为警察可能对犯罪嫌疑人刑讯逼供。这意味着，公安机关若能保证侦查措施及时合法，将提高人们对警察群体的满意度。

通过对公众卷的 Q18.1 题和 Q4.3 题进行相关性分析，考察两组数据间的 Spearman 相关系数，得到下表：

表 4-8　对警察满意度和老百姓家里被盗报案后得到及时受理的可能性认知之间的相关分析表

			Q18.1：在您所在地区，老百姓家里被盗，到公安局报案后得到及时受理的可能性有多大?	Q4.3：您对自己所在地区警察的满意度如何?
Spearman 的 rho	Q18.1：在您所在地区，老百姓家里被盗，到公安局报案后得到及时受理的可能性有多大?	相关系数	1.000	0.245**
		显著性（双尾）		0.000
		N*	18 472	18 388
	Q4.3：您对自己所在地区警察的满意度如何?	相关系数	0.245**	1.000
		显著性（双尾）	0.000	
		N*	18 388	18 444

*N 为样本数；** 相关性在 0.01 层上显著（双尾）。

从上表中不难发现，Spearman 相关系数为 0.245，表示两题之间具有正相关性；同时双尾显著性为 0.000，表示该结果在 0.01 水平上显著，即表示其判断犯弃真型错误率小于 1%，结果准确。

为直观而深入地探寻两题间可能存在的深层次联系，我们对两题进行交叉分析：首先将拒答问卷全部剔除，再对剩下的问卷样本以受访者对警察的满意度作为区分条件，来分析对警察的满意度不同的受访者在对老百姓家里被盗报案后得到及时受理的可能性这一问题的认知上具有的分布特性，得到下表：

表 4-9　对警察满意度和老百姓家里被盗报案后得到及时受理的可能性认知之间的交叉分析表

			Q18.1：在您所在地区，老百姓家里被盗，到公安局报案后得到及时受理的可能性有多大?					总　计
			非常不可能	不太可能	有可能	很可能	非常可能	
Q4.3：您对自己所在地区警察的满意度如何?	非常不满意	计　数	116	182	243	128	108	777
		占满意度比	14.9%	23.4%	31.3%	16.5%	13.9%	100.0%
		占可能性比	20.5%	6.8%	3.8%	2.2%	3.5%	4.2%
		占总比	0.6%	1.0%	1.3%	0.7%	0.6%	4.2%
	不太满意	计　数	147	570	970	729	286	2702
		占满意度比	5.4%	21.1%	35.9%	27.0%	10.6%	100.0%
		占可能性比	26.0%	21.3%	15.3%	12.7%	9.4%	14.7%
		占总比	0.8%	3.1%	5.3%	4.0%	1.6%	14.7%

续表

			Q18.1：在您所在地区，老百姓家里被盗，到公安局报案后得到及时受理的可能性有多大？					总　计
			非常不可能	不太可能	有可能	很可能	非常可能	
Q4.3：您对自己所在地区警察的满意度如何？	一　般	计　数	214	1347	3405	2549	1082	8597
		占满意度比	2.5%	15.7%	39.6%	29.6%	12.6%	100.0%
		占可能性比	37.8%	50.4%	53.6%	44.3%	35.5%	46.8%
		占总比	1.2%	7.3%	18.5%	13.9%	5.9%	46.8%
	比较满意	计　数	65	511	1513	2051	1063	5203
		占满意度比	1.2%	9.8%	29.1%	39.4%	20.4%	100.0%
		占可能性比	11.5%	19.1%	23.8%	35.7%	34.9%	28.3%
		占总比	0.4%	2.8%	8.2%	11.2%	5.8%	28.3%
	非常满意	计　数	24	60	220	294	511	1109
		占满意度比	2.2%	5.4%	19.8%	26.5%	46.1%	100.0%
		占可能性比	4.2%	2.2%	3.5%	5.1%	16.8%	6.0%
		占总比	0.1%	0.3%	1.2%	1.6%	2.8%	6.0%
总　计		计　数	566	2670	6351	5751	3050	18 388
		占总比	3.1%	14.5%	34.5%	31.3%	16.6%	100.0%

以受访者对警察满意度为横轴，以老百姓家里被盗报案后得到及时受理的可能性为纵轴，可得下图：

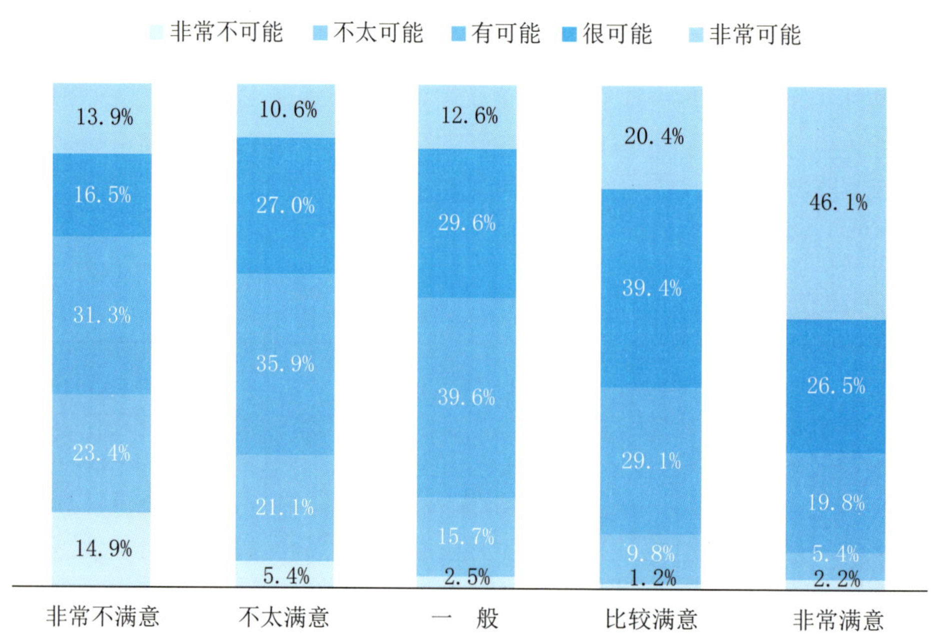

图 4-10　对警察满意度和老百姓家里被盗报案后得到及时受理的可能性认知之间的交叉分析图

数据挖掘分析：

若将选项“非常可能”、“很可能”和“有可能”合并视为“可能”，将选项“不太可能”和“非常不可能”合并视为“不可能”，则得数据如下：

1. 对警察满意度为“非常不满意”的受访者中，认为老百姓家里被盗报案后可能得到及时受理的比例为 61.7%。

2. 对警察满意度为“不太满意”的受访者中，认为老百姓家里被盗报案后可能得到及时受理的比例为 73.5%。

3. 对警察满意度为“一般”的受访者中，认为老百姓家里被盗报案后可能得到及时受理的比例为 81.8%。

4. 对警察满意度为“比较满意”的受访者中，认为老百姓家里被盗报案后可能得到及时受理的比例为 88.9%。

5. 对警察满意度为“非常满意”的受访者中，认为老百姓家里被盗报案后可能得到及时受理的比例为 92.4%。

以上数据表明，公众卷 Q18.1 题和 Q4.3 题之间，即受访者对老百姓家里被盗报案后得到及时受理可能性的认知与受访者对警察满意度之间存在一定的关联。具体来说，对警察满意度越高的受访者，越倾向于认为老百姓家里被盗报案后可能得到及时受理。这意味着，若要提高人们对警察群体的满意度，公安机关应该保障案件受理的及时性。

通过对公众卷的 Q7 题和 Q18.1 题进行相关性分析，考察两组数据间的 Spearman 相关系数，得到下表：

表 4-10　对矛盾双方到法院起诉和老百姓家里被盗报案后得到及时受理的可能性认知之间的相关分析表

			Q18.1：在您所在地区，老百姓家里被盗，到公安局报案后得到及时受理的可能性有多大？	Q7：在您所在地区，当矛盾双方无法通过协商、调解等方式解决纠纷时，人们可能会到法院起诉吗？
Spearman 的 rho	Q18.1：在您所在地区，老百姓家里被盗，到公安局报案后得到及时受理的可能性有多大？	相关系数	1.000	0.197**
		显著性（双尾）		0.000
		N*	18 472	18 424
	Q7：在您所在地区，当矛盾双方无法通过协商、调解等方式解决纠纷时，人们可能会到法院起诉吗？	相关系数	0.197**	1.000
		显著性（双尾）	0.000	
		N*	18 424	18 486

＊N 为样本数；＊＊相关性在 0.01 层上显著（双尾）。

从上表中不难发现，Spearman 相关系数为 0.197，表示两题之间具有正相关性；同时双尾显著性为 0.000，表示该结果在 0.01 水平上显著，即表示其判断犯弃真型错误率小于 1%，结果准确。

为直观而深入地探寻两题间可能存在的深层次联系，我们对两题进行交叉分析：首先将拒答问卷全部剔除，再对剩下的问卷样本以受访者对老百姓家里被盗报案后得到及时受理可能性的认知作为区分条件，来分析受访者在对无法通过协商、调解解决纠纷的矛盾双方到法院起诉的可能性这一问题的认知上具有的分布特性，得到表 4-11：

表 4-11 对矛盾双方到法院起诉和老百姓家里被盗报案后得到及时受理的可能性认知之间的交叉分析表

			Q7：在您所在地区，当矛盾双方无法通过协商、调解等方式解决纠纷时，人们可能会到法院起诉吗？					总 计
			非常不可能	不太可能	有可能	很可能	非常可能	
Q18.1：在您所在地区，老百姓家里被盗，到公安局报案后得到及时受理的可能性有多大？	非常不可能	计 数	24	117	220	129	75	565
		占受理可能性比	4.2%	20.7%	38.9%	22.8%	13.3%	100.0%
		占起诉可能性比	16.3%	5.8%	2.6%	2.3%	3.2%	3.1%
		占总比	0.1%	0.6%	1.2%	0.7%	0.4%	3.1%
	不太可能	计 数	34	443	1262	672	269	2680
		占受理可能性比	1.3%	16.5%	47.1%	25.1%	10.0%	100.0%
		占起诉可能性比	23.1%	21.9%	15.1%	12.2%	11.3%	14.5%
		占总比	0.2%	2.4%	6.8%	3.6%	1.5%	14.5%
	有可能	计 数	32	750	3371	1667	543	6363
		占受理可能性比	0.5%	11.8%	53.0%	26.2%	8.5%	100.0%
		占起诉可能性比	21.8%	37.0%	40.4%	30.2%	22.9%	34.5%
		占总比	0.2%	4.1%	18.3%	9.0%	2.9%	34.5%
	很可能	计 数	23	523	2528	2014	668	5756
		占受理可能性比	0.4%	9.1%	43.9%	35.0%	11.6%	100.0%
		占起诉可能性比	15.6%	25.8%	30.3%	36.5%	28.1%	31.2%
		占总比	0.1%	2.8%	13.7%	10.9%	3.6%	31.2%
	非常可能	计 数	34	194	969	1043	820	3060
		占受理可能性比	1.1%	6.3%	31.7%	34.1%	26.8%	100.0%
		占起诉可能性比	23.1%	9.6%	11.6%	18.9%	34.5%	16.6%
		占总比	0.2%	1.1%	5.3%	5.7%	4.5%	16.6%
总 计		计 数	147	2027	8350	5525	2375	18 424
		占总比	0.8%	11.0%	45.3%	30.0%	12.9%	100.0%

以老百姓家里被盗报案后得到及时受理的可能性为横轴，以无法通过协商、调解解决纠纷的矛盾双方到法院起诉的可能性为纵轴，可得图 4-11：

数据挖掘分析：

若将选项“非常可能”、“很可能”和“有可能”合并视为“可能”，将选项“不太可能”和“非常不可能”合并视为“不可能”，则得数据如下：

1. 认为老百姓家里被盗报案后得到及时受理的可能性为“非常不可能”的受访者中，认为无法通过协商、调解解决纠纷的矛盾双方可能到法院起诉的比例为 75.0%。

2. 认为老百姓家里被盗报案后得到及时受理的可能性为“不太可能”的受访者中，认为无法通过协商、调解解决纠纷的矛盾双方可能到法院起诉的比例为 82.2%。

3. 认为老百姓家里被盗报案后得到及时受理的可能性为“有可能”的受访者中，认为无法通过协商、调解解决纠纷的矛盾双方可能到法院起诉的比例为 87.7%。

4. 认为老百姓家里被盗报案后得到及时受理的可能性为“很可能”的受访者中，认为无法通过协商、

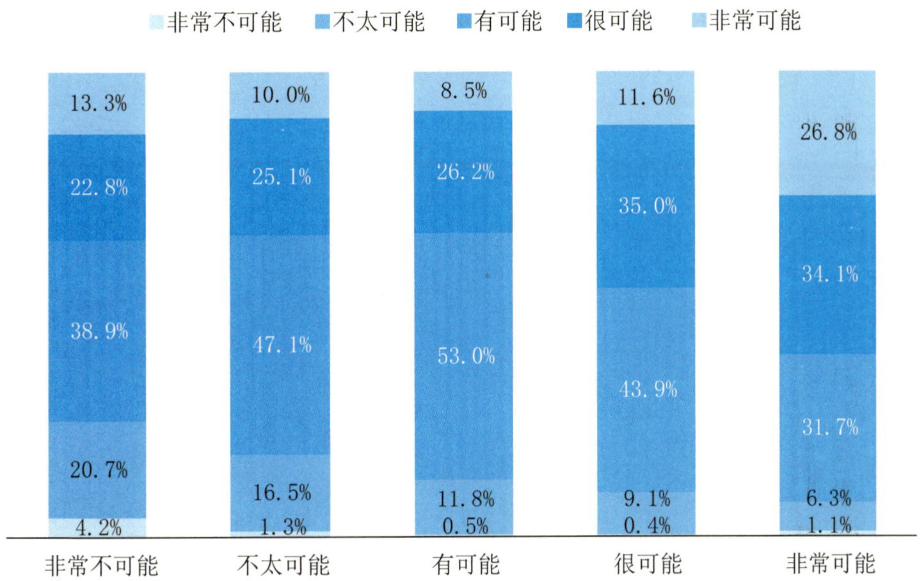

图 4-11　对矛盾双方到法院起诉和老百姓家里被盗报案后得到及时受理的可能性认知之间的交叉分析图

调解解决纠纷的矛盾双方可能到法院起诉的比例为 90.5%。

5. 认为老百姓家里被盗报案后得到及时受理的可能性为“非常可能”的受访者中，认为无法通过协商、调解解决纠纷的矛盾双方可能到法院起诉的比例为 92.6%。

以上数据表明，公众卷 Q7 题和 Q18.1 题之间，即受访者对老百姓家里被盗报案后得到及时受理可能性的认知与受访者对无法通过协商、调解解决纠纷的矛盾双方到法院起诉可能性的认知之间存在一定的关联。具体来说，认为老百姓家里被盗报案后得到及时受理的可能性越高的受访者，同样认为无法通过协商、调解解决纠纷的矛盾双方到法院起诉的可能性越高，两者之间呈现正相关性。

课题组采用相关性分析和交叉分析两种数据分析技术，对专业卷进行分析。

首先通过对专业卷的 Q15 题和 Q33.3 题进行相关性分析，考察两组数据间的 Spearman 相关系数，得到下表：

表 4-12　对警察满意度和警察对犯罪嫌疑人刑讯逼供可能性认知之间的相关分析表

			Q15：在您所在地区，警察对犯罪嫌疑人刑讯逼供的可能性有多大?	Q33.3：您对自己所在地区警察的满意度如何?
Spearman 的 rho	Q15：在您所在地区，警察对犯罪嫌疑人刑讯逼供的可能性有多大?	相关系数	1.000	-0.453**
		显著性（双尾）		0.000
		N*	5847	5831
	Q33.3：您对自己所在地区警察的满意度如何?	相关系数	-0.453**	1.000
		显著性（双尾）	0.000	
		N*	5831	5832

* N 为样本数；** 相关性在 0.01 层上显著（双尾）。

从上表中不难发现，Spearman 相关系数为-0.453，表示两题之间具有负相关性；同时双尾显著性为 0.000，表示该结果在 0.01 水平上显著，即表示其判断犯弃真型错误率小于 1%，结果准确。

为直观而深入地探寻两题间可能存在的深层次联系，我们对两题进行交叉分析：首先将拒答问卷全部剔除，再对剩下的问卷样本以受访者对警察的满意度作为区分条件，来分析对警察的满意度不同的受访者在对警察对犯罪嫌疑人刑讯逼供可能性这一问题的认知上具有的分布特性，得到下表：

表 4-13 对警察满意度和警察对犯罪嫌疑人刑讯逼供可能性认知之间的交叉分析表

			Q15：在您所在地区，警察对犯罪嫌疑人刑讯逼供的可能性有多大?					总 计
			非常不可能	不太可能	有可能	很可能	非常可能	
Q33.3：您对自己所在地区警察的满意度如何?	非常不满意	计 数	12	33	59	37	44	185
		占满意度比	6.5%	17.8%	31.9%	20.0%	23.8%	100.0%
		占可能性比	1.5%	1.3%	3.0%	9.5%	34.9%	3.2%
		占总比	0.2%	0.6%	1.0%	0.6%	0.8%	3.2%
	不太满意	计 数	23	161	268	98	31	581
		占满意度比	4.0%	27.7%	46.1%	16.9%	5.3%	100.0%
		占可能性比	3.0%	6.3%	13.5%	25.2%	24.6%	10.0%
		占总比	0.4%	2.8%	4.6%	1.7%	0.5%	10.0%
	一 般	计 数	85	705	926	174	35	1925
		占满意度比	4.4%	36.6%	48.1%	9.0%	1.8%	100.0%
		占可能性比	10.9%	27.6%	46.6%	44.7%	27.8%	33.0%
		占总比	1.5%	12.1%	15.9%	3.0%	0.6%	33.0%
	比较满意	计 数	259	1296	645	68	12	2280
		占满意度比	11.4%	56.8%	28.3%	3.0%	0.5%	100.0%
		占可能性比	33.3%	50.8%	32.5%	17.5%	9.5%	39.1%
		占总比	4.4%	22.2%	11.1%	1.2%	0.2%	39.1%
	非常满意	计 数	399	356	89	12	4	860
		占满意度比	46.4%	41.4%	10.3%	1.4%	0.5%	100.0%
		占可能性比	51.3%	14.0%	4.5%	3.1%	3.2%	14.7%
		占总比	6.8%	6.1%	1.5%	0.2%	0.1%	14.7%
总 计		计 数	778	2551	1987	389	126	5831
		占总比	13.3%	43.7%	34.1%	6.7%	2.2%	100.0%

以受访者对警察满意度为横轴，以警察对犯罪嫌疑人刑讯逼供的可能性为纵轴，可得图 4-12：

数据挖掘分析：

若将选项“非常可能”、“很可能”和“有可能”合并视为“可能”，将选项“不太可能”和“非常不可能”合并视为“不可能”，则得数据如下：

1. 对警察满意度为“非常不满意”的受访者中，认为警察可能对犯罪嫌疑人刑讯逼供的比例为 75.7%。

2. 对警察满意度为“不太满意”的受访者中，认为警察可能对犯罪嫌疑人刑讯逼供的比例为 68.3%。

3. 对警察满意度为“一般”的受访者中，认为警察可能对犯罪嫌疑人刑讯逼供的比例为 58.9%。

4. 对警察满意度为“比较满意”的受访者中，认为警察可能对犯罪嫌疑人刑讯逼供的比例为 31.8%。

5. 对警察满意度为“非常满意”的受访者中，认为警察可能对犯罪嫌疑人刑讯逼供的比例为 12.2%。

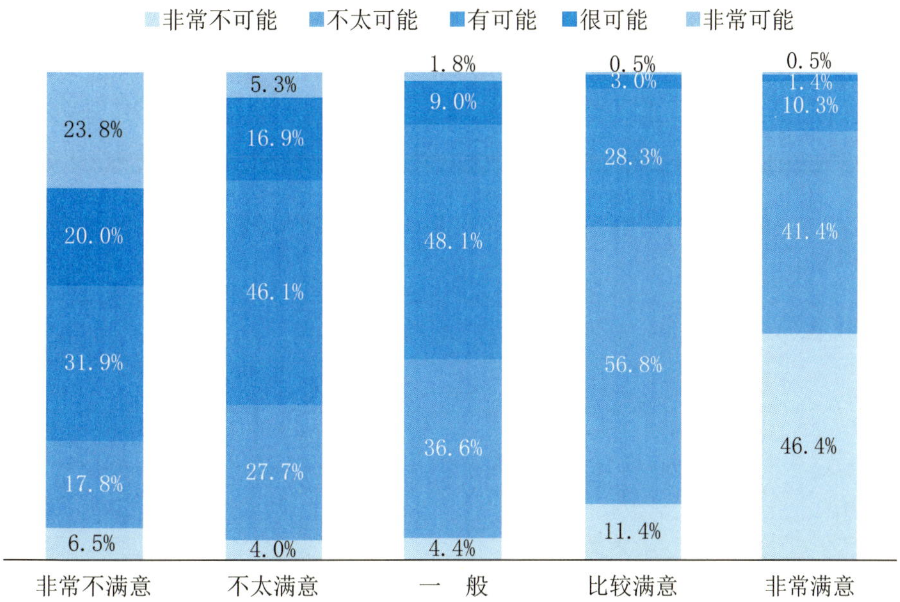

图 4-12　对警察满意度和警察对犯罪嫌疑人刑讯逼供可能性认知之间的交叉分析图

以上数据表明，专业卷 Q15 题和 Q33.3 题之间，即受访者对警察对犯罪嫌疑人刑讯逼供可能性的认知与受访者对警察满意度之间存在一定的关联。具体来说，对警察满意度越低的受访者，越倾向于认为警察可能对犯罪嫌疑人刑讯逼供。这意味着，公安机关若能保证侦查措施及时合法，将提高人们对警察群体的满意度。

通过对专业卷的 Q16 题和 Q33.3 题进行相关性分析，考察两组数据间的 Spearman 相关系数，得到下表：

表 4-14　对警察满意度和犯罪嫌疑人被超期羁押的可能性认知之间的相关分析表

			Q16：在您所在地区，犯罪嫌疑人被超期羁押的可能性有多大？	Q33.3：您对自己所在地区警察的满意度如何？
Spearman 的 rho	Q16：在您所在地区，犯罪嫌疑人被超期羁押的可能性有多大？	相关系数	1.000	-0.405**
		显著性（双尾）		0.000
		N*	5840	5824
	Q33.3：您对自己所在地区警察的满意度如何？	相关系数	-0.405**	1.000
		显著性（双尾）	0.000	
		N*	5824	5832

*N 为样本数；** 相关性在 0.01 层上显著（双尾）。

从上表中不难发现，Spearman 相关系数为-0.405，表示两题之间具有负相关性；同时双尾显著性为 0.000，表示该结果在 0.01 水平上显著，即表示其判断犯弃真型错误率小于 1%，结果准确。

为直观而深入地探寻两题间可能存在的深层次联系，我们对两题进行交叉分析：首先将拒答问卷全部剔除，再对剩下的问卷样本以受访者对警察的满意度作为区分条件，来分析对警察的满意度不同的受访者在对犯罪嫌疑人被超期羁押可能性这一问题的认知上具有的分布特性，得到表 4-15：

表 4-15　对警察满意度和犯罪嫌疑人被超期羁押的可能性认知之间的交叉分析表

			Q16：在您所在地区，犯罪嫌疑人被超期羁押的可能性有多大？					总　计
			非常不可能	不太可能	有可能	很可能	非常可能	
Q33.3：您对自己所在地区警察的满意度如何？	非常不满意	计　数	22	40	50	38	35	185
		占满意度比	11.9%	21.6%	27.0%	20.5%	18.9%	100.0%
		占可能性比	1.8%	1.6%	3.1%	10.3%	33.3%	3.2%
		占总比	0.4%	0.7%	0.9%	0.7%	0.6%	3.2%
	不太满意	计　数	33	213	216	94	26	582
		占满意度比	5.7%	36.6%	37.1%	16.2%	4.5%	100.0%
		占可能性比	2.7%	8.5%	13.4%	25.5%	24.8%	10.0%
		占总比	0.6%	3.7%	3.7%	1.6%	0.4%	10.0%
	一　般	计　数	222	762	745	167	26	1922
		占满意度比	11.6%	39.6%	38.8%	8.7%	1.4%	100.0%
		占可能性比	18.1%	30.3%	46.4%	45.4%	24.8%	33.0%
		占总比	3.8%	13.1%	12.8%	2.9%	0.4%	33.0%
	比较满意	计　数	485	1209	511	58	13	2276
		占满意度比	21.3%	53.1%	22.5%	2.5%	0.6%	100.0%
		占可能性比	39.6%	48.0%	31.8%	15.8%	12.4%	39.1%
		占总比	8.3%	20.8%	8.8%	1.0%	0.2%	39.1%
	非常满意	计　数	463	295	85	11	5	859
		占满意度比	53.9%	34.3%	9.9%	1.3%	0.6%	100.0%
		占可能性比	37.8%	11.7%	5.3%	3.0%	4.8%	14.7%
		占总比	7.9%	5.1%	1.5%	0.2%	0.1%	14.7%
总　计		计　数	1225	2519	1607	368	105	5824
		占总比	21.0%	43.3%	27.6%	6.3%	1.8%	100.0%

以受访者对警察满意度为横轴，以犯罪嫌疑人被超期羁押的可能性为纵轴，可得图 4-13：

数据挖掘分析：

若将选项“非常可能”、“很可能”和“有可能”合并视为“可能”，将选项“不太可能”和“非常不可能”合并视为“不可能”，则得数据如下：

1. 对警察满意度为“非常不满意”的受访者中，认为犯罪嫌疑人可能被超期羁押的比例为 66.4%。

2. 对警察满意度为“不太满意”的受访者中，认为犯罪嫌疑人可能被超期羁押的比例为 57.8%。

3. 对警察满意度为“一般”的受访者中，认为犯罪嫌疑人可能被超期羁押的比例为 48.9%。

4. 对警察满意度为“比较满意”的受访者中，认为犯罪嫌疑人可能被超期羁押的比例为 25.6%。

5. 对警察满意度为“非常满意”的受访者中，认为犯罪嫌疑人可能被超期羁押的比例为 11.8%。

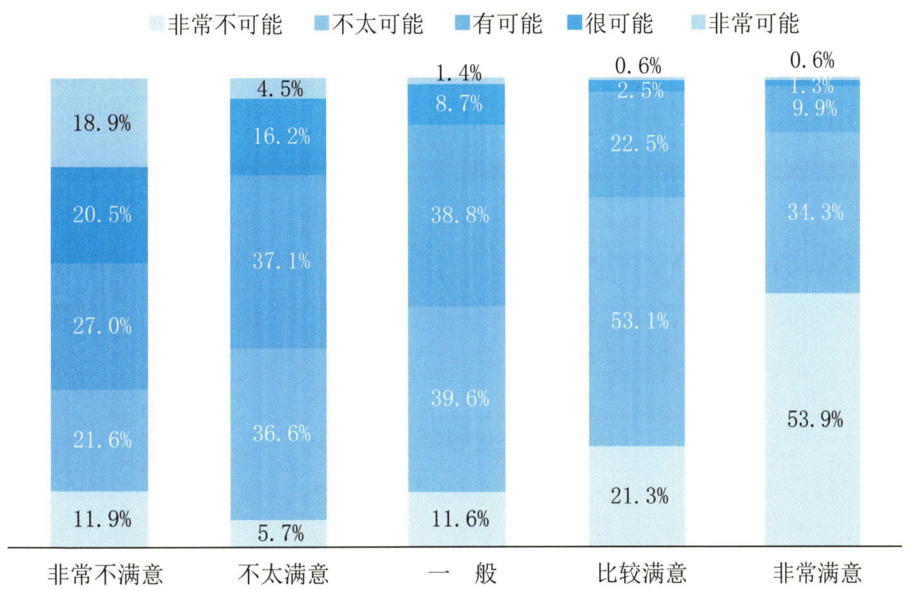

图 4-13　对警察满意度和犯罪嫌疑人被超期羁押的可能性认知之间的交叉分析图

以上数据表明，专业卷 Q16 题和 Q33.3 题之间，即受访者对犯罪嫌疑人被超期羁押可能性的认知与受访者对警察满意度之间存在一定的关联。具体来说，对警察满意度越高的受访者，越倾向于认为犯罪嫌疑人不可能被超期羁押。这意味着，公安机关若能保证侦查措施的合法性，将提高人们对警察群体的满意度。

通过对专业卷的 Q25 题和 Q33.3 题进行相关性分析，考察两组数据间的 Spearman 相关系数，得到下表：

表 4-16　对警察满意度和警察未经审批对贩毒嫌疑人进行电话监听可能性认知之间的相关分析表

			Q25：在您所在地区，警察未经审批程序，对涉嫌贩毒的犯罪嫌疑人进行电话监听的可能性有多大?	Q33.3：您对自己所在地区警察的满意度如何?
Spearman 的 rho	Q25：在您所在地区，警察未经审批程序，对涉嫌贩毒的犯罪嫌疑人进行电话监听的可能性有多大?	相关系数	1.000	-0.361**
		显著性（双尾）		0.000
		N*	5833	5817
	Q33.3：您对自己所在地区警察的满意度如何?	相关系数	-0.361**	1.000
		显著性（双尾）	0.000	
		N*	5817	5832

* N 为样本数；** 相关性在 0.01 层上显著（双尾）。

从上表中不难发现，Spearman 相关系数为-0.361，表示两题之间具有负相关性；同时双尾显著性为 0.000，表示该结果在 0.01 水平上显著，即表示其判断犯弃真型错误率小于 1%，结果准确。

为直观而深入地探寻两题间可能存在的深层次联系，我们对两题进行交叉分析：首先将拒答问卷全部剔除，再对剩下的问卷样本以受访者对警察的满意度作为区分条件，来分析对警察的满意度不同的受访者在对警察未经审批对贩毒嫌疑人进行电话监听可能性这一问题的认知上具有的分布特性，得到表 4-17：

表 4-17　对警察满意度和警察未经审批对贩毒嫌疑人进行电话监听可能性认知之间的交叉分析表

			Q25：在您所在地区，警察未经审批程序，对涉嫌贩毒的犯罪嫌疑人进行电话监听的可能性有多大?					总　计
			非常不可能	不太可能	有可能	很可能	非常可能	
Q33.3：您对自己所在地区警察的满意度如何?	非常不满意	计　数	22	35	54	33	39	183
		占满意度比	12.0%	19.1%	29.5%	18.0%	21.3%	100.0%
		占可能性比	2.1%	1.5%	2.9%	7.9%	24.5%	3.1%
		占总比	0.4%	0.6%	0.9%	0.6%	0.7%	3.1%
	不太满意	计　数	32	181	247	77	44	581
		占满意度比	5.5%	31.2%	42.5%	13.3%	7.6%	100.0%
		占可能性比	3.0%	7.7%	13.5%	18.4%	27.7%	10.0%
		占总比	0.6%	3.1%	4.2%	1.3%	0.8%	10.0%
	一　般	计　数	181	719	817	161	41	1919
		占满意度比	9.4%	37.5%	42.6%	8.4%	2.1%	100.0%
		占可能性比	17.1%	30.6%	44.6%	38.5%	25.8%	33.0%
		占总比	3.1%	12.4%	14.0%	2.8%	0.7%	33.0%
	比较满意	计　数	429	1093	607	125	22	2276
		占满意度比	18.8%	48.0%	26.7%	5.5%	1.0%	100.0%
		占可能性比	40.6%	46.5%	33.1%	29.9%	13.8%	39.1%
		占总比	7.4%	18.8%	10.4%	2.1%	0.4%	39.1%
	非常满意	计　数	392	323	108	22	13	858
		占满意度比	45.7%	37.6%	12.6%	2.6%	1.5%	100.0%
		占可能性比	37.1%	13.7%	5.9%	5.3%	8.2%	14.7%
		占总比	6.7%	5.6%	1.9%	0.4%	0.2%	14.7%
总　计		计　数	1056	2351	1833	418	159	5817
		占总比	18.2%	40.4%	31.5%	7.2%	2.7%	100.0%

以受访者对警察满意度为横轴，以警察未经审批对贩毒嫌疑人进行电话监听的可能性为纵轴，可得图 4-14：

数据挖掘分析：

若将选项“非常可能”、“很可能”和“有可能”合并视为“可能”，将选项“不太可能”和“非常不可能”合并视为“不可能”，则得数据如下：

1. 对警察满意度为“非常不满意”的受访者中，认为警察可能未经审批就对贩毒嫌疑人进行电话监听的比例为 68.8%。

2. 对警察满意度为“不太满意”的受访者中，认为警察可能未经审批就对贩毒嫌疑人进行电话监听的比例为 63.4%。

3. 对警察满意度为“一般”的受访者中，认为警察可能未经审批就对贩毒嫌疑人进行电话监听的比例为 53.1%。

4. 对警察满意度为“比较满意”的受访者中，认为警察可能未经审批就对贩毒嫌疑人进行电话监听

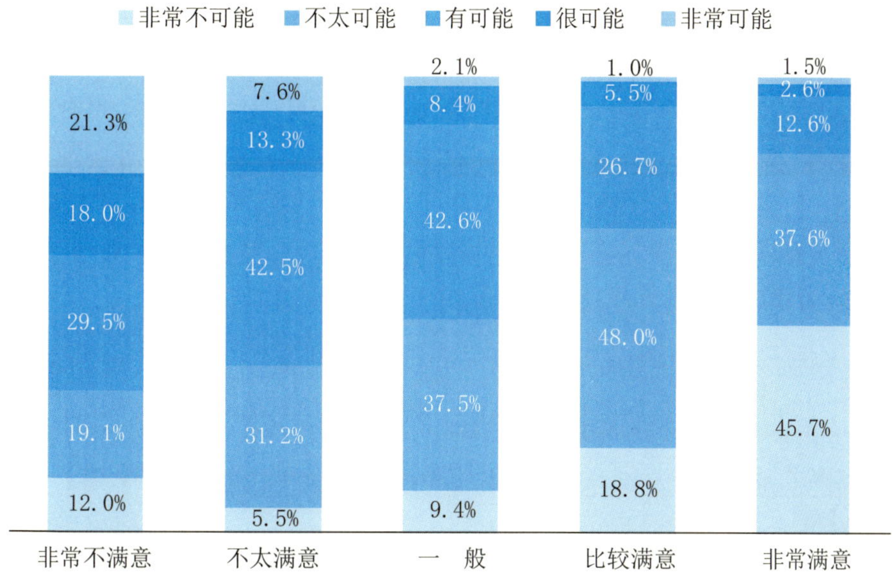

图4-14 对警察满意度和警察未经审批对贩毒嫌疑人进行电话监听可能性认知之间的交叉分析图

的比例为33.2%。

5. 对警察满意度为"非常满意"的受访者中，认为警察可能未经审批就对贩毒嫌疑人进行电话监听的比例为16.7%。

以上数据表明，专业卷Q25题和Q33.3题之间，即受访者对警察未经审批对贩毒嫌疑人进行电话监听可能性的认知与受访者对警察满意度之间存在一定的关联。具体来说，对警察满意度越低的受访者，越倾向于认为警察可能未经审批就对贩毒嫌疑人进行电话监听。这意味着，若要提高人们对警察群体的满意度，公安机关应该确保侦查措施的及时性和合法性。

4.1.3 侦查措施及时合法问题跨卷对比分析

公众卷和专业卷均就"警察对犯罪嫌疑人刑讯逼供的可能性"问题进行了调查，我们看看两个群体的作答情况是否呈现出明显差异：

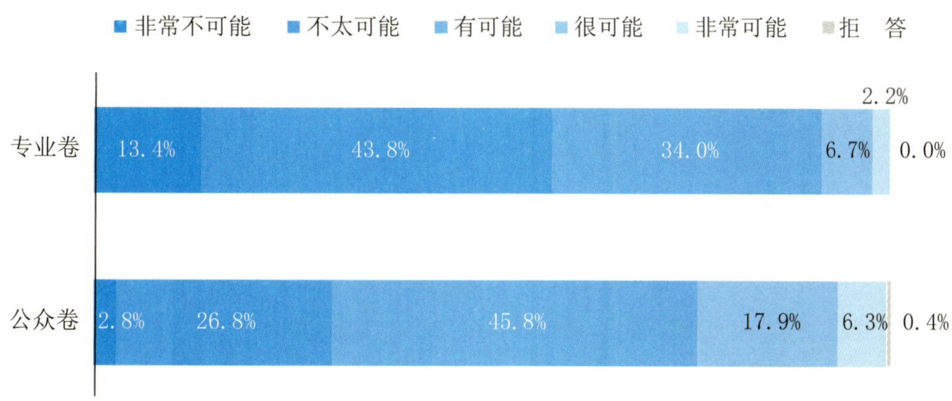

图4-15 警察对犯罪嫌疑人刑讯逼供可能性作答情况分布对照图

从上图可以看出，相对于公众卷的作答情况，专业卷的受访者更多认为警察"非常不可能"或者"不太可能"对犯罪嫌疑人进行刑讯逼供。

4.2 审查起诉公正有效

为测量这一指标,调查问卷设计两个问题:

问题一:“在您所在地区,在审查起诉时发现有违法侦查行为,检察院决定退回补充侦查的可能性有多大?”【专业卷】

问题二:“在您所在地区,对于公安机关移送审查起诉的案件,检察机关经过审查后认为证据不足,直接作出不起诉决定的可能性有多大?”【专业卷】

4.2.1 审查起诉公正有效问题基本数据

对于审查起诉公正有效问题,我们提取有关问题进行了频数分析,其基本数据情况如下:

问题一:“在您所在地区,在审查起诉时发现有违法侦查行为,检察院决定退回补充侦查的可能性有多大?”【专业卷】

表 4-18 专业卷:审查起诉时发现有违法侦查行为,检察院决定退回补充侦查的可能性作答情况详表

		法官		检察官		警察		律师		全体	
		计数	列 N%	计数	列 N%	计数	列 N%	计数	列 N%	计数	列 N%
审查起诉时发现有违法侦查行为,检察院决定退回补充侦查的可能性	非常不可能	36	2.4%	18	1.2%	36	2.6%	32	2.2%	122	2.1%
	不太可能	174	11.8%	69	4.6%	123	8.9%	204	13.8%	570	9.8%
	有可能	683	46.3%	376	24.9%	538	39.0%	800	54.0%	2397	41.0%
	很可能	373	25.3%	447	29.6%	367	26.6%	346	23.3%	1533	26.2%
	非常可能	203	13.8%	597	39.6%	315	22.8%	100	6.7%	1215	20.8%
	拒答	5	0.3%	2	0.1%	0	0.0%	0	0.0%	7	0.1%

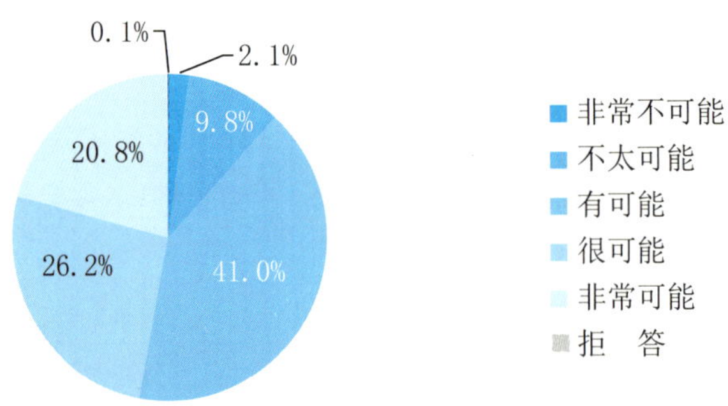

图 4-16 专业卷:审查起诉时发现有违法侦查行为,检察院决定退回补充侦查的可能性作答情况分布图

从上图可以看出,专业卷的受访者在回答“审查起诉时发现有违法侦查行为,检察院决定退回补充侦查的可能性”问题时,更倾向于选择“有可能”。除此之外,更多人选择了“很可能”这一选项。

专业卷的受访者依照其职业分为四类人群,不同职业群体对审查起诉时发现有违法侦查行为,检察院决定退回补充侦查的可能性判断对比如图 4-17:

不同职业群体在回答“审查起诉时发现有违法侦查行为,检察院决定退回补充侦查的可能性”问题时,检察官群体认为上述情况可能发生的比例最高,选择“有可能”、“很可能”和“非常可能”的人数比例为 94.1%。与之对比的是警察群体,认为上述情况不可能发生的比例最高,选择“非常不可能”和“不太可能”的人数比例为 11.5%。

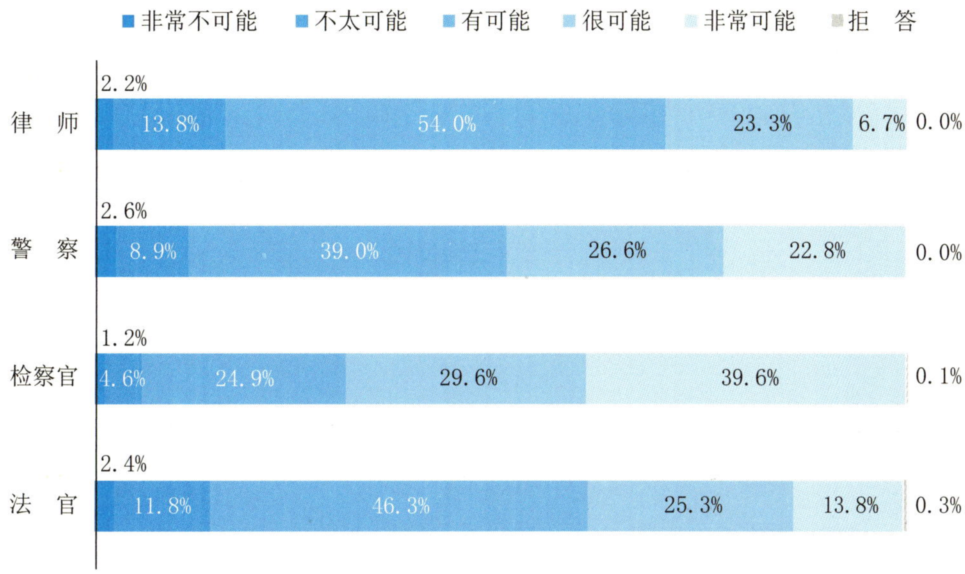

图 4-17 专业卷细分：审查起诉时发现有违法侦查行为，检察院决定退回补充侦查的可能性作答情况分布图

问题二："在您所在地区，对于公安机关移送审查起诉的案件，检察机关经过审查后认为证据不足，直接作出不起诉决定的可能性有多大?"【专业卷】

表 4-19 专业卷：检察机关认为证据不足不起诉的可能性作答情况详表

		法 官		检察官		警 察		律 师		全 体	
		计数	列 N%	计数	列 N%	计数	列 N%	计数	列 N%	计数	列 N%
检察机关认为证据不足不起诉的可能性	非常不可能	50	3.4%	72	4.8%	40	2.9%	54	3.6%	216	3.7%
	不太可能	282	19.1%	244	16.2%	199	14.4%	428	28.9%	1153	19.7%
	有可能	775	52.6%	502	33.3%	623	45.2%	749	50.5%	2649	45.3%
	很可能	257	17.4%	361	23.9%	352	25.5%	212	14.3%	1182	20.2%
	非常可能	107	7.3%	327	21.7%	164	11.9%	39	2.6%	637	10.9%
	拒 答	3	0.2%	3	0.2%	1	0.1%	0	0.0%	7	0.1%

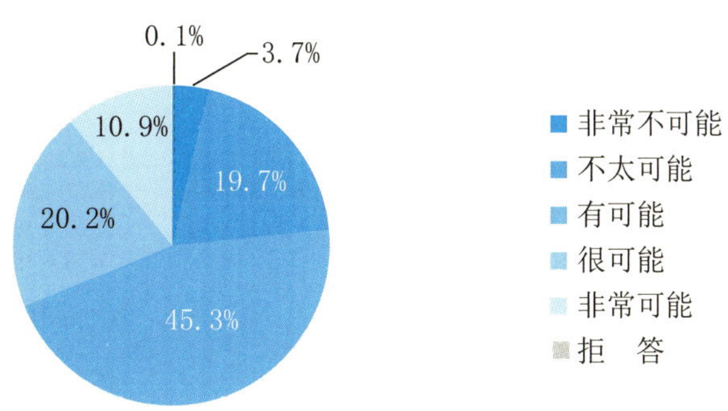

图 4-18 专业卷：检察机关认为证据不足不起诉的可能性作答情况分布图

从上图可以看出，专业卷的受访者在回答"检察机关认为证据不足不起诉的可能性"问题时，几乎半数的人选择"有可能"这一项，选择"非常不可能"和"不太可能"的人数比例为 23.4%，比选择"很可能"与"非常可能"选项的人数比例少 7.7 个百分点。

专业卷的受访者依照其职业分为四类人群，不同职业群体对检察机关认为证据不足不起诉的可能性判断对比如下图：

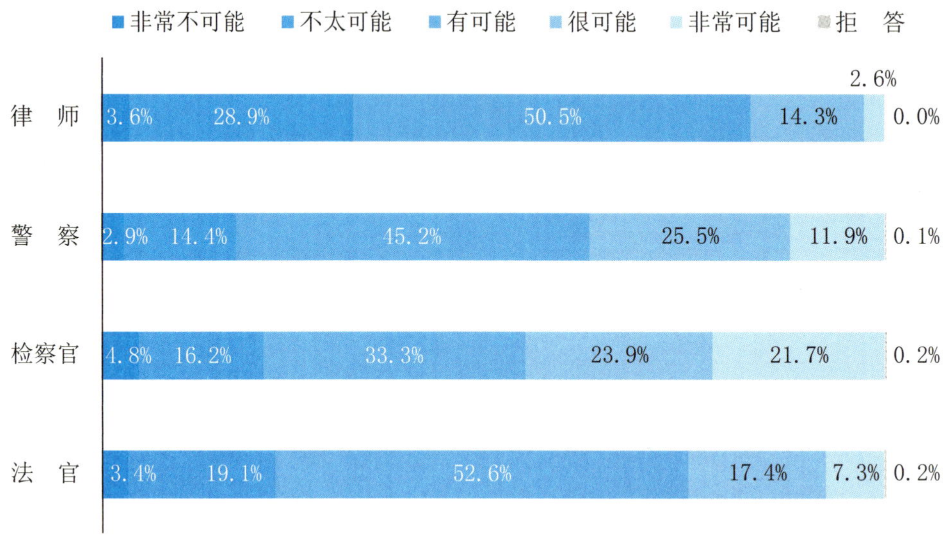

图 4-19 专业卷细分：检察机关认为证据不足不起诉的可能性作答情况分布图

不同职业群体在回答“检察机关认为证据不足不起诉的可能性”问题时，律师群体认为上述情况不可能发生的比例最高，选择“非常不可能”和“不太可能”的人数比例为32.5%。与之对比的是警察群体，选择“有可能”、“很可能”和“非常可能”的人数比例高于其他职业群体，认为上述情况可能发生的比例为82.6%。

4.2.2 审查起诉公正有效问题相关分析

课题组采用相关性分析和交叉分析两种数据分析技术，对专业卷进行分析。

通过对专业卷的Q13题和Q33.2题进行相关性分析，考察两组数据间的Spearman相关系数，得到下表：

表 4-20 对检察官满意度和检察院审查起诉时发现有违法侦查行为决定退回补充侦查的可能性认知之间的相关分析表

			Q13：在您所在地区，在审查起诉时发现有违法侦查行为，检察院决定退回补充侦查的可能性有多大?	Q33.2：您对自己所在地区检察官的满意度如何?
Spearman 的 rho	Q13：在您所在地区，在审查起诉时发现有违法侦查行为，检察院决定退回补充侦查的可能性有多大?	相关系数	1.000	0.258**
		显著性（双尾）		0.000
		N*	5841	5822
	Q33.2：您对自己所在地区检察官的满意度如何?	相关系数	0.258**	1.000
		显著性（双尾）	0.000	
		N*	5822	5829

*N 为样本数；** 相关性在0.01层上显著（双尾）。

从上表中不难发现，Spearman相关系数为0.258，表示两题之间具有正相关性；同时双尾显著性为0.000，表示该结果在0.01水平上显著，即表示其判断犯弃真型错误率小于1%，结果准确。

为直观而深入地探寻两题间可能存在的深层次联系，我们对两题进行交叉分析：首先将拒答问卷全

部剔除，再对剩下的问卷样本以受访者对检察官的满意度作为区分条件，来分析对检察官满意度不同的受访者在对审查起诉时发现有违法侦查行为，检察院决定退回补充侦查的可能性这一问题的认知上具有的分布特性，得到下表：

表 4-21　对检察官满意度和检察院审查起诉时发现有违法侦查行为决定退回补充侦查的可能性认知之间的交叉分析表

			Q13：在您所在地区，在审查起诉时发现有违法侦查行为，检察院决定退回补充侦查的可能性有多大?					总　计
			非常不可能	不太可能	有可能	很可能	非常可能	
Q33.2：您对自己所在地区检察官的满意度如何?	非常不满意	计　数	15	12	23	8	15	73
		占满意度比	20.5%	16.4%	31.5%	11.0%	20.5%	100.0%
		占可能性比	12.4%	2.1%	1.0%	0.5%	1.2%	1.3%
		占总比	0.3%	0.2%	0.4%	0.1%	0.3%	1.3%
	不太满意	计　数	22	84	125	44	34	309
		占满意度比	7.1%	27.2%	40.5%	14.2%	11.0%	100.0%
		占可能性比	18.2%	14.8%	5.2%	2.9%	2.8%	5.3%
		占总比	0.4%	1.4%	2.1%	0.8%	0.6%	5.3%
	一　般	计　数	24	200	850	339	203	1616
		占满意度比	1.5%	12.4%	52.6%	21.0%	12.6%	100.0%
		占可能性比	19.8%	35.1%	35.5%	22.2%	16.7%	27.8%
		占总比	0.4%	3.4%	14.6%	5.8%	3.5%	27.8%
	比较满意	计　数	30	218	1130	911	574	2863
		占满意度比	1.0%	7.6%	39.5%	31.8%	20.0%	100.0%
		占可能性比	24.8%	38.3%	47.3%	59.6%	47.4%	49.2%
		占总比	0.5%	3.7%	19.4%	15.6%	9.9%	49.2%
	非常满意	计　数	30	55	263	227	386	961
		占满意度比	3.1%	5.7%	27.4%	23.6%	40.2%	100.0%
		占可能性比	24.8%	9.7%	11.0%	14.8%	31.8%	16.5%
		占总比	0.5%	0.9%	4.5%	3.9%	6.6%	16.5%
总　计		计　数	121	569	2391	1529	1212	5822
		占总比	2.1%	9.8%	41.1%	26.3%	20.8%	100.0%

以受访者对检察官满意度为横轴，以审查起诉时发现有违法侦查行为，检察院决定退回补充侦查的可能性为纵轴，可得图 4-20：

数据挖掘分析：

若将选项“非常可能”、“很可能”和“有可能”合并视为“可能”，将选项“不太可能”和“非常不可能”合并视为“不可能”，则得数据如下：

1. 对检察官满意度为“非常不满意”的受访者中，认为审查起诉时发现有违法侦查行为，检察院可能退回补充侦查的比例为 63.0%。

2. 对检察官满意度为“不太满意”的受访者中，认为审查起诉时发现有违法侦查行为，检察院可能退回补充侦查的比例为 65.7%。

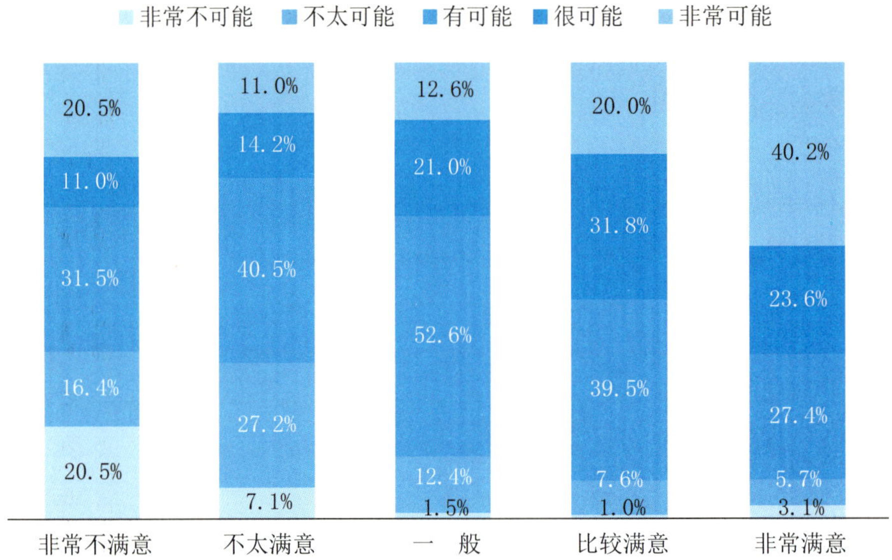

图 4-20　对检察官满意度和检察院审查起诉时发现有违法侦查行为决定退回补充侦查的可能性认知之间的交叉分析图

3. 对检察官满意度为“一般”的受访者中，认为审查起诉时发现有违法侦查行为，检察院可能退回补充侦查的比例为 86.2%。

4. 对检察官满意度为“比较满意”的受访者中，认为审查起诉时发现有违法侦查行为，检察院可能退回补充侦查的比例为 91.3%。

5. 对检察官满意度为“非常满意”的受访者中，认为审查起诉时发现有违法侦查行为，检察院可能退回补充侦查的比例为 91.2%。

以上数据表明，专业卷 Q13 题和 Q33.2 题之间，即受访者对审查起诉时发现有违法侦查行为，检察院决定退回补充侦查可能性的认知与受访者对检察官满意度之间存在一定的关联。具体来说，对检察官满意度越低的受访者，越倾向于认为审查起诉时发现有违法侦查行为，检察院不可能退回补充侦查。这意味着，若要提高人们对检察官群体的满意度，检察机关应该确保审查起诉公正有效。

通过对专业卷的 Q14 题和 Q33.2 题进行相关性分析，考察两组数据间的 Spearman 相关系数，得到下表：

表 4-22　对检察官满意度和检察机关认为证据不足不起诉可能性认知之间的相关分析表

			Q14：在您所在地区，对于公安机关移送审查起诉的案件，检察机关经过审查后认为证据不足，直接作出不起诉决定的可能性有多大？	Q33.2：您对自己所在地区检察官的满意度如何？
Spearman 的 rho	Q14：在您所在地区，对于公安机关移送审查起诉的案件，检察机关经过审查后认为证据不足，直接作出不起诉决定的可能性有多大？	相关系数	1.000	0.171**
		显著性（双尾）		0.000
		N*	5841	5822
	Q33.2：您对自己所在地区检察官的满意度如何？	相关系数	0.171**	1.000
		显著性（双尾）	0.000	
		N*	5822	5829

＊N 为样本数；** 相关性在 0.01 层上显著（双尾）。

从表 4-22 中不难发现，Spearman 相关系数为 0.171，表示两题之间具有正相关性；同时双尾显著性为 0.000，表示该结果在 0.01 水平上显著，即表示其判断犯弃真型错误率小于 1%，结果准确。

为直观而深入地探寻两题间可能存在的深层次联系，我们对两题进行交叉分析：首先将拒答问卷全部剔除，再对剩下的问卷样本以受访者对检察官的满意度作为区分条件，来分析对检察官满意度不同的受访者在对检察机关认为证据不足后直接作出不起诉决定的可能性这一问题的认知上具有的分布特性，得到下表：

表 4-23　对检察官满意度和检察机关认为证据不足不起诉可能性认知之间的交叉分析表

			Q14：在您所在地区，对于公安机关移送审查起诉的案件，检察机关经过审查后认为证据不足，直接作出不起诉决定的可能性有多大？					总　计
			非常不可能	不太可能	有可能	很可能	非常可能	
Q33.2：您对自己所在地区检察官的满意度如何？	非常不满意	计　数	16	22	22	4	9	73
		占满意度比	21.9%	30.1%	30.1%	5.5%	12.3%	100.0%
		占可能性比	7.4%	1.9%	0.8%	0.3%	1.4%	1.3%
		占总比	0.3%	0.4%	0.4%	0.1%	0.2%	1.3%
	不太满意	计　数	26	113	116	42	12	309
		占满意度比	8.4%	36.6%	37.5%	13.6%	3.9%	100.0%
		占可能性比	12.1%	9.9%	4.4%	3.6%	1.9%	5.3%
		占总比	0.4%	1.9%	2.0%	0.7%	0.2%	5.3%
	一　般	计　数	47	353	828	287	101	1616
		占满意度比	2.9%	21.8%	51.2%	17.8%	6.3%	100.0%
		占可能性比	21.9%	30.8%	31.3%	24.3%	15.9%	27.8%
		占总比	0.8%	6.1%	14.2%	4.9%	1.7%	27.8%
	比较满意	计　数	79	510	1333	647	292	2861
		占满意度比	2.8%	17.8%	46.6%	22.6%	10.2%	100.0%
		占可能性比	36.7%	44.5%	50.4%	54.8%	45.9%	49.1%
		占总比	1.4%	8.8%	22.9%	11.1%	5.0%	49.1%
	非常满意	计　数	47	149	344	201	222	963
		占满意度比	4.9%	15.5%	35.7%	20.9%	23.1%	100.0%
		占可能性比	21.9%	13.0%	13.0%	17.0%	34.9%	16.5%
		占总比	0.8%	2.6%	5.9%	3.5%	3.8%	16.5%
总　计		计　数	215	1147	2643	1181	636	5822
		占总比	3.7%	19.7%	45.4%	20.3%	10.9%	100.0%

以受访者对检察官满意度为横轴，以检察机关认为证据不足后直接作出不起诉决定的可能性为纵轴，可得图 4-21：

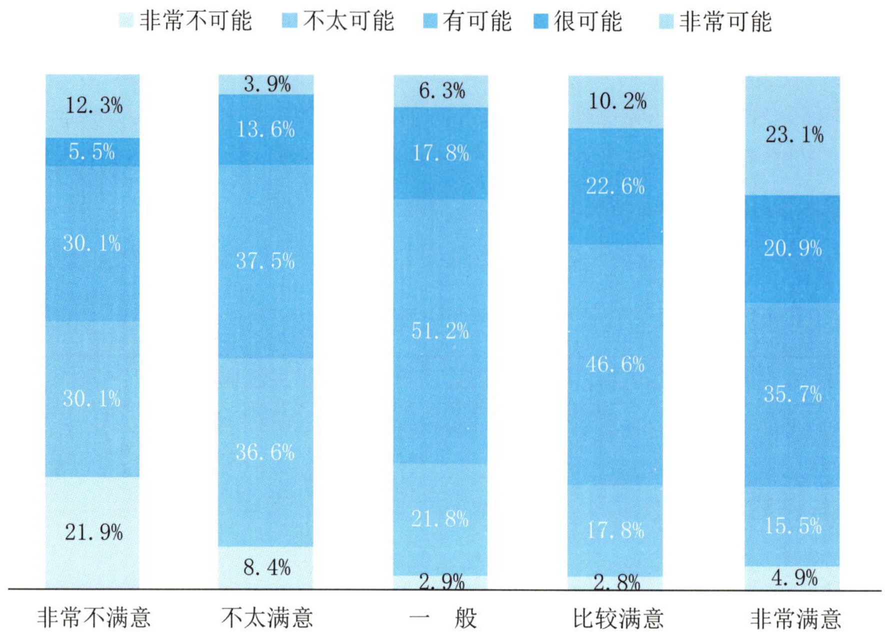

图 4-21　对检察官满意度和检察机关认为证据不足不起诉可能性认知之间的交叉分析图

数据挖掘分析：

若将选项“非常可能”、“很可能”和“有可能”合并视为“可能”，将选项“不太可能”和“非常不可能”合并视为“不可能”，则得数据如下：

1. 对检察官满意度为“非常不满意”的受访者中，认为检察机关认为证据不足后可能直接作出不起诉决定的比例为 47.9%。

2. 对检察官满意度为“不太满意”的受访者中，认为检察机关认为证据不足后可能直接作出不起诉决定的比例为 55.0%。

3. 对检察官满意度为“一般”的受访者中，认为检察机关认为证据不足后可能直接作出不起诉决定的比例为 75.3%。

4. 对检察官满意度为“比较满意”的受访者中，认为检察机关认为证据不足后可能直接作出不起诉决定的比例为 79.4%。

5. 对检察官满意度为“非常满意”的受访者中，认为检察机关认为证据不足后可能直接作出不起诉决定的比例为 79.7%。

以上数据表明，专业卷 Q14 题和 Q33.2 题之间，即受访者对检察机关认为证据不足后直接作出不起诉决定可能性的认知与受访者对检察官满意度之间存在一定的关联。具体来说，对检察官满意度越高的受访者，越倾向于认为检察机关认为证据不足后可能直接作出不起诉决定。这意味着，若要提高人们对检察官群体的满意度，检察机关应该确保审查起诉公正有效。

4.3　刑事审判公正及时有效

为测量这一指标，调查问卷设计三个问题：

问题一：“在您所在地区，刑事案件审判久拖不决的可能性有多大？”【公众卷、专业卷】

问题二：“在您所在地区，法院对刑事诉讼控辩双方‘不偏不倚’的可能性有多大？”【专业卷】

问题三：“在您所在地区，对于被害人提起的自诉案件，法院适用简易程序审理的可能性有多大？”【专业卷】

4.3.1　刑事审判公正及时有效问题基本数据

对于刑事审判公正及时有效问题，我们提取有关问题进行了频数分析，其中公众卷部分基本数据情况如下：

问题一："在您所在地区，刑事案件审判久拖不决的可能性有多大？"【公众卷】

表 4-24　公众卷：刑事案件审判久拖不决的可能性作答情况详表

公众卷		计　数	列 N%
刑事案件审判久拖不决的可能性	非常不可能	368	2.0%
	不太可能	4711	25.4%
	有可能	9689	52.2%
	很可能	2941	15.9%
	非常可能	728	3.9%
	拒　答	115	0.6%

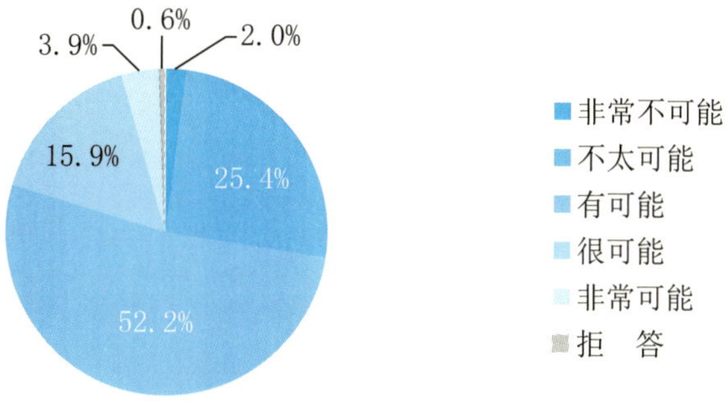

图 4-22　公众卷：刑事案件审判久拖不决的可能性作答情况分布图

从上图可以看出，公众卷的受访者在回答"刑事案件审判久拖不决的可能性"问题时，更倾向于认为上述情况有可能发生，选择"有可能"的人超过半数。除此之外，更多人认为上述情况不太可能发生，选择"非常不可能"、"不太可能"的人数比例为 27.4%。

刑事审判公正及时有效问题专业卷部分基本数据情况则如下：

问题一："在您所在地区，刑事案件审判久拖不决的可能性有多大？"【专业卷】

表 4-25　专业卷：刑事案件审判久拖不决的可能性作答情况详表

		法　官		检察官		警　察		律　师		全　体	
		计数	列 N%	计数	列 N%	计数	列 N%	计数	列 N%	计数	列 N%
刑事案件审判久拖不决的可能性	非常不可能	264	17.9%	176	11.7%	165	12.0%	30	2.0%	635	10.9%
	不太可能	718	48.7%	696	46.1%	699	50.7%	368	24.8%	2481	42.5%
	有可能	405	27.5%	518	34.3%	420	30.5%	810	54.7%	2153	36.8%
	很可能	69	4.7%	92	6.1%	66	4.8%	207	14.0%	434	7.4%
	非常可能	14	0.9%	21	1.4%	23	1.7%	65	4.4%	123	2.1%
	拒　答	4	0.3%	6	0.4%	6	0.4%	2	0.1%	18	0.3%

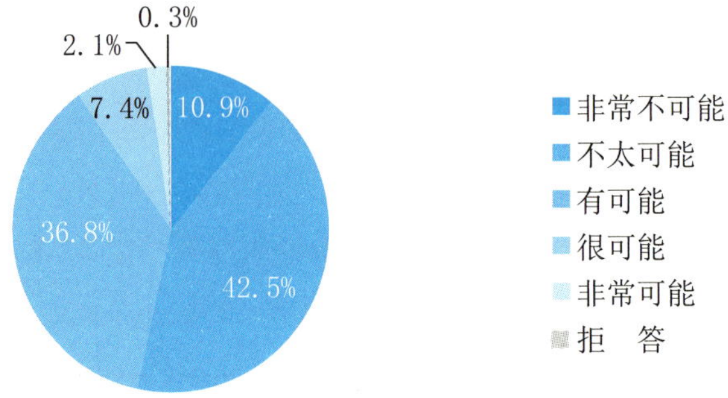

图 4-23　专业卷：刑事案件审判久拖不决的可能性作答情况分布图

从上图可以看出，专业卷的受访者在回答“刑事案件审判久拖不决的可能性”问题时，更倾向于认为上述情况不太可能发生，选择“非常不可能”和“不太可能”的人数比例达到53.4%。

专业卷的受访者依照其职业分为四类人群，不同职业群体对刑事案件审判久拖不决的可能性判断对比如下图：

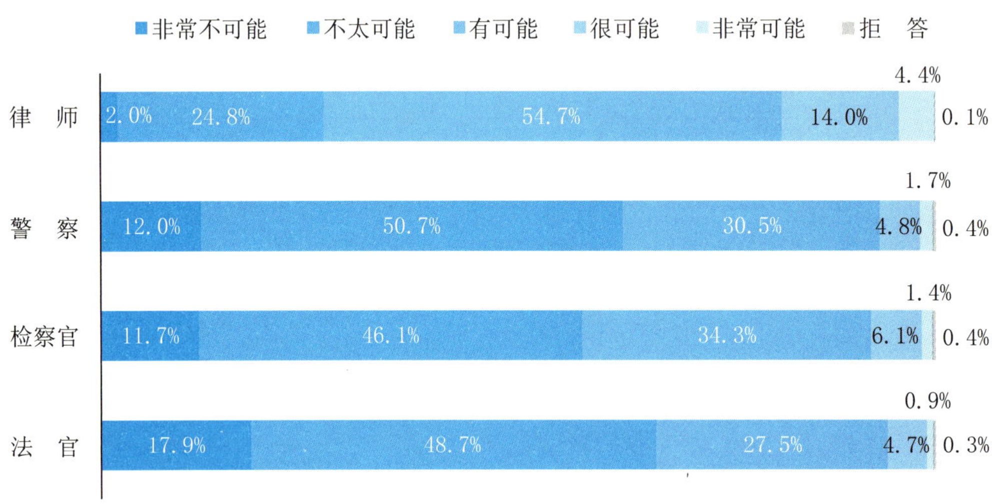

图 4-24　专业卷细分：刑事案件审判久拖不决的可能性作答情况分布图

不同职业群体在回答“刑事案件审判久拖不决的可能性”问题时，法官群体选择“非常不可能”和“不太可能”的人数比例最高，为66.6%。与之形成对比的是律师群体，选择“非常可能”、“很可能”和“有可能”的人数比例最高，为73.1%。

问题二：“在您所在地区，法院对刑事诉讼控辩双方‘不偏不倚’的可能性有多大?”【专业卷】

表 4-26　专业卷：法院对刑事诉讼控辩双方“不偏不倚”的可能性作答情况详表

		法　官		检察官		警　察		律　师		全　体	
		计数	列 N%	计数	列 N%	计数	列 N%	计数	列 N%	计数	列 N%
法院对刑事诉讼控辩双方“不偏不倚”的可能性	非常不可能	35	2.4%	39	2.6%	53	3.8%	47	3.2%	174	3.0%
	不太可能	121	8.2%	124	8.2%	185	13.4%	283	19.1%	713	12.2%
	有可能	257	17.4%	420	27.8%	538	39.0%	695	46.9%	1910	32.7%
	很可能	474	32.2%	537	35.6%	432	31.3%	359	24.2%	1802	30.8%
	非常可能	583	39.6%	383	25.4%	166	12.0%	98	6.6%	1230	21.0%
	拒　答	4	0.3%	6	0.4%	5	0.4%	0	0.0%	15	0.3%

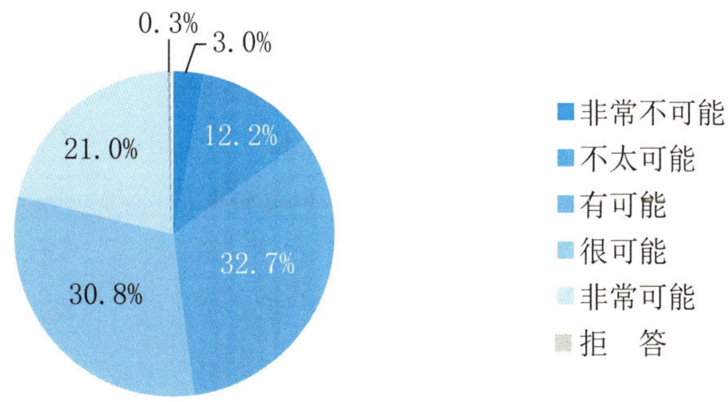

图 4-25　专业卷：法院对刑事诉讼控辩双方“不偏不倚”的可能性作答情况分布图

从上图可以看出，专业卷的受访者在回答“法院对刑事诉讼控辩双方‘不偏不倚’的可能性”问题时，更倾向于认为上述情况有可能发生，选择“有可能”、“很可能”和“非常可能”三项的人数比例高达 84.5%。

专业卷的受访者依照其职业分为四类人群，不同职业群体对法院对刑事诉讼控辩双方“不偏不倚”的可能性判断对比如下图：

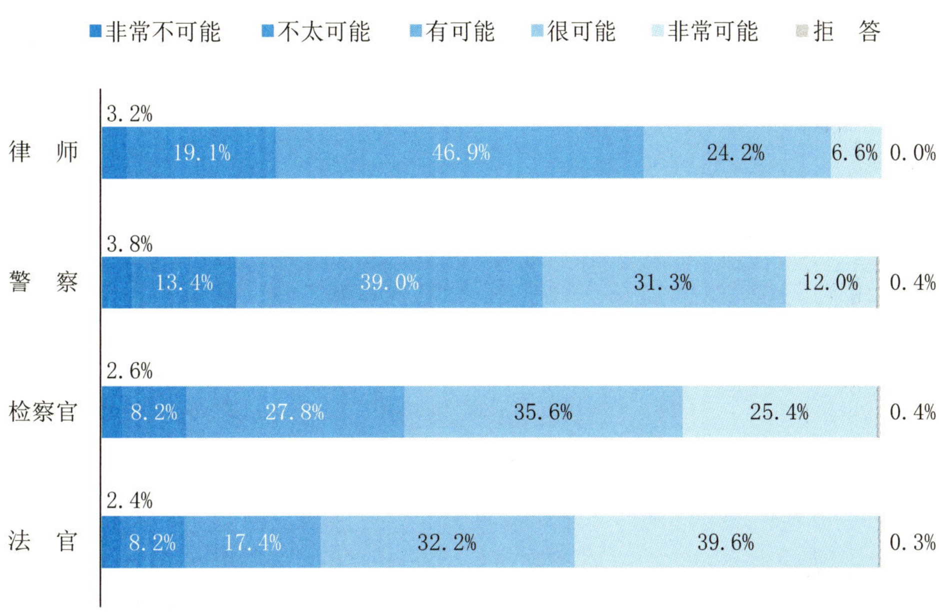

图 4-26　专业卷细分：法院对刑事诉讼控辩双方“不偏不倚”的可能性作答情况分布图

不同职业群体在回答“法院对刑事诉讼控辩双方‘不偏不倚’的可能性”问题时，法官群体选择“有可能”、“很可能”和“非常可能”的人数比例最高，为 89.2%。律师群体选择“非常不可能”和“不太可能”的人数比例最高，为 22.3%。

问题三：“在您所在地区，对于被害人提起的自诉案件，法院适用简易程序审理的可能性有多大？”【专业卷】

表 4-27　专业卷：被害人自诉案件法院适用简易程序审理的可能性作答情况详表

		法　官		检察官		警　察		律　师		全　体	
		计数	列 N%	计数	列 N%	计数	列 N%	计数	列 N%	计数	列 N%
被害人自诉案件法院适用简易程序审理的可能性	非常不可能	51	3.5%	23	1.5%	49	3.6%	23	1.6%	146	2.5%
	不太可能	280	19.0%	163	10.8%	218	15.8%	226	15.2%	887	15.2%
	有可能	826	56.0%	930	61.6%	837	60.7%	950	64.1%	3543	60.6%
	很可能	234	15.9%	300	19.9%	223	16.2%	241	16.3%	998	17.1%
	非常可能	71	4.8%	84	5.6%	42	3.0%	39	2.6%	236	4.0%
	拒　答	12	0.8%	9	0.6%	10	0.7%	3	0.2%	34	0.6%

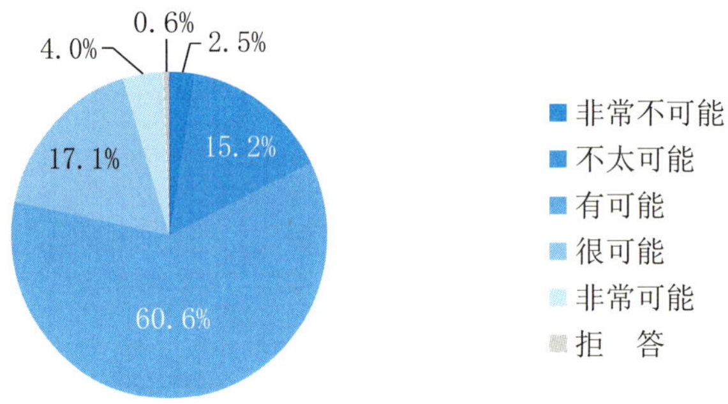

图 4-27　专业卷：被害人自诉案件法院适用简易程序审理的可能性作答情况分布图

从上图可以看出，专业卷的受访者在回答“被害人自诉案件法院适用简易程序审理的可能性”问题时，超过六成的人选择“有可能”。选择“有可能”、“很可能”和“非常可能”三项的人数比例高达 81.7%。

专业卷的受访者依照其职业分为四类人群，不同职业群体对被害人自诉案件法院适用简易程序审理的可能性判断对比如下图：

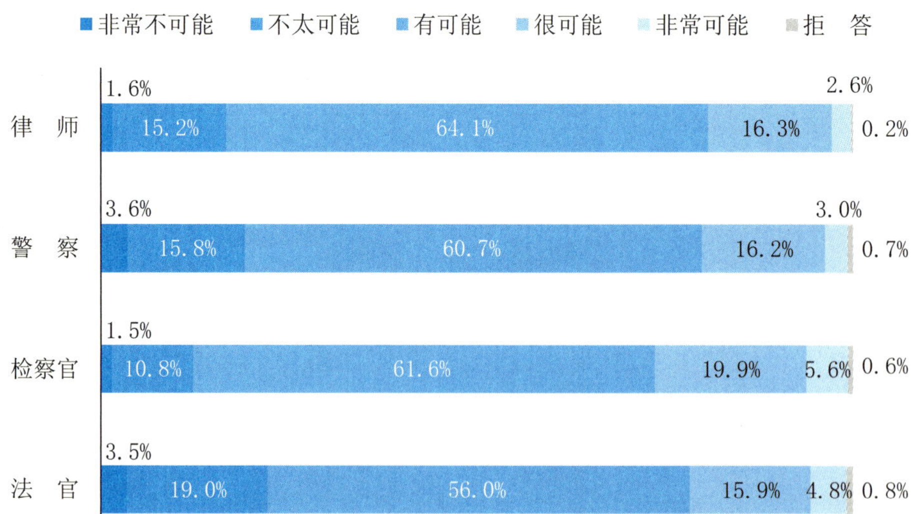

图 4-28　专业卷细分：被害人自诉案件法院适用简易程序审理的可能性作答情况分布图

不同职业群体在回答“被害人自诉案件法院适用简易程序审理的可能性”问题时，法官群体选择“非常不可能”和“不太可能”的人数比例最高，为 22.5%。与之对比的是检察官群体，选择“有可能”、“很可能”和“非常可能”的人数比例最高，为 87. 1%。

4. 3. 2 刑事审判公正及时有效问题相关分析

课题组采用相关性分析和交叉分析两种数据分析技术，对公众卷和专业卷进行分析。

首先通过对公众卷的 Q15 题和 Q4. 1 题进行相关性分析，考察两组数据间的 Spearman 相关系数，得到下表：

表 4-28 对法官满意度和刑事案件审判久拖不决可能性认知之间的相关分析表

			Q15：在您所在地区，刑事案件审判久拖不决的可能性有多大?	Q4. 1：您对自己所在地区法官的满意度如何?
Spearman 的 rho	Q15：在您所在地区，刑事案件审判久拖不决的可能性有多大?	相关系数	1. 000	-0. 193**
		显著性（双尾）		0. 000
		N*	18 437	18 335
	Q4. 1：您对自己所在地区法官的满意度如何?	相关系数	-0. 193**	1. 000
		显著性（双尾）	0. 000	
		N*	18 335	18 425

* N 为样本数；** 相关性在 0. 01 层上显著（双尾）。

从上表中不难发现，Spearman 相关系数为-0. 193，表示两题之间具有负相关性；同时双尾显著性为 0. 000，表示该结果在 0. 01 水平上显著，即表示其判断犯弃真型错误率小于 1%，结果准确。

为直观而深入地探寻两题间可能存在的深层次联系，我们对两题进行交叉分析：首先将拒答问卷全部剔除，再对剩下的问卷样本以受访者对法官的满意度作为区分条件，来分析对法官的满意度不同的受访者在对刑事案件审判久拖不决可能性这一问题的认知上具有的分布特性，得到下表：

表 4-29 对法官满意度和刑事案件审判久拖不决可能性认知之间的交叉分析表

			Q15：在您所在地区，刑事案件审判久拖不决的可能性有多大?					总 计
			非常不可能	不太可能	有可能	很可能	非常可能	
Q4. 1：您对自己所在地区法官的满意度如何?	非常不满意	计 数	15	39	102	66	72	294
		占满意度比	5. 1%	13. 3%	34. 7%	22. 4%	24. 5%	100. 0%
		占可能性比	4. 1%	0. 8%	1. 1%	2. 3%	10. 0%	1. 6%
		占总比	0. 1%	0. 2%	0. 6%	0. 4%	0. 4%	1. 6%
	不太满意	计 数	19	174	468	218	88	967
		占满意度比	2. 0%	18. 0%	48. 4%	22. 5%	9. 1%	100. 0%
		占可能性比	5. 2%	3. 7%	4. 9%	7. 5%	12. 2%	5. 3%
		占总比	0. 1%	0. 9%	2. 6%	1. 2%	0. 5%	5. 3%
	一 般	计 数	91	1751	5324	1604	332	9102
		占满意度比	1. 0%	19. 2%	58. 5%	17. 6%	3. 6%	100. 0%
		占可能性比	25. 0%	37. 3%	55. 3%	54. 8%	46. 0%	49. 6%
		占总比	0. 5%	9. 6%	29. 0%	8. 7%	1. 8%	49. 6%

续表

			Q15：在您所在地区，刑事案件审判久拖不决的可能性有多大?					总　计
			非常不可能	不太可能	有可能	很可能	非常可能	
Q4.1：您对自己所在地区法官的满意度如何?	比较满意	计　数	114	2255	3395	883	147	6794
		占满意度比	1.7%	33.2%	50.0%	13.0%	2.2%	100.0%
		占可能性比	31.3%	48.1%	35.2%	30.2%	20.4%	37.1%
		占总比	0.6%	12.3%	18.5%	4.8%	0.8%	37.1%
	非常满意	计　数	125	473	343	155	82	1178
		占满意度比	10.6%	40.2%	29.1%	13.2%	7.0%	100.0%
		占可能性比	34.3%	10.1%	3.6%	5.3%	11.4%	6.4%
		占总比	0.7%	2.6%	1.9%	0.8%	0.4%	6.4%
总　计		计　数	364	4692	9632	2926	721	18 335
		占总比	2.0%	25.6%	52.5%	16.0%	3.9%	100.0%

以受访者对法官的满意度为横轴，以刑事案件审判久拖不决的可能性为纵轴，可得下图：

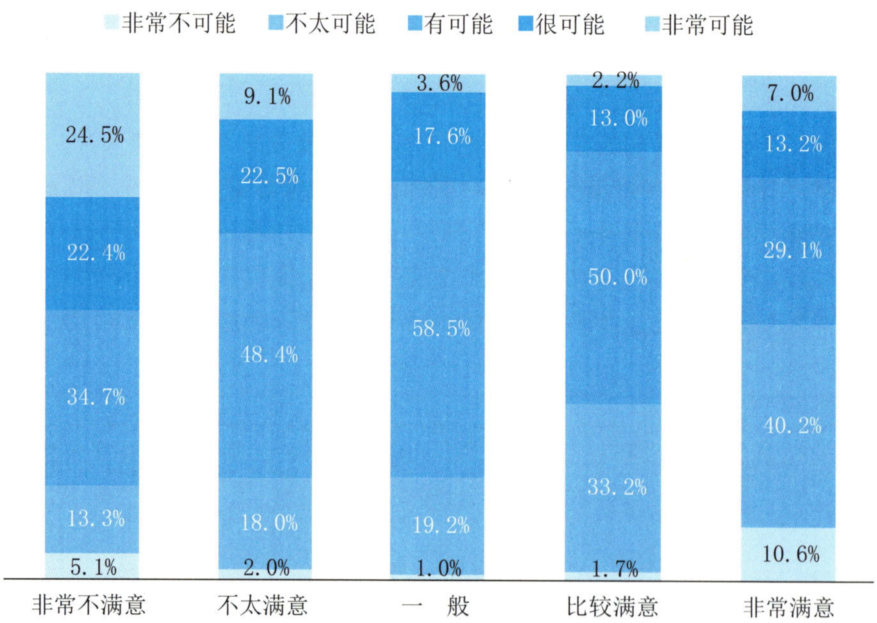

图 4-29　对法官满意度和刑事案件审判久拖不决可能性认知之间的交叉分析图

数据挖掘分析：

若将选项“非常可能”、“很可能”和“有可能”合并视为“可能”，将选项“不太可能”和“非常不可能”合并视为“不可能”，则得数据如下：

1. 对法官满意度为“非常不满意”的受访者中，认为刑事案件审判可能久拖不决的比例为81.6%。

2. 对法官满意度为“不太满意”的受访者中，认为刑事案件审判可能久拖不决的比例为80.0%。

3. 对法官满意度为“一般”的受访者中，认为刑事案件审判可能久拖不决的比例为79.7%。

4. 对法官满意度为“比较满意”的受访者中，认为刑事案件审判可能久拖不决的比例为65.2%。

5. 对法官满意度为“非常满意”的受访者中，认为刑事案件审判可能久拖不决的比例为49.3%。

以上数据表明，公众卷 Q15 题和 Q4.1 题之间，即受访者对刑事案件审判久拖不决可能性的认知与受访者对法官满意度之间存在一定的关联。具体来说，对法官满意度越低的受访者，越倾向于认为刑事案件审判可能久拖不决。这意味着，若要提高人们对法官群体的满意度，法院应该提高刑事案件审判的及时性。

通过对专业卷的 Q26 题和 Q33.1 题进行相关性分析，考察两组数据间的 Spearman 相关系数，得到下表：

表 4-30 对法官满意度和刑事案件审判久拖不决可能性认知之间的相关分析表

			Q26：在您所在地区，刑事案件审判久拖不决的可能性有多大？	Q33.1：您对自己所在地区法官的满意度如何？
Spearman 的 rho	Q26：在您所在地区，刑事案件审判久拖不决的可能性有多大？	相关系数	1.000	-0.360**
		显著性（双尾）		0.000
		N*	5830	5820
	Q33.1：您对自己所在地区法官的满意度如何？	相关系数	-0.360**	1.000
		显著性（双尾）	0.000	
		N*	5820	5838

*N 为样本数；** 相关性在 0.01 层上显著（双尾）。

从上表中不难发现，Spearman 相关系数为-0.360，表示两题之间具有负相关性；同时双尾显著性为 0.000，表示该结果在 0.01 水平上显著，即表示其判断犯弃真型错误率小于 1%，结果准确。

为直观而深入地探寻两题间可能存在的深层次联系，我们对两题进行交叉分析：首先将拒答问卷全部剔除，再对剩下的问卷样本以受访者对法官的满意度作为区分条件，来分析对法官的满意度不同的受访者在对刑事案件审判久拖不决可能性这一问题的认知上具有的分布特性，得到下表：

表 4-31 对法官满意度和刑事案件审判久拖不决可能性认知之间的交叉分析表

			Q26：在您所在地区，刑事案件审判久拖不决的可能性有多大？					总 计
			非常不可能	不太可能	有可能	很可能	非常可能	
Q33.1：您对自己所在地区法官的满意度如何？	非常不满意	计 数	14	8	25	10	18	75
		占满意度比	18.7%	10.7%	33.3%	13.3%	24.0%	100.0%
		占可能性比	2.2%	0.3%	1.2%	2.3%	14.6%	1.3%
		占总比	0.2%	0.1%	0.4%	0.2%	0.3%	1.3%
	不太满意	计 数	16	103	103	48	21	291
		占满意度比	5.5%	35.4%	35.4%	16.5%	7.2%	100.0%
		占可能性比	2.5%	4.2%	4.8%	11.1%	17.1%	5.0%
		占总比	0.3%	1.8%	1.8%	0.8%	0.4%	5.0%
	一 般	计 数	51	528	861	184	44	1668
		占满意度比	3.1%	31.7%	51.6%	11.0%	2.6%	100.0%
		占可能性比	8.1%	21.3%	40.0%	42.4%	35.8%	28.7%
		占总比	0.9%	9.1%	14.8%	3.2%	0.8%	28.7%

续表

			Q26：在您所在地区，刑事案件审判久拖不决的可能性有多大?					总　计
			非常不可能	不太可能	有可能	很可能	非常可能	
Q33.1：您对自己所在地区法官的满意度如何?	比较满意	计　数	228	1395	1054	169	27	2873
		占满意度比	7.9%	48.6%	36.7%	5.9%	0.9%	100.0%
		占可能性比	36.1%	56.2%	49.0%	38.9%	22.0%	49.4%
		占总比	3.9%	24.0%	18.1%	2.9%	0.5%	49.4%
	非常满意	计　数	323	447	107	23	13	913
		占满意度比	35.4%	49.0%	11.7%	2.5%	1.4%	100.0%
		占可能性比	51.1%	18.0%	5.0%	5.3%	10.6%	15.7%
		占总比	5.5%	7.7%	1.8%	0.4%	0.2%	15.7%
总　计		计　数	632	2481	2150	434	123	5820
		占总比	10.9%	42.6%	36.9%	7.5%	2.1%	100.0%

以受访者对法官的满意度为横轴，以刑事案件审判久拖不决的可能性为纵轴，可得下图：

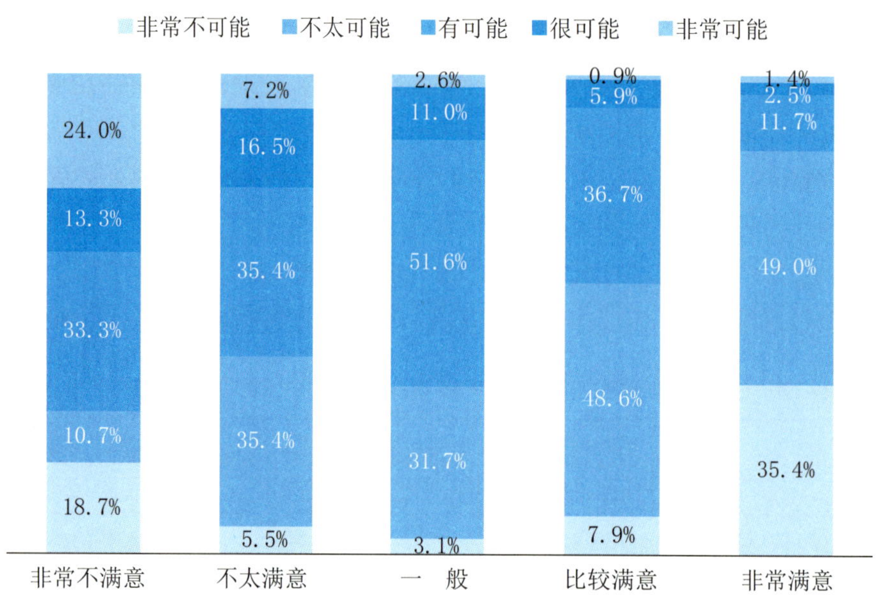

图 4-30　对法官满意度和刑事案件审判久拖不决可能性认知之间的交叉分析图

数据挖掘分析：

若将选项“非常可能”、“很可能”和“有可能”合并视为“可能”，将选项“不太可能”和“非常不可能”合并视为“不可能”，则得数据如下：

1. 对法官满意度为“非常不满意”的受访者中，认为刑事案件审判可能久拖不决的比例为70.6%。
2. 对法官满意度为“不太满意”的受访者中，认为刑事案件审判可能久拖不决的比例为59.1%。
3. 对法官满意度为“一般”的受访者中，认为刑事案件审判可能久拖不决的比例为65.2%。
4. 对法官满意度为“比较满意”的受访者中，认为刑事案件审判可能久拖不决的比例为43.5%。
5. 对法官满意度为“非常满意”的受访者中，认为刑事案件审判可能久拖不决的比例为15.6%。

以上数据表明，专业卷Q26题和Q33.1题之间，即受访者对刑事案件审判久拖不决可能性的认知与受访者对法官满意度之间存在一定的关联。一般来说，对法官满意度越低的受访者，越倾向于认为刑事案件审判可能久拖不决。这意味着，若要提高人们对法官群体的满意度，法院应该提高刑事审判的及时性。

通过对专业卷的 Q11.2 题和 Q33.1 题进行相关性分析，考察两组数据间的 Spearman 相关系数，得到下表：

表 4-32　对法官满意度和法院对刑事诉讼控辩当事人“不偏不倚”可能性认知之间的相关分析表

			Q11.2：在您所在地区，法院对刑事诉讼控辩双方“不偏不倚”的可能性有多大?	Q33.1：您对自己所在地区法官的满意度如何?
Spearman 的 rho	Q11.2：在您所在地区，法院对刑事诉讼控辩双方“不偏不倚”的可能性有多大?	相关系数	1.000	0.402**
		显著性（双尾）		0.000
		N*	5833	5823
	Q33.1：您对自己所在地区法官的满意度如何?	相关系数	0.402**	1.000
		显著性（双尾）	0.000	
		N*	5823	5838

*N 为样本数；** 相关性在 0.01 层上显著（双尾）。

从上表中不难发现，Spearman 相关系数为 0.402，表示两题之间具有正相关性；同时双尾显著性为 0.000，表示该结果在 0.01 水平上显著，即表示其判断犯弃真型错误率小于 1%，结果准确。

为直观而深入地探寻两题间可能存在的深层次联系，我们对两题进行交叉分析：首先将拒答问卷全部剔除，再对剩下的问卷样本以受访者对法官的满意度作为区分条件，来分析对法官的满意度不同的受访者在对法院对刑事诉讼控辩当事人“不偏不倚”可能性这一问题的认知上具有的分布特性，得到下表：

表 4-33　对法官满意度和法院对刑事诉讼控辩当事人“不偏不倚”可能性认知之间的交叉分析表

			Q11.2：在您所在地区，法院对刑事诉讼控辩双方“不偏不倚”的可能性有多大?					总　计
			非常不可能	不太可能	有可能	很可能	非常可能	
Q33.1：您对自己所在地区法官的满意度如何?	非常不满意	计　数	21	15	26	9	4	75
		占满意度比	28.0%	20.0%	34.7%	12.0%	5.3%	100.0%
		占可能性比	12.1%	2.1%	1.4%	0.5%	0.3%	1.3%
		占总比	0.4%	0.3%	0.4%	0.2%	0.1%	1.3%
	不太满意	计　数	16	93	118	46	19	292
		占满意度比	5.5%	31.8%	40.4%	15.8%	6.5%	100.0%
		占可能性比	9.2%	13.1%	6.2%	2.6%	1.5%	5.0%
		占总比	0.3%	1.6%	2.0%	0.8%	0.3%	5.0%
	一　般	计　数	42	295	815	398	115	1665
		占满意度比	2.5%	17.7%	48.9%	23.9%	6.9%	100.0%
		占可能性比	24.3%	41.4%	42.7%	22.1%	9.4%	28.6%
		占总比	0.7%	5.1%	14.0%	6.8%	2.0%	28.6%

续表

			Q11.2：在您所在地区，法院对刑事诉讼控辩双方“不偏不倚”的可能性有多大?					总　计
			非常不可能	不太可能	有可能	很可能	非常可能	
Q33.1：您对自己所在地区法官的满意度如何?	比较满意	计　数	51	255	876	1108	584	2874
		占满意度比	1.8%	8.9%	30.5%	38.6%	20.3%	100.0%
		占可能性比	29.5%	35.8%	45.9%	61.5%	47.5%	49.4%
		占总比	0.9%	4.4%	15.0%	19.0%	10.0%	49.4%
	非常满意	计　数	43	54	72	241	507	917
		占满意度比	4.7%	5.9%	7.9%	26.3%	55.3%	100.0%
		占可能性比	24.9%	7.6%	3.8%	13.4%	41.3%	15.7%
		占总比	0.7%	0.9%	1.2%	4.1%	8.7%	15.7%
总　计		计　数	173	712	1907	1802	1229	5823
		占总比	3.0%	12.2%	32.7%	30.9%	21.1%	100.0%

以受访者对法官满意度为横轴，以法院对刑事诉讼控辩当事人“不偏不倚”的可能性为纵轴，可得下图：

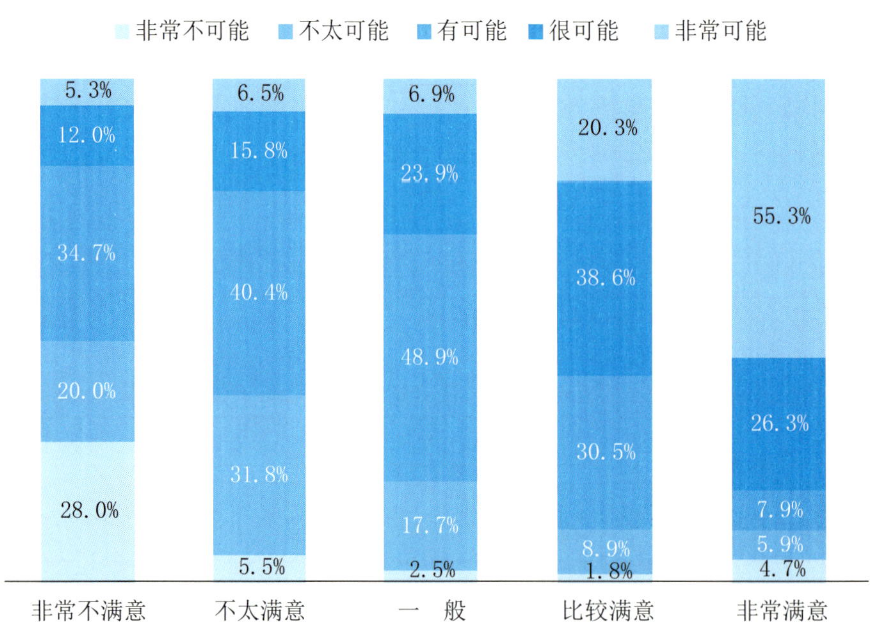

图 4-31　对法官满意度和法院对刑事诉讼控辩当事人“不偏不倚”可能性认知之间的交叉分析图

数据挖掘分析：

若将选项“非常可能”、“很可能”和“有可能”合并视为“可能”，将选项“不太可能”和“非常不可能”合并视为“不可能”，则得数据如下：

1. 对法官满意度为“非常不满意”的受访者中，认为法院可能对刑事诉讼控辩当事人“不偏不倚”的比例为52.0%。

2. 对法官满意度为“不太满意”的受访者中，认为法院可能对刑事诉讼控辩当事人“不偏不倚”的比例为62.7%。

3. 对法官满意度为“一般”的受访者中，认为法院可能对刑事诉讼控辩当事人“不偏不倚”的比例为 79.7%。

4. 对法官满意度为“比较满意”的受访者中，认为法院可能对刑事诉讼控辩当事人“不偏不倚”的比例为 89.4%。

5. 对法官满意度为“非常满意”的受访者中，认为法院可能对刑事诉讼控辩当事人“不偏不倚”的比例为 89.5%。

以上数据表明，专业卷 Q11.2 题和 Q33.1 题之间，即受访者对法院对刑事诉讼控辩当事人“不偏不倚”可能性的认知与受访者对法官满意度之间存在一定的关联。具体来说，对法官满意度越高的受访者，越倾向于认为法院可能对刑事诉讼控辩当事人“不偏不倚”。这意味着，若要提高人们对法官群体的满意度，法院应该提高刑事审判的公正性。

通过对专业卷的 Q27 题和 Q33.1 题进行相关性分析，考察两组数据间的 Spearman 相关系数，得到下表：

表 4-34　对法官满意度和被害人自诉案件法院适用简易程序审理的可能性认知之间的相关分析表

			Q28：在您所在地区，对于被害人提起的自诉案件，法院适用简易程序审理的可能性有多大?	Q33.1：您对自己所在地区法官的满意度如何?
Spearman 的 rho	Q28：在您所在地区，对于被害人提起的自诉案件，法院适用简易程序审理的可能性有多大?	相关系数	1.000	0.071**
		显著性（双尾）		0.000
		N*	5814	5804
	Q33.1：您对自己所在地区法官的满意度如何?	相关系数	0.071**	1.000
		显著性（双尾）	0.000	
		N*	5804	5838

*N 为样本数；** 相关性在 0.01 层上显著（双尾）。

从上表中不难发现，Spearman 相关系数为 0.071，表示两题之间具有正相关性；同时双尾显著性为 0.000，表示该结果在 0.01 水平上显著，即表示其判断犯弃真型错误率小于 1%，结果准确。

为直观而深入地探寻两题间可能存在的深层次联系，我们对两题进行交叉分析：首先将拒答问卷全部剔除，再对剩下的问卷样本以受访者对法官的满意度作为区分条件，来分析对法官的满意度不同的受访者在对被害人自诉案件法院适用简易程序审理的可能性这一问题的认知上具有的分布特性，得到下表：

表 4-35　对法官满意度和被害人自诉案件法院适用简易程序审理的可能性认知之间的交叉分析表

			Q28：在您所在地区，对于被害人提起的自诉案件，法院适用简易程序审理的可能性有多大?					总　计
			非常不可能	不太可能	有可能	很可能	非常可能	
Q33.1：您对自己所在地区法官的满意度如何?	非常不满意	计　数	15	9	34	10	7	75
		占满意度比	20.0%	12.0%	45.3%	13.3%	9.3%	100.0%
		占可能性比	10.3%	1.0%	1.0%	1.0%	3.0%	1.3%
		占总比	0.3%	0.2%	0.6%	0.2%	0.1%	1.3%

续表

			Q28：在您所在地区，对于被害人提起的自诉案件，法院适用简易程序审理的可能性有多大?					总　计
			非常不可能	不太可能	有可能	很可能	非常可能	
Q33.1：您对自己所在地区法官的满意度如何?	不太满意	计　数	20	79	139	41	11	290
		占满意度比	6.9%	27.2%	47.9%	14.1%	3.8%	100.0%
		占可能性比	13.8%	8.9%	3.9%	4.1%	4.7%	5.0%
		占总比	0.3%	1.4%	2.4%	0.7%	0.2%	5.0%
	一　般	计　数	26	244	1121	228	44	1663
		占满意度比	1.6%	14.7%	67.4%	13.7%	2.6%	100.0%
		占可能性比	17.9%	27.5%	31.7%	22.8%	18.7%	28.7%
		占总比	0.4%	4.2%	19.3%	3.9%	0.8%	28.7%
	比较满意	计　数	41	410	1764	553	100	2868
		占满意度比	1.4%	14.3%	61.5%	19.3%	3.5%	100.0%
		占可能性比	28.3%	46.2%	49.8%	55.4%	42.6%	49.4%
		占总比	0.7%	7.1%	30.4%	9.5%	1.7%	49.4%
	非常满意	计　数	43	145	481	166	73	908
		占满意度比	4.7%	16.0%	53.0%	18.3%	8.0%	100.0%
		占可能性比	29.7%	16.3%	13.6%	16.6%	31.1%	15.6%
		占总比	0.7%	2.5%	8.3%	2.9%	1.3%	15.6%
总　计		计　数	145	887	3539	998	235	5804
		占总比	2.5%	15.3%	61.0%	17.2%	4.0%	100.0%

以受访者对法官满意度为横轴，以被害人自诉案件法院适用简易程序审理的可能性为纵轴，可得下图：

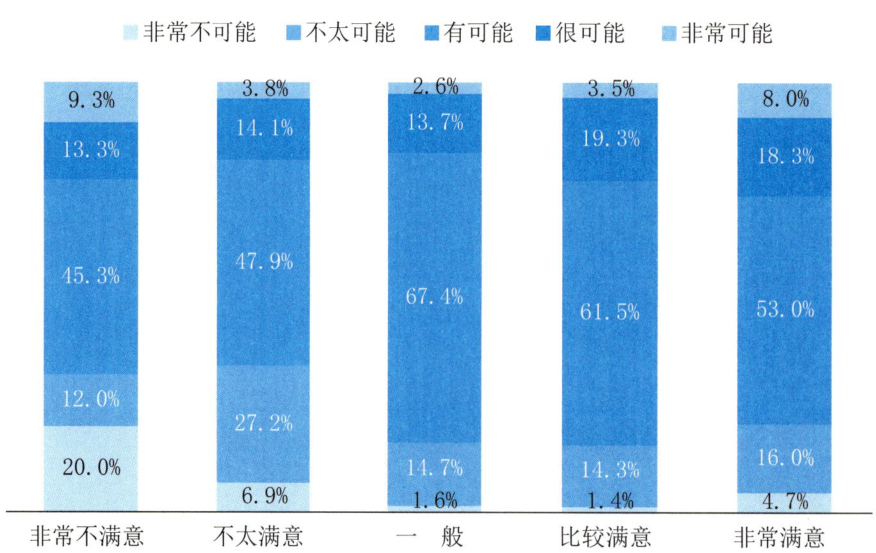

图 4-32　对法官满意度和被害人自诉案件法院适用简易程序审理的可能性认知之间的交叉分析图

数据挖掘分析：

若将选项“非常可能”、“很可能”和“有可能”合并视为“可能”，将选项“不太可能”和“非常不可能”合并视为“不可能”，则得数据如下：

1. 对法官满意度为“非常不满意”的受访者中，认为被害人自诉案件法院可能适用简易程序审理的比例为 67.9%。

2. 对法官满意度为“不太满意”的受访者中，认为被害人自诉案件法院可能适用简易程序审理的比例为 65.8%。

3. 对法官满意度为“一般”的受访者中，认为被害人自诉案件法院可能适用简易程序审理的比例为 83.7%。

4. 对法官满意度为“比较满意”的受访者中，认为被害人自诉案件法院可能适用简易程序审理的比例为 84.3%。

5. 对法官满意度为“非常满意”的受访者中，认为被害人自诉案件法院可能适用简易程序审理的比例为 79.3%。

以上数据未能表明专业卷 Q28 题和 Q33.1 题之间，即受访者对被害人自诉案件法院适用简易程序审理可能性的认知与受访者对法官满意度之间呈现显著的正相关性。但一般来说，对法官满意度越高的受访者，越倾向于认为被害人自诉案件法院可能适用简易程序审理。这意味着，若要提高人们对法官群体的满意度，法院应该提高刑事审判的公正性和有效性。

4.3.3 刑事审判公正及时有效问题跨卷对比分析

公众卷和专业卷均就“刑事案件审判久拖不决的可能性”问题进行了调查，我们看看两个群体的作答情况是否呈现出明显差异：

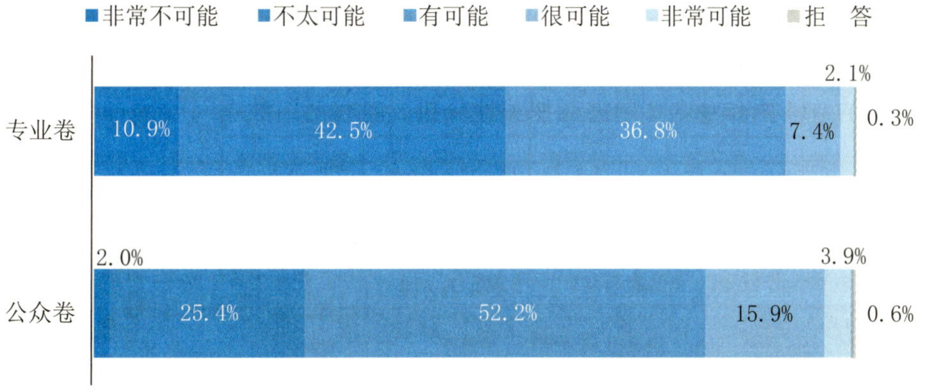

图 4-33 刑事案件审判久拖不决的可能性作答情况分布对照图

从上图可以看出，相对于公众卷的作答情况，专业卷的受访者更多认为刑事案件审判不太可能久拖不决，选择“非常不可能”与“不太可能”两项的人数比例高于公众卷。而公众卷的受访者选择“有可能”、“很可能”和“非常可能”的人数比例高于专业卷，更多认为刑事案件审判可能久拖不决。

指标 5　行政司法程序

行政司法程序作为一级指标，下设两个二级指标：①行政审判符合公正要求；②行政诉讼裁判得到有效执行。涉及公众卷 1 个题目，专业卷 2 个题目。具体的数据挖掘结果如下：

5.1　行政审判符合公正要求

为测量这一指标，调查问卷设计一个问题：

问题："在您所在地区，法院对行政诉讼原被告'不偏不倚'的可能性有多大？"【专业卷】

5.1.1　行政审判符合公正要求问题基本数据

对于行政审判符合公正要求问题，我们提取有关问题进行了频数分析，其基本数据情况如下：

问题："在您所在地区，法院对行政诉讼原被告'不偏不倚'的可能性有多大？"【专业卷】

表 5-1　专业卷：法院对行政诉讼原被告"不偏不倚"的可能性作答情况详表

		法　官		检察官		警　察		律　师		全　体	
		计数	列 N%	计数	列 N%	计数	列 N%	计数	列 N%	计数	列 N%
法院对行政诉讼原被告"不偏不倚"的可能性	非常不可能	39	2.6%	54	3.6%	62	4.5%	85	5.7%	240	4.1%
	不太可能	148	10.0%	193	12.8%	204	14.8%	351	23.7%	896	15.3%
	有可能	319	21.6%	520	34.5%	557	40.4%	665	44.9%	2061	35.3%
	很可能	450	30.5%	437	29.0%	396	28.7%	296	20.0%	1579	27.0%
	非常可能	511	34.7%	300	19.9%	153	11.1%	84	5.7%	1048	17.9%
	拒　答	7	0.5%	5	0.3%	7	0.5%	1	0.1%	20	0.3%

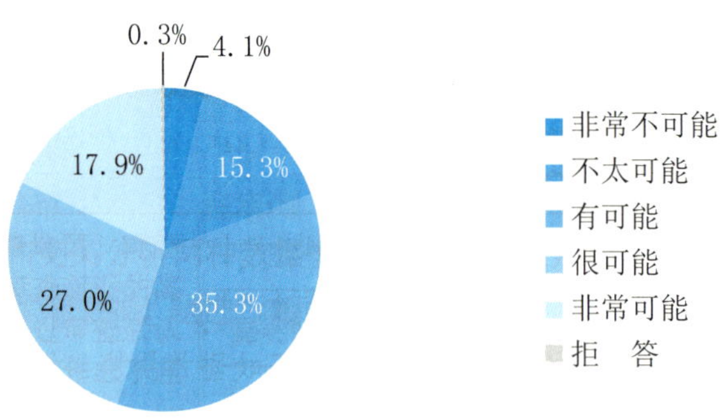

图 5-1　专业卷：法院对行政诉讼原被告"不偏不倚"的可能性作答情况分布图

从上图可以看出，专业卷的受访者在回答"法院对行政诉讼原被告'不偏不倚'的可能性"问题时，更倾向于选择"有可能"这一选项。除此之外，更多人选择了"很可能"这一选项。

专业卷的受访者依照其职业分为四类人群，不同职业群体对法院对行政诉讼原被告"不偏不倚"的可能性判断对比如图 5-2：

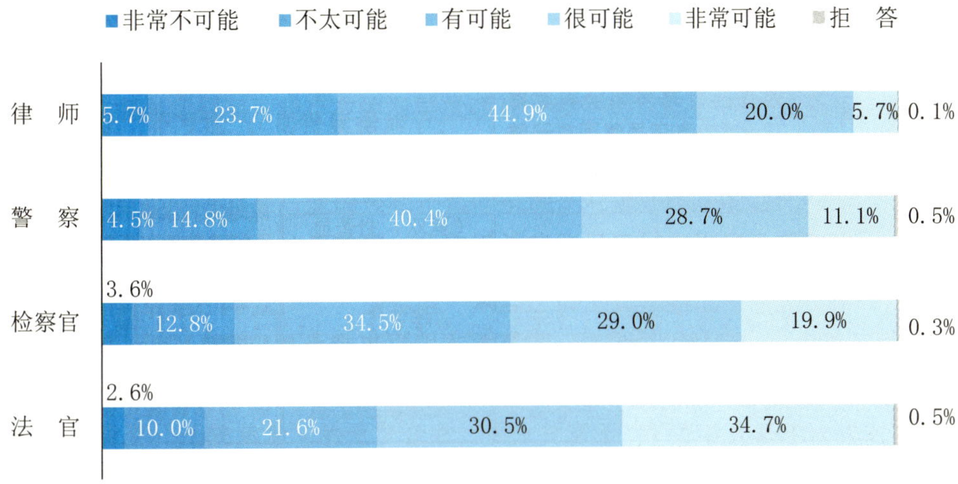

图 5-2　专业卷细分：法院对行政诉讼原被告"不偏不倚"的可能性作答情况分布图

不同职业群体在回答"法院对行政诉讼原被告'不偏不倚'的可能性"问题时，法官群体选择"非常不可能"和"不太可能"的人数比例低于其他三类人群，选择"有可能"、"很可能"和"非常可能"的人数比例高于其他三类人群。与之对比的是律师群体。

5.1.2　行政审判符合公正要求问题相关分析

课题组采用相关性分析和交叉分析两种数据分析技术，对专业卷进行分析。

通过对专业卷的 Q11.3 题和 Q33.1 题进行相关性分析，考察两组数据间的 Spearman 相关系数，得到下表：

表 5-2　对法官满意度和法院对行政诉讼原被告"不偏不倚"可能性认知之间的相关分析表

			Q11.3：在您所在地区，法院对行政诉讼原被告"不偏不倚"的可能性有多大?	Q33.1：您对自己所在地区法官的满意度如何?
Spearman 的 rho	Q11.3：在您所在地区，法院对行政诉讼原被告"不偏不倚"的可能性有多大?	相关系数	1.000	0.399**
		显著性（双尾）		0.000
		N*	5828	5818
	Q33.1：您对自己所在地区法官的满意度如何?	相关系数	0.399**	1.000
		显著性（双尾）	0.000	
		N*	5818	5838

*N 为样本数；** 相关性在 0.01 层上显著（双尾）。

从上表中不难发现，Spearman 相关系数为 0.399，表示两题之间具有正相关性；同时双尾显著性为 0.000，表示该结果在 0.01 水平上显著，即表示其判断犯弃真型错误率小于 1%，结果准确。

为直观而深入地探寻两题间可能存在的深层次联系，我们对两题进行交叉分析：首先将拒答问卷全部剔除，再对剩下的问卷样本以受访者对法官的满意度作为区分条件，来分析对法官的满意度不同的受访者在对法院对行政诉讼原被告"不偏不倚"的可能性这一问题的认知上具有的分布特性，得到表 5-3：

表 5-3　对法官满意度和法院对行政诉讼原被告“不偏不倚”可能性认知之间的交叉分析表

			Q11.3：在您所在地区，法院对行政诉讼原被告“不偏不倚”的可能性有多大?					总　计
			非常不可能	不太可能	有可能	很可能	非常可能	
Q33.1：您对自己所在地区法官的满意度如何?	非常不满意	计　数	27	19	17	5	6	74
		占满意度比	36.5%	25.7%	23.0%	6.8%	8.1%	100.0%
		占可能性比	11.3%	2.1%	0.8%	0.3%	0.6%	1.3%
		占总比	0.5%	0.3%	0.3%	0.1%	0.1%	1.3%
	不太满意	计　数	33	105	105	32	16	291
		占满意度比	11.3%	36.1%	36.1%	11.0%	5.5%	100.0%
		占可能性比	13.9%	11.7%	5.1%	2.0%	1.5%	5.0%
		占总比	0.6%	1.8%	1.8%	0.6%	0.3%	5.0%
	一　般	计　数	60	385	813	312	95	1665
		占满意度比	3.6%	23.1%	48.8%	18.7%	5.7%	100.0%
		占可能性比	25.2%	43.0%	39.5%	19.8%	9.1%	28.6%
		占总比	1.0%	6.6%	14.0%	5.4%	1.6%	28.6%
	比较满意	计　数	72	332	1007	1001	462	2874
		占满意度比	2.5%	11.6%	35.0%	34.8%	16.1%	100.0%
		占可能性比	30.3%	37.1%	48.9%	63.4%	44.1%	49.4%
		占总比	1.2%	5.7%	17.3%	17.2%	7.9%	49.4%
	非常满意	计　数	46	55	116	229	468	914
		占满意度比	5.0%	6.0%	12.7%	25.1%	51.2%	100.0%
		占可能性比	19.3%	6.1%	5.6%	14.5%	44.7%	15.7%
		占总比	0.8%	0.9%	2.0%	3.9%	8.0%	15.7%
总　计		计　数	238	896	2058	1579	1047	5818
		占总比	4.1%	15.4%	35.4%	27.1%	18.0%	100.0%

以受访者对法官的满意度为横轴，以法院对行政诉讼原被告“不偏不倚”的可能性为纵轴，可得图5-3：

数据挖掘分析：

若将选项“非常可能”、“很可能”和“有可能”合并视为“可能”，将选项“不太可能”和“非常不可能”合并视为“不可能”，则得数据如下：

1. 对法官满意度为“非常不满意”的受访者中，认为法院可能对行政诉讼原被告“不偏不倚”的比例为37.9%。

2. 对法官满意度为“不太满意”的受访者中，认为法院可能对行政诉讼原被告“不偏不倚”的比例为52.6%。

3. 对法官满意度为“一般”的受访者中，认为法院可能对行政诉讼原被告“不偏不倚”的比例为73.2%。

4. 对法官满意度为“比较满意”的受访者中，认为法院可能对行政诉讼原被告“不偏不倚”的比例

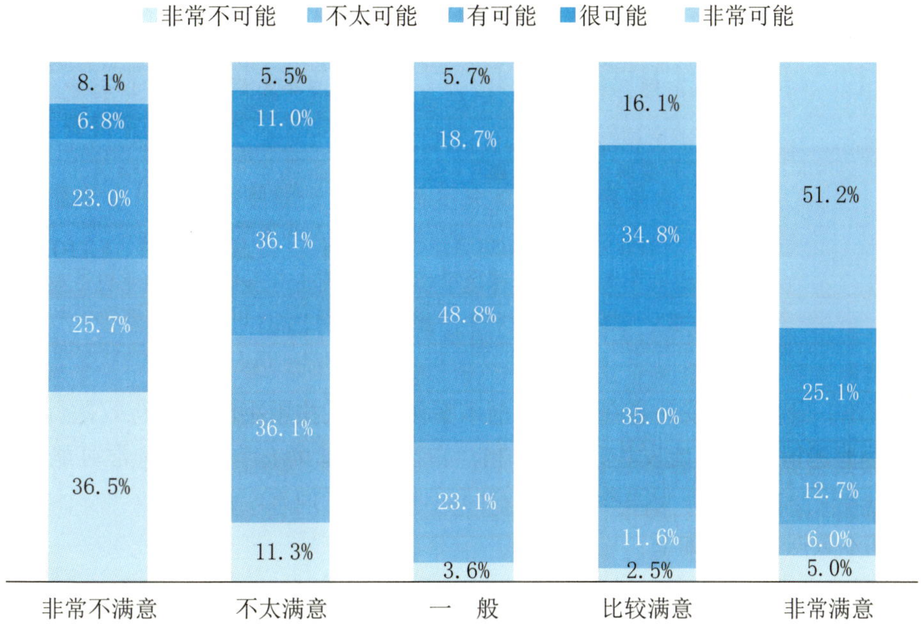

图 5-3　对法官满意度和法院对行政诉讼原被告“不偏不倚”可能性认知之间的交叉分析图

为 85.9%。

5. 对法官满意度为“非常满意”的受访者中，认为法院可能对行政诉讼原被告“不偏不倚”的比例为 89.0%。

数据表明，专业卷 Q11.3 题和 Q33.1 题之间，即受访者对法院对行政诉讼原被告“不偏不倚”可能性的认知与受访者对法官满意度之间存在一定的关联。具体来说，对法官满意度越高的受访者，越倾向于认为法院可能对行政诉讼原被告“不偏不倚”。

5.2 行政诉讼裁判得到有效执行

为测量这一指标，调查问卷设计一个问题：

问题：“在您所在地区，行政机关败诉的生效判决得到有效执行的可能性有多大?”【公众卷、专业卷】

5.2.1 行政诉讼裁判得到有效执行问题基本数据

对于行政诉讼裁判得到有效执行问题，我们提取有关问题进行了频数分析，其中公众卷部分基本数据情况如下：

问题：“在您所在地区，行政机关败诉的生效判决得到有效执行的可能性有多大?”【公众卷】

表 5-4　公众卷：行政机关败诉的生效判决得到有效执行的可能性作答情况详表

公众卷		计　数	列 N%
行政机关败诉的生效判决得到有效执行的可能性	非常不可能	678	3.7%
	不太可能	3877	20.9%
	有可能	8030	43.3%
	很可能	4306	23.2%
	非常可能	1314	7.1%
	拒　答	347	1.9%

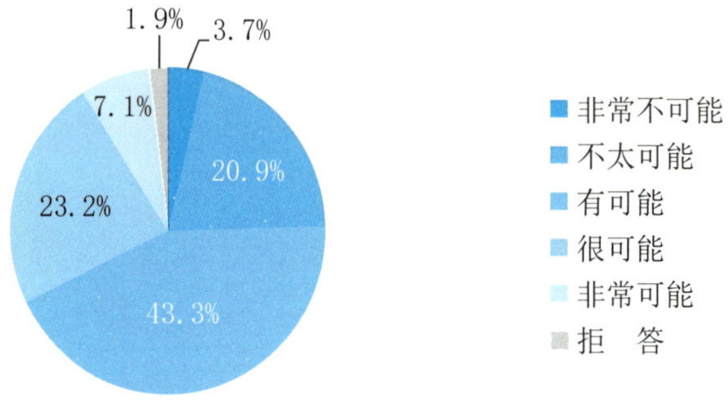

图 5-4　公众卷：行政机关败诉的生效判决得到有效执行的可能性作答情况分布图

从上图可以看出，公众卷的受访者在回答“行政机关败诉的生效判决得到有效执行的可能性”问题时，更倾向于认为上述情况有可能发生，选择“有可能”、“很可能”和“非常可能”的人数比例达到73.6%。

专业卷部分基本数据情况则如下：

问题：“在您所在地区，行政机关败诉的生效判决得到有效执行的可能性有多大?”【专业卷】

表 5-5　专业卷：行政机关败诉的生效判决得到有效执行的可能性作答情况详表

		法　官		检察官		警　察		律　师		全　体	
		计数	列 N%	计数	列 N%	计数	列 N%	计数	列 N%	计数	列 N%
行政机关败诉的生效判决得到有效执行的可能性	非常不可能	11	0.7%	34	2.3%	53	3.8%	46	3.1%	144	2.5%
	不太可能	163	11.1%	207	13.7%	196	14.2%	272	18.4%	838	14.3%
	有可能	523	35.5%	682	45.2%	623	45.2%	765	51.6%	2593	44.4%
	很可能	512	34.7%	393	26.0%	341	24.7%	321	21.7%	1567	26.8%
	非常可能	258	17.5%	180	11.9%	153	11.1%	73	4.9%	664	11.4%
	拒　答	7	0.5%	13	0.9%	13	0.9%	5	0.3%	38	0.7%

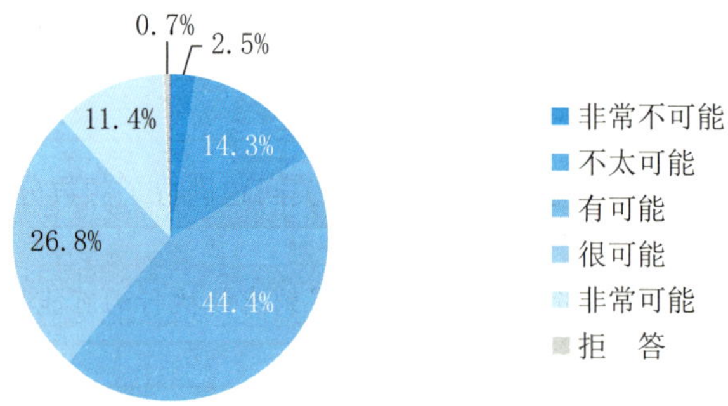

图 5-5　专业卷：行政机关败诉的生效判决得到有效执行的可能性作答情况分布图

从上图可以看出，专业卷的受访者在回答“行政机关败诉的生效判决得到有效执行的可能性”问题时，更倾向于认为上述情况有可能发生，选择“有可能”、“很可能”和“非常可能”的人数比例达到82.6%。

专业卷的受访者依照其职业分为四类人群，不同职业群体对行政机关败诉的生效判决得到有效执行的可能性判断对比如图 5-6：

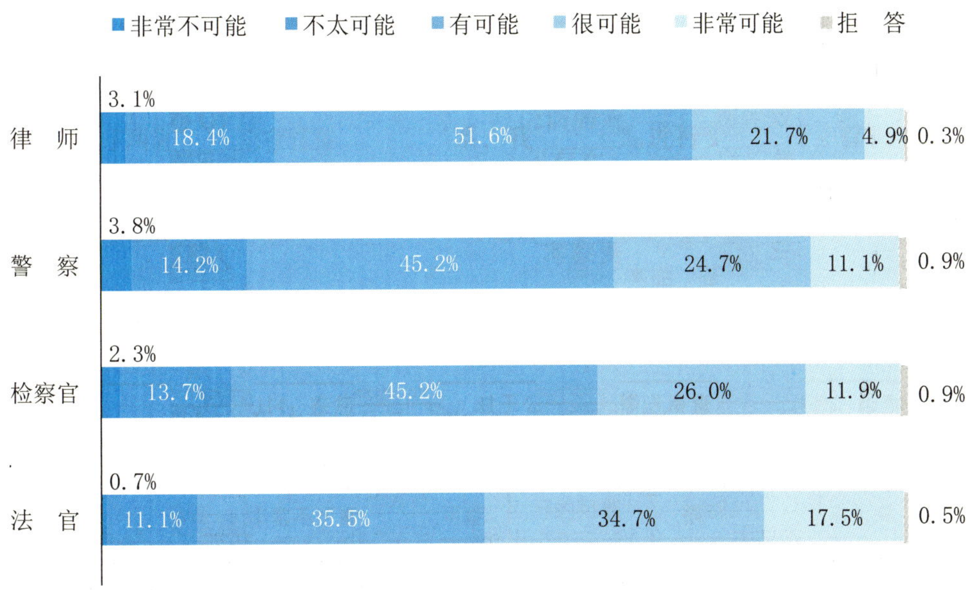

图 5-6　专业卷细分：行政机关败诉的生效判决得到有效执行的可能性作答情况分布图

不同职业群体在回答"行政机关败诉的生效判决得到有效执行的可能性"问题时，法官群体选择"有可能"、"很可能"和"非常可能"的人数比例最高，为 87.7%。与之对比的是律师群体，其选择"不太可能"和"非常不可能"的人数比例最高，为 21.5%。

5.2.2　行政诉讼裁判得到有效执行问题相关分析

课题组采用相关性分析和交叉分析两种数据分析技术，对公众卷进行分析。

首先通过对公众卷的 Q17.2 题和 Q4.1 题进行相关性分析，考察两组数据间的 Spearman 相关系数，得到下表：

表 5-6　对法官满意度和行政机关败诉的生效判决得到有效执行可能性认知之间的相关分析表

			Q17.2：在您所在地区，行政机关败诉的生效判决得到有效执行的可能性有多大?	Q4.1：您对自己所在地区法官的满意度如何?
Spearman 的 rho	Q17.2：在您所在地区，行政机关败诉的生效判决得到有效执行的可能性有多大?	相关系数	1.000	0.238**
		显著性（双尾）		0.000
		N*	18 205	18 119
	Q4.1：您对自己所在地区法官的满意度如何?	相关系数	0.238**	1.000
		显著性（双尾）	0.000	
		N*	18 119	18 425

*N 为样本数；** 相关性在 0.01 层上显著（双尾）。

从上表中不难发现，Spearman 相关系数为 0.238，表示两题之间具有正相关性；同时双尾显著性为 0.000，表示该结果在 0.01 水平上显著，即表示其判断犯弃真型错误率小于 1%，结果准确。

为直观而深入地探寻两题间可能存在的深层次联系，我们对两题进行交叉分析：首先将拒答问卷全部剔除，再对剩下的问卷样本以受访者对法官的满意度作为区分条件，来分析对法官的满意度不同的受访者在对行政机关败诉的生效判决得到有效执行的可能性这一问题的认知上具有的分布特性，得到表 5-7：

表 5-7　对法官满意度和行政机关败诉的生效判决得到有效执行可能性认知之间的交叉分析表

			Q17.2：在您所在地区，行政机关败诉的生效判决得到有效执行的可能性有多大？					总　计
			非常不可能	不太可能	有可能	很可能	非常可能	
Q4.1：您对自己所在地区法官的满意度如何？	非常不满意	计　数	66	80	80	40	19	285
		占满意度比	23.2%	28.1%	28.1%	14.0%	6.7%	100.0%
		占可能性比	9.8%	2.1%	1.0%	0.9%	1.5%	1.6%
		占总比	0.4%	0.4%	0.4%	0.2%	0.1%	1.6%
	不太满意	计　数	92	292	368	160	47	959
		占满意度比	9.6%	30.4%	38.4%	16.7%	4.9%	100.0%
		占可能性比	13.6%	7.6%	4.6%	3.7%	3.6%	5.3%
		占总比	0.5%	1.6%	2.0%	0.9%	0.3%	5.3%
	一　般	计　数	345	2215	4377	1722	340	8999
		占满意度比	3.8%	24.6%	48.6%	19.1%	3.8%	100.0%
		占可能性比	51.2%	57.5%	54.7%	40.1%	26.0%	49.7%
		占总比	1.9%	12.2%	24.2%	9.5%	1.9%	49.7%
	比较满意	计　数	135	1154	2858	2019	555	6721
		占满意度比	2.0%	17.2%	42.5%	30.0%	8.3%	100.0%
		占可能性比	20.0%	30.0%	35.7%	47.1%	42.4%	37.1%
		占总比	0.7%	6.4%	15.8%	11.1%	3.1%	37.1%
	非常满意	计　数	36	109	315	348	347	1155
		占满意度比	3.1%	9.4%	27.3%	30.1%	30.0%	100.0%
		占可能性比	5.3%	2.8%	3.9%	8.1%	26.5%	6.4%
		占总比	0.2%	0.6%	1.7%	1.9%	1.9%	6.4%
总　计		计　数	674	3850	7998	4289	1308	18 119
		占总比	3.7%	21.2%	44.1%	23.7%	7.2%	100.0%

以受访者对法官的满意度为横轴，以行政机关败诉的生效判决得到有效执行的可能性为纵轴，可得图 5-7：

数据挖掘分析：

若将选项“非常可能”、“很可能”和“有可能”合并视为“可能”，将选项“不太可能”和“非常不可能”合并视为“不可能”，则得数据如下：

1. 对法官满意度为“非常不满意”的受访者中，认为行政机关败诉的生效判决可能得到有效执行的比例为 48.8%。

2. 对法官满意度为“不太满意”的受访者中，认为行政机关败诉的生效判决可能得到有效执行的比例为 60.0%。

3. 对法官满意度为“一般”的受访者中，认为行政机关败诉的生效判决可能得到有效执行的比例为 71.5%。

4. 对法官满意度为“比较满意”的受访者中，认为行政机关败诉的生效判决可能得到有效执行的比

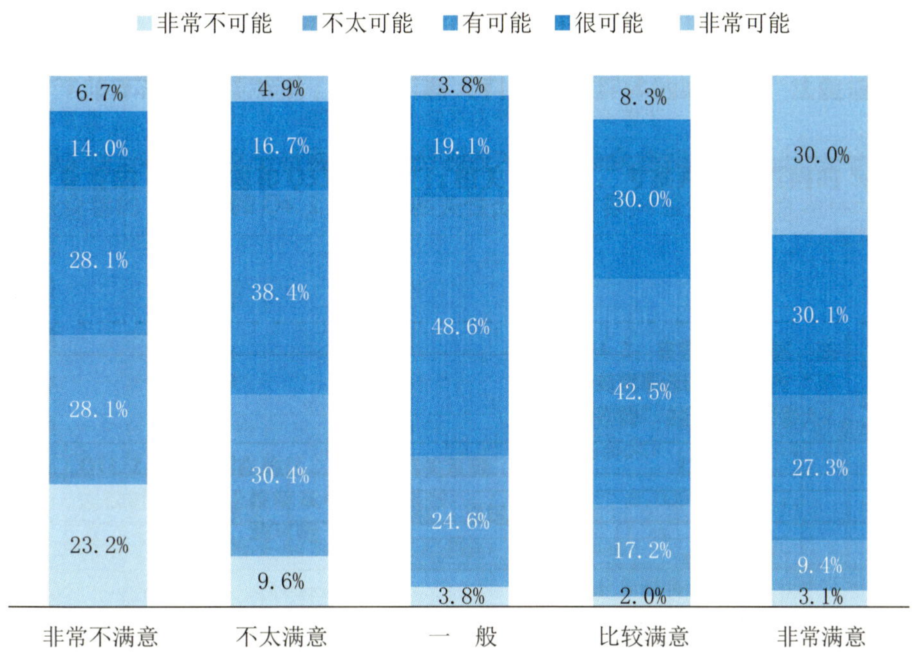

图 5-7 对法官满意度和行政机关败诉的生效判决得到有效执行可能性认知之间的交叉分析图

例为 80.8%。

5. 对法官满意度为“非常满意”的受访者中，认为行政机关败诉的生效判决可能得到有效执行的比例为 87.4%。

数据表明，公众卷 Q17.2 题和 Q4.1 题之间，即受访者对行政机关败诉的生效判决得到有效执行可能性的认知与受访者对法官满意度之间存在一定的关联。具体来说，对法官满意度越高的受访者，越倾向于认为行政机关败诉的生效判决可能得到有效执行。

通过对公众卷的 Q7 题和 Q17.2 题进行相关性分析，考察两组数据间的 Spearman 相关系数，得到下表：

表 5-8 对矛盾双方到法院起诉和行政机关败诉的生效判决得到有效执行可能性认知之间的相关分析表

			Q17.2：在您所在地区，行政机关败诉的生效判决得到有效执行的可能性有多大？	Q7：在您所在地区，当矛盾双方无法通过协商、调解等方式解决纠纷时，人们可能会到法院起诉吗？
Spearman 的 rho	Q17.2：在您所在地区，行政机关败诉的生效判决得到有效执行的可能性有多大？	相关系数	1.000	0.140**
		显著性（双尾）		0.000
		N*	18 205	18 163
	Q7：在您所在地区，当矛盾双方无法通过协商、调解等方式解决纠纷时，人们可能会到法院起诉吗？	相关系数	0.140**	1.000
		显著性（双尾）	0.000	
		N*	18 163	18 486

*N 为样本数；** 相关性在 0.01 层上显著（双尾）。

从上表中不难发现，Spearman 相关系数为 0.140，表示两题之间具有正相关性；同时双尾显著性为 0.000，表示该结果在 0.01 水平上显著，即表示其判断犯弃真型错误率小于 1%，结果准确。

为直观而深入地探寻两题间可能存在的深层次联系，我们对两题进行交叉分析：首先将拒答问卷全

部剔除，再对剩下的问卷样本以受访者对行政机关败诉的生效判决得到有效执行可能性的认知作为区分条件，来分析受访者在对无法通过协商、调解解决纠纷的矛盾双方到法院起诉的可能性这一问题的认知上具有的分布特性，得到下表：

表 5-9　对矛盾双方到法院起诉和行政机关败诉的生效判决得到有效执行可能性认知之间的交叉分析表

			Q7：在您所在地区，当矛盾双方无法通过协商、调解等方式解决纠纷时，人们可能会到法院起诉吗?					总　计
			非常不可能	不太可能	有可能	很可能	非常可能	
Q17.2：在您所在地区，行政机关败诉的生效判决得到有效执行的可能性有多大?	非常不可能	计　数	31	127	262	145	111	676
		占执行可能性比	4.6%	18.8%	38.8%	21.4%	16.4%	100.0%
		占起诉可能性比	22.1%	6.4%	3.2%	2.7%	4.7%	3.7%
		占总比	0.2%	0.7%	1.4%	0.8%	0.6%	3.7%
	不太可能	计　数	36	545	1801	1066	420	3868
		占执行可能性比	0.9%	14.1%	46.6%	27.6%	10.9%	100.0%
		占起诉可能性比	25.7%	27.3%	21.9%	19.5%	17.9%	21.3%
		占总比	0.2%	3.0%	9.9%	5.9%	2.3%	21.3%
	有可能	计　数	35	853	4039	2291	792	8010
		占执行可能性比	0.4%	10.6%	50.4%	28.6%	9.9%	100.0%
		占起诉可能性比	25.0%	42.8%	49.1%	41.9%	33.8%	44.1%
		占总比	0.2%	4.7%	22.2%	12.6%	4.4%	44.1%
	很可能	计　数	26	361	1749	1533	627	4296
		占执行可能性比	0.6%	8.4%	40.7%	35.7%	14.6%	100.0%
		占起诉可能性比	18.6%	18.1%	21.3%	28.1%	26.7%	23.7%
		占总比	0.1%	2.0%	9.6%	8.4%	3.5%	23.7%
	非常可能	计　数	12	107	370	429	395	1313
		占执行可能性比	0.9%	8.1%	28.2%	32.7%	30.1%	100.0%
		占起诉可能性比	8.6%	5.4%	4.5%	7.9%	16.8%	7.2%
		占总比	0.1%	0.6%	2.0%	2.4%	2.2%	7.2%
总　计		计　数	140	1993	8221	5464	2345	18 163
		占总比	0.8%	11.0%	45.3%	30.1%	12.9%	100.0%

以行政机关败诉的生效判决得到有效执行的可能性为横轴，以无法通过协商、调解解决纠纷的矛盾双方到法院起诉的可能性为纵轴，可得图 5-8：

数据挖掘分析：

若将选项“非常可能”、“很可能”和“有可能”合并视为“可能”，将选项“不太可能”和“非常不可能”合并视为“不可能”，则得数据如下：

1. 认为行政机关败诉的生效判决得到有效执行的可能性为“非常不可能”的受访者中，认为无法通过协商、调解解决纠纷的矛盾双方可能到法院起诉的比例为 76.6%。

2. 认为行政机关败诉的生效判决得到有效执行的可能性为“不太可能”的受访者中，认为无法通过协商、调解解决纠纷的矛盾双方可能到法院起诉的比例为 85.1%。

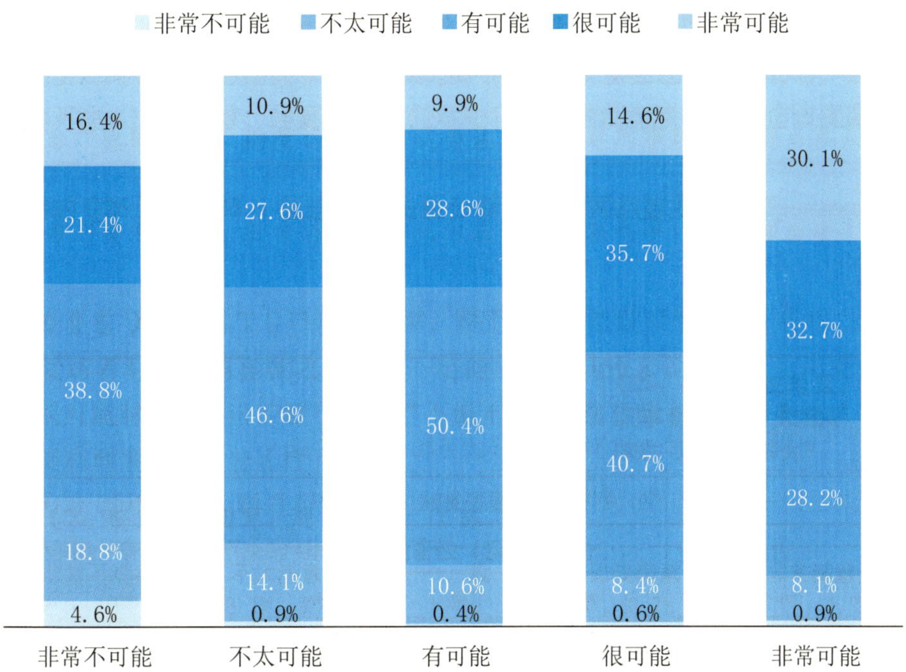

图 5-8　对矛盾双方到法院起诉和行政机关败诉的生效判决得到有效执行可能性认知之间的交叉分析图

3. 认为行政机关败诉的生效判决得到有效执行的可能性为“有可能”的受访者中，认为无法通过协商、调解解决纠纷的矛盾双方可能到法院起诉的比例为 88.9%。

4. 认为行政机关败诉的生效判决得到有效执行的可能性为“很可能”的受访者中，认为无法通过协商、调解解决纠纷的矛盾双方可能到法院起诉的比例为 91.0%。

5. 认为行政机关败诉的生效判决得到有效执行的可能性为“非常可能”的受访者中，认为无法通过协商、调解解决纠纷的矛盾双方可能到法院起诉的比例为 91.0%。

数据表明，公众卷 Q7 题和 Q17.2 题之间，即受访者对行政机关败诉的生效判决得到有效执行可能性的认知与受访者对无法通过协商、调解解决纠纷的矛盾双方到法院起诉可能性的认知之间存在一定的关联。具体来说，认为行政机关败诉的生效判决得到有效执行的可能性越高的受访者，同样认为无法通过协商、调解解决纠纷的矛盾双方到法院起诉的可能性越高，两者之间呈现正相关性。

通过对专业卷的 Q22.2 题和 Q33.1 题进行相关性分析，考察两组数据间的 Spearman 相关系数，得到下表：

表 5-10　对法官满意度和行政机关败诉的生效判决得到有效执行的可能性认知之间的相关分析表

			Q22.2：在您所在地区，行政机关败诉的生效判决得到有效执行的可能性有多大?	Q33.1：您对自己所在地区法官的满意度如何?
Spearman 的 rho	Q22.2：在您所在地区，行政机关败诉的生效判决得到有效执行的可能性有多大?	相关系数	1.000	0.392**
		显著性（双尾）		0.000
		N*	5810	5800
	Q33.1：您对自己所在地区法官的满意度如何?	相关系数	0.392**	1.000
		显著性（双尾）	0.000	
		N*	5800	5838

* N 为样本数；** 相关性在 0.01 层上显著（双尾）。

从表5-10中不难发现，Spearman相关系数为0.392，表示两题之间具有正相关性；同时双尾显著性为0.000，表示该结果在0.01水平上显著，即表示其判断犯弃真型错误率小于1%，结果准确。

为直观而深入地探寻两题间可能存在的深层次联系，我们对两题进行交叉分析：首先将拒答问卷全部剔除，再对剩下的问卷样本以受访者对法官的满意度作为区分条件，来分析对法官的满意度不同的受访者在对行政机关败诉的生效判决得到有效执行的可能性这一问题的认知上具有的分布特性，得到下表：

表5-11　对法官满意度和行政机关败诉的生效判决得到有效执行的可能性认知之间的交叉分析表

			Q22.2：在您所在地区，行政机关败诉的生效判决得到有效执行的可能性有多大?					总　计
			非常不可能	不太可能	有可能	很可能	非常可能	
Q33.1：您对自己所在地区法官的满意度如何?	非常不满意	计　数	30	18	20	2	3	73
		占满意度比	41.1%	24.7%	27.4%	2.7%	4.1%	100.0%
		占可能性比	21.0%	2.1%	0.8%	0.1%	0.5%	1.3%
		占总比	0.5%	0.3%	0.3%	0.0%	0.1%	1.3%
	不太满意	计　数	26	113	116	26	9	290
		占满意度比	9.0%	39.0%	40.0%	9.0%	3.1%	100.0%
		占可能性比	18.2%	13.5%	4.5%	1.7%	1.4%	5.0%
		占总比	0.4%	1.9%	2.0%	0.4%	0.2%	5.0%
	一　般	计　数	35	356	920	276	72	1659
		占满意度比	2.1%	21.5%	55.5%	16.6%	4.3%	100.0%
		占可能性比	24.5%	42.5%	35.5%	17.6%	10.9%	28.6%
		占总比	0.6%	6.1%	15.9%	4.8%	1.2%	28.6%
	比较满意	计　数	34	302	1328	950	250	2864
		占满意度比	1.2%	10.5%	46.4%	33.2%	8.7%	100.0%
		占可能性比	23.8%	36.0%	51.3%	60.7%	37.7%	49.4%
		占总比	0.6%	5.2%	22.9%	16.4%	4.3%	49.4%
	非常满意	计　数	18	49	206	312	329	914
		占满意度比	2.0%	5.4%	22.5%	34.1%	36.0%	100.0%
		占可能性比	12.6%	5.8%	8.0%	19.9%	49.6%	15.8%
		占总比	0.3%	0.8%	3.6%	5.4%	5.7%	15.8%
总　计		计　数	143	838	2590	1566	663	5800
		占总比	2.5%	14.4%	44.7%	27.0%	11.4%	100.0%

以受访者对法官的满意度为横轴，以行政机关败诉的生效判决得到有效执行的可能性为纵轴，可得图5-9：

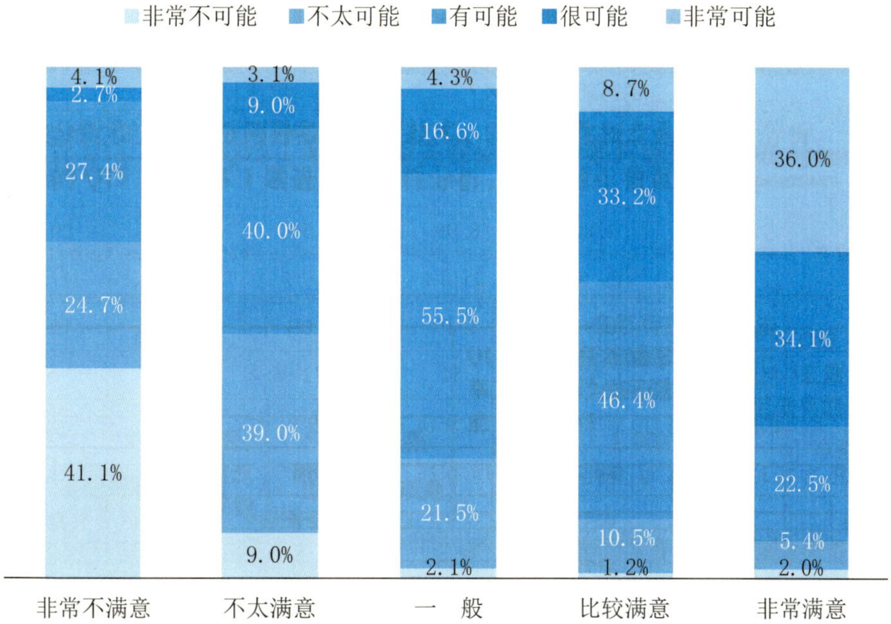

图 5-9　对法官满意度和行政机关败诉的生效判决得到有效执行的可能性认知之间的交叉分析图

数据挖掘分析：

若将选项“非常可能”、“很可能”和“有可能”合并视为“可能”，将选项“不太可能”和“非常不可能”合并视为“不可能”，则得数据如下：

1. 对法官满意度为“非常不满意”的受访者中，认为行政机关败诉的生效判决可能得到有效执行的比例为 34.2%。

2. 对法官满意度为“不太满意”的受访者中，认为行政机关败诉的生效判决可能得到有效执行的比例为 52.1%。

3. 对法官满意度为“一般”的受访者中，认为行政机关败诉的生效判决可能得到有效执行的比例为 76.4%。

4. 对法官满意度为“比较满意”的受访者中，认为行政机关败诉的生效判决可能得到有效执行的比例为 88.3%。

5. 对法官满意度为“非常满意”的受访者中，认为行政机关败诉的生效判决可能得到有效执行的比例为 92.6%。

数据表明，专业卷 Q22.2 题和 Q33.1 题之间，即受访者对行政机关败诉的生效判决得到有效执行可能性的认知与受访者对法官满意度之间存在一定的关联。具体来说，对法官满意度越高的受访者，越倾向于认为行政机关败诉的生效判决可能得到有效执行。

5.2.3　行政诉讼裁判得到有效执行问题跨卷对比分析

公众卷和专业卷均就“行政机关败诉的生效判决得到有效执行的可能性”问题进行了调查，我们看看两个群体的作答情况是否呈现出明显差异：

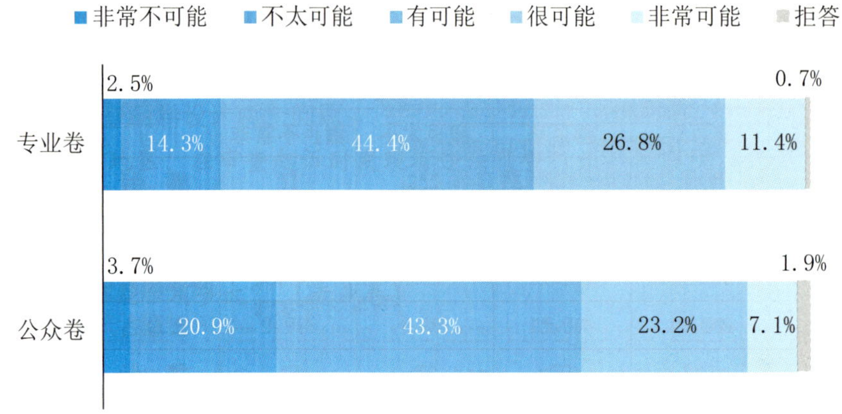

图 5-10　行政机关败诉的生效判决得到有效执行的可能性作答情况分布对照图

从上图可以看出，相对于公众卷的作答情况，专业卷的受访者更倾向于认为行政机关败诉的生效判决可能得到有效执行，其选择“有可能”、“很可能”和“非常可能”的人数比例高于公众卷，选择“非常不可能”与“不太可能”两项的人数比例低于公众卷。

指标 6　证据制度

证据制度作为一级指标，下设三个二级指标：①证据裁判原则得到贯彻；②证据依法得到采纳与排除；③证明过程得到合理规范。涉及公众卷 1 个题目，专业卷 4 个题目。具体的数据挖掘结果如下：

6.1　证据裁判原则得到贯彻

为测量这一指标，调查问卷设计三个问题：

问题一："在您所在地区，您觉得打官司主要看证据还是看人情?"【公众卷】

问题二："在您所在地区，法院审判过程符合'打官司就是打证据'或'打官司就是打人情'的可能性有多大?"【专业卷】

问题三："在您所在地区，认定被告人有罪的证据不足，法官'宁可错放，也不错判'的可能性有多大?"【专业卷】

6.1.1　证据裁判原则得到贯彻问题基本数据

对于证据裁判原则得到贯彻问题，我们提取有关问题进行了频数分析，其中公众卷部分基本数据情况如下：

问题一："在您所在地区，您觉得打官司主要看证据还是看人情?"【公众卷】

表 6-1　公众卷："打官司就是打证据"的可能性作答情况详表

公众卷		计　数	列 N%
"打官司就是打证据"的可能性	非常不可能	176	0.9%
	不太可能	963	5.2%
	有可能	5943	32.0%
	很可能	6803	36.7%
	非常可能	4518	24.4%
	拒　答	149	0.8%

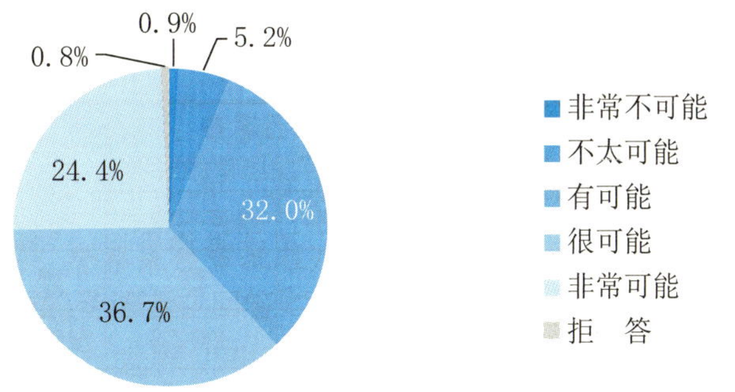

图 6-1　公众卷："打官司就是打证据"的可能性作答情况分布图

由图 6-1 可以看出，公众卷的受访者在回答"'打官司就是打证据'的可能性"问题时，更倾向于认为上述情况有可能发生，选择"非常可能"、"很可能"和"有可能"的人数比例高达 93.1%，选择"非常不可能"和"不太可能"的人数比例仅为 6.1%。

表 6-2　公众卷："打官司就是打人情"的可能性作答情况详表

公众卷		计　数	列 N%
"打官司就是打人情"的可能性	非常不可能	1282	6.9%
	不太可能	4713	25.4%
	有可能	7733	41.7%
	很可能	3331	18.0%
	非常可能	1220	6.6%
	拒　答	273	1.5%

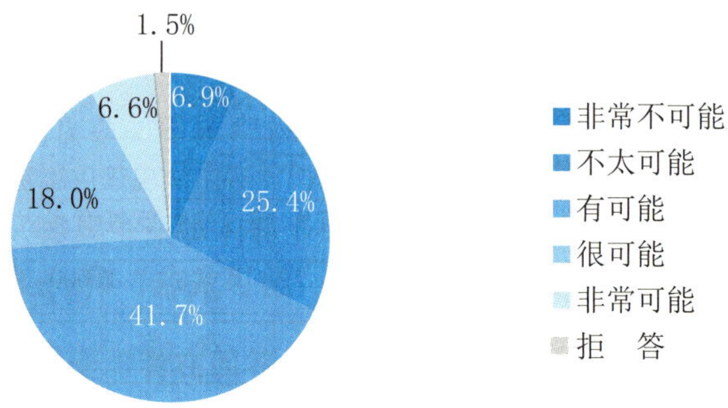

图 6-2　公众卷："打官司就是打人情"的可能性作答情况分布图

由上图可以看出，公众卷的受访者在回答"'打官司就是打人情'的可能性"问题时，更倾向于认为上述情况有可能发生，选择"有可能"、"很可能"和"非常可能"的人数比例为 66.3%，选择"非常不可能"和"不太可能"的人数比例为 32.3%。

但是，"打官司就是打证据"与"打官司就是打人情"是两个截然相反的命题，如果选择前者"非常可能"、"很可能"和"有可能"的人数比例为 93.1%，选择后者"非常可能"、"很可能"和"有可能"的人数比例应为 6.9%，但实际上却高达 66.3%。这一方面说明，受访者对于"打证据"与"打人情"的竞合性认识不够；另一方面，从问卷设计的角度考虑，选择前者"非常可能"、"很可能"和"有可能"的人数比例高达 93.1%，可能是受访者对"打官司就是打证据"这一司法理念本身的合理性评价较高，而并非对本地司法落实这一司法理念的情况评价较高。相比之下，公众对"打官司就是打人情"这一问题的回答选择"非常可能"、"很可能"和"有可能"的人数比例高达 66.3%，可能更反映民众对本地司法现状的真实感受。

证据裁判原则得到贯彻问题专业卷部分基本数据情况则如下：

问题二："在您所在地区，法院审判过程符合'打官司就是打证据'或'打官司就是打人情'的可能性有多大？"【专业卷】

表 6-3　专业卷："打官司就是打证据"的可能性作答情况详表

		法　官		检察官		警　察		律　师		全　体	
		计数	列 N%	计数	列 N%	计数	列 N%	计数	列 N%	计数	列 N%
"打官司就是打证据"的可能性	非常不可能	15	1.0%	13	0.9%	38	2.8%	4	0.3%	70	1.2%
	不太可能	54	3.7%	43	2.8%	97	7.0%	33	2.2%	228	3.9%
	有可能	194	13.2%	265	17.6%	394	28.6%	382	25.8%	1235	21.1%
	很可能	465	31.5%	595	39.4%	480	34.8%	703	47.4%	2244	38.4%
	非常可能	743	50.4%	593	39.3%	368	26.7%	358	24.2%	2064	35.3%
	拒　答	3	0.20%	0	0.0%	2	0.1%	2	0.1%	7	0.1%

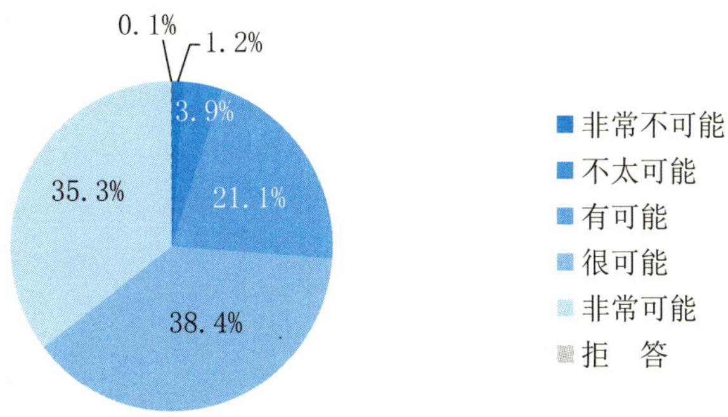

图 6-3　专业卷："打官司就是打证据"的可能性作答情况分布图

由上图可以看出，专业卷的受访者在回答"'打官司就是打证据'的可能性"问题时，更倾向于认为上述情况有可能发生，选择"有可能"、"很可能"和"非常可能"的人数比例高达 94.8%，选择"不太可能"和"非常不可能"的人数比例仅为 5.1%。

专业卷的受访者依照其职业分为四类人群，不同职业群体对"打官司就是打证据"的可能性判断对比如下图：

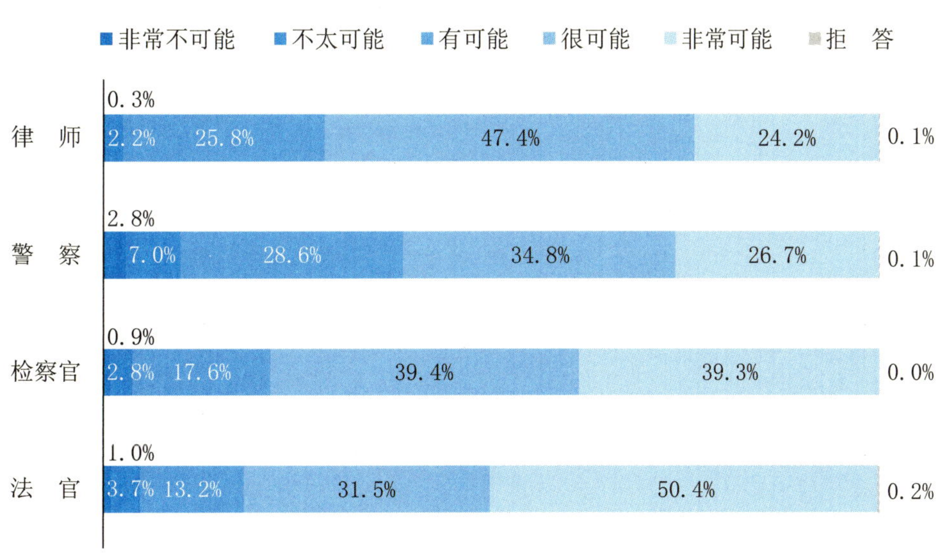

图 6-4　专业卷细分："打官司就是打证据"的可能性作答情况分布图

不同职业群体在回答"'打官司就是打证据'的可能性"问题时，律师群体认为上述情况发生的可能性更高，其选择"非常不可能"和"不太可能"两项的人数比例低于其他三类人群，选择"有可能”、“很可能”和“非常可能”的人数比例则高于其他三类人群。与之对比的是警察群体。

表 6-4 专业卷：“打官司就是打人情”的可能性作答情况详表

		法官		检察官		警察		律师		全体	
		计数	列 N%	计数	列 N%	计数	列 N%	计数	列 N%	计数	列 N%
“打官司就是打人情”的可能性	非常不可能	447	30.3%	248	16.4%	224	16.2%	56	3.8%	976	16.7%
	不太可能	663	45.0%	659	43.7%	510	37.0%	422	28.5%	2256	38.6%
	有可能	284	19.3%	481	31.9%	481	34.9%	775	52.3%	2022	34.6%
	很可能	47	3.2%	87	5.8%	110	8.0%	172	11.6%	416	7.1%
	非常可能	13	0.9%	25	1.7%	41	3.0%	51	3.4%	130	2.2%
	拒答	20	1.4%	9	0.6%	13	0.90%	6	0.4%	48	0.8%

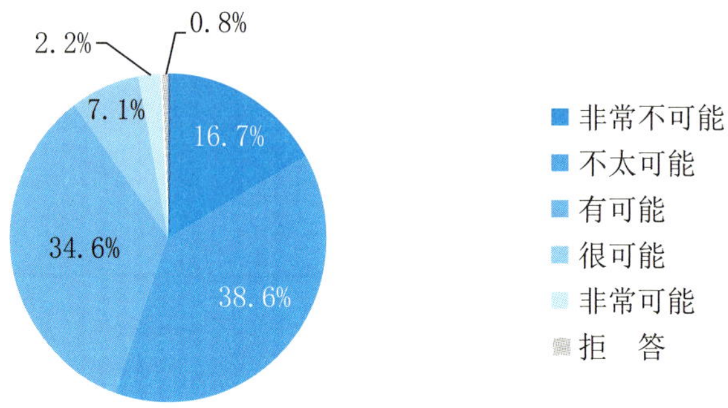

图 6-5 专业卷：“打官司就是打人情”的可能性作答情况分布图

由上图可以看出，专业卷的受访者在回答“‘打官司就是打人情’的可能性”问题时，更倾向于认为上述情况不太可能发生，其选择“非常不可能”和“不太可能”两项的人数比例为 55.3%，选择“非常可能”、“很可能”和“有可能”的人数比例为 43.9%。

专业卷的受访者依照其职业分为四类人群，不同职业群体对“打官司就是打人情”的可能性判断对比如下图：

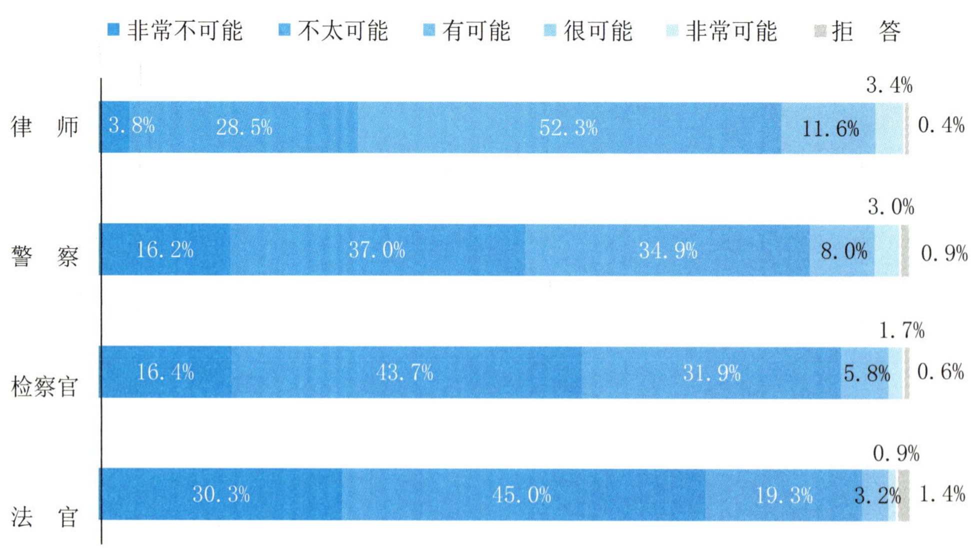

图 6-6 专业卷细分：“打官司就是打人情”的可能性作答情况分布图

不同职业群体在回答"'打官司就是打人情'的可能性"问题时，律师群体认为上述情况发生的可能性更高，其选择"非常不可能"和"不太可能"两项的人数比例低于其他三类人群，选择"有可能"、"很可能"和"非常可能"的人数比例则高于其他三类人群。与之对比的是法官群体。

同样，"打官司就是打证据"与"打官司就是打人情"是两个截然相反的命题，专业卷的受访者选择前者"非常可能"、"很可能"和"有可能"的人数比例高达 94.8%，选择后者"非常可能"、"很可能"和"有可能"的人数比例却为 43.9%，其原因与公众卷对这一问题的调查出现的情况大体一致。

问题三："在您所在地区，认定被告人有罪的证据不足，法官'宁可错放，也不错判'的可能性有多大？"【专业卷】

表 6-5　专业卷：认定被告人有罪的证据不足，法官"宁可错放，也不错判"的可能性作答情况详表

		法　官		检察官		警　察		律　师		全　体	
		计数	列 N%	计数	列 N%	计数	列 N%	计数	列 N%	计数	列 N%
认定被告人有罪的证据不足，法官"宁可错放，也不错判"的可能性	非常不可能	95	6.4%	28	1.9%	72	5.2%	87	5.9%	283	4.8%
	不太可能	276	18.7%	188	12.5%	208	15.1%	498	33.6%	1172	20.0%
	有可能	513	34.8%	531	35.2%	480	34.8%	641	43.3%	2166	37.0%
	很可能	371	25.2%	468	31.0%	400	29.0%	203	13.7%	1442	24.7%
	非常可能	215	14.6%	293	19.4%	218	15.8%	51	3.4%	777	13.3%
	拒　答	4	0.3%	1	0.1%	1	0.1%	2	0.1%	8	0.1%

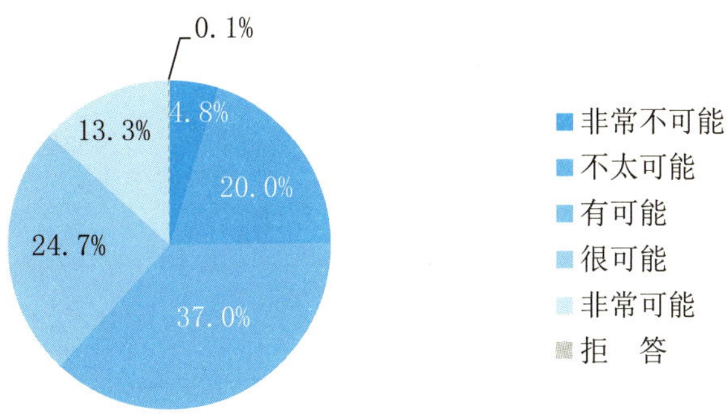

图 6-7　专业卷：认定被告人有罪的证据不足，法官"宁可错放，也不错判"的可能性作答情况分布图

由上图可以看出，专业卷的受访者在回答"认定被告人有罪的证据不足，法官'宁可错放，也不错判'的可能性"问题时，更倾向于认为上述情况有可能发生，选择"有可能"、"很可能"和"非常可能"的人数比例为 75%，选择"不太可能"和"非常不可能"的人数比例为 24.8%。

专业卷的受访者依照其职业分为四类人群，不同职业群体对认定被告人有罪的证据不足，法官"宁可错放，也不错判"的可能性判断对比如图 6-8：

不同职业群体在回答"认定被告人有罪的证据不足，法官'宁可错放，也不错判'的可能性"问题时，检察官群体认为上述情况发生的可能性更高，其选择"非常不可能"和"不太可能"两项的人数比例低于其他三类人群，选择"有可能"、"很可能"和"非常可能"的人数比例则高于其他三类人群。与之对比的是律师群体。

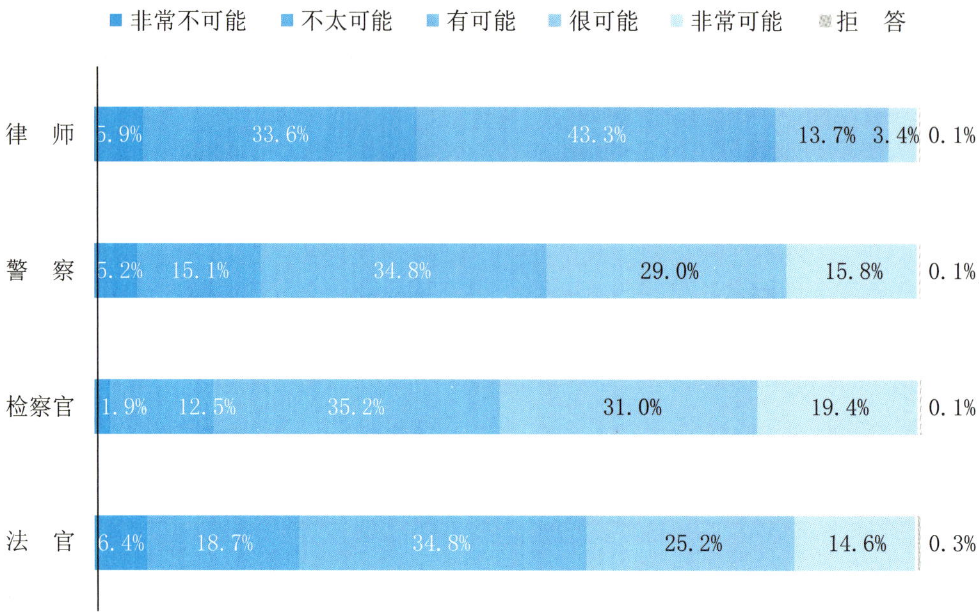

图 6-8　专业卷细分：认定被告人有罪的证据不足，法官“宁可错放，也不错判”的可能性作答情况分布图

6.1.2　证据裁判原则得到贯彻问题相关分析

课题组采用相关性分析和交叉分析两种数据分析技术，对公众卷和专业卷进行分析。

首先通过对公众卷的 Q19.1 题和 Q4.1 题进行相关性分析，考察两组数据间的 Spearman 相关系数，得到下表：

表 6-6　对法官满意度和“打官司就是打证据”可能性认知之间的相关分析表

<table>
<tr><td colspan="3"></td><td>Q19.1：在您所在地区，您觉得“打官司就是打证据”的可能性有多大?</td><td>Q4.1：您对自己所在地区法官的满意度如何?</td></tr>
<tr><td rowspan="6">Spearman 的 rho</td><td rowspan="3">Q19.1：在您所在地区，您觉得“打官司就是打证据”的可能性有多大?</td><td>相关系数</td><td>1.000</td><td>0.312**</td></tr>
<tr><td>显著性（双尾）</td><td></td><td>0.000</td></tr>
<tr><td>N*</td><td>18 403</td><td>18 297</td></tr>
<tr><td rowspan="3">Q4.1：您对自己所在地区法官的满意度如何?</td><td>相关系数</td><td>0.312**</td><td>1.000</td></tr>
<tr><td>显著性（双尾）</td><td>0.000</td><td></td></tr>
<tr><td>N*</td><td>18 297</td><td>18 425</td></tr>
</table>

＊N 为样本数；＊＊相关性在 0.01 层上显著（双尾）。

从上表中不难发现，Spearman 相关系数为 0.312，表示两题之间具有正相关性；同时双尾显著性为 0.000，表示该结果在 0.01 水平上显著，即表示其判断犯弃真型错误率小于 1%，结果准确。

为直观而深入地探寻两题间可能存在的深层次联系，我们对两题进行交叉分析：首先将拒答问卷全部剔除，再对剩下的问卷样本以受访者对法官的满意度作为区分条件，来分析对法官的满意度不同的受访者在对“打官司就是打证据”的可能性这一问题的认知上具有的分布特性，得到表 6-7：

表 6-7　对法官满意度和“打官司就是打证据”可能性认知之间的交叉分析表

			Q19.1：在您所在地区，您觉得“打官司就是打证据”的可能性有多大？					总　计
			非常不可能	不太可能	有可能	很可能	非常可能	
Q4.1：您对自己所在地区法官的满意度如何？	非常不满意	计　数	45	52	103	40	54	294
		占满意度比	15.3%	17.7%	35.0%	13.6%	18.4%	100.0%
		占可能性比	25.6%	5.5%	1.7%	0.6%	1.2%	1.6%
		占总比	0.2%	0.3%	0.6%	0.2%	0.3%	1.6%
	不太满意	计　数	22	162	397	253	132	966
		占满意度比	2.3%	16.8%	41.1%	26.2%	13.7%	100.0%
		占可能性比	12.5%	17.0%	6.7%	3.7%	2.9%	5.3%
		占总比	0.1%	0.9%	2.2%	1.4%	0.7%	5.3%
	一　般	计　数	67	536	3809	3102	1551	9065
		占满意度比	0.7%	5.9%	42.0%	34.2%	17.1%	100.0%
		占可能性比	38.1%	56.2%	64.5%	45.8%	34.5%	49.5%
		占总比	0.4%	2.9%	20.8%	17.0%	8.5%	49.5%
	比较满意	计　数	28	167	1459	3084	2057	6795
		占满意度比	0.4%	2.5%	21.5%	45.4%	30.3%	100.0%
		占可能性比	15.9%	17.5%	24.7%	45.6%	45.8%	37.1%
		占总比	0.2%	0.9%	8.0%	16.9%	11.2%	37.1%
	非常满意	计　数	14	37	135	290	701	1177
		占满意度比	1.2%	3.1%	11.5%	24.6%	59.6%	100.0%
		占可能性比	8.0%	3.9%	2.3%	4.3%	15.6%	6.4%
		占总比	0.1%	0.2%	0.7%	1.6%	3.8%	6.4%
总　计		计　数	176	954	5903	6769	4495	18 297
		占总比	1.0%	5.2%	32.3%	37.0%	24.6%	100.0%

以受访者对法官的满意度为横轴，以“打官司就是打证据”的可能性为纵轴，可得图 6-9：

数据挖掘分析：

若将选项“非常可能”、“很可能”和“有可能”合并视为“可能”，将选项“不太可能”和“非常不可能”合并视为“不可能”，则得数据如下：

1. 对法官满意度为“非常不满意”的受访者中，认为“打官司就是打证据”的情况可能发生的比例为67%。

2. 对法官满意度为“不太满意”的受访者中，认为“打官司就是打证据”的情况可能发生的比例为81%。

3. 对法官满意度为“一般”的受访者中，认为“打官司就是打证据”的情况可能发生的比例为93.3%。

4. 对法官满意度为“比较满意”的受访者中，认为“打官司就是打证据”的情况可能发生的比例为97.2%。

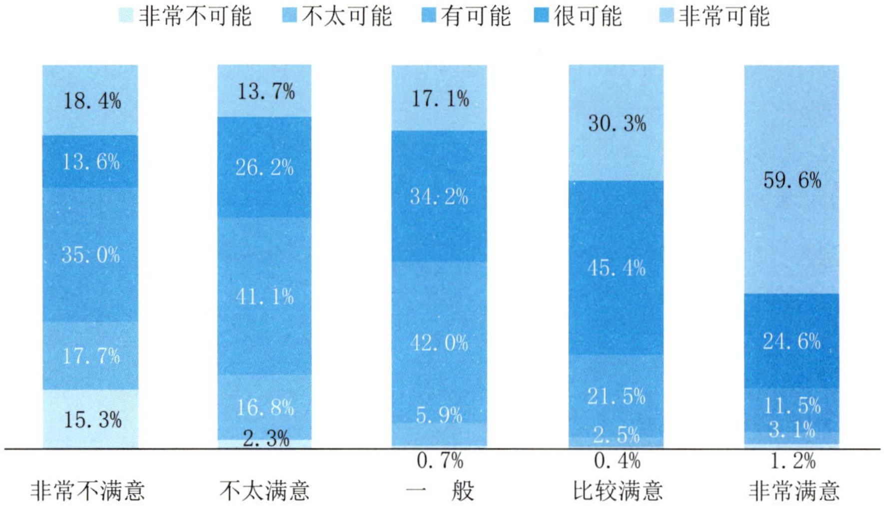

图 6-9　对法官满意度和“打官司就是打证据”可能性认知之间的交叉分析图

5. 对法官满意度为“非常满意”的受访者中，认为“打官司就是打证据”的情况可能发生的比例为 95.7%。

数据表明，公众卷 Q19.1 题和 Q4.1 题之间，即受访者对“打官司就是打证据”可能性的认知与受访者对法官满意度之间存在一定的关联。一般来说，受访者对法官满意度越高，认为“打官司就是打证据”的可能性就越高，两者之间呈现正相关性。

通过对公众卷的 Q19.2 题和 Q4.1 题进行相关性分析，考察两组数据间的 Spearman 相关系数，得到下表：

表 6-8　对法官满意度和“打官司就是打人情”可能性认知之间的相关分析表

			Q19.2：在您所在地区，您觉得“打官司就是打人情”的可能性有多大?	Q4.1：您对自己所在地区法官的满意度如何?
Spearman 的 rho	Q19.2：在您所在地区，您觉得“打官司就是打人情”的可能性有多大?	相关系数	1.000	-0.215**
		显著性（双尾）		0.000
		N*	18 279	18 186
	Q4.1：您对自己所在地区法官的满意度如何?	相关系数	-0.215**	1.000
		显著性（双尾）	0.000	
		N*	18 186	18 425

* N 为样本数；** 相关性在 0.01 层上显著（双尾）。

从上表中不难发现，Spearman 相关系数为-0.215，表示两题之间具有负相关性；同时双尾显著性为 0.000，表示该结果在 0.01 水平上显著，即表示其判断犯弃真型错误率小于 1%，结果准确。

为直观而深入地探寻两题间可能存在的深层次联系，我们对两题进行交叉分析：首先将拒答问卷全部剔除，再对剩下的问卷样本以受访者对法官的满意度作为区分条件，来分析对法官的满意度不同的受访者在对“打官司就是打人情”的可能性这一问题的认知上具有的分布特性，得到表 6-9：

表 6-9　对法官满意度和“打官司就是打人情”可能性认知之间的交叉分析表

			Q19. 2：在您所在地区，您觉得“打官司就是打人情”的可能性有多大？					总　计
			非常不可能	不太可能	有可能	很可能	非常可能	
Q4. 1：您对自己所在地区法官的满意度如何？	非常不满意	计　数	26	38	63	54	109	290
		占满意度比	9. 0%	13. 1%	21. 7%	18. 6%	37. 6%	100. 0%
		占可能性比	2. 0%	0. 8%	0. 8%	1. 6%	9. 0%	1. 6%
		占总比	0. 1%	0. 2%	0. 3%	0. 3%	0. 6%	1. 6%
	不太满意	计　数	60	134	345	264	161	964
		占满意度比	6. 2%	13. 9%	35. 8%	27. 4%	16. 7%	100. 0%
		占可能性比	4. 7%	2. 9%	4. 5%	8. 0%	13. 2%	5. 3%
		占总比	0. 3%	0. 7%	1. 9%	1. 5%	0. 9%	5. 3%
	一　般	计　数	376	1980	4293	1814	572	9035
		占满意度比	4. 2%	21. 9%	47. 5%	20. 1%	6. 3%	100. 0%
		占可能性比	29. 4%	42. 2%	55. 8%	54. 7%	47. 0%	49. 7%
		占总比	2. 1%	10. 9%	23. 6%	10. 0%	3. 1%	49. 7%
	比较满意	计　数	519	2175	2726	1042	278	6740
		占满意度比	7. 7%	32. 3%	40. 4%	15. 5%	4. 1%	100. 0%
		占可能性比	40. 6%	46. 4%	35. 5%	31. 4%	22. 9%	37. 1%
		占总比	2. 9%	12. 0%	15. 0%	5. 7%	1. 5%	37. 1%
	非常满意	计　数	297	360	260	144	96	1157
		占满意度比	25. 7%	31. 1%	22. 5%	12. 4%	8. 3%	100. 0%
		占可能性比	23. 2%	7. 7%	3. 4%	4. 3%	7. 9%	6. 4%
		占总比	1. 6%	2. 0%	1. 4%	0. 8%	0. 5%	6. 4%
总　计		计　数	1278	4687	7687	3318	1216	18 186
		占总比	7. 0%	25. 8%	42. 3%	18. 2%	6. 7%	100. 0%

以受访者对法官的满意度为横轴，以“打官司就是打人情”的可能性为纵轴，可得下图：

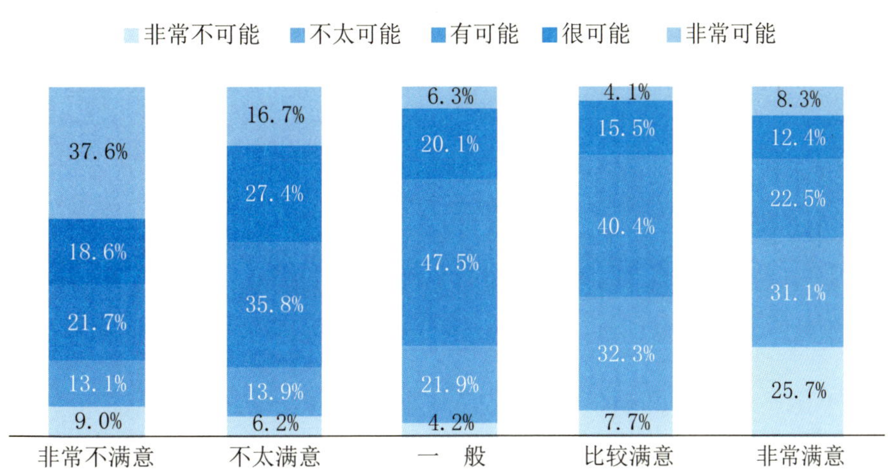

图 6-10　对法官满意度和“打官司就是打人情”可能性认知之间的交叉分析图

数据挖掘分析：

若将选项“非常可能”、“很可能”和“有可能”合并视为“可能”，将选项“不太可能”和“非常不可能”合并视为“不可能”，则得数据如下：

1. 对法官满意度为“非常不满意”的受访者中，认为“打官司就是打人情”的情况可能发生的比例为77.9%。

2. 对法官满意度为“不太满意”的受访者中，认为“打官司就是打人情”的情况可能发生的比例为79.9%。

3. 对法官满意度为“一般”的受访者中，认为“打官司就是打人情”的情况可能发生的比例为73.9%。

4. 对法官满意度为“比较满意”的受访者中，认为“打官司就是打人情”的情况可能发生的比例为60%。

5. 对法官满意度为“非常满意”的受访者中，认为“打官司就是打人情”的情况可能发生的比例为43.2%。

数据表明，公众卷Q19.2题和Q4.1题之间，即受访者对“打官司就是打人情”可能性的认知与受访者对法官满意度之间存在一定的关联。一般来说，受访者对法官满意度越低，认为“打官司就是打人情”的可能性就越高，两者之间呈现负相关性。

通过对专业卷的Q29.1题和Q33.1题进行相关性分析，考察两组数据间的Spearman相关系数，得到下表：

表6-10 对法官满意度和“打官司就是打证据”可能性认知之间的相关分析表

			Q29.1：在您所在地区，法院审判过程符合“打官司就是打证据”的可能性有多大？	Q33.1：您对自己所在地区法官的满意度如何？
Spearman的rho	Q29.1：在您所在地区，法院审判过程符合“打官司就是打证据”的可能性有多大？	相关系数	1.000	0.378**
		显著性（双尾）		0.000
		N*	5841	5831
	Q33.1：您对自己所在地区法官的满意度如何？	相关系数	0.378**	1.000
		显著性（双尾）	0.000	
		N*	5831	5838

*N为样本数；**相关性在0.01层上显著（双尾）。

从上表中不难发现，Spearman相关系数为0.378，表示两题之间具有正相关性；同时双尾显著性为0.000，表示该结果在0.01水平上显著，即表示其判断犯弃真型错误率小于1%，结果准确。

为直观而深入地探寻两题间可能存在的深层次联系，我们对两题进行交叉分析：首先将拒答问卷全部剔除，再对剩下的问卷样本以受访者对法官的满意度作为区分条件，来分析对法官的满意度不同的受访者在对“打官司就是打证据”的可能性这一问题的认知上具有的分布特性，得到表6-11：

表 6-11　对法官满意度和“打官司就是打证据”可能性认知之间的交叉分析表

			Q29.1：在您所在地区，法院审判过程符合“打官司就是打证据”的可能性有多大?					总　计
			非常不可能	不太可能	有可能	很可能	非常可能	
Q33.1：您对自己所在地区法官的满意度如何?	非常不满意	计　数	15	7	32	14	7	75
		占满意度比	20.0%	9.3%	42.7%	18.7%	9.3%	100.0%
		占可能性比	21.4%	3.1%	2.6%	0.6%	0.3%	1.3%
		占总比	0.3%	0.1%	0.5%	0.2%	0.1%	1.3%
	不太满意	计　数	7	64	102	74	44	291
		占满意度比	2.4%	22.0%	35.1%	25.4%	15.1%	100.0%
		占可能性比	10.0%	28.2%	8.3%	3.3%	2.1%	5.0%
		占总比	0.1%	1.1%	1.7%	1.3%	0.8%	5.0%
	一　般	计　数	8	73	600	676	310	1667
		占满意度比	0.5%	4.4%	36.0%	40.6%	18.6%	100.0%
		占可能性比	11.4%	32.2%	48.7%	30.2%	15.1%	28.6%
		占总比	0.1%	1.3%	10.3%	11.6%	5.3%	28.6%
	比较满意	计　数	17	51	429	1319	1066	2882
		占满意度比	0.6%	1.8%	14.9%	45.8%	37.0%	100.0%
		占可能性比	24.3%	22.5%	34.8%	58.8%	51.8%	49.4%
		占总比	0.3%	0.9%	7.4%	22.6%	18.3%	49.4%
	非常满意	计　数	23	32	70	159	632	916
		占满意度比	2.5%	3.5%	7.6%	17.4%	69.0%	100.0%
		占可能性比	32.9%	14.1%	5.7%	7.1%	30.7%	15.7%
		占总比	0.4%	0.5%	1.2%	2.7%	10.8%	15.7%
总　计		计　数	70	227	1233	2242	2059	5831
		占总比	7.0%	25.8%	42.3%	18.2%	6.7%	100.0%

以受访者对法官的满意度为横轴，以“打官司就是打证据”的可能性为纵轴，可得下图：

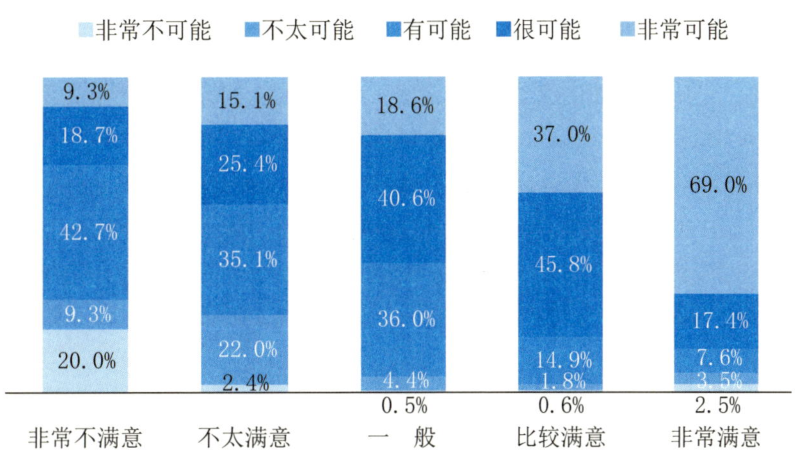

图 6-11　对法官满意度和“打官司就是打证据”可能性认知之间的交叉分析图

数据挖掘分析：

若将选项“非常可能”、“很可能”和“有可能”合并视为“可能”，将选项“不太可能”和“非常不可能”合并视为“不可能”，则得数据如下：

1. 对法官满意度为“非常不满意”的受访者中，认为法院审判过程可能符合“打官司就是打证据”的比例为70.7%。

2. 对法官满意度为“不太满意”的受访者中，认为法院审判过程可能符合“打官司就是打证据”的比例为75.6%。

3. 对法官满意度为“一般”的受访者中，认为法院审判过程可能符合“打官司就是打证据”的比例为95.2%。

4. 对法官满意度为“比较满意”的受访者中，认为法院审判过程可能符合“打官司就是打证据”的比例为97.7%。

5. 对法官满意度为“非常满意”的受访者中，认为法院审判过程可能符合“打官司就是打证据”的比例为94.0%。

数据表明，专业卷Q29.1题和Q33.1题之间，即受访者对“打官司就是打证据”可能性的认知与受访者对法官满意度之间存在一定的关联。一般来说，受访者对法官满意度越高，认为“打官司就是打证据”的可能性就越高，两者之间呈正相关性。

通过对专业卷的Q29.2题和Q33.1题进行相关性分析，考察两组数据间的Spearman相关系数，得到下表：

表6-12　对法官满意度和“打官司就是打人情”可能性认知之间的相关分析表

<table>
<tr><td colspan="3"></td><td>Q29.2：在您所在地区，法院审判过程符合“打官司就是打人情”的可能性有多大？</td><td>Q33.1：您对自己所在地区法官的满意度如何？</td></tr>
<tr><td rowspan="6">Spearman的rho</td><td rowspan="3">Q29.2：在您所在地区，法院审判过程符合“打官司就是打人情”的可能性有多大？</td><td>相关系数</td><td>1.000</td><td>-0.460**</td></tr>
<tr><td>显著性（双尾）</td><td></td><td>0.000</td></tr>
<tr><td>N*</td><td>5800</td><td>5790</td></tr>
<tr><td rowspan="3">Q33.1：您对自己所在地区法官的满意度如何？</td><td>相关系数</td><td>-0.460**</td><td>1</td></tr>
<tr><td>显著性（双尾）</td><td>0.000</td><td></td></tr>
<tr><td>N*</td><td>5790</td><td>5838</td></tr>
</table>

*N为样本数；**相关性在0.01层上显著（双尾）。

从上表中不难发现，Spearman相关系数为-0.460，表示两题之间具有负相关性；同时双尾显著性为0.000，表示该结果在0.01水平上显著，即表示其判断犯弃真型错误率小于1%，结果准确。

为直观而深入地探寻两题间可能存在的深层次联系，我们对两题进行交叉分析：首先将拒答问卷全部剔除，再对剩下的问卷样本以受访者对法官的满意度作为区分条件，来分析对法官的满意度不同的受访者在对“打官司就是打人情”的可能性这一问题的认知上具有的分布特性，得到表6-13：

表 6-13　对法官满意度和“打官司就是打人情”可能性认知之间的交叉分析表

			Q29.2：在您所在地区，法院审判过程符合“打官司就是打人情”的可能性有多大?					总　计
			非常不可能	不太可能	有可能	很可能	非常可能	
Q33.1：您对自己所在地区法官的满意度如何?	非常不满意	计　数	13	7	15	14	25	74
		占满意度比	17.6%	9.5%	20.3%	18.9%	33.8%	100.0%
		占可能性比	1.3%	0.3%	0.7%	3.4%	19.4%	1.3%
		占总比	0.2%	0.1%	0.3%	0.2%	0.4%	1.3%
	不太满意	计　数	12	80	110	64	23	289
		占满意度比	4.2%	27.7%	38.1%	22.1%	8.0%	100.0%
		占可能性比	1.2%	3.6%	5.4%	15.4%	17.8%	5.0%
		占总比	0.2%	1.4%	1.9%	1.1%	0.4%	5.0%
	一　般	计　数	63	465	904	190	41	1663
		占满意度比	3.8%	28.0%	54.4%	11.4%	2.5%	100.0%
		占可能性比	6.5%	20.6%	44.7%	45.7%	31.8%	28.7%
		占总比	1.1%	8.0%	15.6%	3.3%	0.7%	28.7%
	比较满意	计　数	385	1407	905	136	25	2858
		占满意度比	13.5%	49.2%	31.7%	4.8%	0.9%	100.0%
		占可能性比	39.6%	62.5%	44.8%	32.7%	19.4%	49.4%
		占总比	6.6%	24.3%	15.6%	2.3%	0.4%	49.4%
	非常满意	计　数	499	293	87	12	15	906
		占满意度比	55.1%	32.3%	9.6%	1.3%	1.7%	100.0%
		占可能性比	51.3%	13.0%	4.3%	2.9%	11.6%	15.6%
		占总比	8.6%	5.1%	1.5%	0.2%	0.3%	15.6%
总　计		计　数	972	2252	2021	416	129	5790
		占总比	16.8%	38.9%	34.9%	7.2%	2.2%	100.0%

以受访者对法官的满意度为横轴，以“打官司就是打人情”的可能性为纵轴，可得下图：

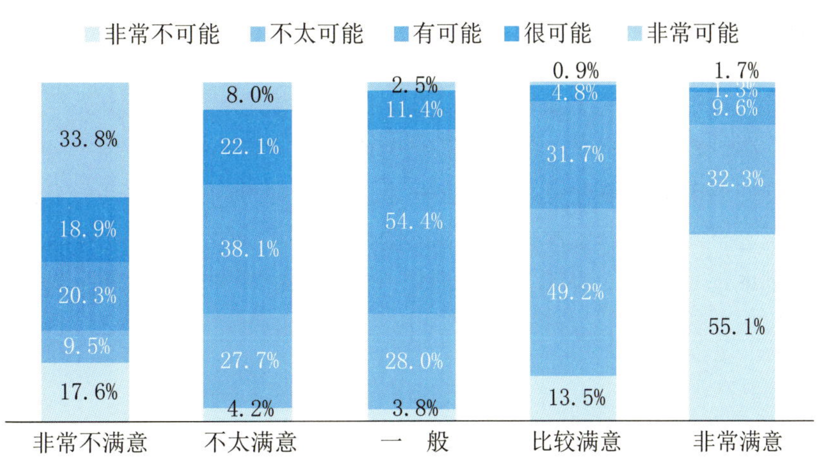

图 6-12　对法官满意度和“打官司就是打人情”可能性认知之间的交叉分析图

数据挖掘分析：

若将选项“非常可能”、“很可能”和“有可能”合并视为“可能”，将选项“不太可能”和“非常不可能”合并视为“不可能”，则得数据如下：

1. 对法官满意度为“非常不满意”的受访者中，认为法院审判过程可能符合“打官司就是打人情”的比例为73.0%。

2. 对法官满意度为“不太满意”的受访者中，认为法院审判过程可能符合“打官司就是打人情”的比例为68.2%。

3. 对法官满意度为“一般”的受访者中，认为法院审判过程可能符合“打官司就是打人情”的比例为68.3%。

4. 对法官满意度为“比较满意”的受访者中，认为法院审判过程可能符合“打官司就是打人情”的比例为37.4%。

5. 对法官满意度为“非常满意”的受访者中，认为法院审判过程可能符合“打官司就是打人情”的比例为12.6%。

数据表明，专业卷Q29.2题和Q33.1题之间，即受访者对“打官司就是打人情”可能性的认知与受访者对法官满意度之间存在一定的关联。一般来说，受访者对法官满意度越低，认为“打官司就是打人情”的可能性就越高，两者之间呈现负相关性。

通过对专业卷的Q30题和Q33.1题进行相关性分析，考察两组数据间的Spearman相关系数，得到下表：

表6-14　对法官满意度和认定被告有罪的证据不足，法官“宁可错放，也不错判”可能性认知之间的相关分析表

			Q30：在您所在地区，认定被告有罪的证据不足，法官“宁可错放，也不错判”的可能性有多大？	Q33.1：您对自己所在地区法官的满意度如何？
Spearman的rho	Q30：在您所在地区，认定被告有罪的证据不足，法官“宁可错放，也不错判”的可能性有多大？	相关系数	1.000	0.245**
		显著性（双尾）		0.000
		N*	5840	5836
	Q33.1：您对自己所在地区法官的满意度如何？	相关系数	0.245**	1.000
		显著性（双尾）	0.000	
		N*	5836	5838

*N为样本数；**相关性在0.01层上显著（双尾）。

从上表中不难发现，Spearman相关系数为0.245，表示两题之间具有正相关性；同时双尾显著性为0.000，表示该结果在0.01水平上显著，即表示其判断犯弃真型错误率小于1%，结果准确。

为直观而深入地探寻两题间可能存在的深层次联系，我们对两题进行交叉分析：首先将拒答问卷全部剔除，再对剩下的问卷样本以受访者对法官的满意度作为区分条件，来分析对法官的满意度不同的受访者在对认定被告有罪的证据不足，法官“宁可错放，也不错判”的可能性这一问题的认知上具有的分布特性，得到表6-15：

表 6-15　对法官满意度和认定被告有罪的证据不足，法官“宁可错放，也不错判”可能性认知之间的交叉分析表

			Q30：在您所在地区，认定被告人有罪的证据不足，法官“宁可错放，也不错判”的可能性有多大?					总　计
			非常不可能	不太可能	有可能	很可能	非常可能	
Q33.1：您对自己所在地区法官的满意度如何?	非常不满意	计　数	26	17	15	7	10	75
		占满意度比	34.7%	22.7%	20.0%	9.3%	13.3%	100.0%
		占可能性比	9.2%	1.5%	0.7%	0.5%	1.3%	1.3%
		占总比	0.4%	0.3%	0.3%	0.1%	0.2%	1.3%
	不太满意	计　数	30	135	69	40	18	292
		占满意度比	10.3%	46.2%	23.6%	13.7%	6.2%	100.0%
		占可能性比	10.6%	11.5%	3.2%	2.8%	2.3%	5.0%
		占总比	0.5%	2.3%	1.2%	0.7%	0.3%	5.0%
	一　般	计　数	61	410	800	276	123	1670
		占满意度比	3.7%	24.6%	47.9%	16.5%	7.4%	100.0%
		占可能性比	21.6%	35.0%	37.0%	19.2%	15.8%	28.6%
		占总比	1.0%	7.0%	13.7%	4.7%	2.1%	28.6%
	比较满意	计　数	83	511	1069	869	351	2883
		占满意度比	2.9%	17.7%	37.1%	30.1%	12.2%	100.0%
		占可能性比	29.3%	43.6%	49.4%	60.3%	45.2%	49.4%
		占总比	1.4%	8.8%	18.3%	14.9%	6.0%	49.4%
	非常满意	计　数	83	98	211	249	275	916
		占满意度比	9.1%	10.7%	23.0%	27.2%	30.0%	100.0%
		占可能性比	29.3%	8.4%	9.8%	17.3%	35.4%	15.7%
		占总比	1.4%	1.7%	3.6%	4.3%	4.7%	15.7%
总　计		计　数	283	1171	2164	1441	777	5836
		占总比	4.8%	20.1%	37.1%	24.7%	13.3%	100.0%

以受访者对法官的满意度为横轴，以认定被告有罪的证据不足，法官“宁可错放，也不错判”的可能性为纵轴，可得图 6-13：

数据挖掘分析：

若将选项“非常可能”、“很可能”和“有可能”合并视为“可能”，将选项“不太可能”和“非常不可能”合并视为“不可能”，则得数据如下：

1. 对法官满意度为“非常不满意”的受访者中，认为认定被告有罪的证据不足，法官可能“宁可错放，也不错判”的比例为 42.6%。

2. 对法官满意度为“不太满意”的受访者中，认为认定被告有罪的证据不足，法官可能“宁可错放，也不错判”的比例为 43.5%。

3. 对法官满意度为“一般”的受访者中，认为认定被告有罪的证据不足，法官可能“宁可错放，也不错判”的比例为 71.8%。

4. 对法官满意度为“比较满意”的受访者中，认为认定被告有罪的证据不足，法官可能“宁可错放，

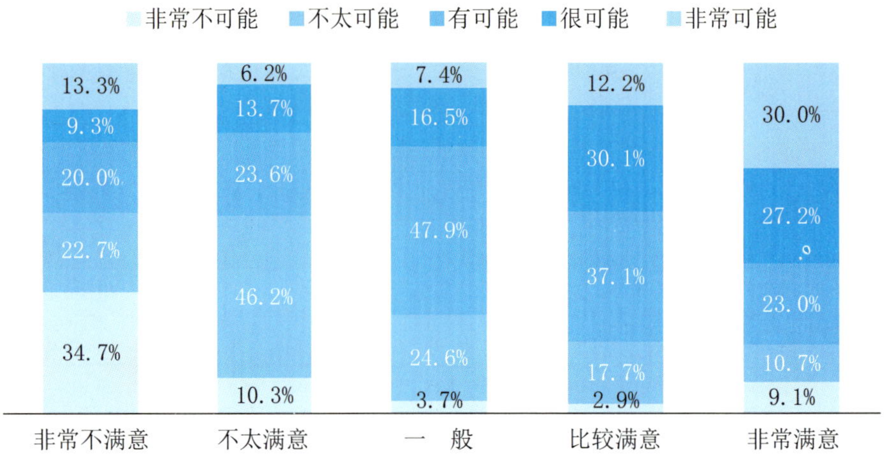

图 6-13 对法官满意度和认定被告有罪的证据不足，法官“宁可错放，也不错判”可能性认知之间的交叉分析图

也不错判”的比例为 79.4%。

5. 对法官满意度为“非常满意”的受访者中，认为认定被告有罪的证据不足，法官可能“宁可错放，也不错判”的比例为 80.2%。

数据表明，专业卷 Q30 题和 Q33.1 题之间，即受访者对认定被告有罪的证据不足，法官“宁可错放，也不错判”可能性的认知与受访者对法官满意度之间存在一定的关联。具体来说，受访者对法官满意度越高，认为法官“宁可错放，也不错判”的可能性就越高，两者之间呈现正相关性。

6.2 证据依法得到采纳与排除

为测量这一指标，调查问卷设计一个问题：

问题：“辩护律师向法庭申请排除非法口供，并履行了初步证明责任，法官排除该证据的可能性有多大?”【专业卷】

6.2.1 证据依法得到采纳与排除问题基本数据

对于证据依法得到采纳与排除问题，我们提取有关问题进行了频数分析，其基本数据情况如下：

问题：“辩护律师向法庭申请排除非法口供，并履行了初步证明责任，法官排除该证据的可能性有多大?”【专业卷】

表 6-16 专业卷：法官排除非法口供的可能性作答情况详表

		法官		检察官		警察		律师		全体	
		计数	列 N%	计数	列 N%	计数	列 N%	计数	列 N%	计数	列 N%
法官排除非法口供的可能性	非常不可能	13	0.9%	3	0.2%	33	2.4%	61	4.1%	110	1.9%
	不太可能	178	12.1%	123	8.2%	179	13.0%	410	27.7%	891	15.2%
	有可能	778	52.8%	788	52.2%	702	50.9%	822	55.5%	3091	52.9%
	很可能	390	26.5%	441	29.2%	378	27.4%	166	11.2%	1377	23.5%
	非常可能	108	7.3%	153	10.1%	85	6.2%	19	1.3%	365	6.2%
	拒答	7	0.5%	1	0.1%	2	0.1%	4	0.3%	14	0.2%

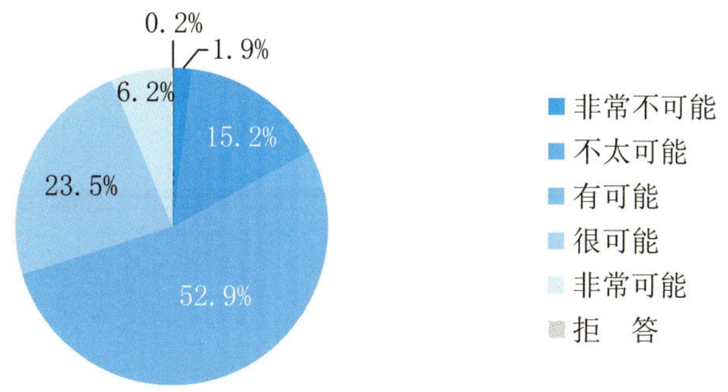

图 6-14　专业卷：法官排除非法口供的可能性作答情况分布图

由上图可以看出，专业卷的受访者在回答“法官排除非法口供的可能性”问题时，更倾向于认为上述情况有可能发生，选择“非常可能”、“很可能”和“有可能”的人数比例高达 82.6%，选择“非常不可能”和“不太可能”的人数比例仅为 17.1%。

专业卷的受访者依照其职业分为四类人群，不同职业群体对法官排除非法口供的可能性判断对比如下图：

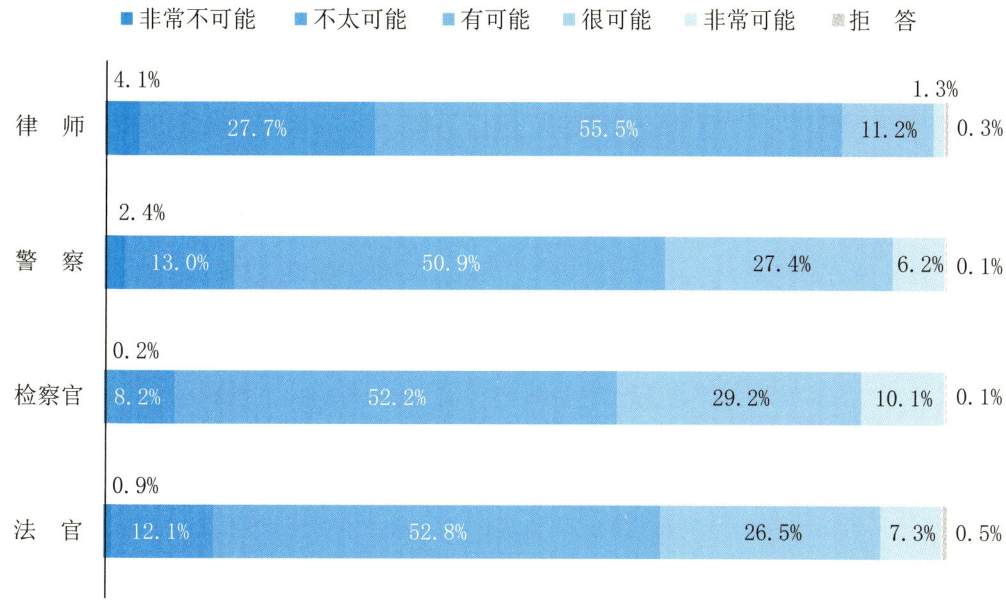

图 6-15　专业卷细分：法官排除非法口供的可能性作答情况分布图

不同职业群体在回答“法官排除非法口供的可能性”问题时，检察官群体认为上述情况发生的可能性更高，其选择“非常不可能”和“不太可能”两项的人数比例低于其他三类人群，选择“有可能”、“很可能”和“非常可能”的人数比例则高于其他三类人群。与之对比的是律师群体。

6.2.2　证据依法得到采纳与排除问题相关分析

课题组采用相关性分析和交叉分析两种数据分析技术，对专业卷进行分析。

通过对专业卷的 Q31 题和 Q33.1 题进行相关性分析，考察两组数据间的 Spearman 相关系数，得到表 6-17：

从表 6-17 中不难发现，Spearman 相关系数为 0.335，表示两题之间具有正相关性；同时双尾显著性为 0.000，表示该结果在 0.01 水平上显著，即表示其判断犯弃真型错误率小于 1%，结果准确。

表 6-17　对法官满意度和法官排除非法口供可能性认知之间的相关分析表

			Q31：辩护律师向法庭申请排除非法口供，并履行了初步证明责任，法官排除该证据的可能性有多大?	Q33.1：您对自己所在地区法官的满意度如何?
Spearman 的 rho	Q31：辩护律师向法庭申请排除非法口供，并履行了初步证明责任，法官排除该证据的可能性有多大?	相关系数	1.000	0.335**
		显著性（双尾）		0.000
		N*	5834	5830
	Q33.1：您对自己所在地区法官的满意度如何?	相关系数	0.335**	1.000
		显著性（双尾）	0.000	
		N*	5830	5838

* N 为样本数；** 相关性在 0.01 层上显著（双尾）。

为直观而深入地探寻两题间可能存在的深层次联系，我们对两题进行交叉分析：首先将拒答问卷全部剔除，再对剩下的问卷样本以受访者对法官的满意度作为区分条件，来分析对法官的满意度不同的受访者在对法官排除非法口供的可能性这一问题的认知上具有的分布特性，得到下表：

表 6-18　对法官满意度和法官排除非法口供可能性认知之间的交叉分析表

			Q31：辩护律师向法庭申请排除非法口供，并履行了初步证明责任，法官排除该证据的可能性有多大?					总　计
			非常不可能	不太可能	有可能	很可能	非常可能	
Q33.1：您对自己所在地区法官的满意度如何?	非常不满意	计　数	26	14	24	6	5	75
		占满意度比	34.7%	18.7%	32.0%	8.0%	6.7%	100.0%
		占可能性比	23.6%	1.6%	0.8%	0.4%	1.4%	1.3%
		占总比	0.4%	0.2%	0.4%	0.1%	0.1%	1.3%
	不太满意	计　数	29	120	105	32	6	292
		占满意度比	9.9%	41.1%	36.0%	11.0%	2.1%	100.0%
		占可能性比	26.4%	13.5%	3.4%	2.3%	1.6%	5.0%
		占总比	0.5%	2.1%	1.8%	0.5%	0.1%	5.0%
	一　般	计　数	27	363	1024	217	38	1669
		占满意度比	1.6%	21.7%	61.4%	13.0%	2.3%	100.0%
		占可能性比	24.5%	40.7%	33.2%	15.8%	10.4%	28.6%
		占总比	0.5%	6.2%	17.6%	3.7%	0.7%	28.6%
	比较满意	计　数	18	328	1590	804	139	2879
		占满意度比	0.6%	11.4%	55.2%	27.9%	4.8%	100.0%
		占可能性比	16.4%	36.8%	51.5%	58.4%	38.1%	49.4%
		占总比	0.3%	5.6%	27.3%	13.8%	2.4%	49.4%
	非常满意	计　数	10	66	345	317	177	915
		占满意度比	1.1%	7.2%	37.7%	34.6%	19.3%	100.0%
		占可能性比	9.1%	7.4%	11.2%	23.0%	48.5%	15.7%
		占总比	0.2%	1.1%	5.9%	5.4%	3.0%	15.7%

续表

		Q31：辩护律师向法庭申请排除非法口供，并履行了初步证明责任，法官排除该证据的可能性有多大？					总 计
		非常不可能	不太可能	有可能	很可能	非常可能	
总 计	计 数	110	891	3088	1376	365	5830
	占总比	1.9%	15.3%	53.0%	23.6%	6.3%	100.0%

以受访者对法官的满意度为横轴，以法官排除非法口供的可能性为纵轴，可得下图：

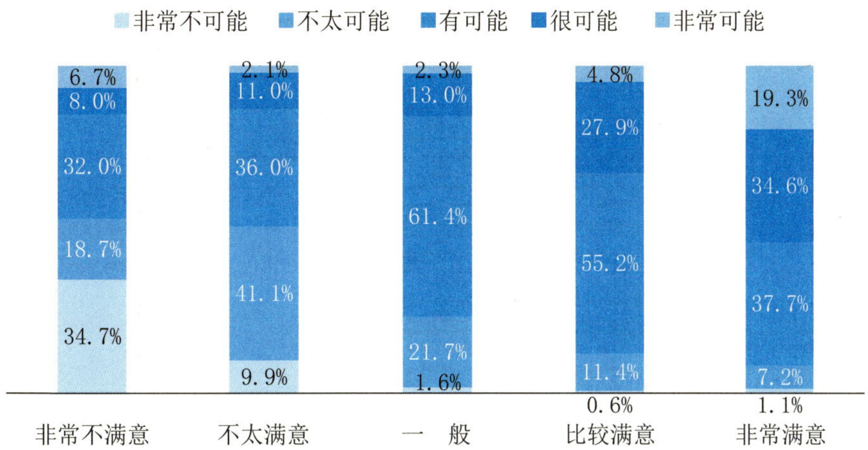

图 6-16 对法官满意度和法官排除非法口供可能性认知之间的交叉分析图

数据挖掘分析：

若将选项“非常可能”、“很可能”和“有可能”合并视为“可能”，将选项“不太可能”和“非常不可能”合并视为“不可能”，则得数据如下：

1. 对法官满意度为“非常不满意”的受访者中，认为法官可能排除非法口供的比例为46.7%。
2. 对法官满意度为“不太满意”的受访者中，认为法官可能排除非法口供的比例为49.1%。
3. 对法官满意度为“一般”的受访者中，认为法官可能排除非法口供的比例为76.7%。
4. 对法官满意度为“比较满意”的受访者中，认为法官可能排除非法口供的比例为87.9%。
5. 对法官满意度为“非常满意”的受访者中，认为法官可能排除非法口供的比例为91.6%。

数据表明，专业卷Q31题和Q33.1题之间，即受访者对法官排除非法口供可能性的认知与受访者对法官满意度之间存在一定的关联。具体来说，受访者对法官满意度越高，认为法官排除非法口供的可能性就越高，两者之间呈现正相关性。

6.3 证明过程得到合理规范

为测量这一指标，调查问卷设计两个问题：

问题一：“在您所在地区，当事人遵守举证时限的可能性有多大？”【专业卷】

问题二：“在您所在地区，证人证言在法庭上得到质证的可能性有多大？”【专业卷】

6.3.1 证明过程得到合理规范问题基本数据

对于证明过程得到合理规范问题，我们提取有关问题进行了频数分析，其基本数据情况如下：

问题一：“在您所在地区，当事人遵守举证时限的可能性有多大？”【专业卷】

表 6-19　专业卷：当事人遵守举证时限的可能性作答情况详表

		法官		检察官		警察		律师		全体	
		计数	列 N%	计数	列 N%	计数	列 N%	计数	列 N%	计数	列 N%
当事人遵守举证时限的可能性	非常不可能	18	1.2%	7	0.5%	35	2.5%	17	1.1%	77	1.3%
	不太可能	87	5.9%	58	3.8%	108	7.8%	175	11.8%	429	7.3%
	有可能	330	22.4%	400	26.5%	519	37.6%	587	39.6%	1837	31.4%
	很可能	507	34.4%	561	37.2%	512	37.1%	548	37.0%	2129	36.4%
	非常可能	522	35.4%	479	31.7%	200	14.5%	148	10.0%	1350	23.1%
	拒　答	10	0.7%	4	0.3%	5	0.4%	7	0.5%	26	0.4%

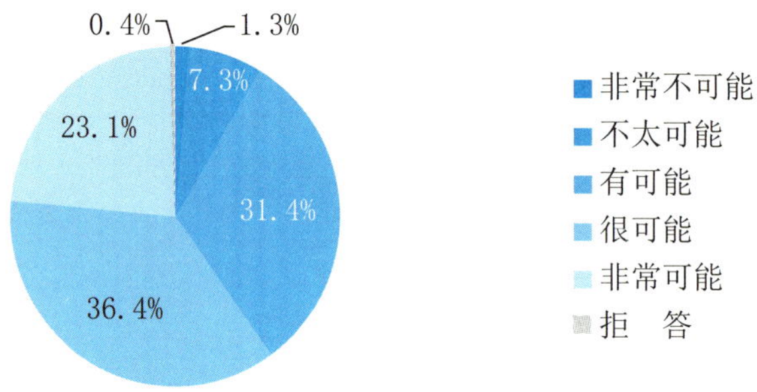

图 6-17　专业卷：当事人遵守举证时限的可能性作答情况分布图

由上图可以看出，专业卷的受访者在回答“当事人遵守举证时限的可能性”问题时，更倾向于认为上述情况有可能发生，选择“非常可能”、“很可能”和“有可能”的人数比例高达 90.9%，选择“非常不可能”和“不太可能”的人数比例仅为 8.6%。

专业卷的受访者依照其职业分为四类人群，不同职业群体对当事人遵守举证时限的可能性判断对比如下图：

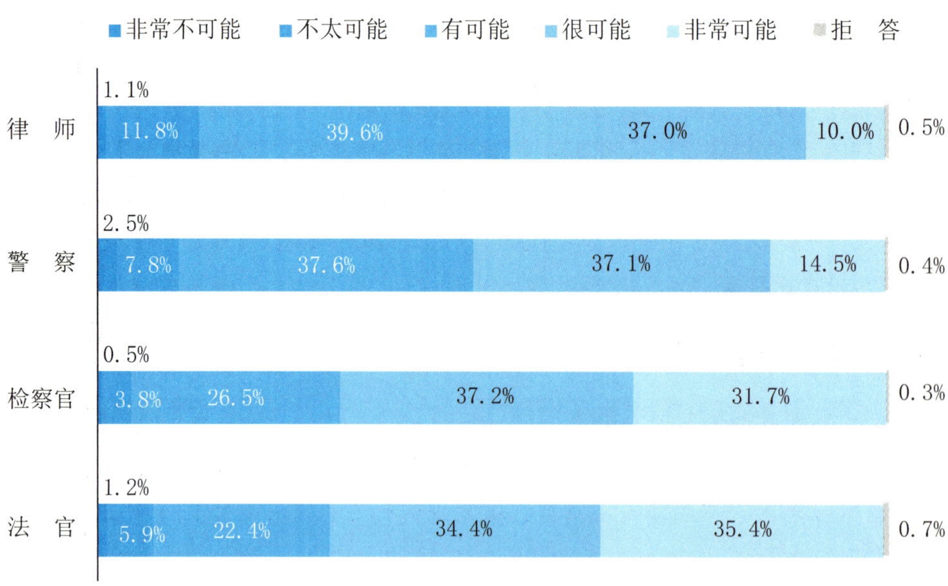

图 6-18　专业卷细分：当事人遵守举证时限的可能性作答情况分布图

不同职业群体在回答“当事人遵守举证时限的可能性”问题时，检察官群体认为上述情况发生的可能性更高，其选择“非常不可能”和“不太可能”两项的人数比例低于其他三类人群，选择“有可能”、“很可能”和“非常可能”的人数比例则高于其他三类人群。与之对比的是律师群体。

问题二：“在您所在地区，证人证言在法庭上得到质证的可能性有多大？”【专业卷】

表 6-20　专业卷：证人证言在法庭上得到质证的可能性作答情况详表

		法官		检察官		警察		律师		全体	
		计数	列 N%	计数	列 N%	计数	列 N%	计数	列 N%	计数	列 N%
证人证言在法庭上得到质证的可能性	非常不可能	10	0.7%	7	0.5%	34	2.4%	10	0.7%	61	1.0%
	不太可能	56	3.8%	55	3.6%	119	8.8%	138	9.3%	368	6.3%
	有可能	248	16.8%	397	26.3%	523	37.9%	581	39.2%	1751	29.9%
	很可能	505	34.3%	533	35.3%	475	34.5%	548	37.0%	2062	35.3%
	非常可能	644	43.7%	502	33.3%	205	14.7%	181	12.2%	1533	26.2%
	拒答	11	0.7%	15	1.0%	23	1.7%	24	1.6%	73	1.2%

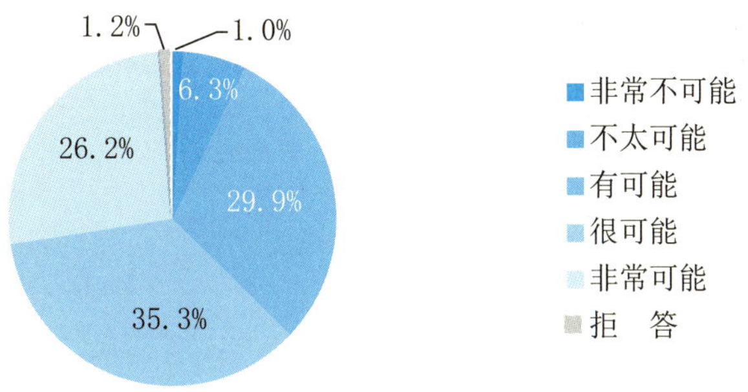

图 6-19　专业卷：证人证言在法庭上得到质证的可能性作答情况分布图

由上图可以看出，专业卷的受访者在回答“证人证言在法庭上得到质证的可能性”问题时，更倾向于认为上述情况有可能发生，选择“非常可能”、“很可能”和“有可能”的人数比例高达 91.4%，选择“非常不可能”和“不太可能”的人数比例仅为 7.3%。

专业卷的受访者依照其职业分为四类人群，不同职业群体对证人证言在法庭上得到质证的可能性判断对比如下图：

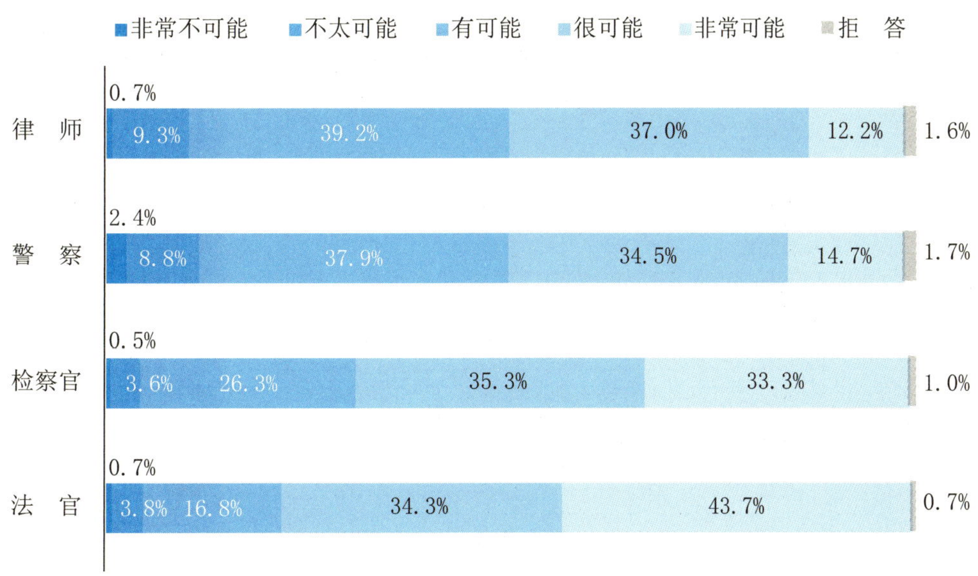

图 6-20　专业卷细分：证人证言在法庭上得到质证的可能性作答情况分布图

不同职业群体在回答“证人证言在法庭上得到质证的可能性”问题时，检察官群体认为上述情况发生的可能性更高，其选择“非常不可能”和“不太可能”两项的人数比例低于其他三类人群，选择“有可能”、“很可能”和“非常可能”的人数比例则高于其他三类人群。与之对比的是警察群体。

6.3.2 证明过程得到合理规范问题相关分析

课题组采用相关性分析和交叉分析两种数据分析技术，对专业卷进行分析。

通过对专业卷的Q32.1题和Q33.1题进行相关性分析，考察两组数据间的Spearman相关系数，得到下表：

表6-21 对法官满意度和当事人遵守举证时限可能性认知之间的相关分析表

			Q32.1：在您所在地区，当事人遵守举证时限的可能性有多大?	Q33.1：您对自己所在地区法官的满意度如何?
Spearman的rho	Q32.1：在您所在地区，当事人遵守举证时限的可能性有多大?	相关系数	1.000	0.431**
		显著性（双尾）		0.000
		N*	5822	5819
	Q33.1：您对自己所在地区法官的满意度如何?	相关系数	0.431**	1.000
		显著性（双尾）	0.000	
		N*	5819	5838

*N为样本数；**相关性在0.01层上显著（双尾）。

从上表中不难发现，Spearman相关系数为0.431，表示两题之间具有正相关性；同时双尾显著性为0.000，表示该结果在0.01水平上显著，即表示其判断犯弃真型错误率小于1%，结果准确。

为直观而深入地探寻两题间可能存在的深层次联系，我们对两题进行交叉分析：首先将拒答问卷全部剔除，再对剩下的问卷样本以受访者对法官的满意度作为区分条件，来分析对法官的满意度不同的受访者在对当事人遵守举证时限的可能性这一问题的认知上具有的分布特性，得到下表：

表6-22 对法官满意度和当事人遵守举证时限可能性认知之间的交叉分析表

			Q32.1：在您所在地区，当事人遵守举证时限的可能性有多大?					总 计
			非常不可能	不太可能	有可能	很可能	非常可能	
Q33.1：您对自己所在地区法官的满意度如何?	非常不满意	计 数	21	12	23	10	9	75
		占满意度比	28.0%	16.0%	30.7%	13.3%	12.0%	100.0%
		占可能性比	27.3%	2.8%	1.3%	0.5%	0.7%	1.3%
		占总比	0.4%	0.2%	0.4%	0.2%	0.2%	1.3%
	不太满意	计 数	12	101	105	59	13	290
		占满意度比	4.1%	34.8%	36.2%	20.3%	4.5%	100.0%
		占可能性比	15.6%	23.5%	5.7%	2.8%	1.0%	5.0%
		占总比	0.2%	1.7%	1.8%	1.0%	0.2%	5.0%
	一 般	计 数	15	162	852	480	155	1664
		占满意度比	0.9%	9.7%	51.2%	28.8%	9.3%	100.0%

续表

			Q32.1：在您所在地区，当事人遵守举证时限的可能性有多大？					总　计
			非常不可能	不太可能	有可能	很可能	非常可能	
Q33.1：您对自己所在地区法官的满意度如何？		占可能性比	19.5%	37.8%	46.4%	22.6%	11.5%	28.6%
		占总比	0.3%	2.8%	14.6%	8.2%	2.7%	28.6%
	比较满意	计　数	15	124	756	1343	638	2876
		占满意度比	0.5%	4.3%	26.3%	46.7%	22.2%	100.0%
		占可能性比	19.5%	28.9%	41.2%	63.1%	47.3%	49.4%
		占总比	0.3%	2.1%	13.0%	23.1%	11.0%	49.4%
	非常满意	计　数	14	30	100	235	535	914
		占满意度比	1.5%	3.3%	10.9%	25.7%	58.5%	100.0%
		占可能性比	18.2%	7.0%	5.4%	11.0%	39.6%	15.7%
		占总比	0.2%	0.5%	1.7%	4.0%	9.2%	15.7%
总　计		计　数	77	429	1836	2127	1350	5819
		占总比	1.3%	7.4%	31.6%	36.6%	23.2%	100.0%

以受访者对法官的满意度为横轴，以当事人遵守举证时限的可能性为纵轴，可得下图：

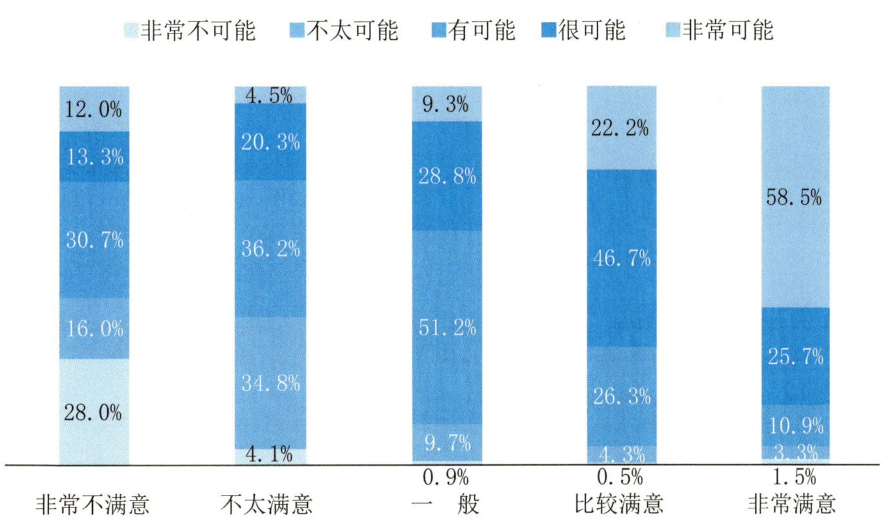

图 6-21　对法官满意度和当事人遵守举证时限可能性认知之间的交叉分析图

数据挖掘分析：

若将选项“非常可能”、“很可能”和“有可能”合并视为“可能”，将选项“不太可能”和“非常不可能”合并视为“不可能”，则得数据如下：

1. 对法官满意度为“非常不满意”的受访者中，认为当事人可能遵守举证时限的比例为 56.0%。
2. 对法官满意度为“不太满意”的受访者中，认为当事人可能遵守举证时限的比例为 61.0%。
3. 对法官满意度为“一般”的受访者中，认为当事人可能遵守举证时限的比例为 89.3%。
4. 对法官满意度为“比较满意”的受访者中，认为当事人可能遵守举证时限的比例百分比为 95.2%。
5. 对法官满意度为“非常满意”的受访者中，认为当事人可能遵守举证时限的比例为 95.1%。

数据表明，专业卷 Q32.1 题和 Q33.1 题之间，即受访者对当事人遵守举证时限可能性的认知与受访者对法官满意度之间存在一定的关联。一般来说，受访者对法官满意度越高，认为当事人遵守举证时限的可能性就越高，两者之间呈现正相关性。

通过对专业卷的 Q32.2 题和 Q33.1 题进行相关性分析，考察两组数据间的 Spearman 相关系数，得到下表：

表 6-23　对法官满意度和证人证言在法庭上得到质证的可能性认知之间的相关分析表

			Q32.2：在您所在地区，证人证言在法庭上得到质证的可能性有多大?	Q33.1：您对自己所在地区法官的满意度如何?
Spearman 的 rho	Q32.2：在您所在地区，证人证言在法庭上得到质证的可能性有多大?	相关系数	1.000	0.448**
		显著性（双尾）		0.000
		N*	5775	5772
	Q33.1：您对自己所在地区法官的满意度如何?	相关系数	0.448**	1.000
		显著性（双尾）	0.000	
		N*	5772	5838

*N 为样本数；** 相关性在 0.01 层上显著（双尾）。

从上表中不难发现，Spearman 相关系数为 0.448，表示两题之间具有正相关性；同时双尾显著性为 0.000，表示该结果在 0.01 水平上显著，即表示其判断犯弃真型错误率小于 1%，结果准确。

为直观而深入地探寻两题间可能存在的深层次联系，我们对两题进行交叉分析：首先将拒答问卷全部剔除，再对剩下的问卷样本以受访者对法官的满意度作为区分条件，来分析对法官的满意度不同的受访者在对证人证言在法庭上得到质证的可能性这一问题的认知上具有的分布特性，得到下表：

表 6-24　对法官满意度和证人证言在法庭上得到质证的可能性认知之间的交叉分析表

			Q32.2：在您所在地区，证人证言在法庭上得到质证的可能性有多大?					总　计
			非常不可能	不太可能	有可能	很可能	非常可能	
Q33.1：您对自己所在地区法官的满意度如何?	非常不满意	计　数	20	4	27	16	7	74
		占满意度比	27.0%	5.4%	36.5%	21.6%	9.5%	100.0%
		占可能性比	32.8%	1.1%	1.5%	0.8%	0.5%	1.3%
		占总比	0.3%	0.1%	0.5%	0.3%	0.1%	1.3%
	不太满意	计　数	10	85	108	60	19	282
		占满意度比	3.5%	30.1%	38.3%	21.3%	6.7%	100.0%
		占可能性比	16.4%	23.1%	6.2%	2.9%	1.2%	4.9%
		占总比	0.2%	1.5%	1.9%	1.0%	0.3%	4.9%
	一　般	计　数	9	157	821	484	177	1648
		占满意度比	0.5%	9.5%	49.8%	29.4%	10.7%	100.0%
		占可能性比	14.8%	42.7%	46.9%	23.5%	11.5%	28.6%
		占总比	0.2%	2.7%	14.2%	8.4%	3.1%	28.6%

续表

			Q32.2：在您所在地区，证人证言在法庭上得到质证的可能性有多大?					总　计
			非常不可能	不太可能	有可能	很可能	非常可能	
Q33.1：您对自己所在地区法官的满意度如何?	比较满意	计　数	11	97	719	1300	729	2856
		占满意度比	0.4%	3.4%	25.2%	45.5%	25.5%	100.0%
		占可能性比	18.0%	26.4%	41.1%	63.1%	47.6%	49.5%
		占总比	0.2%	1.7%	12.5%	22.5%	12.6%	49.5%
	非常满意	计　数	11	25	76	199	601	912
		占满意度比	1.2%	2.7%	8.3%	21.8%	65.9%	100.0%
		占可能性比	18.0%	6.8%	4.3%	9.7%	39.2%	15.8%
		占总比	0.2%	0.4%	1.3%	3.4%	10.4%	15.8%
总　计		计　数	61	368	1751	2059	1533	5772
		占总比	1.1%	6.4%	30.3%	35.7%	26.6%	100.0%

以受访者对法官的满意度为横轴，以证人证言在法庭上得到质证的可能性为纵轴，可得下图：

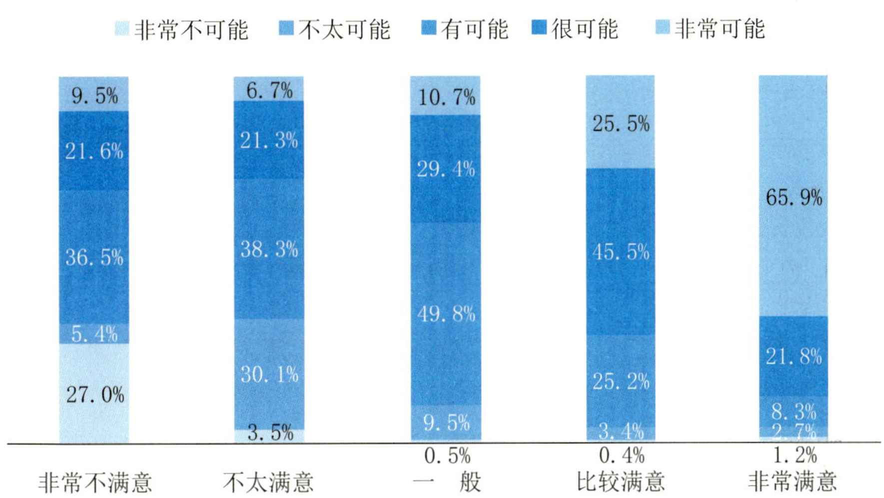

图 6-22　对法官满意度和证人证言在法庭上得到质证的可能性认知之间的交叉分析图

数据挖掘分析：

若将选项“非常可能”、“很可能”和“有可能”合并视为“可能”，将选项“不太可能”和“非常不可能”合并视为“不可能”，则得数据如下：

1. 对法官满意度为“非常不满意”的受访者中，认为证人证言可能在法庭上得到质证的比例为 67.6%。

2. 对法官满意度为“不太满意”的受访者中，认为证人证言可能在法庭上得到质证的比例为 66.3%。

3. 对法官满意度为“一般”的受访者中，认为证人证言可能在法庭上得到质证的比例为 89.9%。

4. 对法官满意度为“比较满意”的受访者中，认为证人证言可能在法庭上得到质证的比例为 96.2%。

5. 对法官满意度为“非常满意”的受访者中，认为证人证言可能在法庭上得到质证的比例为 96.0%。

数据表明，专业卷 Q32.2 题和 Q33.1 题之间，即受访者对证人证言在法庭上得到质证可能性的认知与受访者对法官满意度之间存在一定的关联。一般来说，受访者对法官满意度越高，认为证人证言在法庭上得到质证的可能性就越高，两者之间呈现正相关性。

指标 7　腐败遏制

腐败遏制作为一级指标，下设三个二级指标：①警察远离腐败；②检察官远离腐败；③法官远离腐败。涉及公众卷 3 个题目，专业卷 6 个题目。具体的数据挖掘结果如下：

7.1 警察远离腐败

为测量这一指标，调查问卷设计两个问题：

问题一：“在您所在地区，警察收受贿赂的可能性有多大？”【公众卷、专业卷】

问题二：“在您所在地区，警察办‘关系案’的可能性有多大？”【专业卷】

7.1.1 警察远离腐败问题基本数据

对于警察远离腐败问题，我们提取有关问题进行了频数分析，其中公众卷部分基本数据情况如下：

问题一：“在您所在地区，警察收受贿赂的可能性有多大？”【公众卷】

表 7-1　公众卷：警察收受贿赂的可能性作答情况详表

公众卷		计　数	列 N%
警察收受贿赂的可能性	非常不可能	823	4.4%
	不太可能	3841	20.7%
	有可能	7557	40.7%
	很可能	3617	19.5%
	非常可能	2572	13.9%
	拒　答	142	0.8%

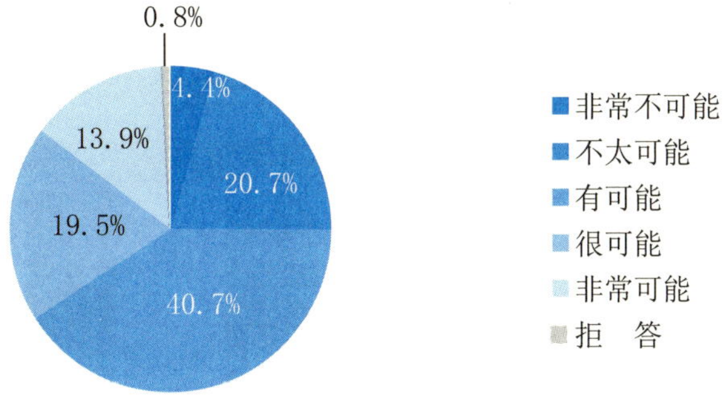

图 7-1　公众卷：警察收受贿赂的可能性作答情况分布图

由上图可以看出，公众卷的受访者在回答“警察收受贿赂的可能性”问题时，更倾向于认为上述情况有可能发生，选择“有可能”、“很可能”和“非常可能”的人数比例为 74.1%，选择“非常不可能”和“不太可能”的人数比例为 25.1%。

警察远离腐败问题专业卷部分基本数据情况则如下：

问题一："在您所在地区，警察收受贿赂的可能性有多大?"【专业卷】

表 7-2 专业卷：警察收受贿赂的可能性作答情况详表

		法官		检察官		警察		律师		全体	
		计数	列 N%	计数	列 N%	计数	列 N%	计数	列 N%	计数	列 N%
警察收受贿赂的可能性	非常不可能	214	14.5%	188	12.5%	262	19.0%	70	4.7%	736	12.6%
	不太可能	500	33.9%	479	31.7%	565	41.0%	311	21.0%	1855	31.7%
	有可能	518	35.1%	564	37.4%	444	32.2%	637	43.0%	2165	37.0%
	很可能	143	9.7%	159	10.5%	67	4.9%	263	17.7%	632	10.8%
	非常可能	92	6.2%	117	7.8%	37	2.7%	201	13.6%	447	7.6%
	拒答	7	0.5%	2	0.1%	4	0.3%	0	0.0%	13	0.2%

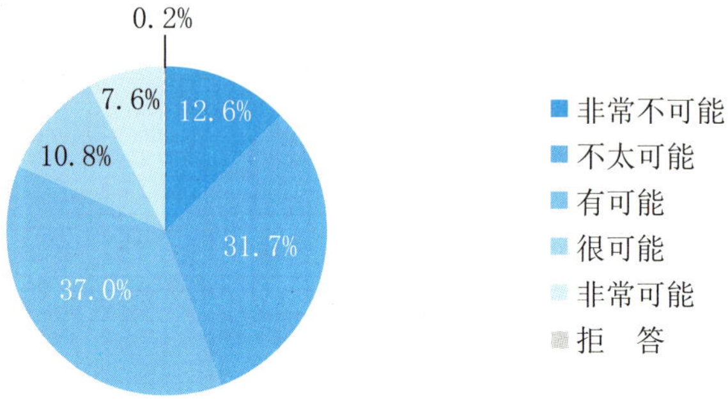

图 7-2 专业卷：警察收受贿赂的可能性作答情况分布图

由上图可以看出，专业卷的受访者在回答"警察收受贿赂的可能性"问题时，更倾向于认为上述情况有可能发生，选择"非常可能"、"很可能"和"有可能"的人数比例为55.4%，选择"非常不可能"和"不太可能"的人数比例为44.3%。

专业卷的受访者依照其职业分为四类人群，不同职业群体对警察收受贿赂的可能性判断对比如下图：

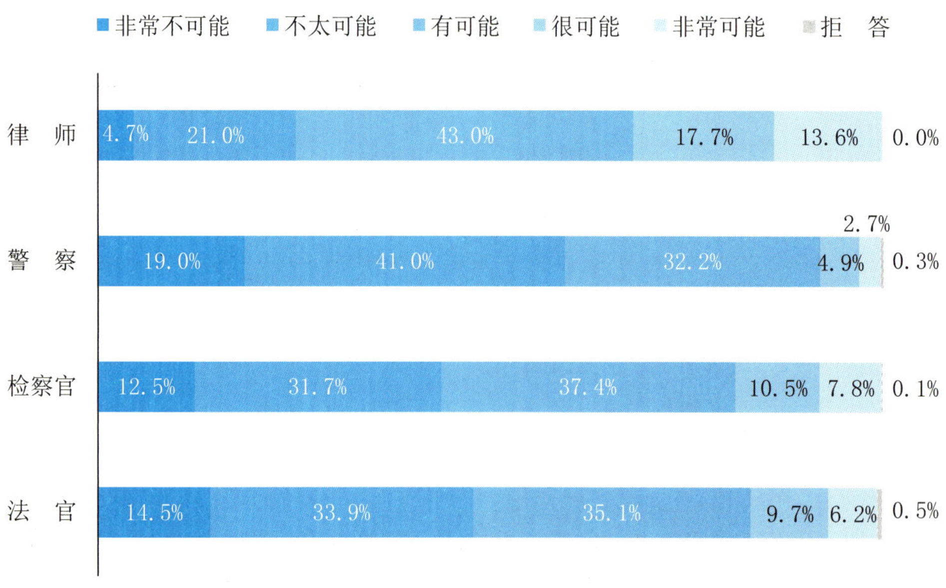

图 7-3 专业卷细分：警察收受贿赂的可能性作答情况分布图

不同职业群体在回答"警察收受贿赂的可能性"问题时，律师群体认为上述情况发生的可能性更高，其选择“非常不可能”和“不太可能”两项的人数比例低于其他三类人群，选择“有可能”、“很可能”和“非常可能”的人数比例则高于其他三类人群。与之对比的是警察群体。

问题二：“在您所在地区，警察办‘关系案’的可能性有多大？”【专业卷】

表 7-3　专业卷：警察办“关系案”的可能性作答情况详表

		法官		检察官		警察		律师		全体	
		计数	列 N%	计数	列 N%	计数	列 N%	计数	列 N%	计数	列 N%
警察办“关系案”的可能性	非常不可能	183	12.4%	183	12.1%	262	19.0%	68	4.6%	698	11.9%
	不太可能	426	28.9%	380	25.2%	499	36.2%	244	16.5%	1549	26.5%
	有可能	576	39.1%	619	41.0%	477	34.6%	623	42.0%	2297	39.3%
	很可能	177	12.0%	210	13.9%	93	6.7%	319	21.5%	799	13.7%
	非常可能	104	7.1%	115	7.6%	45	3.3%	228	15.4%	492	8.4%
	拒　答	8	0.5%	2	0.1%	3	0.2%	0	0.0%	13	0.2%

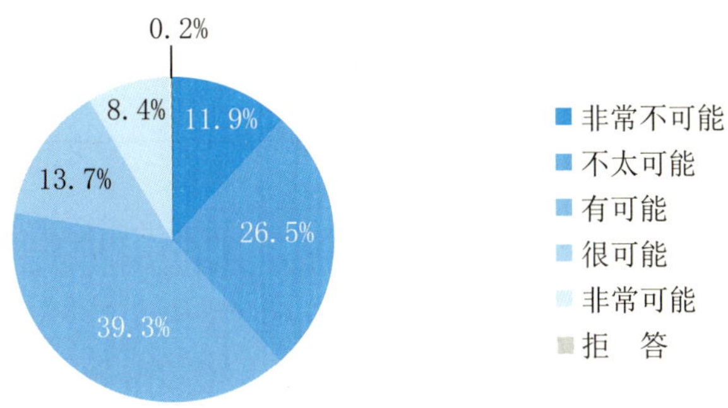

图 7-4　专业卷：警察办“关系案”的可能性作答情况分布图

由上图可以看出，专业卷的受访者在回答“警察办‘关系案’的可能性”问题时，更倾向于认为上述情况有可能发生，选择“非常可能”、“很可能”和“有可能”的人数比例为 61.4%，选择“非常不可能”和“不太可能”的人数比例为 38.4%。

专业卷的受访者依照其职业分为四类人群，不同职业群体对警察办“关系案”的可能性判断对比如下图：

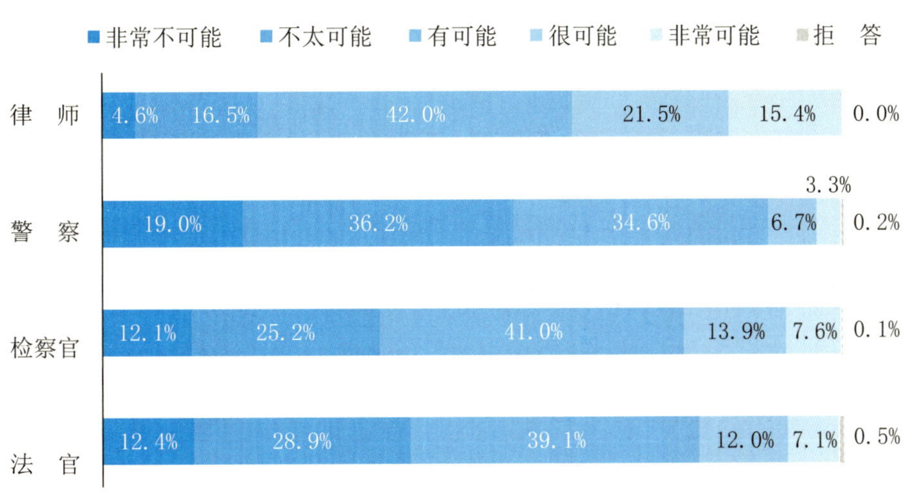

图 7-5　专业卷细分：警察办“关系案”的可能性作答情况分布图

不同职业群体在回答“警察办‘关系案’的可能性”问题时，律师群体认为上述情况发生的可能性更高，其选择“非常不可能”和“不太可能”两项的人数比例低于其他三类人群，选择“有可能”、“很可能”和“非常可能”的人数比例则高于其他三类人群。与之对比的是警察群体。

7.1.2 警察远离腐败问题相关分析

课题组采用相关性分析和交叉分析两种数据分析技术，对公众卷和专业卷进行分析。

通过对公众卷的 Q2.3 题和 Q4.3 题进行相关性分析，考察两组数据间的 Spearman 相关系数，得到下表：

表 7-4 对警察满意度和警察收受贿赂可能性认知之间的相关分析表

			Q2.3：在您所在地区，警察收受贿赂的可能性有多大？	Q4.3：您对自己所在地区警察的满意度如何？
Spearman 的 rho	Q2.3：在您所在地区，警察收受贿赂的可能性有多大？	相关系数	1.000	-0.373**
		显著性（双尾）		0.000
		N*	18 410	18 439
	Q4.3：您对自己所在地区警察的满意度如何？	相关系数	-0.373**	1.000
		显著性（双尾）	0.000	
		N*	18 439	18 444

*N 为样本数；** 相关性在 0.01 层上显著（双尾）。

从上表中不难发现，Spearman 相关系数为-0.373，表示两题之间具有负相关性；同时双尾显著性为 0.000，表示该结果在 0.01 水平上显著，即表示其判断犯弃真型错误率小于 1%，结果准确。

为直观而深入地探寻两题间可能存在的深层次联系，我们对两题进行交叉分析：首先将拒答问卷全部剔除，再对剩下的问卷样本以受访者对警察的满意度作为区分条件，来分析对警察的满意度不同的受访者在对警察收受贿赂的可能性这一问题的认知上具有的分布特性，得到下表：

表 7-5 对警察满意度和警察收受贿赂可能性认知之间的交叉分析表

			Q2.3：在您所在地区，警察收受贿赂的可能性有多大？					总　计
			非常不可能	不太可能	有可能	很可能	非常可能	
Q4.3：您对自己所在地区警察的满意度如何？	非常不满意	计　数	46	46	157	210	359	818
		占满意度比	5.6%	5.6%	19.2%	25.7%	43.9%	100.0%
		占可能性比	6.0%	1.7%	1.8%	4.1%	32.3%	4.5%
		占总比	0.3%	0.3%	0.9%	1.1%	2.0%	4.5%
	不太满意	计　数	50	264	1326	1819	372	3831
		占满意度比	1.3%	6.9%	34.6%	47.5%	9.7%	100.0%
		占可能性比	6.5%	9.8%	15.5%	35.1%	33.5%	20.9%
		占总比	0.3%	1.4%	7.2%	9.9%	2.0%	20.9%
	一　般	计　数	98	959	4183	2103	191	7534
		占满意度比	1.3%	12.7%	55.5%	27.9%	2.5%	100.0%
		占可能性比	12.7%	35.5%	48.8%	40.6%	17.2%	41.1%
		占总比	0.5%	5.2%	22.8%	11.5%	1.0%	41.1%

续表

			Q2.3：在您所在地区，警察收受贿赂的可能性有多大?					总　计
			非常不可能	不太可能	有可能	很可能	非常可能	
Q4.3：您对自己所在地区警察的满意度如何?	比较满意	计　数	136	812	1836	729	89	3602
		占满意度比	3.8%	22.5%	51.0%	20.2%	2.5%	100.0%
		占可能性比	17.6%	30.0%	21.4%	14.1%	8.0%	19.6%
		占总比	0.7%	4.4%	10.0%	4.0%	0.5%	19.6%
	非常满意	计　数	443	624	1078	319	100	2564
		占满意度比	17.3%	24.3%	42.0%	12.4%	3.9%	100.0%
		占可能性比	57.3%	23.1%	12.6%	6.2%	9.0%	14.0%
		占总比	2.4%	3.4%	5.9%	1.7%	0.5%	14.0%
总　计		计　数	773	2705	8580	5180	1111	18 349
		占总比	4.2%	14.7%	46.8%	28.2%	6.1%	100.0%

以受访者对警察的满意度为横轴，以警察收受贿赂的可能性为纵轴，可得下图：

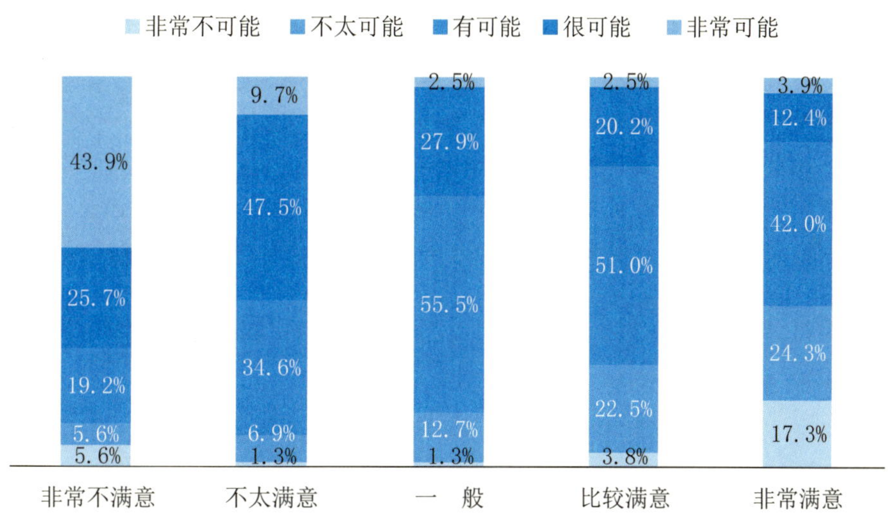

图 7-6　对警察满意度和警察收受贿赂可能性认知之间的交叉分析图

数据挖掘分析：

若将选项“非常可能”、“很可能”和“有可能”合并视为“可能”，将选项“不太可能”和“非常不可能”合并视为“不可能”，则得数据如下：

1. 对警察满意度为“非常不满意”的受访者中，认为警察可能收受贿赂的比例为 88.8%。
2. 对警察满意度为“不太满意”的受访者中，认为警察可能收受贿赂的比例为 91.8%。
3. 对警察满意度为“一般”的受访者中，认为警察可能收受贿赂的比例为 85.9%。
4. 对警察满意度为“比较满意”的受访者中，认为警察可能收受贿赂的比例为 73.7%。
5. 对警察满意度为“非常满意”的受访者中，认为警察可能收受贿赂的比例为 58.3%。

数据表明，公众卷 Q2.3 题和 Q4.3 题之间，即受访者对警察收受贿赂可能性的认知与受访者对警察满意度之间存在一定的关联。一般来说，受访者对警察满意度越低，认为警察收受贿赂的可能性就越高，两者之间呈现负相关性。

通过对专业卷的Q7.3题和Q33.3题进行相关性分析，考察两组数据间的Spearman相关系数，得到下表：

表7-6 对警察满意度和警察收受贿赂可能性认知之间的相关分析表

			Q7.3：在您所在地区，警察收受贿赂的可能性有多大？	Q33.3：您对自己所在地区警察的满意度如何？
Spearman的rho	Q7.3：在您所在地区，警察收受贿赂的可能性有多大？	相关系数	1.000	-0.495**
		显著性（双尾）		0.000
		N*	5835	5819
	Q33.3：您对自己所在地区警察的满意度如何？	相关系数	-0.495**	1.000
		显著性（双尾）	0.000	
		N*	5819	5832

*N为样本数；**相关性在0.01层上显著（双尾）。

从上表中不难发现，Spearman相关系数为-0.495，表示两题之间具有负相关性；同时双尾显著性为0.000，表示该结果在0.01水平上显著，即表示其判断犯弃真型错误率小于1%，结果准确。

为直观而深入地探寻两题间可能存在的深层次联系，我们对两题进行交叉分析：首先将拒答问卷全部剔除，再对剩下的问卷样本以受访者对警察的满意度作为区分条件，来分析对警察的满意度不同的受访者在对警察收受贿赂的可能性这一问题的认知上具有的分布特性，得到下表：

表7-7 对警察满意度和警察收受贿赂可能性认知之间的交叉分析表

			Q7.3：在您所在地区，警察收受贿赂的可能性有多大？					总计
			非常不可能	不太可能	有可能	很可能	非常可能	
Q33.3：您对自己所在地区警察的满意度如何？	非常不满意	计数	13	18	87	218	392	728
		占满意度比	1.8%	2.5%	12.0%	29.9%	53.8%	100.0%
		占可能性比	7.0%	3.1%	4.5%	9.6%	45.8%	12.5%
		占总比	0.2%	0.3%	1.5%	3.7%	6.7%	12.5%
	不太满意	计数	14	102	390	1038	310	1854
		占满意度比	0.8%	5.5%	21.0%	56.0%	16.7%	100.0%
		占可能性比	7.6%	17.6%	20.3%	45.7%	36.2%	31.9%
		占总比	0.2%	1.8%	6.7%	17.8%	5.3%	31.9%
	一般	计数	25	198	996	830	112	2161
		占满意度比	1.2%	9.2%	46.1%	38.4%	5.2%	100.0%
		占可能性比	13.5%	34.1%	51.8%	36.5%	13.1%	37.1%
		占总比	0.4%	3.4%	17.1%	14.3%	1.9%	37.1%
	比较满意	计数	25	136	305	138	28	632
		占满意度比	4.0%	21.5%	48.3%	21.8%	4.4%	100.0%
		占可能性比	13.5%	23.4%	15.9%	6.1%	3.3%	10.9%
		占总比	0.4%	2.3%	5.2%	2.4%	0.5%	10.9%

续表

			Q7.3：在您所在地区，警察收受贿赂的可能性有多大?					总　计
			非常不可能	不太可能	有可能	很可能	非常可能	
Q33.3：您对自己所在地区警察的满意度如何?	非常满意	计　数	108	127	146	49	14	444
		占满意度比	24.3%	28.6%	32.9%	11.0%	3.2%	100.0%
		占可能性比	58.4%	21.9%	7.6%	2.2%	1.6%	7.6%
		占总比	1.9%	2.2%	2.5%	0.8%	0.2%	7.6%
总　计		计　数	185	581	1924	2273	856	5819
		占总比	3.2%	10.0%	33.1%	39.1%	14.7%	100.0%

以受访者对警察的满意度为横轴，以警察收受贿赂的可能性为纵轴，可得下图：

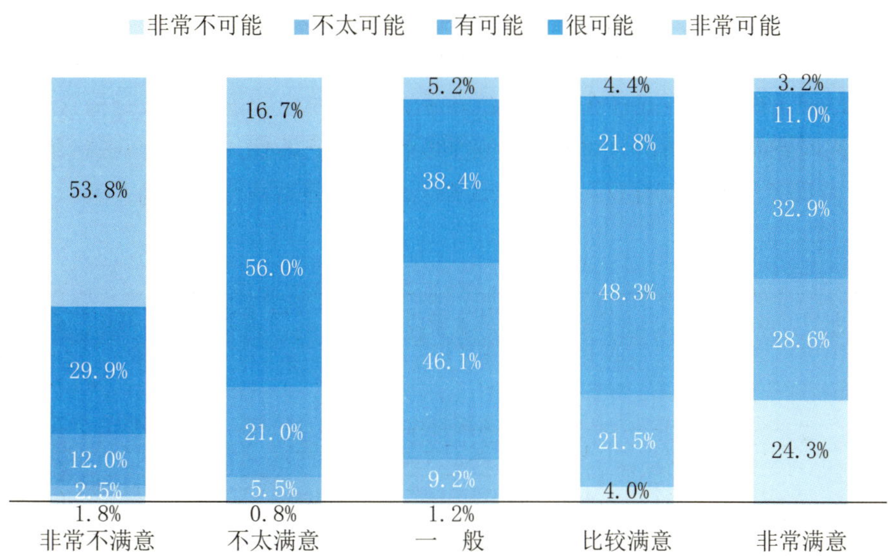

图 7-7　对警察满意度和警察收受贿赂可能性认知之间的交叉分析图

数据挖掘分析：

若将选项“非常可能”、“很可能”和“有可能”合并视为“可能”，将选项“不太可能”和“非常不可能”合并视为“不可能”，则得数据如下：

1. 对警察满意度为“非常不满意”的受访者中，认为警察可能收受贿赂的比例为 95.7%。
2. 对警察满意度为“不太满意”的受访者中，认为警察可能收受贿赂的比例为 93.7%。
3. 对警察满意度为“一般”的受访者中，认为警察可能收受贿赂的比例为 89.7%。
4. 对警察满意度为“比较满意”的受访者中，认为警察可能收受贿赂的比例为 74.5%。
5. 对警察满意度为“非常满意”的受访者中，认为警察可能收受贿赂的比例为 47.1%。

数据表明，专业卷 Q7.3 题和 Q33.3 题之间，即受访者对警察收受贿赂可能性的认知与受访者对警察满意度之间存在一定的关联。具体来说，受访者对警察满意度越低，认为警察收受贿赂的可能性就越高，两者之间呈现负相关性。

通过对专业卷的 Q6.3 题和 Q33.3 题进行相关性分析，考察两组数据间的 Spearman 相关系数，得到表 7-8：

表 7-8　对警察满意度和警察办“关系案”可能性认知之间的相关分析表

			Q6.3：在您所在地区，警察办“关系案”的可能性有多大?	Q33.3：您对自己所在地区警察的满意度如何?
Spearman 的 rho	Q6.3：在您所在地区，警察办“关系案”的可能性有多大?	相关系数	1.000	-0.488**
		显著性（双尾）		0.000
		N*	5835	5819
	Q33.3：您对自己所在地区警察的满意度如何?	相关系数	-0.488**	1.000
		显著性（双尾）	0.000	
		N*	5819	5832

*N 为样本数；** 相关性在 0.01 层上显著（双尾）。

从上表中不难发现，Spearman 相关系数为-0.488，表示两题之间具有负相关性；同时双尾显著性为 0.000，表示该结果在 0.01 水平上显著，即表示其判断犯弃真型错误率小于 1%，结果准确。

为直观而深入地探寻两题间可能存在的深层次联系，我们对两题进行交叉分析：首先将拒答问卷全部剔除，再对剩下的问卷样本以受访者对警察的满意度作为区分条件，来分析对警察的满意度不同的受访者在对警察办“关系案”的可能性这一问题的认知上具有的分布特性，得到下表：

表 7-9　对警察满意度和警察办“关系案”可能性认知之间的交叉分析表

			Q6.3：在您所在地区，警察办“关系案”的可能性有多大?					总　计
			非常不可能	不太可能	有可能	很可能	非常可能	
Q33.3：您对自己所在地区警察的满意度如何?	非常不满意	计　数	10	19	82	200	381	692
		占满意度比	1.4%	2.7%	11.8%	28.9%	55.1%	100.0%
		占可能性比	5.4%	3.3%	4.3%	8.8%	44.6%	11.9%
		占总比	0.2%	0.3%	1.4%	3.4%	6.5%	11.9%
	不太满意	计　数	14	83	301	855	293	1546
		占满意度比	0.9%	5.4%	19.5%	55.3%	19.0%	100.0%
		占可能性比	7.6%	14.3%	15.7%	37.6%	34.3%	26.6%
		占总比	0.2%	1.4%	5.2%	14.7%	5.0%	26.6%
	一　般	计　数	26	185	992	962	129	2294
		占满意度比	1.1%	8.1%	43.2%	41.9%	5.6%	100.0%
		占可能性比	14.1%	31.8%	51.6%	42.3%	15.1%	39.4%
		占总比	0.4%	3.2%	17.0%	16.5%	2.2%	39.4%
	比较满意	计　数	30	150	389	195	34	798
		占满意度比	3.8%	18.8%	48.7%	24.4%	4.3%	100.0%
		占可能性比	16.2%	25.8%	20.2%	8.6%	4.0%	13.7%
		占总比	0.5%	2.6%	6.7%	3.4%	0.6%	13.7%
	非常满意	计　数	105	144	159	63	18	489
		占满意度比	21.5%	29.4%	32.5%	12.9%	3.7%	100.0%
		占可能性比	56.8%	24.8%	8.3%	2.8%	2.1%	8.4%
		占总比	1.8%	2.5%	2.7%	1.1%	0.3%	8.4%

续表

		Q6.3：在您所在地区，警察办“关系案”的可能性有多大？					总　计
		非常不可能	不太可能	有可能	很可能	非常可能	
总　计	计　数	185	581	1923	2275	855	5819
	占总比	3.2%	10.0%	33.0%	39.1%	14.7%	100.0%

以受访者对警察的满意度为横轴，以警察办“关系案”的可能性为纵轴，可得下图：

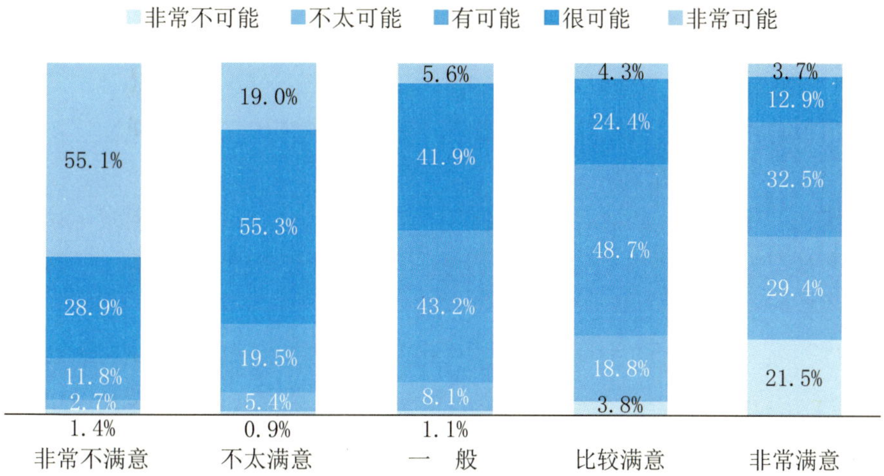

图 7-8　对警察满意度和警察办“关系案”可能性认知之间的交叉分析图

数据挖掘分析：

若将选项“非常可能”、“很可能”和“有可能”合并视为“可能”，将选项“不太可能”和“非常不可能”合并视为“不可能”，则得数据如下：

1. 对警察满意度为“非常不满意”的受访者中，认为警察可能办“关系案”的比例为 95.8%。
2. 对警察满意度为“不太满意”的受访者中，认为警察可能办“关系案”的比例为 93.8%。
3. 对警察满意度为“一般”的受访者中，认为警察可能办“关系案”的比例为 90.7%。
4. 对警察满意度为“比较满意”的受访者中，认为警察可能办“关系案”的比例为 77.4%。
5. 对警察满意度为“非常满意”的受访者中，认为警察可能办“关系案”的比例为 49.1%。

数据表明，专业卷 Q6.3 题和 Q33.3 题之间，即受访者对警察办“关系案”可能性的认知与受访者对警察满意度之间存在一定的关联。具体来说，受访者对警察满意度越低，认为警察办“关系案”的可能性就越高，两者之间呈现负相关性。

通过对专业卷的 Q6.3 题和 Q7.3 题进行相关性分析，考察两组数据间的 Spearman 相关系数，得到表 7-10：

表 7-10 对警察办“关系案”可能性和警察收受贿赂可能性认知之间的相关分析表

			Q6.3：在您所在地区，警察办“关系案”的可能性有多大？	Q7.3：在您所在地区，警察收受贿赂的可能性有多大？
Spearman 的 rho	Q6.3：在您所在地区，警察办“关系案”的可能性有多大？	相关系数	1.000	0.796**
		显著性（双尾）		0.000
		N*	5835	5828
	Q7.3：在您所在地区，警察收受贿赂的可能性有多大？	相关系数	0.796**	1.000
		显著性（双尾）	0.000	
		N*	5828	5835

*N 为样本数；** 相关性 0.01 层上显著（双尾）。

从上表中不难发现，Spearman 相关系数为 0.796，表示两题之间具有极强的正相关性；同时双尾显著性为 0.000，表示该结果在 0.01 水平上显著，即表示其判断犯弃真型错误率小于 1%，结果准确。

为直观而深入地探寻两题间可能存在的深层次联系，我们对两题进行交叉分析：首先将拒答问卷全部剔除，再对剩下的问卷样本以受访者对警察办“关系案”可能性的认知作为区分条件，来分析对警察办“关系案”可能性的认知不同的受访者在对警察收受贿赂的可能性这一问题的认知上具有的分布特性，得到下表：

表 7-11 对警察办“关系案”可能性和警察收受贿赂可能性认知之间的交叉分析表

			Q7.3：在您所在地区，警察收受贿赂的可能性有多大？					总 计
			非常不可能	不太可能	有可能	很可能	非常可能	
Q6.3：在您所在地区，警察办“关系案”的可能性有多大？	非常不可能	计 数	556	111	21	5	5	698
		占关系案可能性比	79.7%	15.9%	3.0%	0.7%	0.7%	100.0%
		占受贿可能性比	75.5%	6.0%	1.0%	0.8%	1.1%	12.0%
		占总比	9.5%	1.9%	0.4%	0.1%	0.1%	12.0%
	不太可能	计 数	139	1185	205	14	4	1547
		占关系案可能性比	9.0%	76.6%	13.3%	0.9%	0.3%	100.0%
		占受贿可能性比	18.9%	64.0%	9.5%	2.2%	0.9%	26.5%
		占总比	2.4%	20.3%	3.5%	0.2%	0.1%	26.5%
	有可能	计 数	30	499	1608	133	25	2295
		占关系案可能性比	1.3%	21.7%	70.1%	5.8%	1.1%	100.0%
		占受贿可能性比	4.1%	26.9%	74.3%	21.1%	5.6%	39.4%
		占总比	0.5%	8.6%	27.6%	2.3%	0.4%	39.4%
	很可能	计 数	4	48	278	384	82	796
		占关系案可能性比	0.5%	6.0%	34.9%	48.2%	10.3%	100.0%
		占受贿可能性比	0.5%	2.6%	12.8%	61.0%	18.3%	13.7%
		占总比	0.1%	0.8%	4.8%	6.6%	1.4%	13.7%

续表

			Q7.3：在您所在地区，警察收受贿赂的可能性有多大？					总　计
			非常不可能	不太可能	有可能	很可能	非常可能	
Q6.3：在您所在地区，警察办“关系案”的可能性有多大？	非常可能	计　数	7	9	52	93	331	492
		占关系案可能性比	1.4%	1.8%	10.6%	18.9%	67.3%	100.0%
		占受贿可能性比	1.0%	0.5%	2.4%	14.8%	74.0%	8.4%
		占总比	0.1%	0.2%	0.9%	1.6%	5.7%	8.4%
总　计		计　数	736	1852	2164	629	447	5828
		占总比	12.6%	31.8%	37.1%	10.8%	7.7%	100.0%

以警察办“关系案”的可能性为横轴，以警察收受贿赂的可能性为纵轴，可得下图：

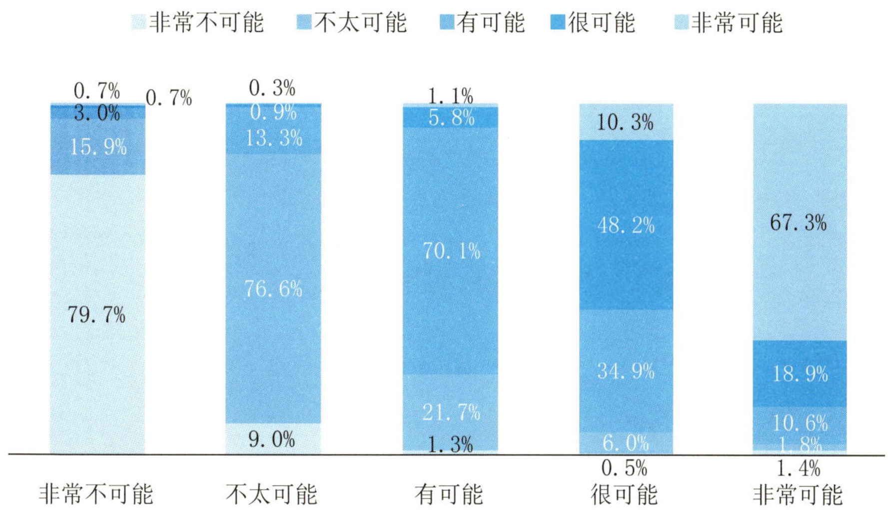

图 7-9　对警察办“关系案”可能性和警察收受贿赂可能性认知之间的交叉分析图

数据挖掘分析：

若将选项“非常可能”、“很可能”和“有可能”合并视为“可能”，将选项“不太可能”和“非常不可能”合并视为“不可能”，则得数据如下：

1. 认为警察办“关系案”的可能性为“非常不可能”的受访者中，认为警察可能收受贿赂的比例为 4.4%。

2. 认为警察办“关系案”的可能性为“不太可能”的受访者中，认为警察可能收受贿赂的比例为 14.5%。

3. 认为警察办“关系案”的可能性为“有可能”的受访者中，认为警察可能收受贿赂的比例为 77%。

4. 认为警察办“关系案”的可能性为“很可能”的受访者中，认为警察可能收受贿赂的比例为 93.4%。

5. 认为警察办“关系案”的可能性为“非常可能”的受访者中，认为警察可能收受贿赂的比例为 96.8%。

数据表明，专业卷 Q6.3 题和 Q7.3 题之间，即受访者对警察办“关系案”可能性的认知与受访者对警察收受贿赂可能性的认知之间存在一定的关联。具体来说，受访者认为警察办“关系案”的可能性越大，越倾向于认为警察可能收受贿赂，两者之间呈现正相关性。

7.1.3 警察远离腐败问题跨卷对比分析

公众卷和专业卷均就警察收受贿赂的可能性进行了调查，我们看看两个群体的作答情况是否呈现出明显差异：

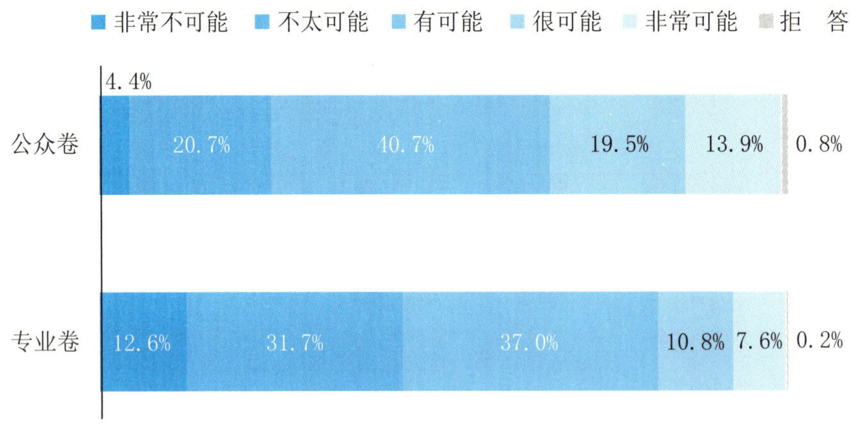

图 7-10　警察收受贿赂可能性作答情况分布对照图

从上图可以看出，相对于公众卷的作答情况，专业卷的受访者认为警察收受贿赂的可能性更低，其选择“非常不可能”和“不太可能”两项的人数比例高于公众卷。

7.2 检察官远离腐败

为测量这一指标，调查问卷设计两个问题：

问题一：“在您所在地区，检察官收受贿赂的可能性有多大?”【公众卷、专业卷】

问题二：“在您所在地区，检察官办‘关系案’的可能性有多大?”【专业卷】

7.2.1 检察官远离腐败问题基本数据

对于检察官远离腐败问题，我们提取有关问题进行了频数分析，其中公众卷部分基本数据情况如下：

问题一：“在您所在地区，检察官收受贿赂的可能性有多大?”【公众卷】

表 7-12　公众卷：检察官收受贿赂的可能性作答情况详表

公众卷		计　数	列 N%
检察官收受贿赂的可能性	非常不可能	920	5.0%
	不太可能	5173	27.9%
	有可能	7665	41.3%
	很可能	3018	16.3%
	非常可能	1583	8.5%
	拒　答	193	1.0%

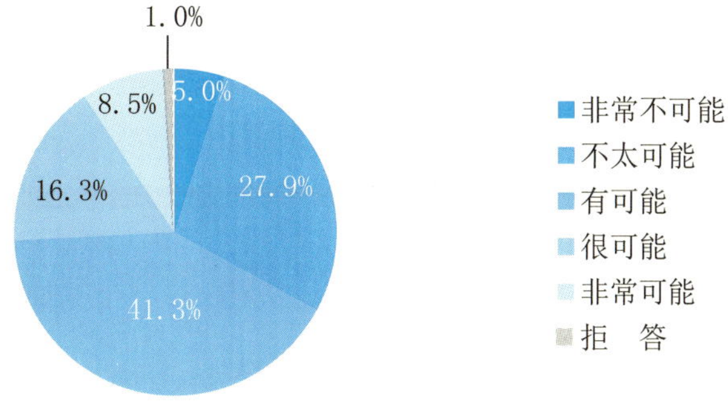

图 7-11　公众卷：检察官收受贿赂的可能性作答情况分布图

由上图可以看出，公众卷的受访者在回答“检察官收受贿赂的可能性”问题时，更倾向于认为上述情况有可能发生，选择“非常可能”、“很可能”和“有可能”的人数比例为 66.1%，选择“非常不可能”和“不太可能”的人数比例为 32.9%。

检察官远离腐败问题专业卷部分基本数据情况则如下：

问题一：“在您所在地区，检察官收受贿赂的可能性有多大？”【专业卷】

表 7-13　专业卷：检察官收受贿赂的可能性作答情况详表

		法　官		检察官		警　察		律　师		全　体	
		计数	列 N%	计数	列 N%	计数	列 N%	计数	列 N%	计数	列 N%
检察官收受贿赂的可能性	非常不可能	263	17.8%	352	23.3%	163	11.8%	83	5.6%	862	14.7%
	不太可能	632	42.9%	690	45.7%	461	33.4%	392	26.5%	2176	37.2%
	有可能	465	31.5%	404	26.8%	507	36.8%	697	47.0%	2075	35.5%
	很可能	67	4.5%	45	3.0%	143	10.4%	197	13.3%	452	7.7%
	非常可能	39	2.6%	14	0.9%	104	7.5%	112	7.6%	269	4.6%
	拒　答	8	0.5%	4	0.3%	1	0.0%	1	0.1%	14	0.2%

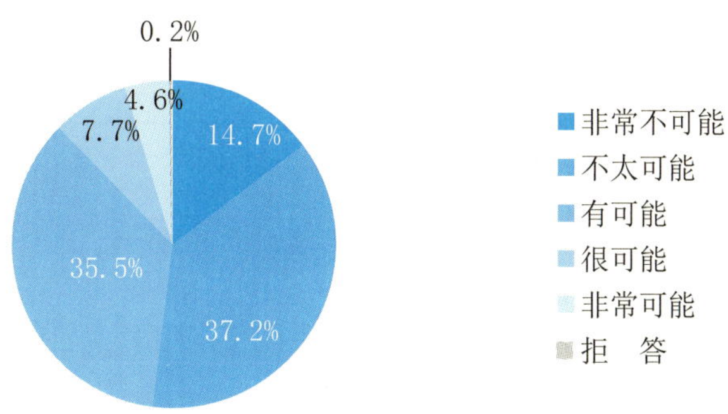

图 7-12　专业卷：检察官收受贿赂的可能性作答情况分布图

由上图可以看出，专业卷的受访者在回答“检察官收受贿赂的可能性”问题时，更倾向于认为上述情况不太可能发生，选择“非常不可能”和“不太可能”的人数比例为 51.9%，选择“非常可能”、“很可能”和“有可能”的人数比例为 47.8%。

专业卷的受访者依照其职业分为四类人群，不同职业群体对检察官收受贿赂的可能性判断对比如图 7-13：

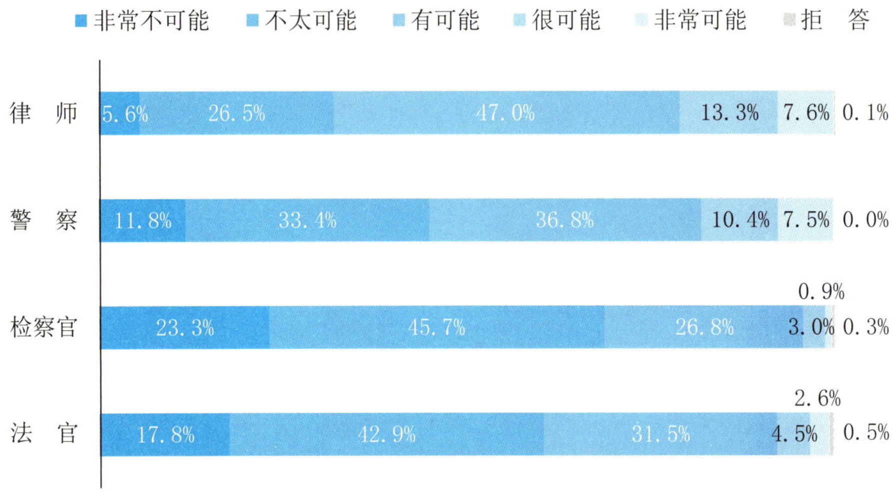

图 7-13　专业卷细分：检察官收受贿赂的可能性作答情况分布图

不同职业群体在回答“检察官收受贿赂的可能性”问题时，检察官群体认为上述情况发生的可能性更低，其选择“非常不可能”和“不太可能”两项的人数比例高于其他三类人群，选择“有可能”、“很可能”和“非常可能”的人数比例则低于其他三类人群。与之对比的是律师群体。

问题二：“在您所在地区，检察官办‘关系案’的可能性有多大?”【专业卷】

表 7-14　专业卷：检察官办“关系案”的可能性作答情况详表

		法　官		检察官		警　察		律　师		全　体	
		计数	列 N%	计数	列 N%	计数	列 N%	计数	列 N%	计数	列 N%
检察官办“关系案”的可能性	非常不可能	231	15.7%	339	22.5%	173	12.5%	87	5.9%	831	14.2%
	不太可能	551	37.4%	643	42.6%	412	29.9%	336	22.7%	1944	33.2%
	有可能	546	37.0%	446	29.6%	509	36.9%	688	46.4%	2190	37.4%
	很可能	97	6.6%	65	4.3%	188	13.6%	255	17.2%	605	10.3%
	非常可能	41	2.8%	13	0.9%	95	6.9%	116	7.8%	265	4.5%
	拒　答	8	0.5%	3	0.2%	2	0.1%	0	0.0%	13	0.2%

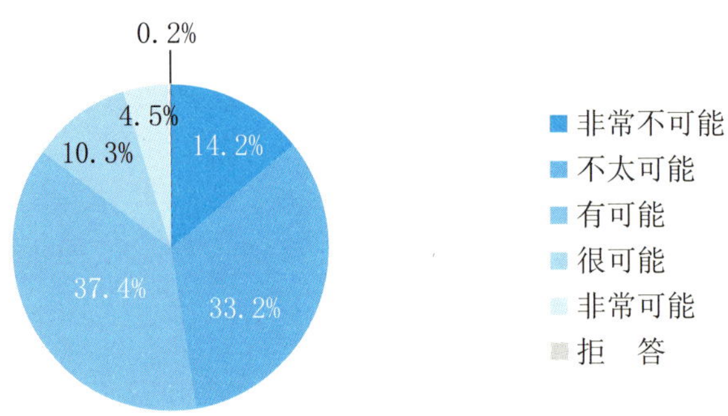

图 7-14　专业卷：检察官办“关系案”的可能性作答情况分布图

由上图可以看出，专业卷的受访者在回答“检察官办‘关系案’的可能性”问题时，更倾向于认为上述情况有可能发生，选择“非常可能”、“很可能”和“有可能”的人数比例为 52.2%，选择“非常不可能”和“不太可能”的人数比例为 47.4%。

专业卷的受访者依照其职业分为四类人群，不同职业群体对检察官办“关系案”的可能性判断对比如下图：

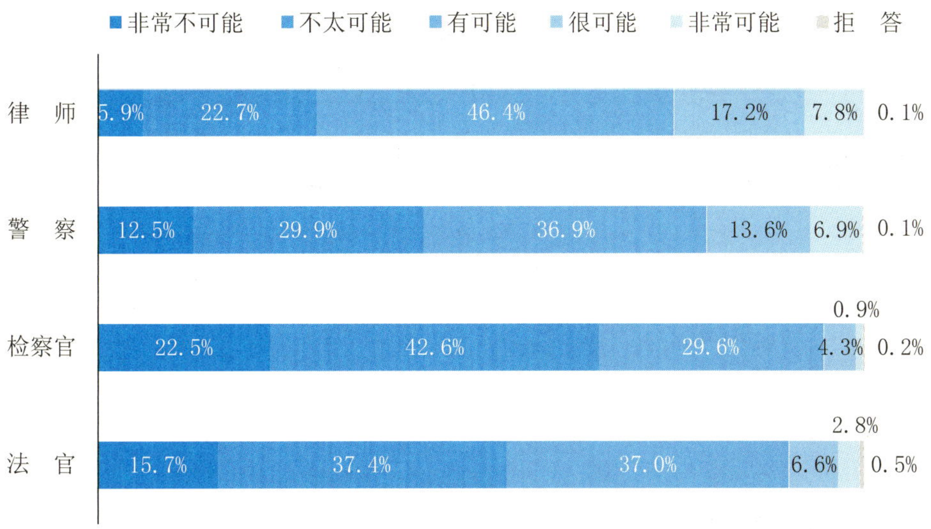

图 7-15　专业卷细分：检察官办“关系案”的可能性作答情况分布图

不同职业群体在回答“检察官办‘关系案’的可能性”问题时，检察官群体认为上述情况发生的可能性更低，其选择“非常不可能”和“不太可能”两项的人数比例高于其他三类人群，选择“有可能”、“很可能”和“非常可能”的人数比例则低于其他三类人群。与之对比的是律师群体。

7.2.2　检察官远离腐败问题相关分析

课题组采用相关性分析和交叉分析两种数据分析技术，对公众卷和专业卷进行分析。

首先通过对公众卷的 Q2.2 题和 Q4.2 题进行相关性分析，考察两组数据间的 Spearman 相关系数，得到下表：

表 7-15　对检察官满意度和检察官收受贿赂可能性认知之间的相关分析表

			Q2.2：在您所在地区，检察官收受贿赂的可能性有多大?	Q4.2：您对自己所在地区检察官的满意度如何?
Spearman 的 rho	Q2.2：在您所在地区，检察官收受贿赂的可能性有多大?	相关系数	1.000	-0.326**
		显著性（双尾）		0.000
		N*	18 359	18 271
	Q4.2：您对自己所在地区检察官的满意度如何?	相关系数	-0.326**	1.000
		显著性（双尾）	0.000	
		N*	18 271	18 389

* N 为样本数；** 相关性在 0.01 层上显著（双尾）。

从上表中不难发现，Spearman 相关系数为-0.326，表示两题之间具有负相关性；同时双尾显著性为 0.000，表示该结果在 0.01 水平上显著，即表示其判断犯弃真型错误率小于 1%，结果准确。

为直观而深入地探寻两题间可能存在的深层次联系，我们对两题进行交叉分析：首先将拒答问卷全部剔除，再对剩下的问卷样本以受访者对检察官的满意度作为区分条件，来分析对检察官的满意度不同的受访者在对检察官收受贿赂的可能性这一问题的认知上具有的分布特性，得到表 7-16：

表 7-16　对检察官满意度和检察官收受贿赂可能性认知之间的交叉分析表

			Q2.2：在您所在地区，检察官收受贿赂的可能性有多大?					总　计
			非常不可能	不太可能	有可能	很可能	非常可能	
Q4.2：您对自己所在地区检察官的满意度如何?	非常不满意	计　数	31	17	35	52	141	276
		占满意度比	11.2%	6.2%	12.7%	18.8%	51.1%	100.0%
		占可能性比	3.4%	0.3%	0.5%	1.7%	9.0%	1.5%
		占总比	0.2%	0.1%	0.2%	0.3%	0.8%	1.5%
	不太满意	计　数	24	167	403	291	219	1104
		占满意度比	2.2%	15.1%	36.5%	26.4%	19.8%	100.0%
		占可能性比	2.6%	3.2%	5.3%	9.7%	13.9%	6.0%
		占总比	0.1%	0.9%	2.2%	1.6%	1.2%	6.0%
	一　般	计　数	169	1817	4463	1771	852	9072
		占满意度比	1.9%	20.0%	49.2%	19.5%	9.4%	100.0%
		占可能性比	18.6%	35.3%	58.5%	58.9%	54.2%	49.7%
		占总比	0.9%	9.9%	24.4%	9.7%	4.7%	49.7%
	比较满意	计　数	301	2734	2544	784	277	6640
		占满意度比	4.5%	41.2%	38.3%	11.8%	4.2%	100.0%
		占可能性比	33.1%	53.1%	33.3%	26.1%	17.6%	36.3%
		占总比	1.6%	15.0%	13.9%	4.3%	1.5%	36.3%
	非常满意	计　数	384	418	186	109	82	1179
		占满意度比	32.6%	35.5%	15.8%	9.2%	7.0%	100.0%
		占可能性比	42.2%	8.1%	2.4%	3.6%	5.2%	6.5%
		占总比	2.1%	2.3%	1.0%	0.6%	0.4%	6.5%
总　计		计　数	909	5153	7631	3007	1571	18 271
		占总比	5.0%	28.2%	41.8%	16.5%	8.6%	100.0%

以受访者对检察官的满意度为横轴，以检察官收受贿赂的可能性为纵轴，可得下图：

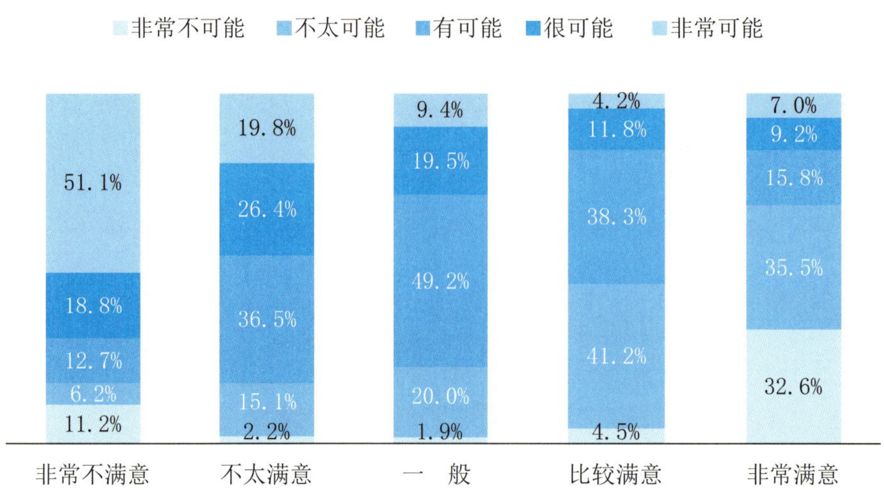

图 7-16　对检察官满意度和检察官收受贿赂可能性认知之间的交叉分析图

数据挖掘分析：

若将选项“非常可能”、“很可能”和“有可能”合并视为“可能”，将选项“不太可能”和“非常不可能”合并视为“不可能”，则得数据如下：

1. 对检察官满意度为“非常不满意”的受访者中，认为检察官可能收受贿赂的比例为 82.6%。
2. 对检察官满意度为“不太满意”的受访者中，认为检察官可能收受贿赂的比例为 82.7%。
3. 对检察官满意度为“一般”的受访者中，认为检察官可能收受贿赂的比例为 78.1%。
4. 对检察官满意度为“比较满意”的受访者中，认为检察官可能收受贿赂的比例为 54.3%。
5. 对检察官满意度为“非常满意”的受访者中，认为检察官可能收受贿赂的比例为 32.0%。

数据表明，公众卷 Q2.2 题和 Q4.2 题之间，即受访者对检察官收受贿赂可能性的认知与受访者对检察官满意度之间存在一定的关联。一般来说，受访者对检察官满意度越低，认为检察官收受贿赂的可能性就越高，两者之间呈现负相关性。

通过对专业卷的 Q7.2 题和 Q33.2 题进行相关性分析，考察两组数据间的 Spearman 相关系数，得到下表：

表 7-17　对检察官满意度和检察官收受贿赂可能性认知之间的相关分析表

			Q7.2：在您所在地区，检察官收受贿赂的可能性有多大？	Q33.2：您对自己所在地区检察官的满意度如何？
Spearman 的 rho	Q7.2：在您所在地区，检察官收受贿赂的可能性有多大？	相关系数	1.000	-0.451**
		显著性（双尾）		0.000
		N*	5834	5815
	Q33.2：您对自己所在地区检察官的满意度如何？	相关系数	-0.451**	1.000
		显著性（双尾）	0.000	
		N*	5815	5829

* N 为样本数；** 相关性在 0.01 层上显著（双尾）。

从上表中不难发现，Spearman 相关系数为-0.451，表示两题之间具有负相关性；同时双尾显著性为 0.000，表示该结果在 0.01 水平上显著，即表示其判断犯弃真型错误率小于 1%，结果准确。

为直观而深入地探寻两题间可能存在的深层次联系，我们对两题进行交叉分析：首先将拒答问卷全部剔除，再对剩下的问卷样本以受访者对检察官的满意度作为区分条件，来分析对检察官的满意度不同的受访者在对检察官收受贿赂的可能性这一问题的认知上具有的分布特性，得到下表：

表 7-18　对检察官满意度和检察官收受贿赂可能性认知之间的交叉分析表

			Q7.2：在您所在地区，检察官收受贿赂的可能性有多大？					总　计
			非常不可能	不太可能	有可能	很可能	非常可能	
Q33.2：您对自己所在地区检察官的满意度如何？	非常不满意	计　数	10	8	10	5	40	73
		占满意度比	13.7%	11.0%	13.7%	6.8%	54.8%	100.0%
		占可能性比	1.2%	0.4%	0.5%	1.1%	15.0%	1.3%
		占总比	0.2%	0.1%	0.2%	0.1%	0.7%	1.3%

续表

			Q7.2：在您所在地区，检察官收受贿赂的可能性有多大?					总　计
			非常不可能	不太可能	有可能	很可能	非常可能	
Q33.2：您对自己所在地区检察官的满意度如何?	不太满意	计　数	19	63	104	66	56	308
		占满意度比	6.2%	20.5%	33.8%	21.4%	18.2%	100.0%
		占可能性比	2.2%	2.9%	5.0%	14.6%	21.1%	5.3%
		占总比	0.3%	1.1%	1.8%	1.1%	1.0%	5.3%
	一　般	计　数	81	378	838	209	109	1615
		占满意度比	5.0%	23.4%	51.9%	12.9%	6.7%	100.0%
		占可能性比	9.5%	17.4%	40.5%	46.3%	41.0%	27.8%
		占总比	1.4%	6.5%	14.4%	3.6%	1.9%	27.8%
	比较满意	计　数	318	1327	1006	158	50	2859
		占满意度比	11.1%	46.4%	35.2%	5.5%	1.7%	100.0%
		占可能性比	37.2%	61.1%	48.6%	35.0%	18.8%	49.2%
		占总比	5.5%	22.8%	17.3%	2.7%	0.9%	49.2%
	非常满意	计　数	426	397	113	13	11	960
		占满意度比	44.4%	41.4%	11.8%	1.4%	1.1%	100.0%
		占可能性比	49.9%	18.3%	5.5%	2.9%	4.1%	16.5%
		占总比	7.3%	6.8%	1.9%	0.2%	0.2%	16.5%
总　计		计　数	854	2173	2071	451	266	5815
		占总比	14.7%	37.4%	35.6%	7.8%	4.6%	100.0%

以受访者对检察官的满意度为横轴，以检察官收受贿赂的可能性为纵轴，可得下图：

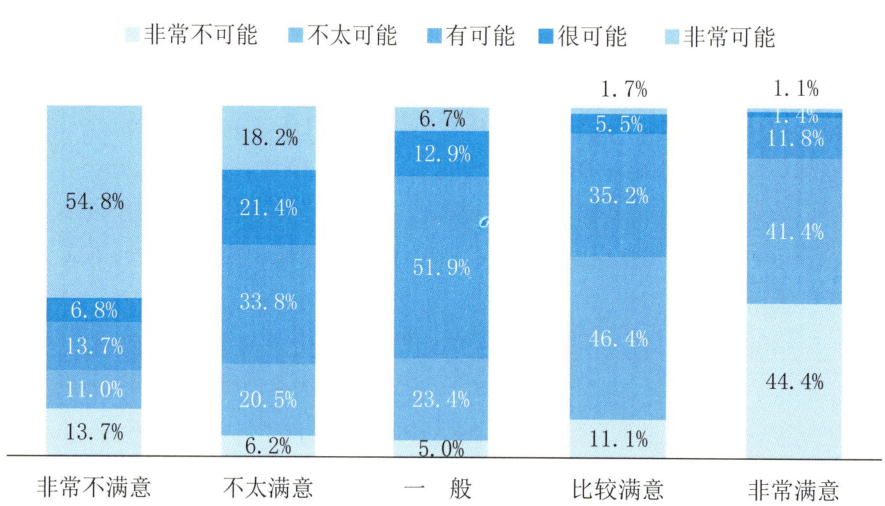

图 7-17　对检察官满意度和检察官收受贿赂可能性认知之间的交叉分析图

数据挖掘分析：

若将选项“非常可能”、“很可能”和“有可能”合并视为“可能”，将选项“不太可能”和“非常不可能”合并视为“不可能”，则得数据如下：

1. 对检察官满意度为“非常不满意”的受访者中，认为检察官可能收受贿赂的比例为 75.3%。
2. 对检察官满意度为“不太满意”的受访者中，认为检察官可能收受贿赂的比例为 73.4%。
3. 对检察官满意度为“一般”的受访者中，认为检察官可能收受贿赂的比例为 71.5%。
4. 对检察官满意度为“比较满意”的受访者中，认为检察官可能收受贿赂的比例为 42.4%。
5. 对检察官满意度为“非常满意”的受访者中，认为检察官可能收受贿赂的比例为 14.3%。

数据表明，专业卷 Q7.2 题和 Q33.2 题之间，即受访者对检察官收受贿赂可能性的认知与受访者对检察官满意度之间存在一定的关联。具体来说，受访者对检察官满意度越低，认为检察官收受贿赂的可能性就越高，两者之间呈现负相关性。

通过对专业卷的 Q6.2 题和 Q33.2 题进行相关性分析，考察两组数据间的 Spearman 相关系数，得到下表：

表 7-19 对检察官满意度和检察官办“关系案”可能性认知之间的相关分析表

			Q6.2：在您所在地区，检察官办“关系案”的可能性有多大?	Q33.2：您对自己所在地区检察官的满意度如何?
Spearman 的 rho	Q6.2：在您所在地区，检察官办“关系案”的可能性有多大?	相关系数	1.000	-0.435**
		显著性（双尾）		0.000
		N*	5835	5816
	Q33.2：您对自己所在地区检察官的满意度如何?	相关系数	-0.435**	1.000
		显著性（双尾）	0.000	
		N*	5816	5829

*N 为样本数；** 相关性在 0.01 层上显著（双尾）。

从上表中不难发现，Spearman 相关系数为-0.435，表示两题之间具有负相关性；同时双尾显著性为 0.000，表示该结果在 0.01 水平上显著，即表示其判断犯弃真型错误率小于 1%，结果准确。

为直观而深入地探寻两题间可能存在的深层次联系，我们对两题进行交叉分析：首先将拒答问卷全部剔除，再对剩下的问卷样本以受访者对检察官的满意度作为区分条件，来分析对检察官的满意度不同的受访者在对检察官办“关系案”的可能性这一问题的认知上具有的分布特性，得到下表：

表 7-20 对检察官满意度和检察官办“关系案”可能性认知之间的交叉分析表

			Q6.2：在您所在地区，检察官办“关系案”的可能性有多大?					总 计
			非常不可能	不太可能	有可能	很可能	非常可能	
Q33.2：您对自己所在地区检察官的满意度如何?	非常不满意	计 数	11	7	8	10	37	73
		占满意度比	15.1%	9.6%	11.0%	13.7%	50.7%	100.0%
		占可能性比	1.3%	0.4%	0.4%	1.7%	14.1%	1.3%
		占总比	0.2%	0.1%	0.1%	0.2%	0.6%	1.3%
	不太满意	计 数	17	55	96	84	56	308
		占满意度比	5.5%	17.9%	31.2%	27.3%	18.2%	100.0%
		占可能性比	2.1%	2.8%	4.4%	14.0%	21.4%	5.3%
		占总比	0.3%	0.9%	1.7%	1.4%	1.0%	5.3%

续表

			Q6.2：在您所在地区，检察官办“关系案”的可能性有多大?					总 计
			非常不可能	不太可能	有可能	很可能	非常可能	
Q33.2：您对自己所在地区检察官的满意度如何?	一 般	计 数	84	335	822	270	104	1615
		占满意度比	5.2%	20.7%	50.9%	16.7%	6.4%	100.0%
		占可能性比	10.2%	17.3%	37.6%	44.9%	39.7%	27.8%
		占总比	1.4%	5.8%	14.1%	4.6%	1.8%	27.8%
	比较满意	计 数	294	1169	1138	209	49	2859
		占满意度比	10.3%	40.9%	39.8%	7.3%	1.7%	100.0%
		占可能性比	35.7%	60.3%	52.0%	34.7%	18.7%	49.2%
		占总比	5.1%	20.1%	19.6%	3.6%	0.8%	49.2%
	非常满意	计 数	418	373	125	29	16	961
		占满意度比	43.5%	38.8%	13.0%	3.0%	1.7%	100.0%
		占可能性比	50.7%	19.2%	5.7%	4.8%	6.1%	16.5%
		占总比	7.2%	6.4%	2.1%	0.5%	0.3%	16.5%
总 计		计 数	824	1939	2189	602	262	5816
		占总比	14.2%	33.3%	37.6%	10.4%	4.5%	100.0%

以受访者对检察官的满意度为横轴，以检察官办“关系案”的可能性为纵轴，可得下图：

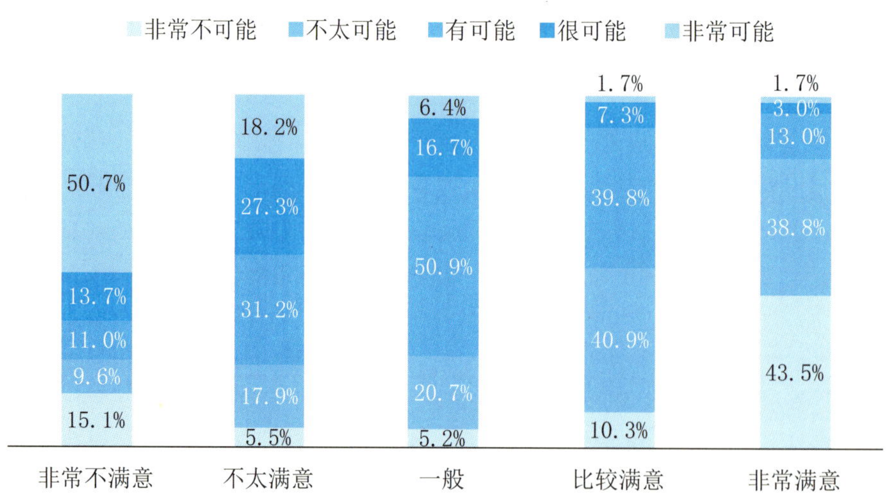

图 7-18　对检察官满意度和检察官办“关系案”可能性认知之间的交叉分析图

数据挖掘分析：

若将选项“非常可能”、“很可能”和“有可能”合并视为“可能”，将选项“不太可能”和“非常不可能”合并视为“不可能”，则得数据如下：

1. 对检察官满意度为“非常不满意”的受访者中，认为检察官可能办“关系案”的比例为75.4%。
2. 对检察官满意度为“不太满意”的受访者中，认为检察官可能办“关系案”的比例为76.7%。
3. 对检察官满意度为“一般”的受访者中，认为检察官可能办“关系案”的比例为74.0%。
4. 对检察官满意度为“比较满意”的受访者中，认为检察官可能办“关系案”的比例为48.8%。

5. 对检察官满意度为“非常满意”的受访者中，认为检察官可能办“关系案”的比例为 17.7%。

数据表明，专业卷 Q6.2 题和 Q33.2 题之间，即受访者对检察官办“关系案”可能性的认知与受访者对检察官满意度之间存在一定的关联。一般来说，受访者对检察官满意度越低，认为检察官办“关系案”的可能性就越高，两者之间呈现负相关性。

通过对专业卷的 Q6.2 题和 Q7.2 题进行相关性分析，考察两组数据间的 Spearman 相关系数，得到下表：

表 7-21　对检察官办“关系案”可能性和检察官收受贿赂可能性认知之间的相关分析表

			Q6.2：在您所在地区，检察官办“关系案”的可能性有多大?	Q7.2：在您所在地区，检察官收受贿赂的可能性有多大?
Spearman 的 rho	Q6.2：在您所在地区，检察官办“关系案”的可能性有多大?	相关系数	1.000	0.794**
		显著性（双尾）		0.000
		N*	5835	5827
	Q7.2：在您所在地区，检察官收受贿赂的可能性有多大?	相关系数	0.794**	1.000
		显著性（双尾）	0.000	
		N*	5827	5834

*N 为样本数；** 相关性在 0.01 层上显著（双尾）。

从上表中不难发现，Spearman 相关系数为 0.794，表示两题之间具有极强的正相关性；同时双尾显著性为 0.000，表示该结果在 0.01 水平上显著，即表示其判断犯弃真型错误率小于 1%，结果准确。

为直观而深入地探寻两题间可能存在的深层次联系，我们对两题进行交叉分析：首先将拒答问卷全部剔除，再对剩下的问卷样本以受访者对检察官办“关系案”可能性的认知作为区分条件，来分析对检察官办“关系案”可能性的认知不同的受访者在对检察官收受贿赂的可能性这一问题的认知上具有的分布特性，得到下表：

表 7-22　对检察官办“关系案”可能性和检察官收受贿赂可能性认知之间的交叉分析表

			Q7.2：在您所在地区，检察官收受贿赂的可能性有多大?					总　计
			非常不可能	不太可能	有可能	很可能	非常可能	
Q6.2：在您所在地区，检察官办“关系案”的可能性有多大?	非常不可能	计　数	665	147	15	3	1	831
		占关系案可能性比	80.0%	17.7%	1.8%	0.4%	0.1%	100.0%
		占受贿可能性比	77.2%	6.8%	0.7%	0.7%	0.4%	14.3%
		占总比	11.4%	2.5%	0.3%	0.1%	0.0%	14.3%
	不太可能	计　数	151	1520	252	15	2	1940
		占关系案可能性比	7.8%	78.4%	13.0%	0.8%	0.1%	100.0%
		占受贿可能性比	17.5%	69.9%	12.2%	3.3%	0.7%	33.3%
		占总比	2.6%	26.1%	4.3%	0.3%	0.0%	33.3%
	有可能	计　数	29	466	1561	114	18	2188
		占关系案可能性比	1.3%	21.3%	71.3%	5.2%	0.8%	100.0%
		占受贿可能性比	3.4%	21.4%	75.4%	25.2%	6.7%	37.5%
		占总比	0.5%	8.0%	26.8%	2.0%	0.3%	37.5%

续表

			Q7.2：在您所在地区，检察官收受贿赂的可能性有多大？					总　计
			非常不可能	不太可能	有可能	很可能	非常可能	
Q6.2：在您所在地区，检察官办“关系案”的可能性有多大？	很可能	计　数	12	40	216	277	59	604
		占关系案可能性比	2.0%	6.6%	35.8%	45.9%	9.8%	100.0%
		占受贿可能性比	1.4%	1.8%	10.4%	61.3%	21.9%	10.4%
		占总比	0.2%	0.7%	3.7%	4.8%	1.0%	10.4%
	非常可能	计　数	4	1	27	43	189	264
		占关系案可能性比	1.5%	0.4%	10.2%	16.3%	71.6%	100.0%
		占受贿可能性比	0.5%	0.0%	1.3%	9.5%	70.3%	4.5%
		占总比	0.1%	0.0%	0.5%	0.7%	3.2%	4.5%
总　计		计　数	861	2174	2071	452	269	5827
		占总比	14.8%	37.3%	35.5%	7.8%	4.6%	100.0%

以检察官办“关系案”的可能性为横轴，以检察官收受贿赂的可能性为纵轴，可得下图：

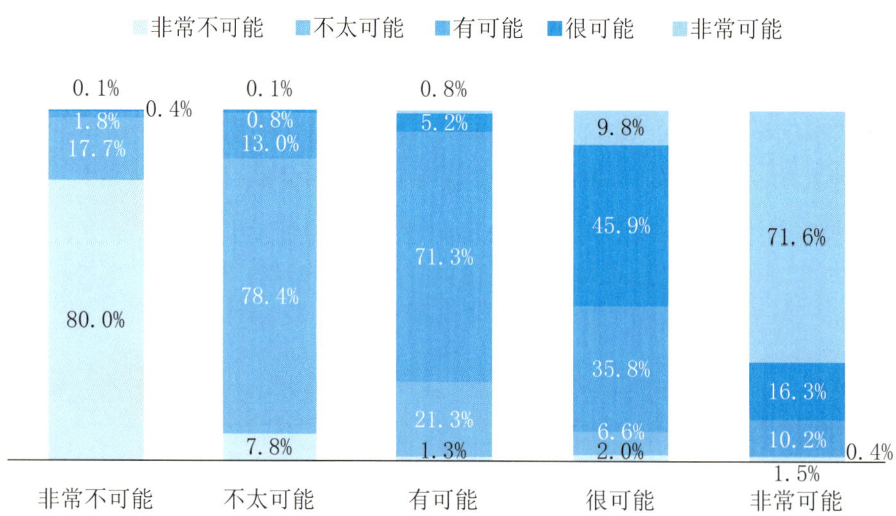

图7-19　对检察官办“关系案”可能性和检察官收受贿赂可能性认知之间的交叉分析图

数据挖掘分析：

若将选项“非常可能”、“很可能”和“有可能”合并视为“可能”，将选项“不太可能”和“非常不可能”合并视为“不可能”，则得数据如下：

1. 认为检察官办“关系案”的可能性为“非常不可能”的受访者中，认为检察官可能收受贿赂的比例为2.3%。

2. 认为检察官办“关系案”的可能性为“不太可能”的受访者中，认为检察官可能收受贿赂的比例为13.9%。

3. 认为检察官办“关系案”的可能性为“有可能”的受访者中，认为检察官可能收受贿赂的比例为77.3%。

4. 认为检察官办“关系案”的可能性为“很可能”的受访者中，认为检察官可能收受贿赂的比例为91.5%。

5. 认为检察官办“关系案”的可能性为“非常可能”的受访者中，认为检察官可能收受贿赂的比例为 98.1%。

数据表明，专业卷 Q6.2 题和 Q7.2 题之间，即受访者对检察官办“关系案”可能性的认知与受访者对检察官收受贿赂可能性的认知之间存在一定的关联。具体来说，受访者认为检察官办“关系案”的可能性越大，越倾向于认为检察官可能收受贿赂，两者之间呈现正相关性。

7.2.3 检察官远离腐败问题跨卷对比分析

公众卷和专业卷均就检察官收受贿赂的可能性进行了调查，我们看看两个群体的作答情况是否呈现出明显差异：

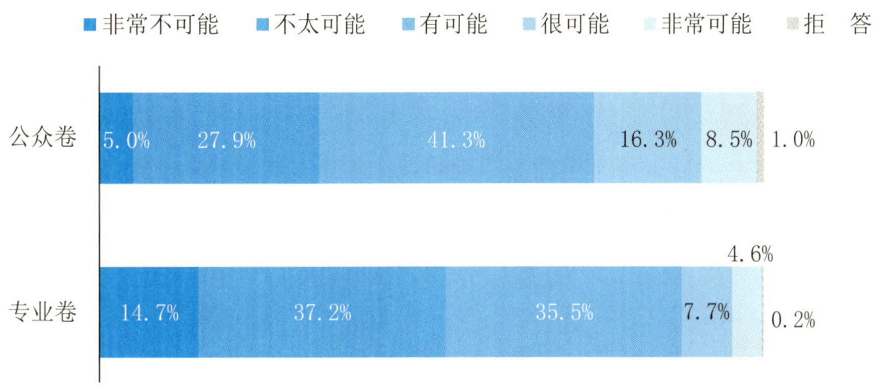

图 7-20　检察官收受贿赂可能性作答情况分布对照图

从上图可以看出，相对于公众卷的作答情况，专业卷的受访者认为检察官收受贿赂的可能性更低，其选择“非常不可能”和“不太可能”两项的人数比例高于公众卷。

7.3 法官远离腐败

为测量这一指标，调查问卷设计两个问题：

问题一：“在您所在地区，法官收受贿赂的可能性有多大?”【公众卷、专业卷】

问题二：“在您所在地区，法官办‘关系案’的可能性有多大?”【专业卷】

7.3.1 法官远离腐败问题基本数据

对于法官远离腐败问题，我们提取有关问题进行了频数分析，其中公众卷部分基本数据情况如下：

问题一：“在您所在地区，法官收受贿赂的可能性有多大?”【公众卷】

表 7-23　公众卷：法官收受贿赂的可能性作答情况详表

公众卷		计　数	列 N%
法官收受贿赂的可能性	非常不可能	853	4.6%
	不太可能	4750	25.6%
	有可能	7693	41.5%
	很可能	3197	17.2%
	非常可能	1911	10.3%
	拒　答	148	0.8%

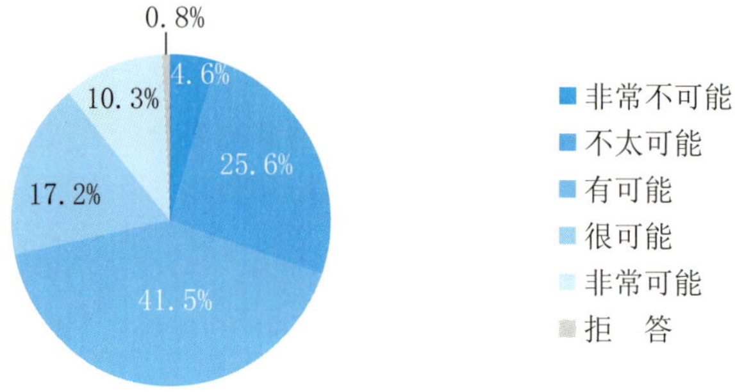

图 7-21　公众卷：法官收受贿赂的可能性作答情况分布图

由上图可以看出，公众卷的受访者在回答“法官收受贿赂的可能性”问题时，更倾向于认为上述情况有可能发生，选择“非常可能”、“很可能”和“有可能”的人数比例为69.0%，选择“非常不可能”和“不太可能”的人数比例为30.2%。

法官远离腐败问题专业卷部分基本数据情况则如下：

问题一：“在您所在地区，法官收受贿赂的可能性有多大？”【专业卷】

表 7-24　专业卷：法官收受贿赂的可能性作答情况详表

		法　官		检察官		警　察		律　师		全　体	
		计数	列 N%	计数	列 N%	计数	列 N%	计数	列 N%	计数	列 N%
法官收受贿赂的可能性	非常不可能	301	20.4%	208	13.8%	161	11.7%	72	4.9%	743	12.7%
	不太可能	665	45.1%	542	35.9%	408	29.6%	364	24.6%	1979	33.8%
	有可能	441	29.9%	544	36.1%	505	36.6%	671	45.3%	2164	37.0%
	很可能	39	2.6%	137	9.1%	167	12.1%	220	14.8%	563	9.6%
	非常可能	22	1.5%	76	5.0%	136	9.9%	155	10.5%	389	6.7%
	拒　答	6	0.4%	2	0.1%	2	0.2%	0	0.0%	10	0.2%

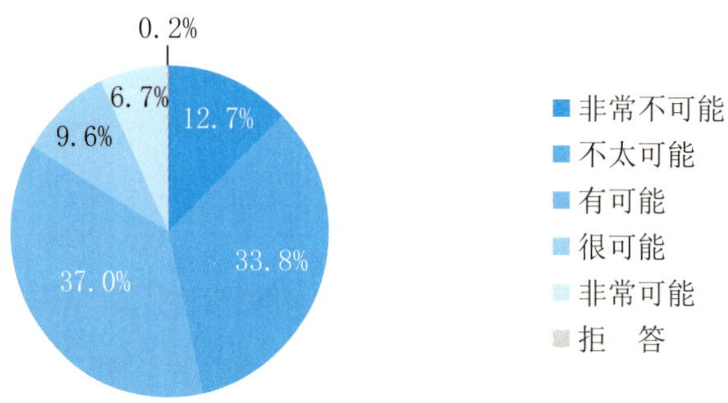

图 7-22　专业卷：法官收受贿赂的可能性作答情况分布图

由上图可以看出，专业卷的受访者在回答“法官收受贿赂的可能性”问题时，更倾向于认为上述情况有可能发生，选择“非常可能”、“很可能”和“有可能”的人数比例为53.3%，选择“非常不可能”和“不太可能”的人数比例为46.5%。

专业卷的受访者依照其职业分为四类人群，不同职业群体对法官收受贿赂的可能性判断对比如图7-23：

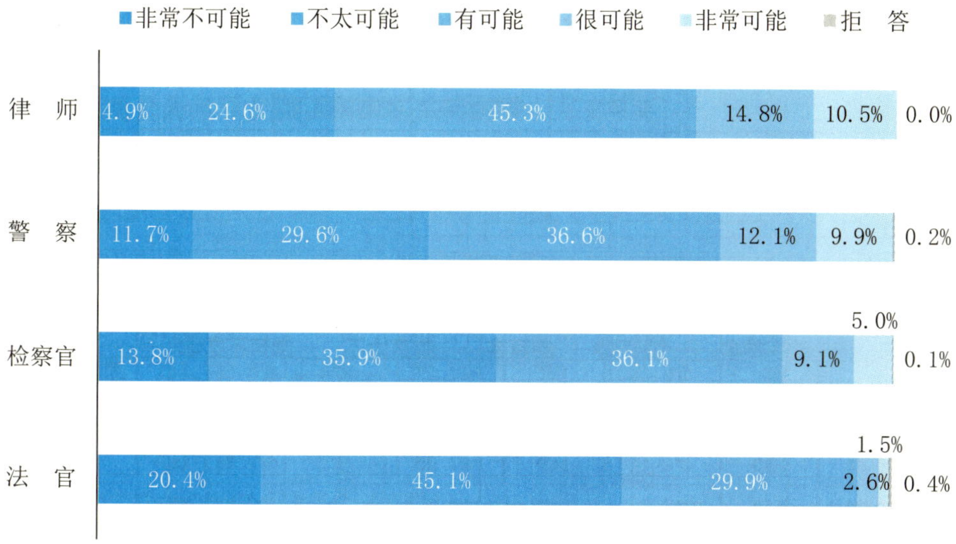

图 7-23　专业卷细分：法官收受贿赂的可能性作答情况分布图

不同职业群体在回答“法官收受贿赂的可能性”问题时，法官群体认为上述情况发生的可能性更低，其选择“非常不可能”和“不太可能”两项的人数比例高于其他三类人群，选择“有可能”、“很可能”和“非常可能”的人数比例则低于其他三类人群。与之对比的是律师群体。

问题二：“在您所在地区，法官办‘关系案’的可能性有多大?”【专业卷】

表 7-25　专业卷：法官办“关系案”的可能性作答情况详表

		法　官		检察官		警　察		律　师		全　体	
		计数	列 N%	计数	列 N%	计数	列 N%	计数	列 N%	计数	列 N%
法官办“关系案”的可能性	非常不可能	264	17.9%	207	13.7%	164	11.9%	70	4.7%	706	12.1%
	不太可能	605	41.0%	451	29.9%	365	26.5%	267	18.0%	1688	28.9%
	有可能	514	34.9%	611	40.5%	527	38.2%	685	46.2%	2340	40.0%
	很可能	60	4.1%	162	10.7%	202	14.6%	285	19.2%	709	12.1%
	非常可能	27	1.8%	77	5.1%	117	8.5%	175	11.8%	396	6.8%
	拒　答	4	0.3%	1	0.1%	4	0.3%	0	0.0%	9	0.2%

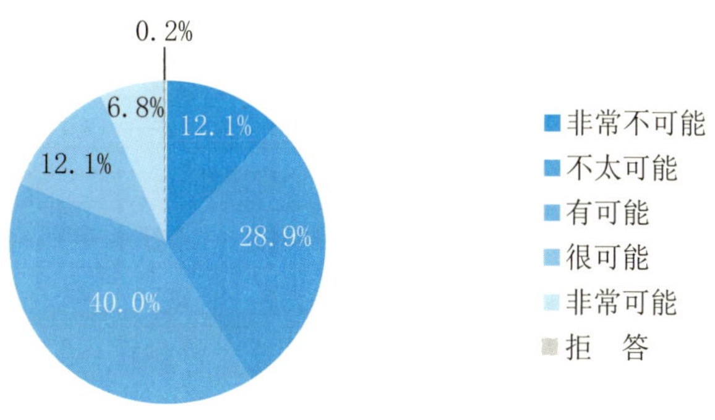

图 7-24　专业卷：法官办“关系案”的可能性作答情况分布图

由上图可以看出，专业卷的受访者在回答“法官办‘关系案’的可能性”问题时，更倾向于认为上述情况有可能发生，选择“非常可能”、“很可能”和“有可能”的人数比例为 58.9%，选择“非常不可能”和“不太可能”的人数比例为 41.0%。

专业卷的受访者依照其职业分为四类人群，不同职业群体对法官办“关系案”的可能性判断对比如下图：

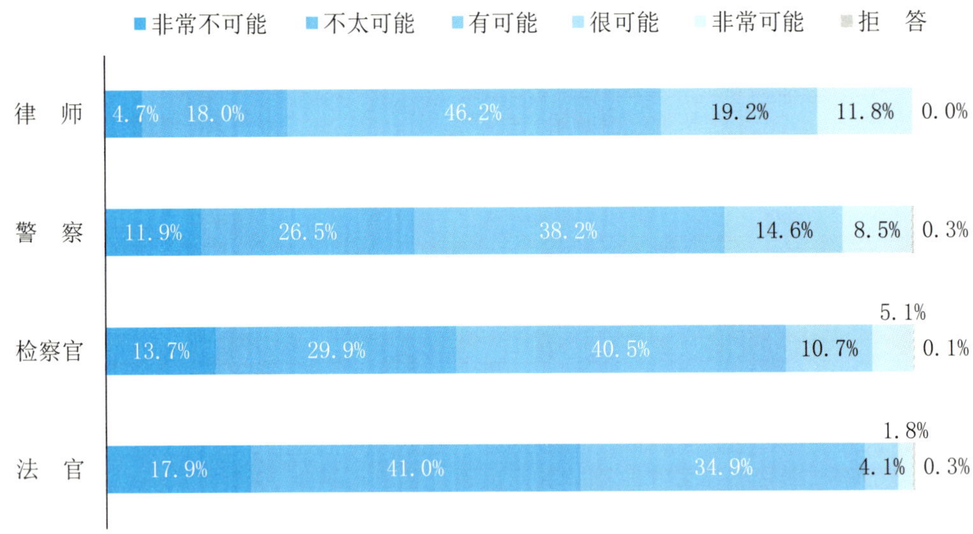

图 7-25　专业卷细分：法官办“关系案”的可能性作答情况分布图

不同职业群体在回答“法官办‘关系案’的可能性”问题时，法官群体认为上述情况发生的可能性更低，其选择“非常不可能”和“不太可能”两项的人数比例高于其他三类人群，选择“有可能”、“很可能”和“非常可能”的人数比例则低于其他三类人群。与之对比的是律师群体。

7.3.2　法官远离腐败问题相关分析

课题组采用相关性分析和交叉分析两种数据分析技术，对公众卷和专业卷进行分析。

首先对公众卷的 Q2.1 题和 Q4.1 题进行相关性分析，考察两组数据间的 Spearman 相关系数，得到下表：

表 7-26　对法官满意度和法官收受贿赂可能性认知之间的相关分析表

			Q2.1：在您所在地区，法官收受贿赂的可能性有多大?	Q4.1：您对自己所在地区法官的满意度如何?
Spearman 的 rho	Q2.1：在您所在地区，法官收受贿赂的可能性有多大?	相关系数	1.000	-0.318**
		显著性（双尾）		0.000
		N*	18 404	18 327
	Q4.1：您对自己所在地区法官的满意度如何?	相关系数	-0.318**	1.000
		显著性（双尾）	0.000	
		N*	18 327	18 425

*N 为样本数；** 相关性在 0.01 层上显著（双尾）。

从上表中不难发现，Spearman 相关系数为-0.318，表示两题之间具有负相关性；同时双尾显著性为 0.000，表示该结果在 0.01 水平上显著，即表示其判断犯弃真型错误率小于 1%，结果准确。

为直观而深入地探寻两题间可能存在的深层次联系，我们对两题进行交叉分析：首先将拒答问卷全部剔除，再对剩下的问卷样本以受访者对法官的满意度作为区分条件，来分析对法官的满意度不同的受访者在对法官收受贿赂的可能性这一问题的认知上具有的分布特性，得到表 7-27：

表 7-27 对法官满意度和法官收受贿赂可能性认知之间的交叉分析表

			Q2.1：在您所在地区，法官收受贿赂的可能性有多大？					总 计
			非常不可能	不太可能	有可能	很可能	非常可能	
Q4.1：您对自己所在地区法官的满意度如何？	非常不满意	计 数	21	22	38	44	169	294
		占满意度比	7.1%	7.5%	12.9%	15.0%	57.5%	100.0%
		占可能性比	2.5%	0.5%	0.5%	1.4%	8.9%	1.6%
		占总比	0.1%	0.1%	0.2%	0.2%	0.9%	1.6%
	不太满意	计 数	28	119	307	254	256	964
		占满意度比	2.9%	12.3%	31.8%	26.3%	26.6%	100.0%
		占可能性比	3.3%	2.5%	4.0%	8.0%	13.5%	5.3%
		占总比	0.2%	0.6%	1.7%	1.4%	1.4%	5.3%
	一 般	计 数	152	1592	4561	1822	971	9098
		占满意度比	1.7%	17.5%	50.1%	20.0%	10.7%	100.0%
		占可能性比	17.9%	33.7%	59.5%	57.2%	51.2%	49.6%
		占总比	0.8%	8.7%	24.9%	9.9%	5.3%	49.6%
	比较满意	计 数	279	2578	2608	949	381	6795
		占满意度比	4.1%	37.9%	38.4%	14.0%	5.6%	100.0%
		占可能性比	32.9%	54.5%	34.0%	29.8%	20.1%	37.1%
		占总比	1.5%	14.1%	14.2%	5.2%	2.1%	37.1%
	非常满意	计 数	368	417	153	117	121	1176
		占满意度比	31.3%	35.5%	13.0%	9.9%	10.3%	100.0%
		占可能性比	43.4%	8.8%	2.0%	3.7%	6.4%	6.4%
		占总比	2.0%	2.3%	0.8%	0.6%	0.7%	6.4%
总 计		计 数	848	4728	7667	3186	1898	18 327
		占总比	4.6%	25.8%	41.8%	17.4%	10.4%	100.0%

以受访者对法官的满意度为横轴，以法官收受贿赂的可能性为纵轴，可得下图：

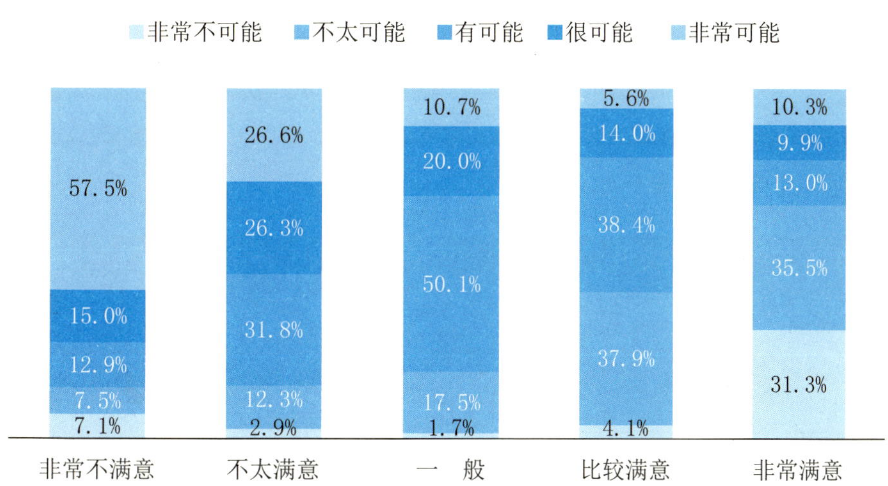

图 7-26 对法官满意度和法官收受贿赂可能性认知之间的交叉分析图

数据挖掘分析：

若将选项“非常可能”、“很可能”和“有可能”合并视为“可能”，将选项“不太可能”和“非常不可能”合并视为“不可能”，则得数据如下：

1. 对法官满意度为“非常不满意”的受访者中，认为法官可能收受贿赂的比例为85.4%。
2. 对法官满意度为“不太满意”的受访者中，认为法官可能收受贿赂的比例为84.7%。
3. 对法官满意度为“一般”的受访者中，认为法官可能收受贿赂的比例为80.8%。
4. 对法官满意度为“比较满意”的受访者中，认为法官可能收受贿赂的比例为58.0%。
5. 对法官满意度为“非常满意”的受访者中，认为法官可能收受贿赂的比例为33.2%。

数据表明，公众卷Q2.1题和Q4.1题之间，即受访者对法官收受贿赂可能性的认知与受访者对法官满意度之间存在一定的关联。具体来说，受访者对法官满意度越低，认为法官收受贿赂的可能性就越高，两者之间呈现负相关性。

通过对专业卷的Q7.1题和Q33.1题进行相关性分析，考察两组数据间的Spearman相关系数，得到下表：

表7-28　对法官满意度和法官收受贿赂可能性认知之间的相关分析表

			Q7.1：在您所在地区，法官收受贿赂的可能性有多大？	Q33.1：您对自己所在地区法官的满意度如何？
Spearman 的 rho	Q7.1：在您所在地区，法官收受贿赂的可能性有多大？	相关系数	1.000	-0.458**
		显著性（双尾）		0.000
		N*	5838	5828
	Q33.1：您对自己所在地区法官的满意度如何？	相关系数	-0.458**	1.000
		显著性（双尾）	0.000	
		N*	5828	5838

＊N为样本数；＊＊相关性在0.01层上显著（双尾）。

从上表中不难发现，Spearman相关系数为-0.458，表示两题之间具有负相关性；同时双尾显著性为0.000，表示该结果在0.01水平上显著，即表示其判断犯弃真型错误率小于1%，结果准确。

为直观而深入地探寻两题间可能存在的深层次联系，我们对两题进行交叉分析：首先将拒答问卷全部剔除，再对剩下的问卷样本以受访者对法官的满意度作为区分条件，来分析对法官的满意度不同的受访者在对法官收受贿赂的可能性这一问题的认知上具有的分布特性，得到下表：

表7-29　对法官满意度和法官收受贿赂可能性认知之间的交叉分析表

			Q7.1：在您所在地区，法官收受贿赂的可能性有多大？					总　计
			非常不可能	不太可能	有可能	很可能	非常可能	
Q33.1：您对自己所在地区法官的满意度如何？	非常不满意	计　数	8	8	8	3	48	75
		占满意度比	10.7%	10.7%	10.7%	4.0%	64.0%	100.0%
		占可能性比	1.1%	0.4%	0.4%	0.5%	12.4%	1.3%
		占总比	0.1%	0.1%	0.1%	0.1%	0.8%	1.3%

续表

			Q7.1：在您所在地区，法官收受贿赂的可能性有多大？					总　计
			非常不可能	不太可能	有可能	很可能	非常可能	
Q33.1：您对自己所在地区法官的满意度如何？	不太满意	计　数	11	65	80	68	68	292
		占满意度比	3.8%	22.3%	27.4%	23.3%	23.3%	100.0%
		占可能性比	1.5%	3.3%	3.7%	12.1%	17.6%	5.0%
		占总比	0.2%	1.1%	1.4%	1.2%	1.2%	5.0%
	一　般	计　数	76	308	822	263	198	1667
		占满意度比	4.6%	18.5%	49.3%	15.8%	11.9%	100.0%
		占可能性比	10.3%	15.6%	38.0%	46.8%	51.2%	28.6%
		占总比	1.3%	5.3%	14.1%	4.5%	3.4%	28.6%
	比较满意	计　数	254	1236	1123	207	58	2878
		占满意度比	8.8%	42.9%	39.0%	7.2%	2.0%	100.0%
		占可能性比	34.3%	62.6%	51.9%	36.8%	15.0%	49.4%
		占总比	4.4%	21.2%	19.3%	3.6%	1.0%	49.4%
	非常满意	计　数	391	359	130	21	15	916
		占满意度比	42.7%	39.2%	14.2%	2.3%	1.6%	100.0%
		占可能性比	52.8%	18.2%	6.0%	3.7%	3.9%	15.7%
		占总比	6.7%	6.2%	2.2%	0.4%	0.3%	15.7%
总　计		计　数	740	1976	2163	562	387	5828
		占总比	12.7%	33.9%	37.1%	9.6%	6.6%	100.0%

以受访者对法官的满意度为横轴，以法官收受贿赂的可能性为纵轴，可得下图：

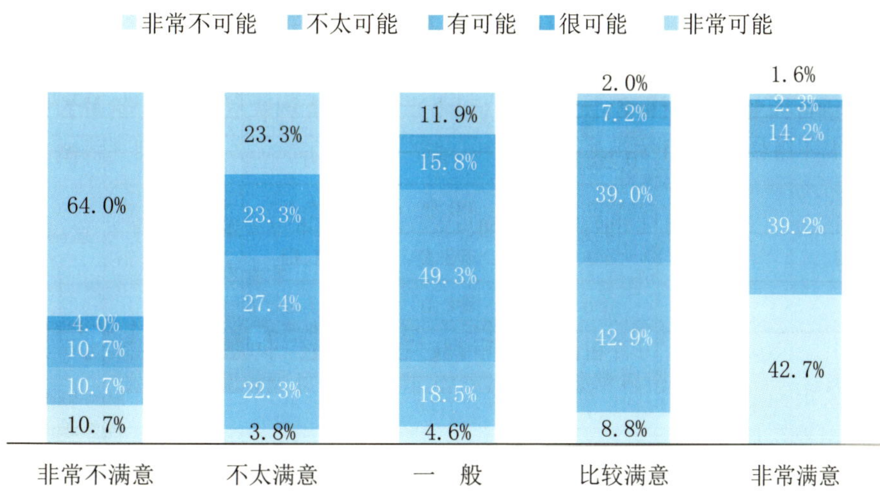

图 7-27　对法官满意度和法官收受贿赂可能性认知之间的交叉分析图

数据挖掘分析：

若将选项“非常可能”、“很可能”和“有可能”合并视为“可能”，将选项“不太可能”和“非常不可能”合并视为“不可能”，则得数据如下：

1. 对法官满意度为“非常不满意”的受访者中，认为法官可能收受贿赂的比例为78.7%。
2. 对法官满意度为“不太满意”的受访者中，认为法官可能收受贿赂的比例为74.0%。
3. 对法官满意度为“一般”的受访者中，认为法官可能收受贿赂的比例为77.0%。
4. 对法官满意度为“比较满意”的受访者中，认为法官可能收受贿赂的比例为48.2%。
5. 对法官满意度为“非常满意”的受访者中，认为法官可能收受贿赂的比例为18.1%。

数据表明，专业卷Q7.1题和Q33.1题之间，即受访者对法官收受贿赂可能性的认知与受访者对法官满意度之间存在一定的关联。一般来说，受访者对法官满意度越低，认为法官收受贿赂的可能性就越高，两者之间呈现负相关性。

通过对专业卷的Q6.1题和Q33.1题进行相关性分析，考察两组数据间的Spearman相关系数，得到下表：

表7-30 对法官满意度和法官办“关系案”可能性认知之间的相关分析表

			Q6.1：在您所在地区，法官办“关系案”的可能性有多大?	Q33.1：您对自己所在地区法官的满意度如何?
Spearman的rho	Q6.1：在您所在地区，法官办“关系案”的可能性有多大?	相关系数	1.000	-0.438**
		显著性（双尾）		0.000
		N*	5839	5829
	Q33.1：您对自己所在地区法官的满意度如何?	相关系数	-0.438**	1.000
		显著性（双尾）	0.000	
		N*	5829	5838

*N为样本数；**相关性在0.01层上显著（双尾）。

从上表中不难发现，Spearman相关系数为-0.438，表示两题之间具有负相关性；同时双尾显著性为0.000，表示该结果在0.01水平上显著，即表示其判断犯弃真型错误率小于1%，结果准确。

为直观而深入地探寻两题间可能存在的深层次联系，我们对两题进行交叉分析：首先将拒答问卷全部剔除，再对剩下的问卷样本以受访者对法官的满意度作为区分条件，来分析对法官的满意度不同的受访者在对法官办“关系案”的可能性这一问题的认知上具有的分布特性，得到下表：

表7-31 对法官满意度和法官办“关系案”可能性认知之间的交叉分析表

			Q6.1：在您所在地区，法官办“关系案”的可能性有多大?					总 计
			非常不可能	不太可能	有可能	很可能	非常可能	
Q33.1：您对自己所在地区法官的满意度如何?	非常不满意	计 数	9	4	11	8	43	75
		占满意度比	12.0%	5.3%	14.7%	10.7%	57.3%	100.0%
		占可能性比	1.3%	0.2%	0.5%	1.1%	10.9%	1.3%
		占总比	0.2%	0.1%	0.2%	0.1%	0.7%	1.3%
	不太满意	计 数	12	57	80	73	70	292
		占满意度比	4.1%	19.5%	27.4%	25.0%	24.0%	100.0%
		占可能性比	1.7%	3.4%	3.4%	10.3%	17.8%	5.0%
		占总比	0.2%	1.0%	1.4%	1.3%	1.2%	5.0%

续表

			Q6.1：在您所在地区，法官办“关系案”的可能性有多大?					总　计
			非常不可能	不太可能	有可能	很可能	非常可能	
Q33.1：您对自己所在地区法官的满意度如何?	一　般	计　数	71	248	829	336	183	1667
		占满意度比	4.3%	14.9%	49.7%	20.2%	11.0%	100.0%
		占可能性比	10.1%	14.7%	35.5%	47.5%	46.4%	28.6%
		占总比	1.2%	4.3%	14.2%	5.8%	3.1%	28.6%
	比较满意	计　数	250	1040	1253	260	79	2882
		占满意度比	8.7%	36.1%	43.5%	9.0%	2.7%	100.0%
		占可能性比	35.6%	61.7%	53.6%	36.7%	20.1%	49.4%
		占总比	4.3%	17.8%	21.5%	4.5%	1.4%	49.4%
	非常满意	计　数	361	337	165	31	19	913
		占满意度比	39.5%	36.9%	18.1%	3.4%	2.1%	100.0%
		占可能性比	51.4%	20.0%	7.1%	4.4%	4.8%	15.7%
		占总比	6.2%	5.8%	2.8%	0.5%	0.3%	15.7%
总　计		计　数	703	1686	2338	708	394	5829
		占总比	12.1%	28.9%	40.1%	12.1%	6.8%	100.0%

以受访者对法官的满意度为横轴，以法官办“关系案”的可能性为纵轴，可得下图：

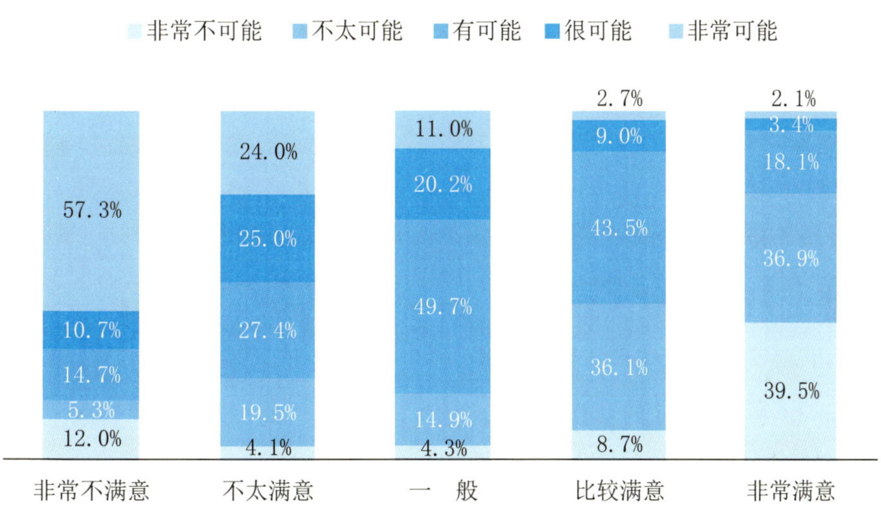

图 7-28　对法官满意度和法官办“关系案”可能性认知之间的交叉分析图

数据挖掘分析：

若将选项“非常可能”、“很可能”和“有可能”合并视为“可能”，将选项“不太可能”和“非常不可能”合并视为“不可能”，则得数据如下：

1. 对法官满意度为“非常不满意”的受访者中，认为法官可能办“关系案”的比例为 82.7%。
2. 对法官满意度为“不太满意”的受访者中，认为法官可能办“关系案”的比例为 76.4%。
3. 对法官满意度为“一般”的受访者中，认为法官可能办“关系案”的比例为 80.9%。
4. 对法官满意度为“比较满意”的受访者中，认为法官可能办“关系案”的比例为 55.2%。

5. 对法官满意度为“非常满意”的受访者中，认为法官可能办“关系案”的比例为23.6%。

数据表明，专业卷Q6.1题和Q33.1题之间，即受访者对法官办“关系案”可能性的认知与受访者对法官满意度之间存在一定的关联。一般来说，受访者对法官满意度越低，认为法官办“关系案”的可能性就越高，两者之间呈现负相关性。

通过对专业卷的Q6.1题和Q7.1题进行相关性分析，考察两组数据间的Spearman相关系数，得到下表：

表7-32 对法官办“关系案”可能性和法官收受贿赂可能性认知之间的相关分析表

			Q6.1：在您所在地区，法官办“关系案”的可能性有多大？	Q7.1：在您所在地区，法官收受贿赂的可能性有多大？
Spearman的rho	Q6.1：在您所在地区，法官办“关系案”的可能性有多大？	相关系数	1.000	0.815**
		显著性（双尾）		0.000
		N*	5839	5833
	Q7.1：在您所在地区，法官收受贿赂的可能性有多大？	相关系数	0.815**	1.000
		显著性（双尾）	0.000	
		N*	5833	5838

*N为样本数；** 相关性在0.01层上显著（双尾）。

从上表中不难发现，Spearman相关系数为0.815，表示两题之间具有极强的正相关性；同时双尾显著性为0.000，表示该结果在0.01水平上显著，即表示其判断犯弃真型错误率小于1%，结果准确。

为直观而深入地探寻两题间可能存在的深层次联系，我们对两题进行交叉分析：首先将拒答问卷全部剔除，再对剩下的问卷样本以受访者对法官办“关系案”可能性的认知作为区分条件，来分析对法官办“关系案”可能性的认知不同的受访者在对法官收受贿赂的可能性这一问题的认知上具有的分布特性，得到下表：

表7-33 对法官办“关系案”可能性和法官收受贿赂可能性认知之间的交叉分析表

			Q7.1：在您所在地区，法官收受贿赂的可能性有多大？					总计
			非常不可能	不太可能	有可能	很可能	非常可能	
Q6.1：在您所在地区，法官办“关系案”的可能性有多大？	非常不可能	计数	560	123	16	5	2	706
		占关系案可能性比	79.3%	17.4%	2.3%	0.7%	0.3%	100.0%
		占受贿可能性比	75.5%	6.2%	0.7%	0.9%	0.5%	12.1%
		占总比	9.6%	2.1%	0.3%	0.1%	0.0%	12.1%
	不太可能	计数	140	1352	188	8	0	1688
		占关系案可能性比	8.3%	80.1%	11.1%	0.5%	0.0%	100.0%
		占受贿可能性比	18.9%	68.5%	8.7%	1.4%	0.0%	28.9%
		占总比	2.4%	23.2%	3.2%	0.1%	0.0%	28.9%
	有可能	计数	35	457	1682	145	18	2337
		占关系案可能性比	1.5%	19.6%	72.0%	6.2%	0.8%	100.0%
		占受贿可能性比	4.7%	23.1%	77.7%	25.8%	4.6%	40.1%
		占总比	0.6%	7.8%	28.8%	2.5%	0.3%	40.1%

续表

			Q7.1：在您所在地区，法官收受贿赂的可能性有多大？					总　计
			非常不可能	不太可能	有可能	很可能	非常可能	
Q6.1：在您所在地区，法官办“关系案”的可能性有多大？	很可能	计　数	3	42	248	328	85	706
		占关系案可能性比	0.4%	5.9%	35.1%	46.5%	12.0%	100.0%
		占受贿可能性比	0.4%	2.1%	11.5%	58.3%	21.9%	12.1%
		占总比	0.1%	0.7%	4.3%	5.6%	1.5%	12.1%
	非常可能	计　数	4	1	30	77	284	396
		占关系案可能性比	1.0%	0.3%	7.6%	19.4%	71.7%	100.0%
		占受贿可能性比	0.5%	0.1%	1.4%	13.7%	73.0%	6.8%
		占总比	0.1%	0.0%	0.5%	1.3%	4.9%	6.8%
总　计		计　数	742	1975	2164	563	389	5833
		占总比	12.7%	33.9%	37.1%	9.7%	6.7%	100.0%

以法官办“关系案”的可能性为横轴，以法官收受贿赂的可能性为纵轴，可得下图：

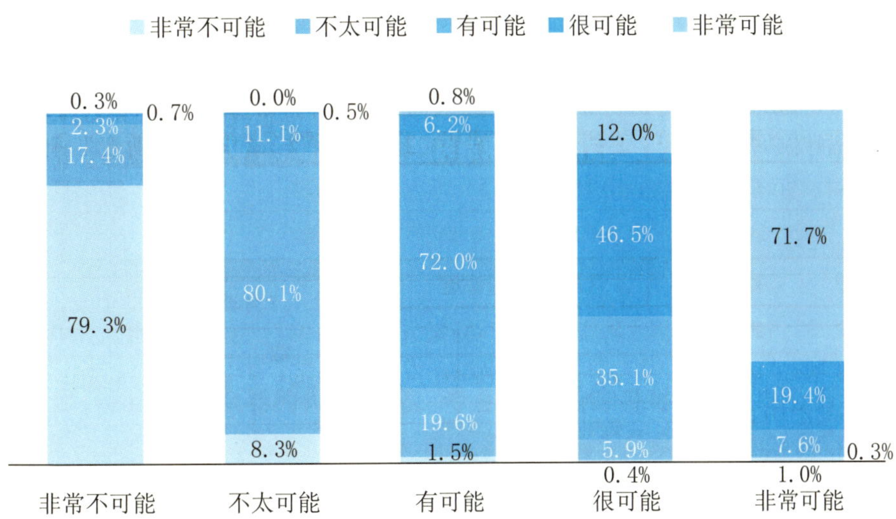

图 7-29　对法官办“关系案”可能性和法官收受贿赂可能性认知之间的交叉分析图

数据挖掘分析：

若将选项“非常可能”、“很可能”和“有可能”合并视为“可能”，将选项“不太可能”和“非常不可能”合并视为“不可能”，则得数据如下：

1. 认为法官办“关系案”的可能性为“非常不可能”的受访者中，认为法官可能收受贿赂的比例为 3.3%。

2. 认为法官办“关系案”的可能性为“不太可能”的受访者中，认为法官可能收受贿赂的比例为 11.6%。

3. 认为法官办“关系案”的可能性为“有可能”的受访者中，认为法官可能收受贿赂的比例为 79.0%。

4. 认为法官办“关系案”的可能性为“很可能”的受访者中，认为法官可能收受贿赂的比例为 93.6%。

5. 认为法官办“关系案”的可能性为“非常可能”的受访者中，认为法官可能收受贿赂的比例为98.7%。

数据表明，专业卷Q6.1题和Q7.1题之间，即受访者对法官办“关系案”可能性的认知与受访者对法官收受贿赂可能性的认知之间存在一定的关联。具体来说，受访者认为法官办“关系案”的可能性越大，越倾向于认为法官可能收受贿赂，两者之间呈现正相关性。

7.3.3 法官远离腐败问题跨卷对比分析

公众卷和专业卷均就法官收受贿赂的可能性进行了调查，我们看看两个群体的作答情况是否呈现出明显差异：

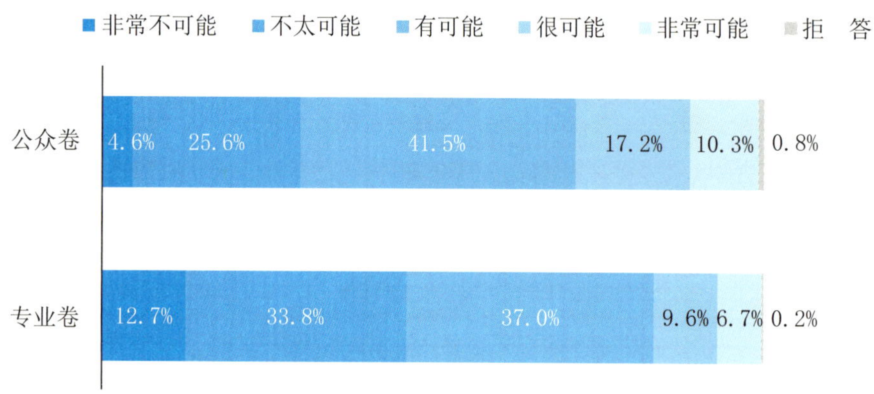

图7-30　法官收受贿赂可能性作答情况分布对照图

从上图可以看出，相对于公众卷的作答情况，专业卷的受访者认为法官收受贿赂的可能性更低，其选择“非常不可能”和“不太可能”两项的人数比例高于公众卷。

指标 8　法律职业化

法律职业化作为一级指标，下设三个二级指标：①法律职业人员获得职业培训；②法律职业人员遵守法律职业伦理规范；③法律职业人员享有职业保障。涉及公众卷 3 个题目，专业卷 7 个题目。具体的数据挖掘结果如下：

8.1　法律职业人员获得职业培训

为测量这一指标，调查问卷设计一个问题：

问题："在过去三年，您获得业务培训的总时长为?"【专业卷】

8.1.1　法律职业人员获得职业培训问题基本数据

对于法律职业人员获得职业培训问题，我们提取有关问题进行了频数分析，其基本数据情况如下：

问题："在过去三年，您获得业务培训的总时长为?"【专业卷】

表 8-1　专业卷：过去三年法律职业人员获得职业培训时长作答情况详表

		法　官		检察官		警　察		律　师		全　体	
		计数	列 N%	计数	列 N%	计数	列 N%	计数	列 N%	计数	列 N%
过去三年法律职业人员获得职业培训时长	没　有	165	11.2%	133	8.8%	159	11.6%	102	6.9%	555	9.6%
	1 周以内	262	17.8%	261	17.3%	178	13.0%	238	16.1%	934	16.1%
	1~2 周	305	20.7%	300	19.9%	218	15.9%	278	18.8%	1094	18.9%
	2~4 周	342	23.2%	405	26.8%	316	23.0%	313	21.1%	1371	23.6%
	4 周以上	394	26.7%	395	26.2%	491	35.9%	539	36.4%	1807	31.2%
	拒　答	6	0.4%	15	1.0%	10	0.7%	12	0.8%	39	0.7%

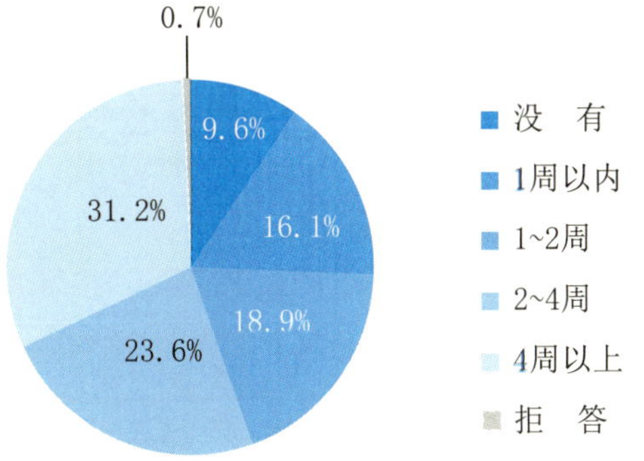

图 8-1　专业卷：过去三年法律职业人员获得职业培训时长作答情况分布图

由上图可以看出，31.2%的受访者在过去三年获得 4 周以上的培训时长；23.6%的受访者获得 2~4 周的培训时长；18.9%的受访者获得 1~2 周的培训时长；16.1%的受访者获得 1 周以内的培训时长；仅有9.6%的受访者表示在过去三年没有接受过任何培训。

专业卷的受访者依照其职业分为四类人群，不同职业群体过去三年获得的职业培训时长对比如下图：

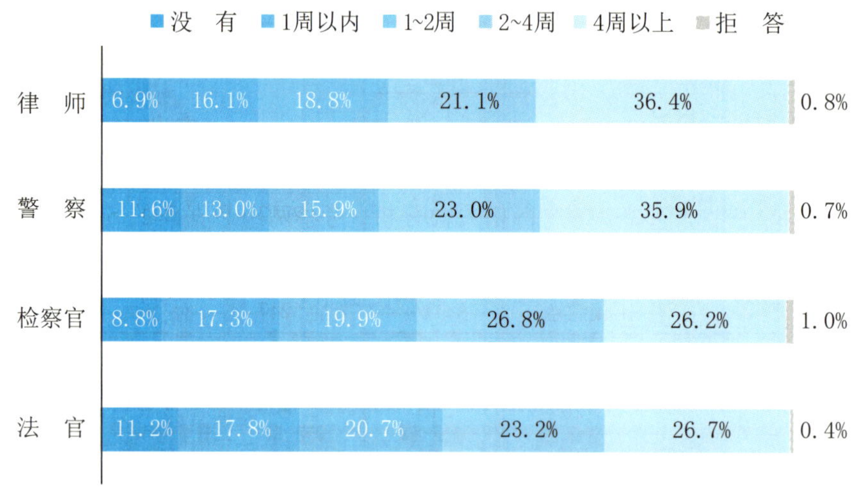

图8-2　专业卷细分：过去三年法律职业人员获得职业培训时长作答情况分布图

由上图可以看出，警察群体较其他三个群体在过去三年未获得职业培训的人数比例更高。

8.1.2　法律职业人员获得职业培训问题相关分析

课题组采用相关性分析和交叉分析两种数据分析技术，对专业卷进行分析。

首先通过对专业卷的Q1题和Q2.1题进行相关性分析，考察两组数据间的Spearman相关系数，得到下表：

表8-2　法律职业人员对职务晋升前景满意度和获得职业培训时长之间的相关分析表

			Q1：在过去三年，您获得业务培训的总时长为？	Q2.1：您对自己所在单位职务晋升前景的满意度如何？
Spearman的rho	Q1：在过去三年，您获得业务培训的总时长为？	相关系数	1.000	0.180**
		显著性（双尾）		0.000
		N*	5798	5750
	Q2.1：您对自己所在单位职务晋升前景的满意度如何？	相关系数	0.180**	1.000
		显著性（双尾）	0.000	
		N*	5750	5790

*N为样本数；**相关性在0.01层上显著（双尾）。

从上表中不难发现，Spearman相关系数为0.180，表示两题之间具有正相关性；同时双尾显著性为0.000，表示该结果在0.01水平上显著，即表示其判断犯弃真型错误率小于1%，结果准确。

为直观而深入地探寻两题之间可能存在的深层次联系，我们对两题进行交叉分析：首先将拒答问卷全部剔除，再对剩下的问卷样本以受访者获得职业培训的时长作为区分条件，来分析获得职业培训的时长不同的受访者在对职务晋升前景的满意度方面具有的分布特性，得到表8-3：

表 8-3　法律职业人员对职务晋升前景满意度和获得职业培训时长之间的交叉分析表

			Q1：在过去三年，您获得业务培训的总时长为?					总　计
			没　有	1 周以内	1~2 周	2~4 周	4 周以上	
Q2.1：您对自己所在单位职务晋升前景的满意度如何?	非常不满意	计　数	101	132	110	125	117	585
		占满意度比	17.3%	22.6%	18.8%	21.4%	20.0%	100.0%
		占培训时长比	18.3%	14.2%	10.2%	9.2%	6.5%	10.2%
		占总比	1.8%	2.3%	1.9%	2.2%	2.0%	10.2%
	不太满意	计　数	85	181	204	233	215	918
		占满意度比	9.3%	19.7%	22.2%	25.4%	23.4%	100.0%
		占培训时长比	15.4%	19.5%	18.8%	17.1%	12.0%	16.1%
		占总比	1.5%	3.2%	3.6%	4.1%	3.8%	16.1%
	一　般	计　数	248	424	503	610	752	2537
		占满意度比	9.8%	16.7%	19.8%	24.0%	29.6%	100.0%
		占培训时长比	45.0%	45.7%	46.4%	44.7%	42.0%	44.4%
		占总比	4.3%	7.4%	8.8%	10.7%	13.2%	44.4%
	比较满意	计　数	81	150	198	324	496	1249
		占满意度比	6.5%	12.0%	15.9%	25.9%	39.7%	100.0%
		占培训时长比	14.7%	16.2%	18.3%	23.8%	27.7%	21.9%
		占总比	1.4%	2.6%	3.5%	5.7%	8.7%	21.9%
	非常满意	计　数	36	40	68	72	209	425
		占满意度比	8.5%	9.4%	16.0%	16.9%	49.2%	100.0%
		占培训时长比	6.5%	4.3%	6.3%	5.3%	11.7%	7.4%
		占总比	0.6%	0.7%	1.2%	1.3%	3.7%	7.4%
总　计		计　数	551	927	1083	1364	1789	5714
		占总比	9.6%	16.2%	19.0%	23.9%	31.3%	100.0%

以受访者对职务晋升前景的满意度为横轴，以受访者获得职业培训的时长为纵轴，可得下图：

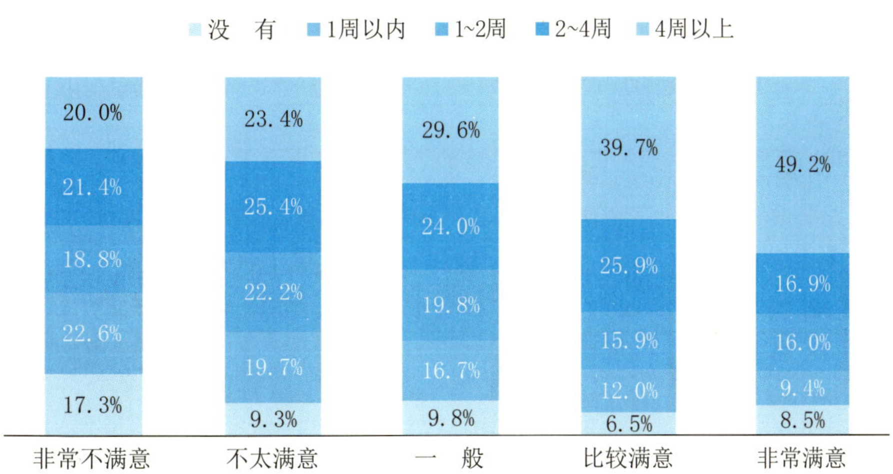

图 8-3　法律职业人员对职务晋升前景满意度和获得职业培训时长之间的交叉分析图

数据挖掘分析：

1. 对职务晋升前景的满意度为“非常不满意”的受访者中，获得职业培训时长为2周以上的比例为41.4%。

2. 对职务晋升前景的满意度为“不太满意”的受访者中，获得职业培训时长为2周以上的比例为48.8%。

3. 对职务晋升前景的满意度为“一般”的受访者中，获得职业培训时长为2周以上的比例为53.6%。

4. 对职务晋升前景的满意度为“比较满意”的受访者中，获得职业培训时长为2周以上的比例为65.6%。

5. 对职务晋升前景的满意度为“非常满意”的受访者中，获得职业培训时长为2周以上的比例为66.1%。

数据表明，专业卷Q1题和Q2.1题之间，即受访者获得职业培训的时长与受访者对职务晋升前景满意度之间存在一定的关联。具体来说，受访者获得职业培训的时长越长，对职务晋升前景满意度就越高，两者之间呈现正相关性。

8.2 法律职业人员遵守法律职业伦理规范

为测量这一指标，调查问卷设计三个问题：

问题一：“在您所在地区，律师虚假宣传的可能性有多大？”【公众卷、专业卷】

问题二：“在您所在地区，律师虚假承诺的可能性有多大？”【公众卷、专业卷】

问题三：“在您所在地区，律师与法官存在不正当利益往来的可能性有多大？”【公众卷、专业卷】

8.2.1 法律职业人员遵守法律职业伦理规范问题基本数据

对于法律职业人员遵守法律职业伦理规范问题，我们提取有关问题进行了频数分析，其中公众卷部分基本数据情况如下：

问题一：“在您所在地区，律师虚假宣传的可能性有多大？”【公众卷】

表8-4 公众卷：律师虚假宣传的可能性作答情况详表

公众卷		计　数	列N%
律师虚假宣传的可能性	非常不可能	886	4.8%
	不太可能	5353	28.9%
	有可能	8057	43.4%
	很可能	3021	16.3%
	非常可能	956	5.2%
	拒　答	279	1.5%

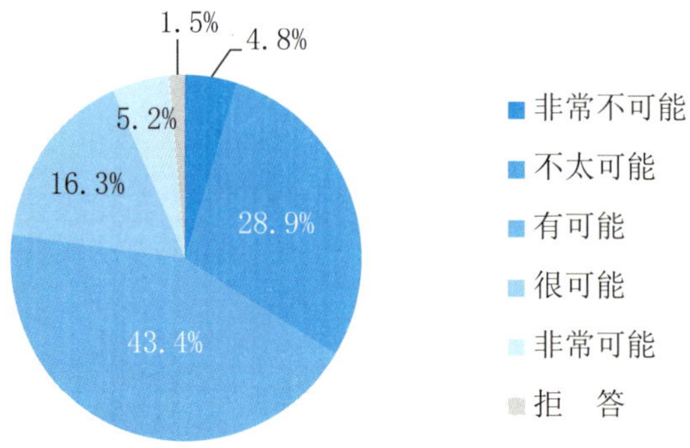

图8-4 公众卷：律师虚假宣传的可能性作答情况分布图

由上图可以看出，公众卷的受访者在回答“律师虚假宣传的可能性”问题时，更倾向于认为上述情况有可能发生，选择“非常可能”、“很可能”和“有可能”的人数比例为 64.9%，选择“非常不可能”和“不太可能”的人数比例为 33.7%。

问题二：“在您所在地区，律师虚假承诺的可能性有多大?”【公众卷】

表 8-5　公众卷：律师虚假承诺的可能性作答情况详表

公众卷		计　数	列 N%
律师虚假承诺的可能性	非常不可能	904	4.9%
	不太可能	5249	28.3%
	有可能	8102	43.7%
	很可能	3010	16.2%
	非常可能	1033	5.6%
	拒　答	254	1.4%

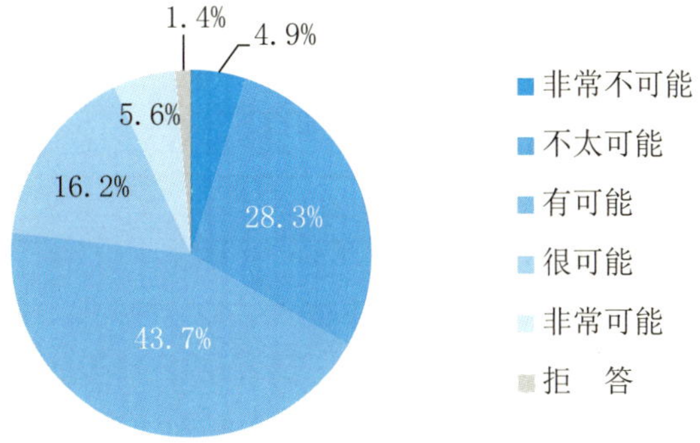

图 8-5　公众卷：律师虚假承诺的可能性作答情况分布图

由上图可以看出，公众卷的受访者在回答“律师虚假承诺的可能性”问题时，更倾向于认为上述情况有可能发生，选择“非常可能”、“很可能”和“有可能”的人数比例为 65.5%，选择“非常不可能”和“不太可能”的人数比例为 33.2%。

问题三：“在您所在地区，律师与法官存在不正当利益往来的可能性有多大?”【公众卷】

表 8-6　公众卷：律师与法官存在不正当利益往来的可能性作答情况详表

公众卷		计　数	列 N%
律师与法官存在不正当利益往来的可能性	非常不可能	1055	5.7%
	不太可能	5141	27.7%
	有可能	7671	41.3%
	很可能	3080	16.6%
	非常可能	1385	7.5%
	拒　答	220	1.2%

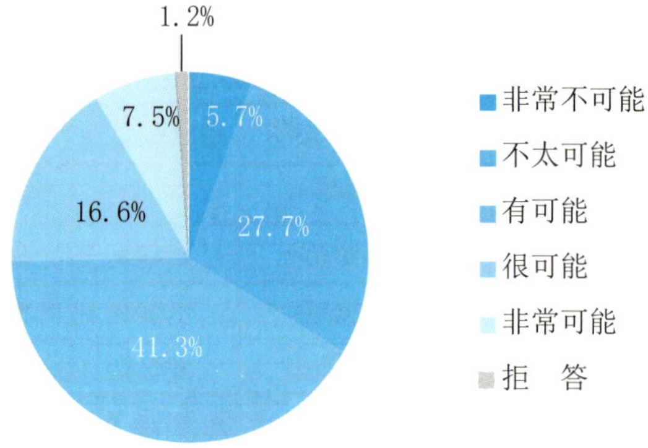

图 8-6　公众卷：律师与法官存在不正当利益往来的可能性作答情况分布图

由上图可以看出，公众卷的受访者在回答“律师与法官存在不正当利益往来的可能性”问题时，更倾向于认为上述情况有可能发生，选择“非常可能”、“很可能”和“有可能”的人数比例为65.4%，选择“非常不可能”和“不太可能”的人数比例为33.4%。

法律职业人员遵守法律职业伦理规范问题专业卷部分基本数据情况则如下：

问题一：“在您所在地区，律师虚假宣传的可能性有多大？”【专业卷】

表 8-7　专业卷：律师虚假宣传的可能性作答情况详表

		法　官		检察官		警　察		律　师		全　体	
		计数	列 N%	计数	列 N%	计数	列 N%	计数	列 N%	计数	列 N%
律师虚假宣传的可能性	非常不可能	57	3.9%	98	6.5%	115	8.3%	61	4.1%	331	5.7%
	不太可能	264	17.9%	290	19.2%	307	22.3%	331	22.3%	1194	20.4%
	有可能	695	47.2%	717	47.5%	604	43.8%	733	49.5%	2750	47.0%
	很可能	275	18.7%	277	18.4%	226	16.4%	252	17.0%	1031	17.6%
	非常可能	172	11.7%	123	8.2%	121	8.8%	102	6.9%	518	8.9%
	拒　答	11	0.7%	4	0.3%	6	0.4%	3	0.2%	24	0.4%

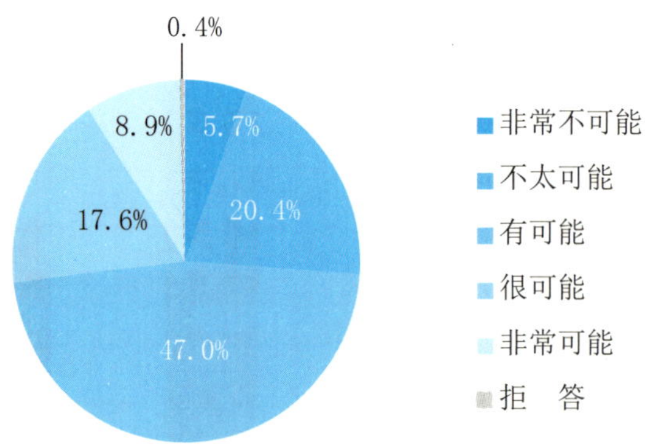

图 8-7　专业卷：律师虚假宣传的可能性作答情况分布图

由上图可以看出，专业卷的受访者在回答“律师虚假宣传的可能性”问题时，更倾向于认为上述情况有可能发生，选择“非常可能”、“很可能”和“有可能”的人数比例为73.5%，选择“非常不可能”和“不太可能”的人数比例为26.1%。

专业卷的受访者依照其职业分为四类人群，不同职业群体对律师虚假宣传的可能性判断对比如图8-8：

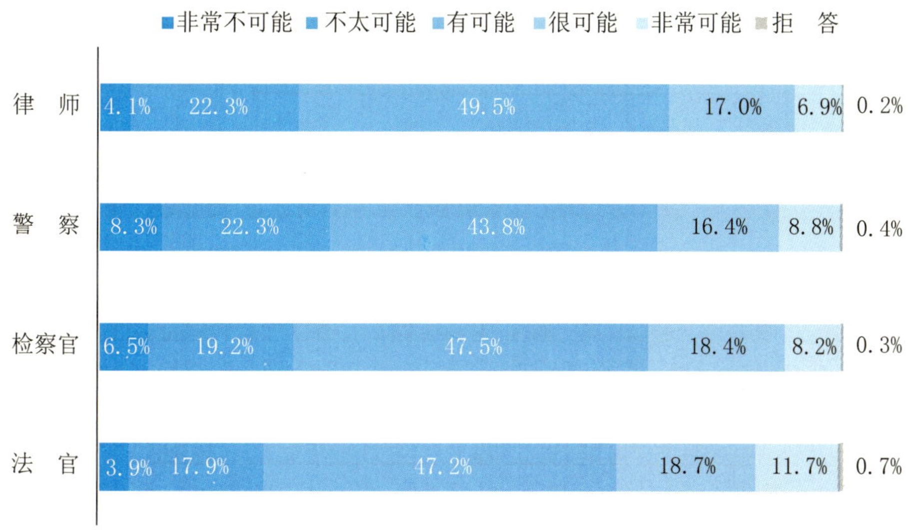

图 8-8　专业卷细分：律师虚假宣传的可能性作答情况分布图

不同职业群体在回答“律师虚假宣传的可能性”问题时，警察群体认为上述情况发生的可能性更低，其选择“非常不可能”和“不太可能”两项的人数比例高于其他三类人群，选择“很可能”和“非常可能”两项的人数比例则低于其他三类人群。与之对比的是法官群体。

问题二：“在您所在地区，律师虚假承诺的可能性有多大？”【专业卷】

表 8-8　专业卷：律师虚假承诺的可能性作答情况详表

		法　官		检察官		警　察		律　师		全　体	
		计数	列 N%	计数	列 N%	计数	列 N%	计数	列 N%	计数	列 N%
律师虚假承诺的可能性	非常不可能	49	3.3%	103	6.8%	103	7.4%	59	6.8%	314	5.4%
	不太可能	231	15.7%	241	16.0%	280	20.1%	317	16.0%	1069	18.3%
	有可能	663	45.0%	724	48.0%	611	44.6%	733	48.0%	2734	46.8%
	很可能	330	22.4%	301	19.9%	245	17.7%	262	19.9%	1139	19.5%
	非常可能	198	13.4%	137	9.1%	137	9.9%	109	9.1%	581	9.9%
	拒　答	3	0.2%	3	0.2%	3	0.2%	2	0.20%	11	0.2%

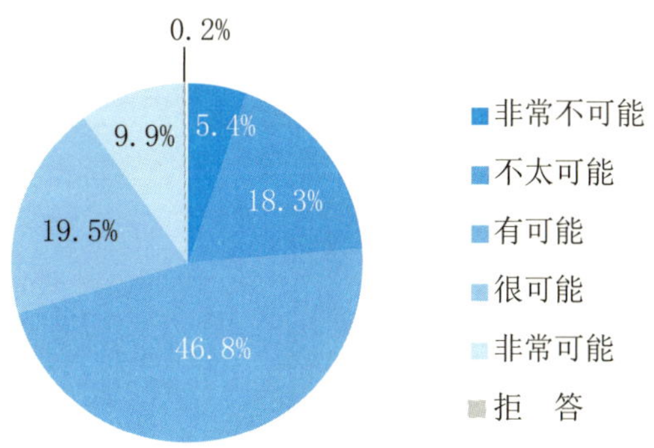

图 8-9　专业卷：律师虚假承诺的可能性作答情况分布图

由上图可以看出，专业卷的受访者在回答“律师虚假承诺的可能性”问题时，更倾向于认为上述情况有可能发生，选择“非常可能”、“很可能”和“有可能”的人数比例为 76.2%，选择“非常不可能”和“不太可能”的人数比例为 23.7%。

专业卷的受访者依照其职业分为四类人群，不同职业群体对律师虚假承诺的可能性判断对比如下图：

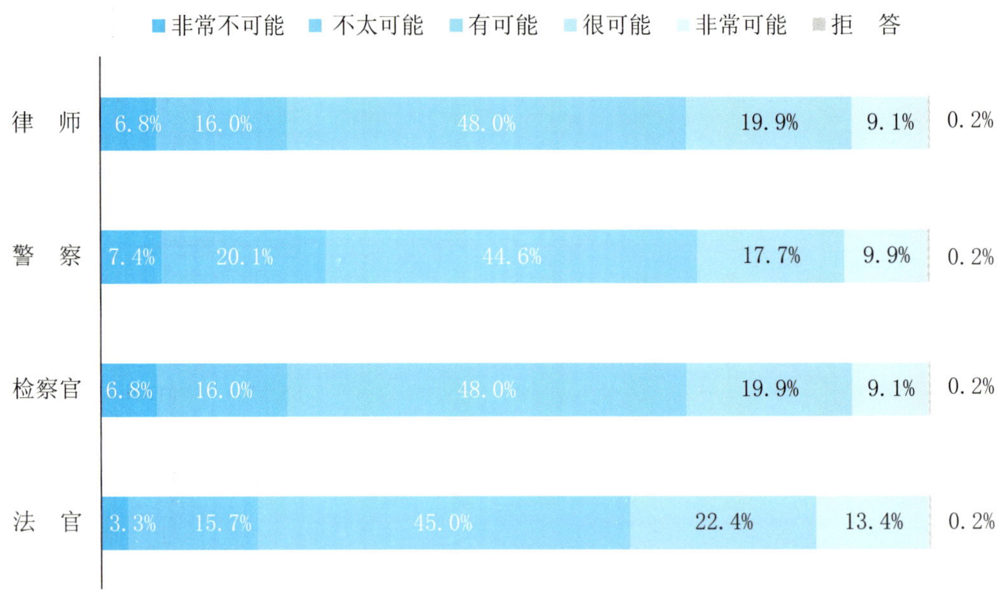

图 8-10　专业卷细分：律师虚假承诺的可能性作答情况分布图

不同职业群体在回答“律师虚假承诺的可能性”问题时，警察群体认为上述情况发生的可能性更低，其选择“非常不可能”和“不太可能”两项的人数比例高于其他三类人群，选择“很可能”和“非常可能”两项的人数比例则低于其他三类人群。与之对比的是法官群体。

问题三：“在您所在地区，律师与法官存在不正当利益往来的可能性有多大？”【专业卷】

表 8-9　专业卷：律师与法官存在不正当利益往来的可能性作答情况详表

		法　官		检察官		警　察		律　师		全　体	
		计数	列 N%	计数	列 N%	计数	列 N%	计数	列 N%	计数	列 N%
律师与法官存在不正当利益往来的可能性	非常不可能	177	12.0%	136	9.0%	115	8.3%	78	5.3%	506	8.7%
	不太可能	523	35.5%	429	28.4%	356	25.8%	333	22.5%	1644	28.1%
	有可能	640	43.4%	662	43.9%	576	41.8%	725	48.9%	2604	44.5%
	很可能	93	6.3%	177	11.7%	181	13.1%	218	14.7%	669	11.4%
	非常可能	36	2.4%	98	6.5%	147	10.7%	126	8.5%	407	7.0%
	拒　答	5	0.3%	7	0.5%	4	0.3%	2	0.1%	18	0.3%

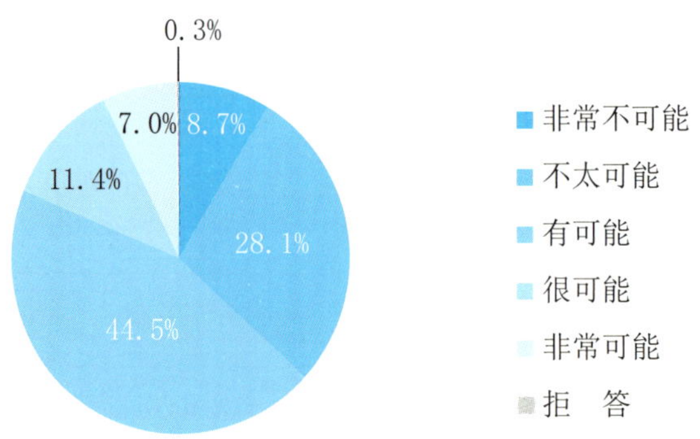

图 8-11　专业卷：律师与法官存在不正当利益往来的可能性作答情况分布图

由图 8-12 可以看出，专业卷的受访者在回答“律师与法官存在不正当利益往来的可能性”问题时，更倾向于认为上述情况有可能发生，选择“非常可能”、“很可能”和“有可能”的人数比例为 62.9%，选择“非常不可能”和“不太可能”的人数比例为 36.8%。

专业卷的受访者依照其职业分为四类人群，不同职业群体对律师与法官存在不正当利益往来的可能性判断对比如下图：

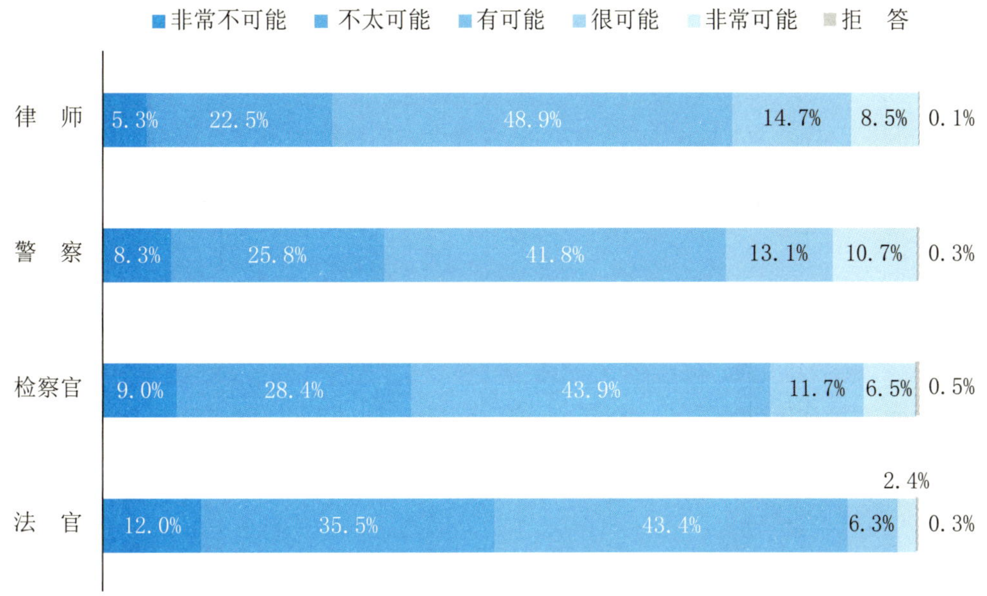

图 8-12 专业卷细分：律师与法官存在不正当利益往来的可能性作答情况分布图

不同职业群体在回答“律师与法官存在不正当利益往来的可能性”问题时，法官群体认为上述情况发生的可能性更低，其选择“非常不可能”和“不太可能”两项的人数比例高于其他三类人群，选择“很可能”和“非常可能”两项的人数比例则低于其他三类人群。与之对比的是律师群体。

8.2.2 法律职业人员遵守法律职业伦理规范问题相关分析

课题组采用相关性分析和交叉分析两种数据分析技术，对公众卷和专业卷进行分析。

通过对公众卷的 Q3.3 题和 Q4.1 题进行相关性分析，考察两组数据间的 Spearman 相关系数，得到下表：

表 8-10 对法官满意度和律师与法官存在不正当利益往来可能性认知之间的相关分析表

			Q3.3：在您所在地区，律师与法官存在不正当利益往来的可能性有多大?	Q4.1：您对自己所在地区法官的满意度如何?
Spearman 的 rho	Q3.3：在您所在地区，律师与法官存在不正当利益往来的可能性有多大?	相关系数	1.000	-0.282**
		显著性（双尾）		0.000
		N*	18 332	18 253
	Q4.1：您对自己所在地区法官的满意度如何?	相关系数	-0.282**	1.000
		显著性（双尾）	0.000	
		N*	18 253	18 425

*N 为样本数；** 相关性在 0.01 层上显著（双尾）。

从表 8-11 中不难发现，Spearman 相关系数为-0. 282，表示两题之间具有负相关性；同时双尾显著性为 0. 000，表示该结果在 0. 01 水平上显著，即表示其判断犯弃真型错误率小于 1%，结果准确。

为直观而深入地探寻两题间可能存在的深层次联系，我们对两题进行交叉分析：首先将拒答问卷全部剔除，再对剩下的问卷样本以受访者对法官的满意度作为区分条件，来分析对法官的满意度不同的受访者在对律师与法官存在不正当利益往来的可能性这一问题的认知上具有的分布特性，得到下表：

表 8-11　对法官满意度和律师与法官存在不正当利益往来可能性认知之间的交叉分析表

			Q3. 3：在您所在地区，律师与法官存在不正当利益往来的可能性有多大?					总　计
			非常不可能	不太可能	有可能	很可能	非常可能	
Q4. 1：您对自己所在地区法官的满意度如何?	非常不满意	计　数	24	31	51	52	136	294
		占满意度比	8. 2%	10. 5%	17. 3%	17. 7%	46. 3%	100. 0%
		占可能性比	2. 3%	0. 6%	0. 7%	1. 7%	9. 9%	1. 6%
		占总比	0. 1%	0. 2%	0. 3%	0. 3%	0. 7%	1. 6%
	不太满意	计　数	42	185	313	230	188	958
		占满意度比	4. 4%	19. 3%	32. 7%	24. 0%	19. 6%	100. 0%
		占可能性比	4. 0%	3. 6%	4. 1%	7. 5%	13. 7%	5. 2%
		占总比	0. 2%	1. 0%	1. 7%	1. 3%	1. 0%	5. 2%
	一　般	计　数	222	1985	4363	1801	690	9061
		占满意度比	2. 5%	21. 9%	48. 2%	19. 9%	7. 6%	100. 0%
		占可能性比	21. 1%	38. 8%	57. 1%	58. 7%	50. 1%	49. 6%
		占总比	1. 2%	10. 9%	23. 9%	9. 9%	3. 8%	49. 6%
	比较满意	计　数	389	2501	2724	890	264	6768
		占满意度比	5. 7%	37. 0%	40. 2%	13. 2%	3. 9%	100. 0%
		占可能性比	37. 0%	48. 8%	35. 7%	29. 0%	19. 2%	37. 1%
		占总比	2. 1%	13. 7%	14. 9%	4. 9%	1. 4%	37. 1%
	非常满意	计　数	373	419	186	95	99	1172
		占满意度比	31. 8%	35. 8%	15. 9%	8. 1%	8. 4%	100. 0%
		占可能性比	35. 5%	8. 2%	2. 4%	3. 1%	7. 2%	6. 4%
		占总比	2. 0%	2. 3%	1. 0%	0. 5%	0. 5%	6. 4%
总　计		计　数	1050	5121	7637	3068	1377	18 253
		占总比	5. 8%	28. 1%	41. 8%	16. 8%	7. 5%	100. 0%

以受访者对法官的满意度为横轴，以律师与法官存在不正当利益往来的可能性为纵轴，可得图 8-13：

数据挖掘分析：

若将选项“非常可能”、“很可能”和“有可能”合并视为“可能”，将选项“不太可能”和“非常不可能”合并视为“不可能”，则得数据如下：

1. 对法官满意度为“非常不满意”的受访者中，认为律师与法官可能存在不正当利益往来的比例为 81. 3%。

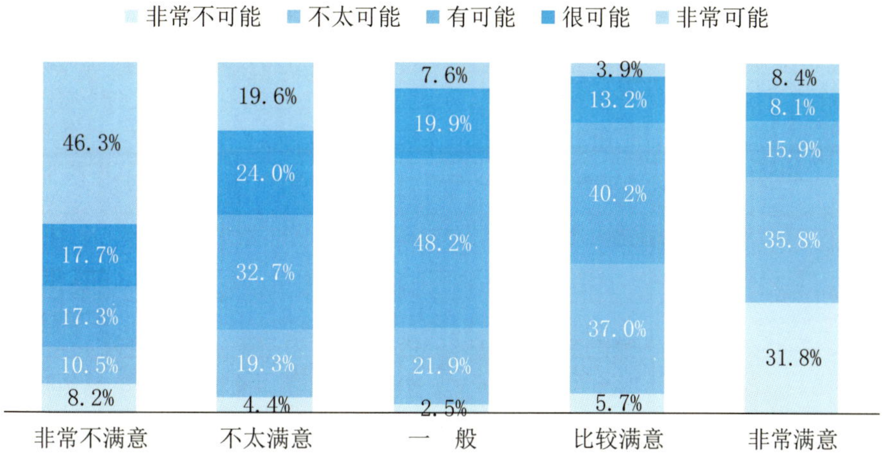

图 8-13　对法官满意度和律师与法官存在不正当利益往来可能性认知之间的交叉分析图

2. 对法官满意度为“不太满意”的受访者中，认为律师与法官可能存在不正当利益往来的比例为 76.3%。

3. 对法官满意度为“一般”的受访者中，认为律师与法官可能存在不正当利益往来的比例为 75.7%。

4. 对法官满意度为“比较满意”的受访者中，认为律师与法官可能存在不正当利益往来的比例为 57.3%。

5. 对法官满意度为“非常满意”的受访者中，认为律师与法官可能存在不正当利益往来的比例为 32.4%。

数据表明，公众卷 Q3.3 题和 Q4.1 题之间，即受访者对律师与法官存在不正当利益往来可能性的认知与受访者对法官满意度之间存在一定的关联。具体来说，受访者对法官满意度越低，认为律师与法官存在不正当利益往来的可能性就越高，两者之间呈现负相关性。

通过对专业卷的 Q5.3 题和 Q33.1 题进行相关性分析，考察两组数据间的 Spearman 相关系数，得到下表：

表 8-12　对法官满意度和律师与法官存在不正当利益往来可能性认知之间的相关分析表

			Q5.3：在您所在地区，律师与法官存在不正当利益往来的可能性有多大?	Q33.1：您对自己所在地区法官的满意度如何?
Spearman 的 rho	Q5.3：在您所在地区，律师与法官存在不正当利益往来的可能性有多大?	相关系数	1.000	-0.348**
		显著性（双尾）		0.000
		N*	5830	5820
	Q33.1：您对自己所在地区法官的满意度如何?	相关系数	-0.348**	1.000
		显著性（双尾）	0.000	
		N*	5820	5838

*N 为样本数；** 相关性在 0.01 层上显著（双尾）。

从上表中不难发现，Spearman 相关系数为-0.348，表示两题之间具有负相关性；同时双尾显著性为 0.000，表示该结果在 0.01 水平上显著，即表示其判断犯弃真型错误率小于 1%，结果准确。

为直观而深入地探寻两题间可能存在的深层次联系，我们对两题进行交叉分析：首先将拒答问卷全部剔除，再对剩下的问卷样本以受访者对法官的满意度作为区分条件，来分析对法官的满意度不同的受访者在对律师与法官存在不正当利益往来的可能性这一问题的认知上具有的分布特性，得到表 8-13：

表 8-13　对法官满意度和律师与法官存在不正当利益往来可能性认知之间的交叉分析表

			Q5.3：在您所在地区，律师与法官存在不正当利益往来的可能性有多大?					总　计
			非常不可能	不太可能	有可能	很可能	非常可能	
Q33.1：您对自己所在地区法官的满意度如何?	非常不满意	计　数	9	8	16	10	32	75
		占满意度比	12.0%	10.7%	21.3%	13.3%	42.7%	100.0%
		占可能性比	1.8%	0.5%	0.6%	1.5%	7.9%	1.3%
		占总比	0.2%	0.1%	0.3%	0.2%	0.5%	1.3%
	不太满意	计　数	18	52	108	61	53	292
		占满意度比	6.2%	17.8%	37.0%	20.9%	18.2%	100.0%
		占可能性比	3.6%	3.2%	4.2%	9.1%	13.1%	5.0%
		占总比	0.3%	0.9%	1.9%	1.0%	0.9%	5.0%
	一　般	计　数	64	274	863	283	180	1664
		占满意度比	3.8%	16.5%	51.9%	17.0%	10.8%	100.0%
		占可能性比	12.7%	16.7%	33.2%	42.4%	44.3%	28.6%
		占总比	1.1%	4.7%	14.8%	4.9%	3.1%	28.6%
	比较满意	计　数	167	932	1390	274	113	2876
		占满意度比	5.8%	32.4%	48.3%	9.5%	3.9%	100.0%
		占可能性比	33.1%	56.7%	53.5%	41.1%	27.8%	49.4%
		占总比	2.9%	16.0%	23.9%	4.7%	1.9%	49.4%
	非常满意	计　数	247	377	222	39	28	913
		占满意度比	27.1%	41.3%	24.3%	4.3%	3.1%	100.0%
		占可能性比	48.9%	22.9%	8.5%	5.8%	6.9%	15.7%
		占总比	4.2%	6.5%	3.8%	0.7%	0.5%	15.7%
总　计		计　数	505	1643	2599	667	406	5820
		占总比	8.7%	28.2%	44.7%	11.5%	7.0%	100.0%

以受访者对法官的满意度为横轴，以律师与法官存在不正当利益往来的可能性为纵轴，可得下图：

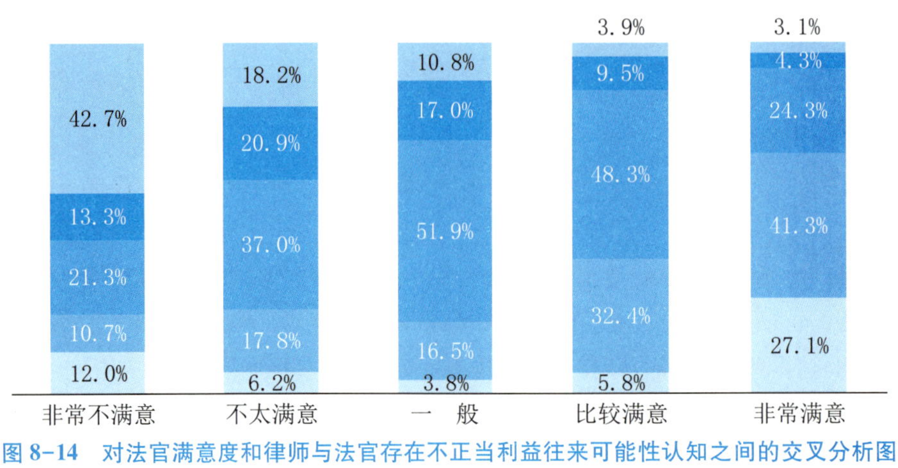

图 8-14　对法官满意度和律师与法官存在不正当利益往来可能性认知之间的交叉分析图

数据挖掘分析：

若将选项"非常可能"、"很可能"和"有可能"合并视为"可能"，将选项"不太可能"和"非常不可能"合并视为"不可能"，则得数据如下：

1. 对法官满意度为"非常不满意"的受访者中，认为律师与法官可能存在不正当利益往来的比例为 77.3%。
2. 对法官满意度为"不太满意"的受访者中，认为律师与法官可能存在不正当利益往来的比例为 76.1%。
3. 对法官满意度为"一般"的受访者中，认为律师与法官可能存在不正当利益往来的比例为 79.7%。
4. 对法官满意度为"比较满意"的受访者中，认为律师与法官可能存在不正当利益往来的比例为 61.7%。
5. 对法官满意度为"非常满意"的受访者中，认为律师与法官可能存在不正当利益往来的比例为 31.7%。

数据表明，专业卷 Q5.3 题和 Q33.1 题之间，即受访者对律师与法官存在不正当利益往来可能性的认知与受访者对法官满意度之间存在一定的关联。一般来说，受访者对法官满意度越低，认为律师与法官存在不正当利益往来的可能性就越高，两者之间呈现负相关性。

8.2.3 法律职业人员遵守法律职业伦理规范问题跨卷对比分析

公众卷和专业卷均就律师虚假宣传的可能性进行了调查，我们看看两个群体的作答情况是否呈现出明显差异：

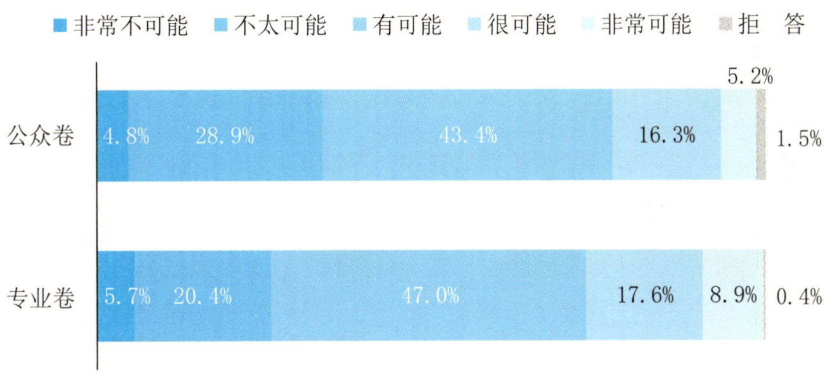

图 8-15　律师虚假宣传可能性作答情况分布对照图

从上图可以看出，相对于公众卷的作答情况，专业卷的受访者更倾向于认为律师可能虚假宣传，选择"非常可能"、"很可能"和"有可能"的人数比例高于公众卷，选择"非常不可能"和"不太可能"的人数比例低于公众卷。

公众卷和专业卷均就律师虚假承诺的可能性进行了调查，我们看看两个群体的作答情况是否呈现出明显差异：

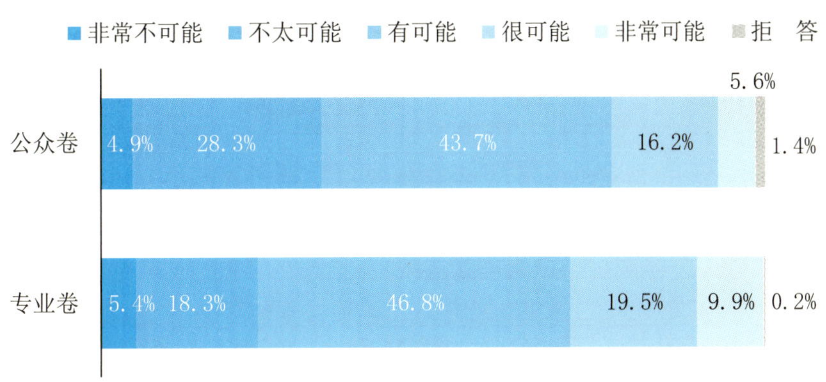

图 8-16　律师虚假承诺可能性作答情况分布对照图

从上图可以看出，相对于公众卷的作答情况，专业卷的受访者更倾向于认为律师可能虚假承诺，选择“非常可能”、“很可能”和“有可能”的人数比例高于公众卷，选择“非常不可能”和“不太可能”的人数比例低于公众卷。

公众卷和专业卷均就律师与法官存在不正当利益往来的可能性进行了调查，我们看看两个群体的作答情况是否呈现出明显差异：

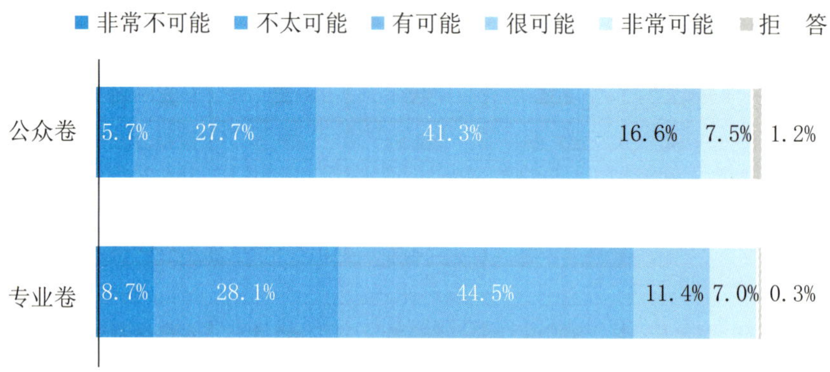

图 8-17　律师与法官存在不正当利益往来可能性作答情况分布对照图

从上图可以看出，相对于专业卷的作答情况，公众卷的受访者更倾向于认为律师与法官可能存在不正当利益往来，选择“非常可能”、“很可能”和“有可能”的人数比例高于专业卷，选择“非常不可能”和“不太可能”的人数比例低于专业卷。

8.3　法律职业人员享有职业保障

为测量这一指标，调查问卷设计三个问题：

问题一：“您对自己所获得的法律职业保障的满意度如何？（职务晋升前景、职业待遇、履行法定职责保护机制）”【专业卷】

问题二：“在您所在单位，您感受到来自以下方面的工作压力如何？（办案受到单位外部的行政干预、办案受到单位内部的干预、绩效考核、当事人及其家属、媒体舆论、其他压力）”【专业卷】

问题三：“在您所在地区，律师正常执业时发生如下问题的可能性有多大？（调查取证权受到限制、庭审中质证权行使受到限制、被追究‘律师伪证罪’、在办案过程中被公检法人员羞辱）”【专业卷】

法律职业人员享有职业保障问题基本数据

对于法律职业人员享有职业保障问题，我们提取有关问题进行了频数分析，其基本数据情况如下：

问题一：“您对自己所在单位职务晋升前景的满意度如何？”【专业卷】

表 8-14　专业卷：对自己所在单位职务晋升前景满意度作答情况详表

		法　官		检察官		警　察		律　师		全　体	
		计数	列 N%	计数	列 N%	计数	列 N%	计数	列 N%	计数	列 N%
对自己所在单位职务晋升前景满意度	非常不满意	212	14.4%	165	10.9%	165	12.0%	54	3.6%	587	10.1%
	不太满意	349	23.7%	280	18.6%	205	14.9%	95	6.4%	923	15.9%
	一　般	620	42.1%	680	45.1%	626	45.6%	643	43.4%	2554	44.0%
	比较满意	205	13.9%	272	18.0%	269	19.6%	515	34.8%	1260	21.7%

续表

		法　官		检察官		警　察		律　师		全　体	
		计数	列 N%	计数	列 N%	计数	列 N%	计数	列 N%	计数	列 N%
	非常满意	80	5.4%	103	6.8%	97	7.1%	151	10.2%	428	7.4%
	拒　答	8	0.5%	9	0.6%	10	0.7%	24	1.6%	48	0.8%

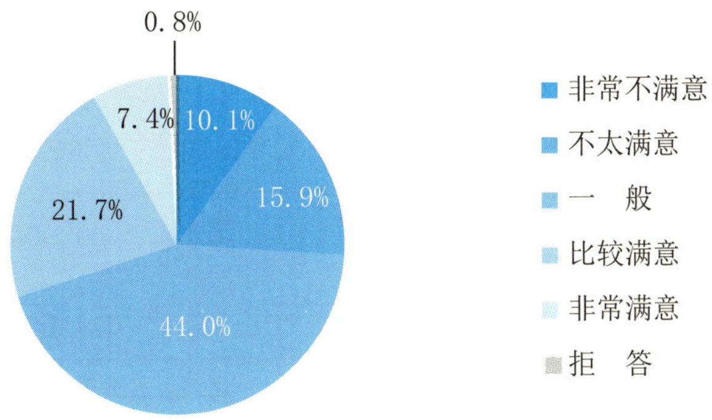

图 8-18　专业卷：对自己所在单位职务晋升前景满意度作答情况分布图

由上图可以看出，专业卷的受访者在回答“对自己所在单位职务晋升前景满意度”问题时，更倾向于对此感到满意，选择“非常满意”、“比较满意”和“一般”的人数比例为 73.1%，选择“非常不满意”和“不太满意”的人数比例为 26.0%。

专业卷的受访者依照其职业分为四类人群，不同职业群体对自己所在单位职务晋升前景的满意度对比如下图：

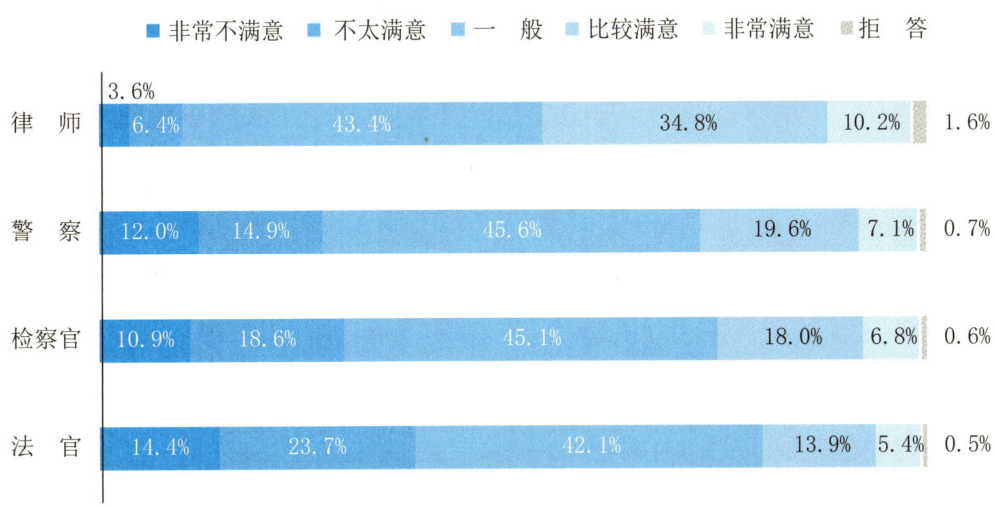

图 8-19　专业卷细分：对自己所在单位职务晋升前景满意度作答情况分布图

不同职业群体在回答“对自己所在单位职务晋升前景满意度”问题时，律师群体的满意度更高，其选择“非常不满意”和“不太满意”两项的人数比例低于其他三类人群，选择“比较满意”和“非常满意”两项的人数比例则高于其他三类人群。与之对比的是法官群体。

问题一：“您对自己所在单位职业待遇的满意度如何？”【专业卷】

表 8-15　专业卷：对自己所在单位职业待遇满意度作答情况详表

		法　官		检察官		警　察		律　师		全　体	
		计数	列 N%	计数	列 N%	计数	列 N%	计数	列 N%	计数	列 N%
对自己所在单位职业待遇满意度	非常不满意	258	17.5%	170	11.3%	143	10.4%	49	3.3%	613	10.6%
	不太满意	406	27.5%	358	23.7%	254	18.5%	133	9.0%	1141	19.7%
	一　般	561	38.1%	627	41.6%	588	42.9%	620	41.8%	2382	41.1%
	比较满意	183	12.4%	255	16.9%	277	20.2%	524	35.4%	1237	21.3%
	非常满意	53	3.6%	84	5.6%	90	6.6%	141	9.5%	366	6.3%
	拒　答	13	0.9%	15	1.0%	20	1.5%	15	1.0%	61	1.1%

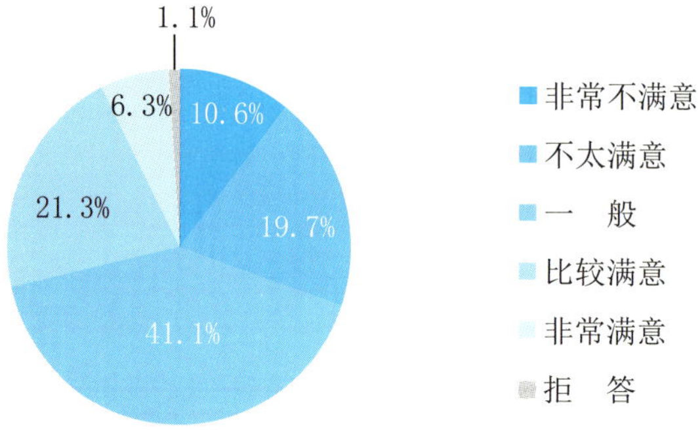

图 8-20　专业卷：对自己所在单位职业待遇满意度作答情况分布图

由上图可以看出，专业卷的受访者在回答“对自己所在单位职业待遇满意度”问题时，更倾向于对此感到满意，选择“非常满意”、“比较满意”和“一般”的人数比例为 68.7%，选择“非常不满意”和“不太满意”的人数比例为 30.3%。

专业卷的受访者依照其职业分为四类人群，不同职业群体对自己所在单位职业待遇的满意度对比如下图：

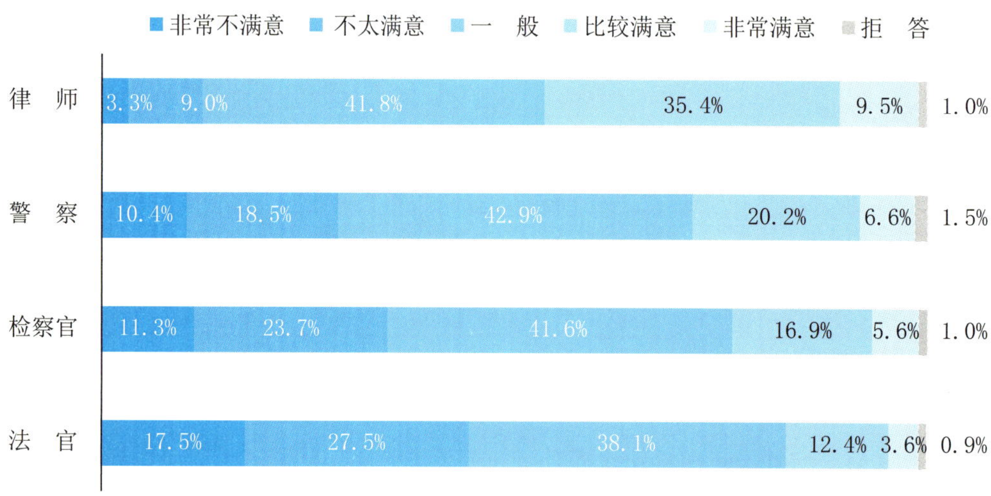

图 8-21　专业卷细分：对自己所在单位职业待遇满意度作答情况分布图

不同职业群体在回答“对自己所在单位职业待遇满意度”问题时，律师群体的满意度更高，其选择“非常不满意”和“不太满意”两项的人数比例低于其他三类人群，选择“比较满意”和“非常满意”两项的人数比例则高于其他三类人群。与之对比的是法官群体。

问题一：“您对自己所在单位履行法定职责保护机制的满意度如何？”【专业卷】

表 8-16　专业卷：对自己所在单位履行法定职责保护机制满意度作答情况详表

		法　官		检察官		警　察		律　师		全　体	
		计数	列 N%	计数	列 N%	计数	列 N%	计数	列 N%	计数	列 N%
对自己所在单位履行法定职责保护机制满意度	非常不满意	255	17. 3%	125	8. 3%	170	12. 4%	109	7. 4%	649	11. 2%
	不太满意	368	25. 0%	276	18. 3%	278	20. 3%	247	16. 7%	1162	20. 0%
	一　般	550	37. 3%	682	45. 2%	564	41. 1%	640	43. 2%	2423	41. 8%
	比较满意	214	14. 5%	300	19. 9%	242	17. 6%	370	25. 0%	1124	19. 4%
	非常满意	70	4. 7%	101	6. 7%	91	6. 6%	99	6. 7%	358	6. 2%
	拒　答	17	1. 2%	25	1. 7%	27	2. 0%	17	1. 10%	84	1. 40%

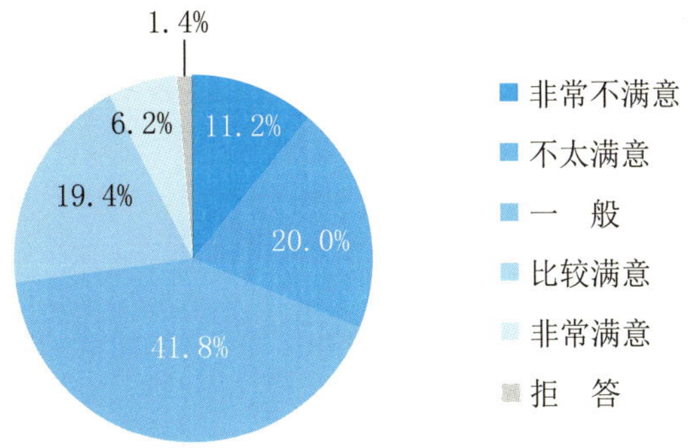

图 8-22　专业卷：对自己所在单位履行法定职责保护机制满意度作答情况分布图

由上图可以看出，专业卷的受访者在回答“对自己所在单位履行法定职责保护机制满意度”问题时，更倾向于对此感到满意，选择“非常满意”、“比较满意”和“一般”的人数比例为 67. 4%，选择“非常不满意”和“不太满意”的人数比例为 31. 2%。

专业卷的受访者依照其职业分为四类人群，不同职业群体对自己所在单位履行法定职责保护机制的满意度对比如下图：

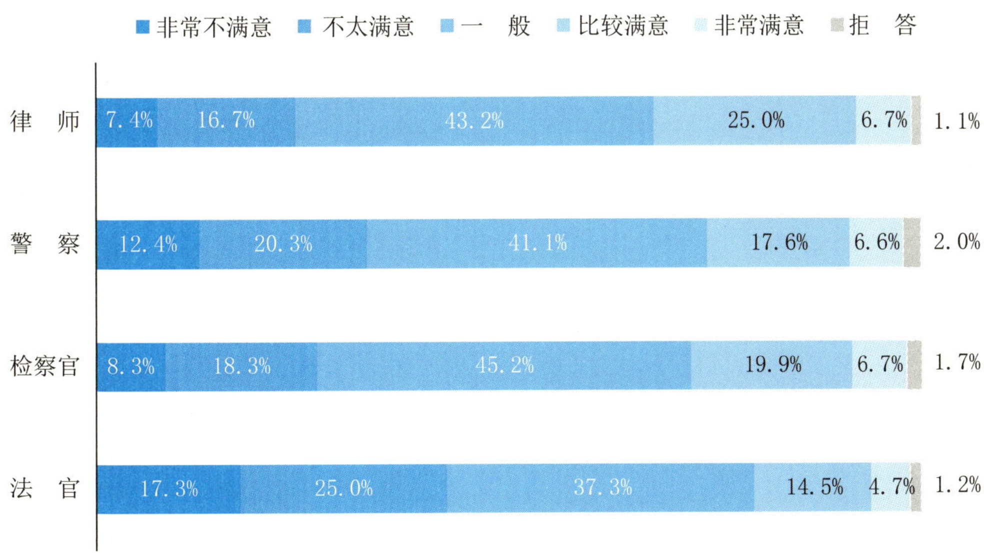

图 8-23　专业卷细分：对自己所在单位履行法定职责保护机制满意度作答情况分布图

不同职业群体在回答“对自己所在单位履行法定职责保护机制满意度”问题时，律师群体的满意度更高，其选择“非常不满意”和“不太满意”两项的人数比例低于其他三类人群，选择“比较满意”

和“非常满意”两项的人数比例则高于其他三类人群。与之对比的是法官群体。

问题二：“在您所在单位，您办案受到单位外部的行政干预的工作压力如何?”【专业卷】

表 8-17　专业卷：办案受到单位外部行政干预压力程度作答情况详表

		法官		检察官		警察		律师		全体	
		计数	列 N%	计数	列 N%	计数	列 N%	计数	列 N%	计数	列 N%
办案受到单位外部行政干预压力程度	无	207	14.0%	290	19.2%	172	12.5%	181	12.2%	847	14.6%
	小	562	38.1%	530	35.1%	402	29.3%	458	30.9%	1950	33.6%
	中	476	32.3%	450	29.8%	450	32.8%	486	32.8%	1852	31.9%
	大	144	9.8%	164	10.9%	247	18.0%	265	17.9%	811	14.0%
	很大	72	4.9%	65	4.3%	90	6.6%	88	5.9%	305	5.3%
	拒答	13	0.9%	10	0.7%	11	0.8%	4	0.3%	35	0.6%

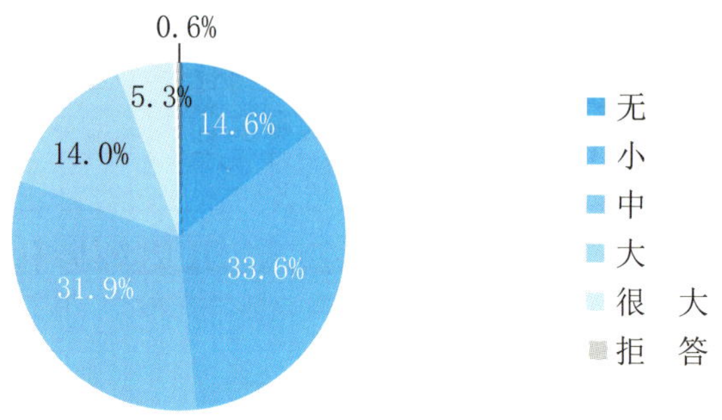

图 8-24　专业卷：办案受到单位外部行政干预压力程度作答情况分布图

由上图可以看出，专业卷的受访者在回答“办案受到单位外部行政干预压力程度”问题时，更倾向于认为有来自这方面的压力，选择压力“很大”、压力“大”、压力“中”的人数比例为 51.2%，选择压力“小”和“无”压力的人数比例为 48.2%。

专业卷的受访者依照其职业分为四类人群，不同职业群体对自己办案受到单位外部行政干预压力程度判断对比如下图：

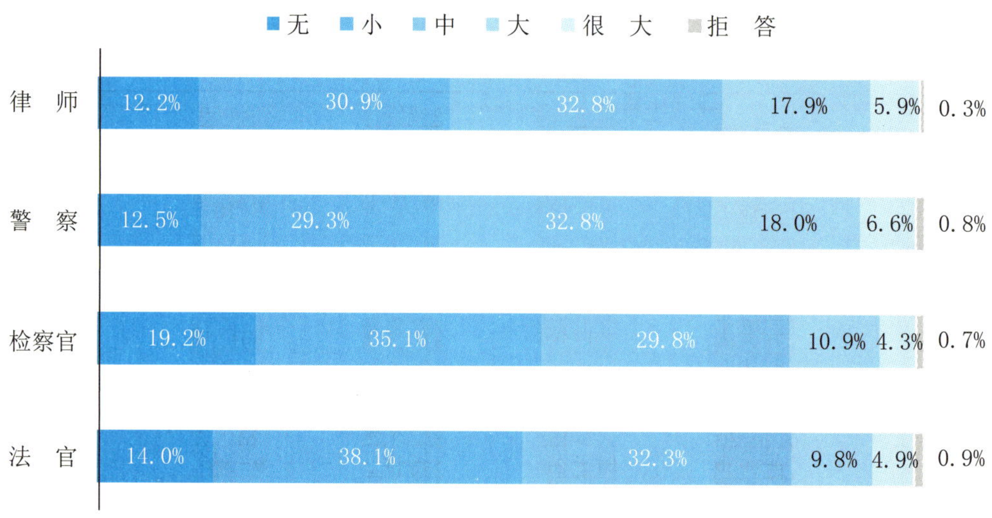

图 8-25　专业卷细分：办案受到单位外部行政干预压力程度作答情况分布图

不同职业群体在回答“办案受到单位外部行政干预压力程度”问题时，警察群体认为压力程度更大，其选择“无”和“小”两项的人数比例低于其他三类人群，选择“很大”和“大”两项的人数比例则高于其他三类人群。与之对比的是检察官群体。

问题二：“在您所在单位，您办案受到单位内部干预的工作压力如何?”【专业卷】

表 8-18　专业卷：办案受到单位内部干预压力程度作答情况详表

		法　官		检察官		警　察		律　师		全　体	
		计　数	列 N%	计数	列 N%	计数	列 N%	计数	列 N%	计数	列 N%
办案受到单位内部干预压力程度	无	201	13.6%	306	20.3%	207	15.1%	460	31.0%	1170	20.2%
	小	602	40.8%	533	35.3%	380	27.7%	507	34.2%	2016	34.8%
	中	455	30.9%	451	29.9%	499	36.4%	331	22.3%	1725	29.7%
	大	157	10.7%	163	10.8%	209	15.2%	139	9.4%	660	11.4%
	很　大	49	3.3%	50	3.3%	70	5.1%	38	2.6%	201	3.5%
	拒　答	10	0.7%	6	0.4%	7	0.5%	7	0.5%	28	0.5%

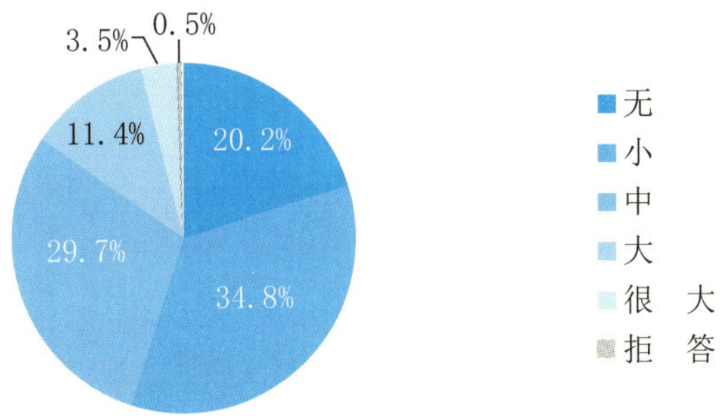

图 8-26　专业卷：办案受到单位内部干预压力程度作答情况分布图

由上图可以看出，专业卷的受访者在回答“办案受到单位内部干预压力程度”问题时，更倾向于认为不太有来自这方面的压力，选择“无”压力和压力“小”的人数比例为 55.0%，选择压力“中”、压力“大”和压力“很大”的人数比例为 44.6%。

专业卷的受访者依照其职业分为四类人群，不同职业群体对自己办案受到单位内部干预压力程度判断对比如下图：

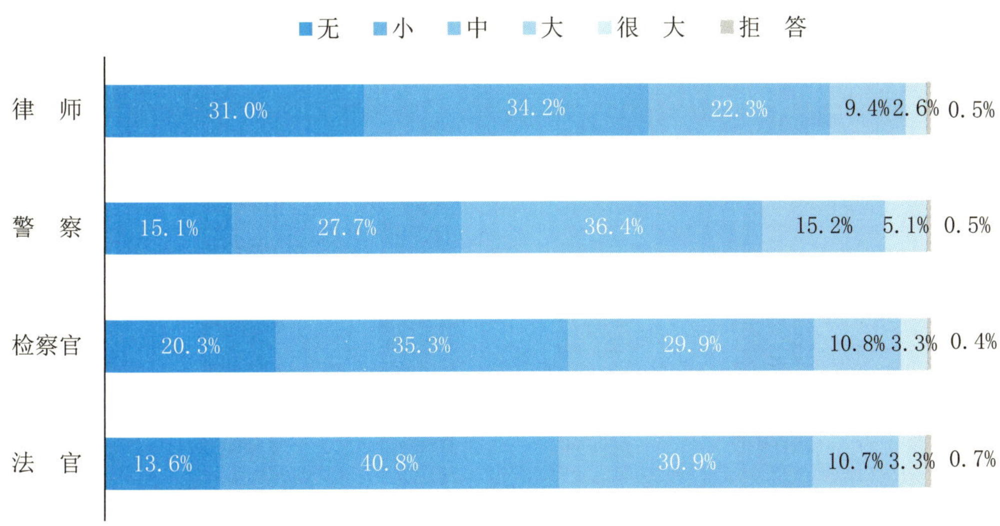

图 8-27　专业卷细分：办案受到单位内部干预压力程度作答情况分布图

不同职业群体在回答“办案受到单位内部干预压力程度”问题时，警察群体认为压力程度更大，其选择“无”和“小”两项的人数比例低于其他三类人群，选择“很大”和“大”两项的人数比例则高于其他三类人群。与之对比的是律师群体。

问题二：“在您所在单位，您感到来自绩效考核的工作压力如何?”【专业卷】

表 8-19　专业卷：来自绩效考核的工作压力程度作答情况详表

		法　官		检察官		警　察		律　师		全　体	
		计数	列 N%	计数	列 N%	计数	列 N%	计数	列 N%	计数	列 N%
来自绩效考核的工作压力程度	无	106	7.2%	152	10.1%	118	8.6%	323	21.8%	699	12.1%
	小	273	18.5%	291	19.3%	206	15.0%	456	30.8%	1226	21.1%
	中	526	35.7%	510	33.8%	472	34.4%	468	31.6%	1966	33.9%
	大	391	26.5%	358	23.7%	350	25.5%	171	11.5%	1258	21.7%
	很　大	169	11.5%	189	12.5%	213	15.5%	54	3.6%	612	10.6%
	拒　答	9	0.6%	9	0.6%	13	0.9%	10	0.7%	39	0.7%

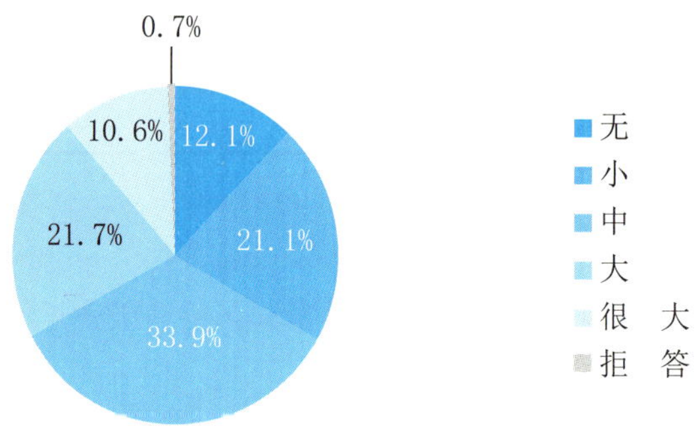

图 8-28　专业卷：来自绩效考核的工作压力程度作答情况分布图

由上图可以看出，专业卷的受访者在回答“来自绩效考核的工作压力程度”问题时，更倾向于认为有来自这方面的压力，选择压力“很大”、压力“大”和压力“中”的人数比例为 66.2%，选择“无”压力和压力“小”的人数比例为 33.2%。

专业卷的受访者依照其职业分为四类人群，不同职业群体对来自绩效考核的工作压力程度判断对比如下图：

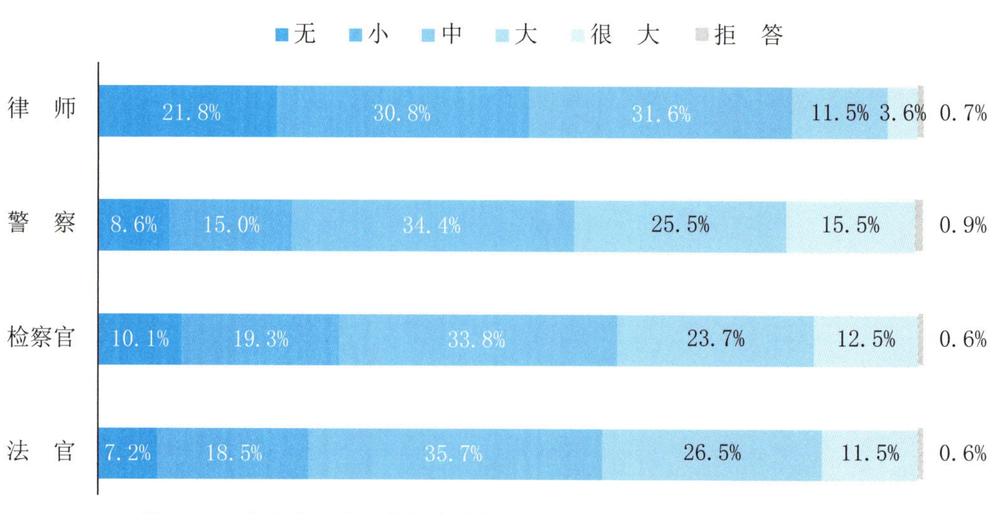

图 8-29　专业卷细分：来自绩效考核的工作压力程度作答情况分布图

不同职业群体在回答"来自绩效考核的工作压力程度"问题时，警察群体认为压力程度更大，其选择"无"和"小"两项的人数比例低于其他三类人群，选择"很大"和"大"两项的人数比例则高于其他三类人群。与之对比的是律师群体。

问题二："在您所在单位，您感到来自当事人及其家属的工作压力如何？"【专业卷】

表 8-20　专业卷：来自当事人及其家属的工作压力程度作答情况详表

		法官		检察官		警察		律师		全体	
		计数	列 N%	计数	列 N%	计数	列 N%	计数	列 N%	计数	列 N%
来自当事人及其家属的工作压力程度	无	131	8.9%	250	16.6%	209	15.2%	111	7.5%	698	12.0%
	小	302	20.5%	468	31.0%	359	26.2%	357	24.1%	1480	25.5%
	中	476	32.3%	482	31.9%	491	35.8%	552	37.2%	1990	34.3%
	大	382	25.9%	231	15.3%	225	16.4%	360	24.3%	1192	20.6%
	很大	170	11.5%	70	4.6%	74	5.4%	93	6.3%	399	6.9%
	拒答	13	0.9%	8	0.5%	14	1.0%	9	0.6%	41	0.7%

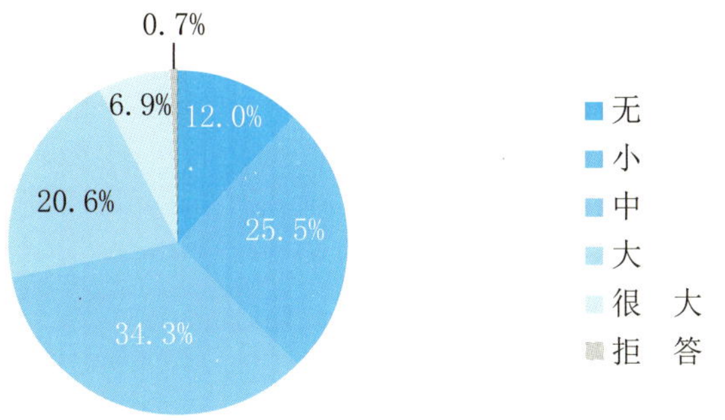

图 8-30　专业卷：来自当事人及其家属的工作压力程度作答情况分布图

由上图可以看出，专业卷的受访者在回答"来自当事人及其家属的工作压力程度"问题时，更倾向于认为有来自这方面的压力，选择压力"很大"、压力"大"和压力"中"的人数比例为 61.8%，选择"无"压力和压力"小"的人数比例为 37.5%。

专业卷的受访者依照其职业分为四类人群，不同职业群体对来自当事人及其家属的工作压力程度判断对比如下图：

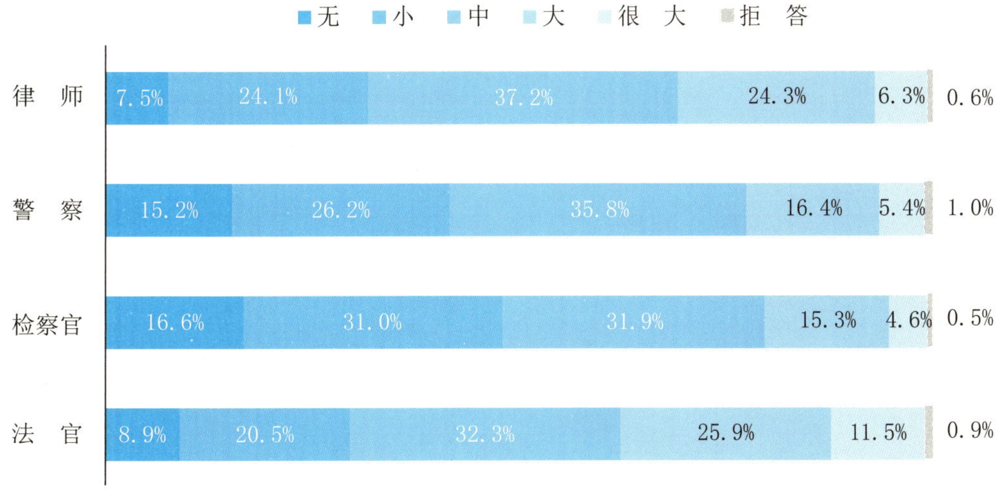

图 8-31　专业卷细分：来自当事人及其家属的工作压力程度作答情况分布图

不同职业群体在回答“来自当事人及其家属的工作压力程度”问题时，法官群体认为压力程度更大，其选择“无”和“小”两项的人数比例低于其他三类人群，选择“很大”和“大”两项的人数比例则高于其他三类人群。与之对比的是检察官群体。

问题二：“在您所在单位，您感到来自媒体舆论的工作压力如何？”【专业卷】

表 8-21 专业卷：来自媒体舆论的工作压力程度作答情况详表

		法官		检察官		警察		律师		全体	
		计数	列 N%	计数	列 N%	计数	列 N%	计数	列 N%	计数	列 N%
来自媒体舆论的工作压力程度	无	168	11.4%	268	17.8%	130	9.5%	348	23.5%	913	15.7%
	小	421	28.6%	458	30.4%	208	15.2%	559	37.7%	1644	28.3%
	中	456	30.9%	444	29.4%	409	29.8%	388	26.2%	1688	29.1%
	大	288	19.5%	223	14.8%	358	26.1%	138	9.3%	995	17.2%
	很大	131	8.9%	114	7.6%	253	18.4%	41	2.8%	529	9.1%
	拒答	10	0.7%	2	0.1%	14	1.0%	8	0.5%	31	0.5%

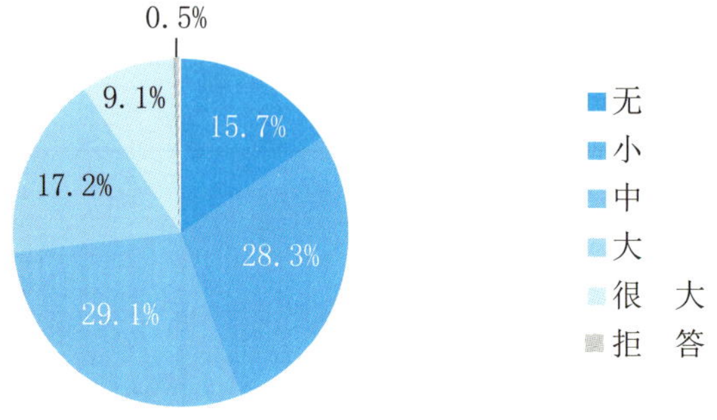

图 8-32 专业卷：来自媒体舆论的工作压力程度作答情况分布图

由上图可以看出，专业卷的受访者在回答“来自媒体舆论的工作压力程度”问题时，更倾向于认为有来自这方面的压力，选择压力“很大”、压力“大”和压力“中”的人数比例为 55.4%，选择“无”压力和压力“小”的人数比例为 44.0%。

专业卷的受访者依照其职业分为四类人群，不同职业群体对来自媒体舆论的工作压力程度判断对比如下图：

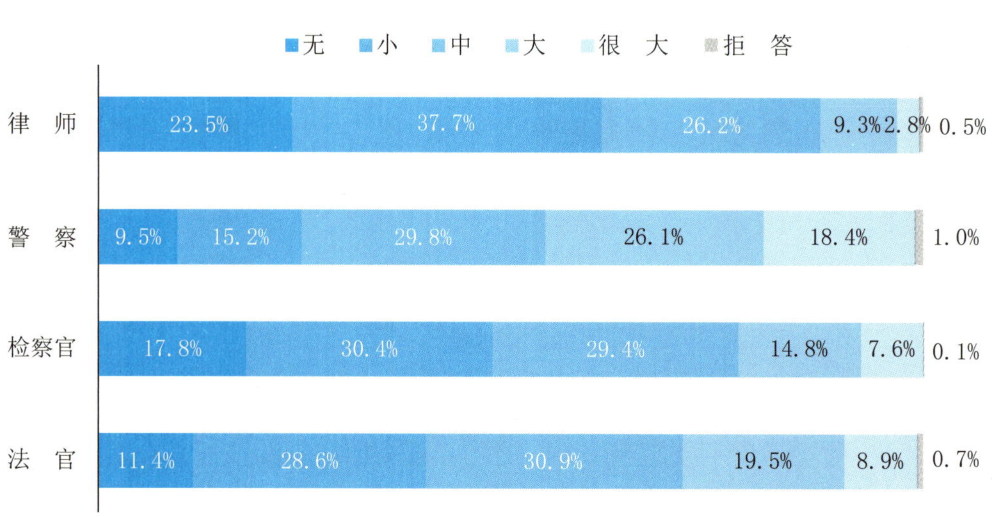

图 8-33 专业卷细分：来自媒体舆论的工作压力程度作答情况分布图

不同职业群体在回答“来自媒体舆论的工作压力程度”问题时，警察群体认为压力程度更大，其选择“无”和“小”两项的人数比例低于其他三类人群，选择“很大”和“大”两项的人数比例则高于其他三类人群。与之对比的是律师群体。

问题三：“在您所在地区，律师正常执业时调查取证权受到限制的可能性有多大?”【专业卷】

表 8-22　专业卷：律师正常执业时调查取证权受到限制的可能性作答情况详表

		法官		检察官		警察		律师		全体	
		计数	列 N%	计数	列 N%	计数	列 N%	计数	列 N%	计数	列 N%
律师正常执业时调查取证权受到限制的可能性	非常不可能	233	15.8%	439	29.1%	301	21.8%	50	3.4%	1023	17.5%
	不太可能	528	35.8%	577	38.2%	472	34.2%	219	14.8%	1798	30.7%
	有可能	430	29.2%	334	22.1%	431	31.3%	422	28.5%	1619	27.7%
	很可能	207	14.0%	111	7.4%	128	9.3%	444	30.0%	890	15.2%
	非常可能	71	4.8%	40	2.7%	41	3.0%	346	23.3%	498	8.5%
	拒　答	5	0.3%	8	0.5%	6	0.4%	1	0.1%	20	0.3%

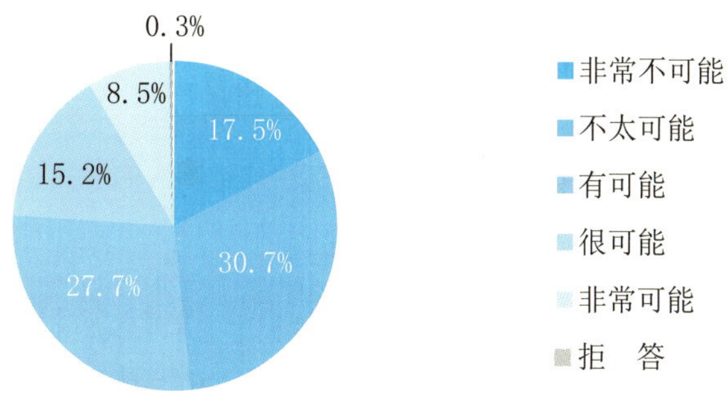

图 8-34　专业卷：律师正常执业时调查取证权受到限制的可能性作答情况分布图

由上图可以看出，专业卷的受访者在回答“律师正常执业时调查取证权受到限制的可能性”问题时，更倾向于认为上述情况有可能发生，选择“非常可能”、“很可能”和“有可能”的人数比例为51.4%，选择“非常不可能”和“不太可能”的人数比例为48.2%。

专业卷的受访者依照其职业分为四类人群，不同职业群体对律师正常执业时调查取证权受到限制的可能性判断对比如下图：

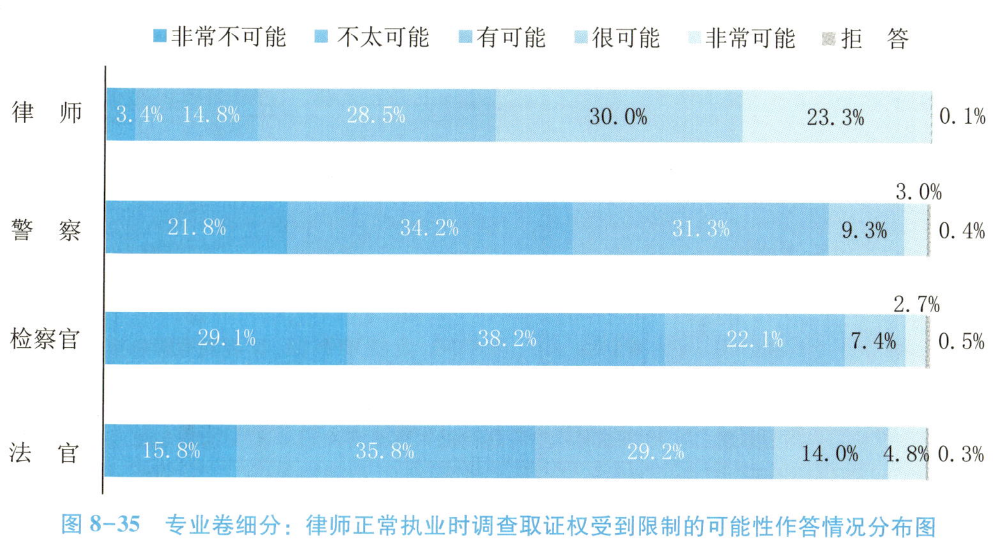

图 8-35　专业卷细分：律师正常执业时调查取证权受到限制的可能性作答情况分布图

不同职业群体在回答“律师正常执业时调查取证权受到限制的可能性”问题时，律师群体认为可能性更大，其选择“非常不可能”和“不太可能”两项的人数比例低于其他三类人群，选择“非常可能”和“很可能”两项的人数比例则高于其他三类人群。与之对比的是检察官群体。

问题三：“在您所在地区，律师正常执业时庭审中质证权行使受到限制的可能性有多大？”【专业卷】

表 8-23　专业卷：律师正常执业时庭审中质证权行使受到限制的可能性作答情况详表

		法官		检察官		警察		律师		全体	
		计数	列 N%	计数	列 N%	计数	列 N%	计数	列 N%	计数	列 N%
律师正常执业时庭审中质证权行使受到限制的可能性	非常不可能	602	40.8%	586	38.8%	344	24.9%	199	13.4%	1732	29.6%
	不太可能	598	40.6%	609	40.4%	529	38.4%	598	40.4%	2335	39.9%
	有可能	196	13.3%	240	15.9%	390	28.3%	455	30.7%	1283	21.9%
	很可能	57	3.9%	47	3.1%	87	6.3%	175	11.8%	366	6.3%
	非常可能	8	0.5%	15	1.0%	18	1.3%	50	3.4%	91	1.6%
	拒答	13	0.9%	12	0.8%	11	0.8%	5	0.3%	41	0.7%

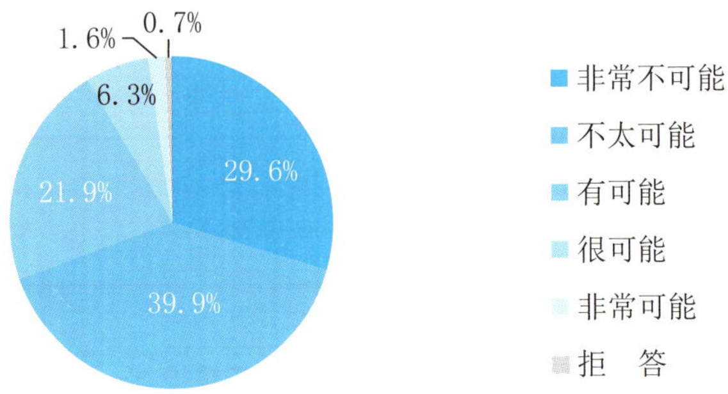

图 8-36　专业卷：律师正常执业时庭审中质证权行使受到限制的可能性作答情况分布图

由上图可以看出，专业卷的受访者在回答“律师正常执业时庭审中质证权行使受到限制的可能性”问题时，更倾向于认为上述情况不太可能发生，选择“非常可能”、“很可能”和“有可能”的人数比例为29.8%，选择“非常不可能”和“不太可能”的人数比例为69.5%。

专业卷的受访者依照其职业分为四类人群，不同职业群体对律师正常执业时庭审中质证权行使受到限制的可能性判断对比如下图：

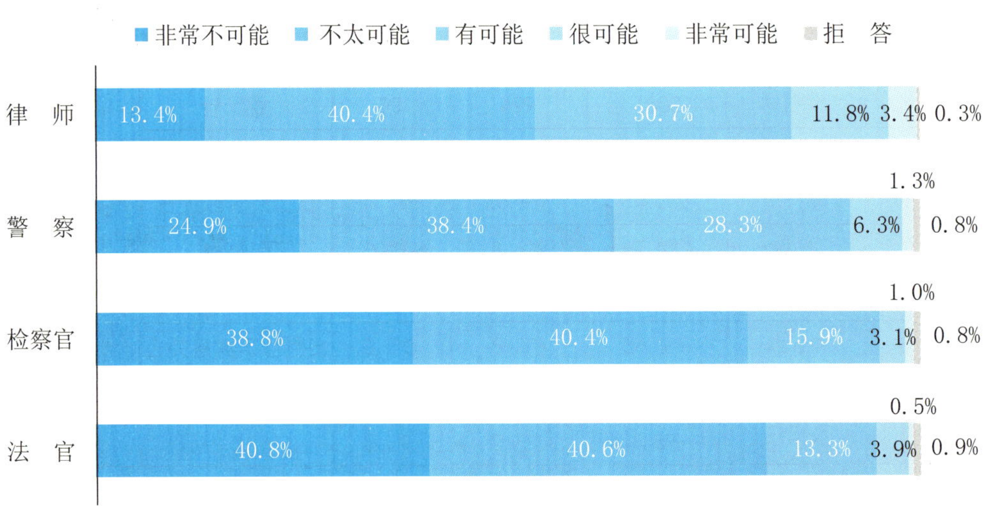

图 8-37　专业卷细分：律师正常执业时庭审中质证权行使受到限制的可能性作答情况分布图

不同职业群体在回答“律师正常执业时庭审中质证权行使受到限制的可能性”问题时，律师群体认为可能性更大，其选择“非常不可能”和“不太可能”两项的人数比例低于其他三类人群，选择“非常可能”和“很可能”两项的人数比例则高于其他三类人群。与之对比的是法官群体。

问题三：“在您所在地区，律师正常执业时被追究律师伪证罪的可能性有多大?”【专业卷】

表 8-24　专业卷：律师正常执业时被追究律师伪证罪的可能性作答情况详表

		法官		检察官		警察		律师		全体	
		计数	列 N%	计数	列 N%	计数	列 N%	计数	列 N%	计数	列 N%
律师正常执业时被追究律师伪证罪的可能性	非常不可能	634	43.0%	682	45.2%	464	33.6%	316	21.30%	2097	35.9%
	不太可能	628	42.6%	595	39.4%	506	36.7%	574	38.70%	2304	39.4%
	有可能	149	10.1%	162	10.7%	306	22.2%	370	25.00%	988	16.9%
	很可能	36	2.4%	42	2.8%	72	5.2%	145	9.80%	295	5.0%
	非常可能	13	0.9%	17	1.1%	21	1.5%	68	4.60%	119	2.0%
	拒答	14	0.9%	11	0.7%	10	0.7%	9	0.60%	45	0.8%

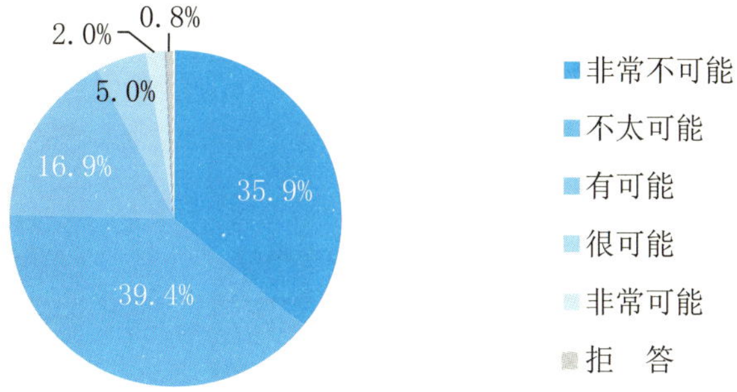

图 8-38　专业卷：律师正常执业时被追究律师伪证罪的可能性作答情况分布图

由上图可以看出，专业卷的受访者在回答“律师正常执业时被追究律师伪证罪的可能性”问题时，更倾向于认为上述情况不太可能发生，选择“非常不可能”和“不太可能”的人数比例为 75.3%，选择“非常可能”、“很可能”和“有可能”的人数比例为 23.9%。

专业卷的受访者依照其职业分为四类人群，不同职业群体对律师正常执业时被追究律师伪证罪的可能性判断对比如下图：

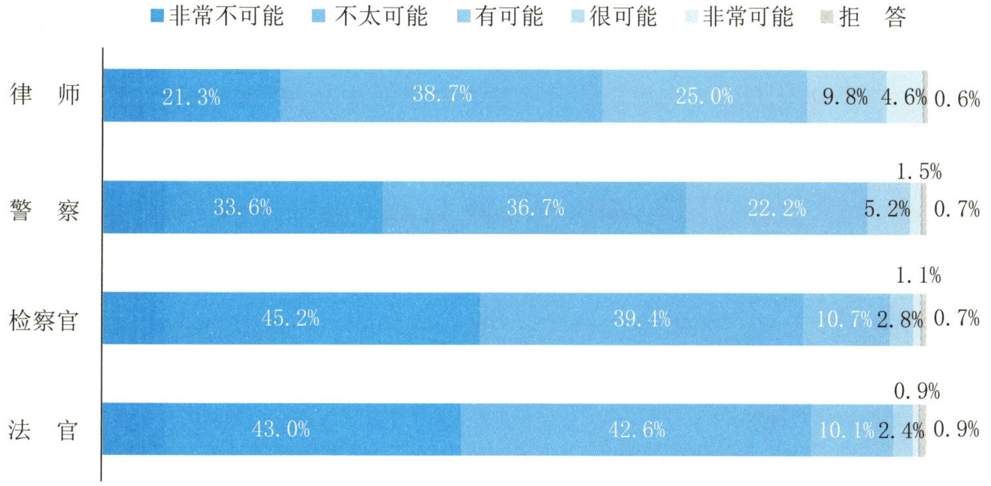

图 8-39　专业卷细分：律师正常执业时被追究律师伪证罪的可能性作答情况分布图

不同职业群体在回答“律师正常执业时被追究律师伪证罪的可能性”问题时，律师群体认为可能性更大，其选择“非常不可能”和“不太可能”两项的人数比例低于其他三类人群，选择“非常可能”和“很可能”两项的人数比例则高于其他三类人群。与之对比的是法官群体。

问题三：“在您所在地区，律师正常执业时在办案过程中被公检法人员羞辱的可能性有多大?”【专业卷】

表 8-25　专业卷：律师正常执业时在办案过程中被公检法人员羞辱的可能性作答情况详表

		法　官		检察官		警　察		律　师		全　体	
		计数	列 N%	计数	列 N%	计数	列 N%	计数	列 N%	计数	列 N%
律师正常执业时在办案过程中被公检法人员羞辱的可能性	非常不可能	793	53.8%	891	59.0%	602	43.7%	311	21.0%	2598	44.4%
	不太可能	498	33.8%	438	29.0%	417	30.2%	594	40.1%	1949	33.3%
	有可能	126	8.5%	124	8.2%	272	19.7%	313	21.1%	836	14.3%
	很可能	38	2.6%	31	2.1%	54	3.9%	171	11.5%	294	5.0%
	非常可能	5	0.3%	9	0.6%	21	1.5%	90	6.1%	125	2.1%
	拒　答	14	0.9%	16	1.1%	13	0.9%	3	0.2%	46	0.8%

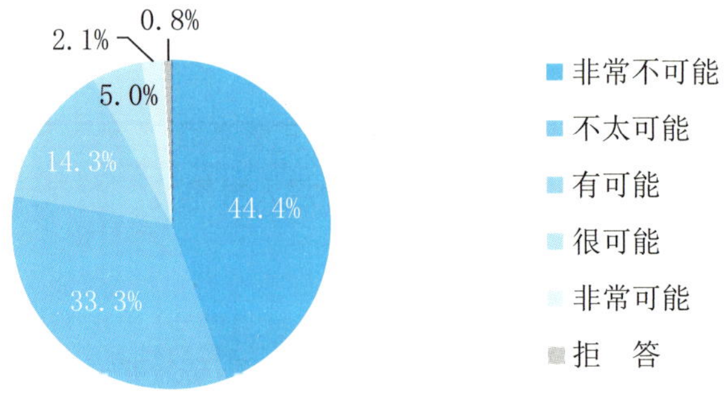

图 8-40　专业卷：律师正常执业时在办案过程中被公检法人员羞辱的可能性作答情况分布图

由上图可以看出，专业卷的受访者在回答“律师正常执业时在办案过程中被公检法人员羞辱的可能性”问题时，更倾向于认为上述情况不太可能发生，选择“非常不可能”和“不太可能”的人数比例为77.7%，选择“非常可能”、“很可能”和“有可能”的人数比例为21.4%。

专业卷的受访者依照其职业分为四类人群，不同职业群体对律师正常执业时在办案过程中被公检法人员羞辱的可能性判断对比如下图：

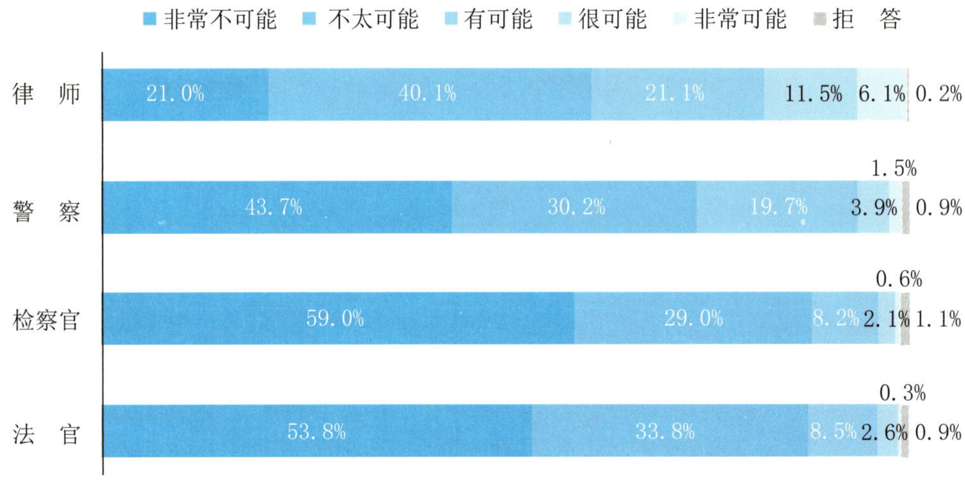

图 8-41　专业卷细分：律师正常执业时在办案过程中被公检法人员羞辱的可能性作答情况分布图

不同职业群体在回答“律师正常执业时在办案过程中被公检法人员羞辱的可能性”问题时，律师群体认为可能性更大，其选择“非常不可能”和“不太可能”两项的人数比例低于其他三类人群，选择“非常可能”和“很可能”两项的人数比例则高于其他三类人群。与之对比的是检察官群体和法官群体。

需要特别说明的是，对于法律职业人员享有职业保障问题，由于填写人员口径不一致，除上述基本分析外，无法做相关数据挖掘和相关分析。

指标 9　司法公开与司法公信力

司法公开与司法公信力作为一级指标，下设四个二级指标：①司法过程依法公开；②裁判结果依法公开；③司法权力主体受到信任与认同；④司法裁判受到信任与认同。涉及公众卷 7 个题目，专业卷 7 个题目。具体的数据挖掘结果如下：

9.1 司法过程依法公开

为测量这一指标，调查问卷设计一个问题：

问题："您对自己所在地区法院允许公众旁听审判的总体满意程度如何？"【公众卷、专业卷】

9.1.1 司法过程依法公开问题基本数据

对于司法过程依法公开问题，我们提取有关问题进行了频数分析，其中公众卷部分基本数据情况如下：

问题："您对自己所在地区法院允许公众旁听审判的总体满意程度如何？"【公众卷】

表 9-1　公众卷：对法院允许公众旁听审判的满意度作答情况详表

公众卷		计　数	列 N%
对法院允许公众旁听审判的满意度	非常不满意	235	1.3%
	不太满意	1241	6.7%
	一　般	8268	44.6%
	比较满意	6734	36.3%
	非常满意	1771	9.5%
	拒　答	303	1.6%

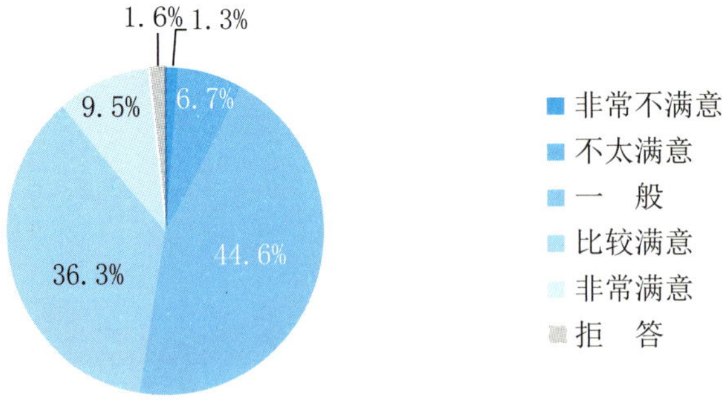

图 9-1　公众卷：对法院允许公众旁听审判的满意度作答情况分布图

由上图可以看出，公众卷的受访者在回答"对法院允许公众旁听审判的满意度"问题时，更倾向于对此感到满意，选择"非常满意"、"比较满意"和"一般"的人数比例为 90.4%，选择"非常不满意"和"不太满意"的人数比例为 8.0%。

司法过程依法公开问题专业卷部分基本数据情况则如下：

问题："您对自己所在地区法院允许公众旁听审判的总体满意程度如何？"【专业卷】

表 9-2　专业卷：对法院允许公众旁听审判的满意度作答情况详表

		法　官		检察官		警　察		律　师		全　体	
		计数	列 N%	计数	列 N%	计数	列 N%	计数	列 N%	计数	列 N%
对法院允许公众旁听审判的满意度	非常不满意	5	0.3%	11	0.7%	23	1.7%	22	1.5%	61	1.0%
	不太满意	36	2.4%	39	2.6%	49	3.6%	99	6.7%	223	3.8%
	一　般	140	9.5%	369	24.5%	475	34.4%	489	33.0%	1474	25.2%
	比较满意	585	39.7%	724	48.0%	617	44.7%	671	45.3%	2598	44.4%
	非常满意	702	47.6%	364	24.1%	212	15.4%	197	13.3%	1477	25.3%
	拒　答	6	0.4%	2	0.1%	3	0.2%	4	0.3%	15	0.3%

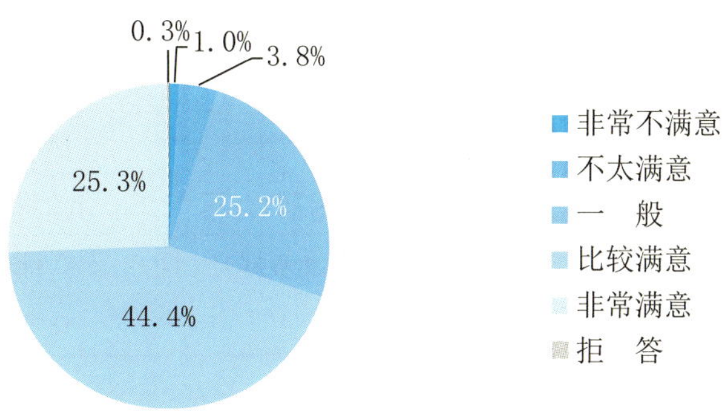

图 9-2　专业卷：对法院允许公众旁听审判的满意度作答情况分布图

由上图可以看出，专业卷的受访者在回答"对法院允许公众旁听审判的满意度"问题时，更倾向于对此感到满意，选择"非常满意"、"比较满意"和"一般"的人数比例为 94.9%，选择"非常不满意"和"不太满意"的人数比例为 4.8%。

专业卷的受访者依照其职业分为四类人群，不同职业群体对法院允许公众旁听审判的满意度对比如下图：

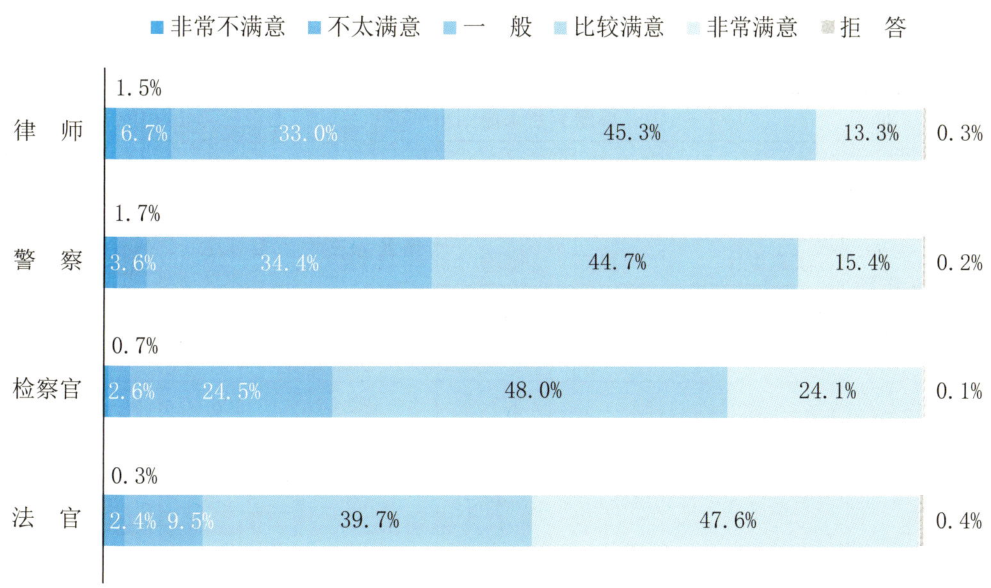

图 9-3　专业卷细分：对法院允许公众旁听审判的满意度作答情况分布图

不同职业群体在回答“对法院允许公众旁听审判的满意度”问题时，法官群体的满意度最高，其选择“非常不满意”和“不太满意”两项的人数比例低于其他三类人群，选择“比较满意”和“非常满意”两项的人数比例则高于其他三类人群。与之对比的是律师群体。

9.1.2 司法过程依法公开问题相关分析

课题组采用相关性分析和交叉分析两种数据分析技术，对公众卷和专业卷进行分析。

首先通过对公众卷的Q1题和Q5.1题进行相关性分析，考察两组数据间的Spearman相关系数，得到下表：

表9-3 对法院允许公众旁听审判的满意度和作为陪审员参与庭审的意愿度之间的相关分析表

			Q1：如果有当人民陪审员的机会，您愿意参与法庭审判吗？	Q5.1：您对自己所在地区法院允许公众旁听审判的总体满意程度如何？
Spearman的rho	Q1：如果有当人民陪审员的机会，您愿意参与法庭审判吗？	相关系数	1.000	0.179**
		显著性（双尾）		0.000
		N*	18 485	18 206
	Q5.1：您对自己所在地区法院允许公众旁听审判的总体满意程度如何？	相关系数	0.179**	1.000
		显著性（双尾）	0.000	
		N*	18 206	18 249

*N为样本数；**相关性在0.01层上显著（双尾）。

从上表中不难发现，Spearman相关系数为0.179，表示两题之间具有正相关性；同时双尾显著性为0.000，表示该结果在0.01水平上显著，即表示其判断犯弃真型错误率小于1%，结果准确。

为直观而深入地探寻两题间可能存在的深层次联系，我们对两题进行交叉分析：首先将拒答问卷全部剔除，再对剩下的问卷样本以受访者对法院允许公众旁听审判的满意度作为区分条件，来分析对法院允许公众旁听审判的满意度不同的受访者在作为陪审员参与庭审的意愿度方面具有的分布特性，得到下表：

表9-4 对法院允许公众旁听审判的满意度和作为陪审员参与庭审的意愿度之间的交叉分析表

			Q1：如果有当人民陪审员的机会，您愿意参与法庭审判吗？					总计
			非常不愿意	不太愿意	一般	比较愿意	非常愿意	
Q5.1：您对自己所在地区法院允许公众旁听审判的总体满意程度如何？	非常不满意	计数	25	26	52	49	80	232
		占满意度比	10.8%	11.2%	22.4%	21.1%	34.5%	100.0%
		占意愿度比	5.7%	1.1%	0.9%	0.9%	1.9%	1.3%
		占总比	0.1%	0.1%	0.3%	0.3%	0.4%	1.3%
	不太满意	计数	59	243	352	306	279	1239
		占满意度比	4.8%	19.6%	28.4%	24.7%	22.5%	100.0%
		占意愿度比	13.4%	10.4%	6.1%	5.6%	6.7%	6.8%
		占总比	0.3%	1.3%	1.9%	1.7%	1.5%	6.8%

续表

			Q1：如果有当人民陪审员的机会，您愿意参与法庭审判吗？					总　计
			非常不愿意	不太愿意	一　般	比较愿意	非常愿意	
Q5.1：您对自己所在地区法院允许公众旁听审判的总体满意程度如何?	一　般	计　数	226	1269	3076	2273	1410	8254
		占满意度比	2.7%	15.4%	37.3%	27.5%	17.1%	100.0%
		占意愿度比	51.4%	54.1%	53.5%	41.3%	33.8%	45.3%
		占总比	1.2%	7.0%	16.9%	12.5%	7.7%	45.3%
	比较满意	计　数	90	683	1957	2413	1578	6721
		占满意度比	1.3%	10.2%	29.1%	35.9%	23.5%	100.0%
		占意愿度比	20.5%	29.1%	34.1%	43.9%	37.8%	36.9%
		占总比	0.5%	3.8%	10.7%	13.3%	8.7%	36.9%
	非常满意	计　数	40	125	308	457	830	1760
		占满意度比	2.3%	7.1%	17.5%	26.0%	47.2%	100.0%
		占意愿度比	9.1%	5.3%	5.4%	8.3%	19.9%	9.7%
		占总比	0.2%	0.7%	1.7%	2.5%	4.6%	9.7%
总　计		计　数	440	2346	5745	5498	4177	18 206
		占总比	2.4%	12.9%	31.6%	30.2%	22.9%	100.0%

以受访者对法院允许公众旁听审判的满意度为横轴，以受访者作为陪审员参与庭审的意愿度为纵轴，可得下图：

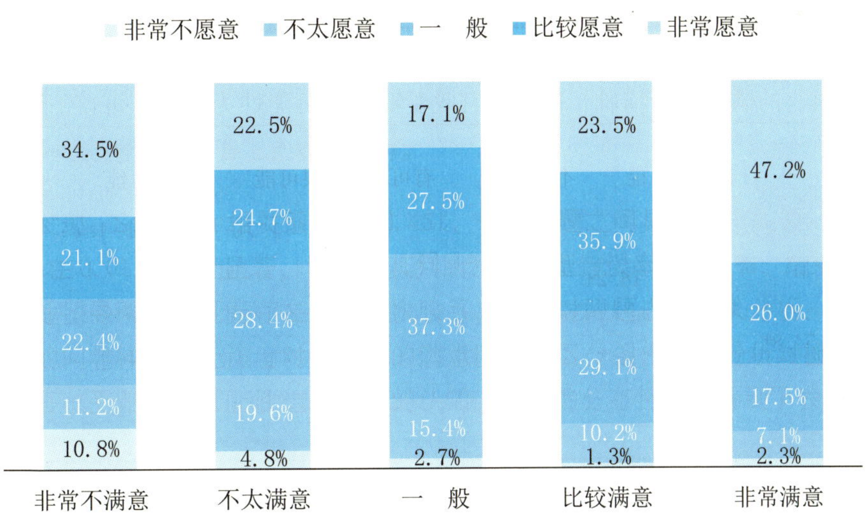

图 9-4　对法院允许公众旁听审判的满意度和作为陪审员参与庭审的意愿度之间的交叉分析图

数据挖掘分析：

若将选项“非常愿意”、“比较愿意”和“一般”合并视为“愿意”，将选项“不太愿意”和“非常不愿意”合并视为“不愿意”，则得数据如下：

1. 对法院允许公众旁听审判的满意度为“非常不满意”的受访者中，愿意作为陪审员参与庭审的比例为 78.0%。

2. 对法院允许公众旁听审判的满意度为“不太满意”的受访者中，愿意作为陪审员参与庭审的比例为75.6%。

3. 对法院允许公众旁听审判的满意度为“一般”的受访者中，愿意作为陪审员参与庭审的比例为81.9%。

4. 对法院允许公众旁听审判的满意度为“比较满意”的受访者中，愿意作为陪审员参与庭审的比例为88.5%。

5. 对法院允许公众旁听审判的满意度为“非常满意”的受访者中，愿意作为陪审员参与庭审的比例为90.7%。

数据表明，公众卷Q1题和Q5.1题之间，即受访者对法院允许公众旁听审判的满意度与受访者作为陪审员参与庭审的意愿度之间存在一定的关联。一般来说，受访者对法院允许公众旁听审判的满意度越高，其作为陪审员参与庭审的意愿就越强，两者之间呈现正相关性。

通过对公众卷的Q7题和Q5.1题进行相关性分析，考察两组数据间的Spearman相关系数，得到下表：

表9-5 对法院允许公众旁听审判的满意度和矛盾双方到法院起诉可能性认知之间的相关分析表

			Q5.1：您对自己所在地区法院允许公众旁听审判的总体满意程度如何?	Q7：在您所在地区，当矛盾双方无法通过协商、调解等方式解决纠纷时，人们可能会到法院起诉吗?
Spearman的rho	Q5.1：您对自己所在地区法院允许公众旁听审判的总体满意程度如何?	相关系数	1.000	0.239**
		显著性（双尾）		0.000
		N*	18 249	18 209
	Q7：在您所在地区，当矛盾双方无法通过协商、调解等方式解决纠纷时，人们可能会到法院起诉吗?	相关系数	0.239**	1.000
		显著性（双尾）	0.000	
		N*	18 209	18 486

*N为样本数；**相关性在0.01层上显著（双尾）。

从上表中不难发现，Spearman相关系数为0.239，表示两题之间具有正相关性；同时双尾显著性为0.000，表示该结果在0.01水平上显著，即表示其判断犯弃真型错误率小于1%，结果准确。

为直观而深入地探寻两题间可能存在的深层次联系，我们对两题进行交叉分析：首先将拒答问卷全部剔除，再对剩下的问卷样本以受访者对法院允许公众旁听审判的满意度作为区分条件，来分析对法院允许公众旁听审判的满意度不同的受访者在对无法通过协商、调解解决纠纷的矛盾双方到法院起诉的可能性这一问题的认知上具有的分布特性，得到下表：

表9-6 对法院允许公众旁听审判的满意度和矛盾双方到法院起诉可能性认知之间的交叉分析表

			Q7：在您所在地区，当矛盾双方无法通过协商、调解等方式解决纠纷时，人们可能会到法院起诉吗?					总 计
			非常不可能	不太可能	有可能	很可能	非常可能	
Q5.1：您对自己所在地区法院允许公众旁听审判的总体满意程度如何?	非常不满意	计 数	18	49	94	38	36	235
		占满意度比	7.7%	20.9%	40.0%	16.2%	15.3%	100.0%
		占可能性比	12.6%	2.4%	1.1%	0.7%	1.5%	1.3%
		占总比	0.1%	0.3%	0.5%	0.2%	0.2%	1.3%

续表

			Q7：在您所在地区，当矛盾双方无法通过协商、调解等方式解决纠纷时，人们可能会到法院起诉吗？					总　计
			非常不可能	不太可能	有可能	很可能	非常可能	
Q5.1：您对自己所在地区法院允许公众旁听审判的总体满意程度如何？	不太满意	计　数	22	276	545	281	110	1234
		占满意度比	1.8%	22.4%	44.2%	22.8%	8.9%	100.0%
		占可能性比	15.4%	13.7%	6.6%	5.2%	4.7%	6.8%
		占总比	0.1%	1.5%	3.0%	1.5%	0.6%	6.8%
	一　般	计　数	61	1091	4307	2142	652	8253
		占满意度比	0.7%	13.2%	52.2%	26.0%	7.9%	100.0%
		占可能性比	42.7%	54.1%	52.3%	39.3%	27.7%	45.3%
		占总比	0.3%	6.0%	23.7%	11.8%	3.6%	45.3%
	比较满意	计　数	26	515	2799	2376	1007	6723
		占满意度比	0.4%	7.7%	41.6%	35.3%	15.0%	100.0%
		占可能性比	18.2%	25.5%	34.0%	43.6%	42.8%	36.9%
		占总比	0.1%	2.8%	15.4%	13.0%	5.5%	36.9%
	非常满意	计　数	16	85	498	616	549	1764
		占满意度比	0.9%	4.8%	28.2%	34.9%	31.1%	100.0%
		占可能性比	11.2%	4.2%	6.0%	11.3%	23.3%	9.7%
		占总比	0.1%	0.5%	2.7%	3.4%	3.0%	9.7%
总　计		计　数	143	2016	8243	5453	2354	18 209
		占总比	0.8%	11.1%	45.3%	29.9%	12.9%	100.0%

以受访者对法院允许公众旁听审判的满意度为横轴，以无法通过协商、调解解决纠纷的矛盾双方到法院起诉的可能性为纵轴，可得下图：

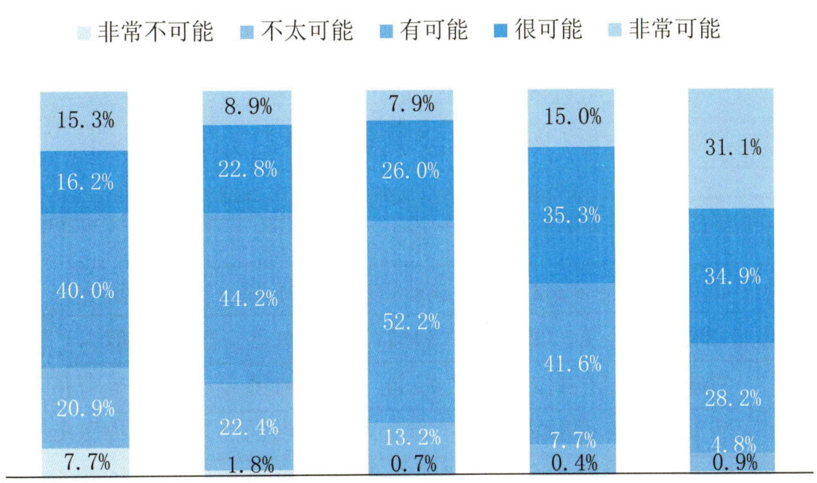

图 9-5　对法院允许公众旁听审判的满意度和矛盾双方到法院起诉可能性认知之间的交叉分析图

数据挖掘分析：

若将选项“非常可能”、“很可能”和“有可能”合并视为“可能”，将选项“不太可能”和“非常不可能”合并视为“不可能”，则得数据如下：

1. 对法院允许公众旁听审判的满意度为“非常不满意”的受访者中，认为无法通过协商、调解解决纠纷的矛盾双方可能到法院起诉的比例为71.5%。

2. 对法院允许公众旁听审判的满意度为“不太满意”的受访者中，认为无法通过协商、调解解决纠纷的矛盾双方可能到法院起诉的比例为75.9%。

3. 对法院允许公众旁听审判的满意度为“一般”的受访者中，认为无法通过协商、调解解决纠纷的矛盾双方可能到法院起诉的比例为86.1%。

4. 对法院允许公众旁听审判的满意度为“比较满意”的受访者中，认为无法通过协商、调解解决纠纷的矛盾双方可能到法院起诉的比例为91.9%。

5. 对法院允许公众旁听审判的满意度为“非常满意”的受访者中，认为无法通过协商、调解解决纠纷的矛盾双方可能到法院起诉的比例为94.2%。

数据表明，公众卷Q7题和Q5.1题之间，即受访者对法院允许公众旁听审判的满意度与受访者对无法通过协商、调解解决纠纷的矛盾双方到法院起诉可能性的认知之间存在一定的关联。具体来说，受访者对法院允许公众旁听审判的满意度越高，同样认为无法通过协商、调解解决纠纷的矛盾双方到法院起诉的可能性越高，两者之间呈现正相关性。

通过对公众卷的Q6.1题和Q5.1题进行相关性分析，考察两组数据间的Spearman相关系数，得到下表：

表9-7 对法院允许公众旁听审判的满意度和审判过程的公正度认知之间的相关分析表

			Q5.1：您对自己所在地区法院允许公众旁听审判的总体满意程度如何？	Q6.1：总体来说，您觉得自己所在地区法院审判过程公正吗？
Spearman的rho	Q5.1：您对自己所在地区法院允许公众旁听审判的总体满意程度如何？	相关系数	1.000	0.486**
		显著性（双尾）		0.000
		N*	18 249	18 137
	Q6.1：总体来说，您觉得自己所在地区法院审判过程公正吗？	相关系数	0.486**	1.000
		显著性（双尾）	0.000	
		N*	18 137	18 318

*N为样本数；**相关性在0.01层上显著（双尾）。

从上表中不难发现，Spearman相关系数为0.486，表示两题之间具有正相关性；同时双尾显著性为0.000，表示该结果在0.01水平上显著，即表示其判断犯弃真型错误率小于1%，结果准确。

为直观而深入地探寻两题间可能存在的深层次联系，我们对两题进行交叉分析：首先将拒答问卷全部剔除，再对剩下的问卷样本以受访者对法院允许公众旁听审判的满意度作为区分条件，来分析对法院允许公众旁听审判的满意度不同的受访者在对审判过程的公正度这一问题的认知上具有的分布特性，得到表9-8：

表 9-8　对法院允许公众旁听审判的满意度和审判过程的公正度认知之间的交叉分析表

			Q6.1：总体来说，您觉得自己所在地区法院审判过程公正吗?					总　计
			非常不公正	不太公正	一　般	比较公正	非常公正	
Q5.1：您对自己所在地区法院允许公众旁听审判的总体满意程度如何?	非常不满意	计　数	72	58	97	35	19	281
		占满意度比	25.6%	20.6%	34.5%	12.5%	6.8%	100.0%
		占公正度比	47.1%	7.6%	1.6%	0.4%	1.2%	1.6%
		占总比	0.4%	0.3%	0.5%	0.2%	0.1%	1.6%
	不太满意	计　数	24	225	773	400	43	1465
		占满意度比	1.6%	15.4%	52.8%	27.3%	2.9%	100.0%
		占公正度比	15.7%	29.4%	12.4%	4.3%	2.7%	8.1%
		占总比	0.1%	1.2%	4.3%	2.2%	0.2%	8.1%
	一　般	计　数	36	379	4222	3575	216	8428
		占满意度比	0.4%	4.5%	50.1%	42.4%	2.6%	100.0%
		占公正度比	23.5%	49.5%	68.0%	38.2%	13.3%	46.6%
		占总比	0.2%	2.1%	23.3%	19.8%	1.2%	46.6%
	比较满意	计　数	9	75	968	4592	557	6201
		占满意度比	0.1%	1.2%	15.6%	74.1%	9.0%	100.0%
		占公正度比	5.9%	9.8%	15.6%	49.1%	34.4%	34.3%
		占总比	0.0%	0.4%	5.3%	25.4%	3.1%	34.3%
	非常满意	计　数	12	29	151	747	784	1723
		占满意度比	0.7%	1.7%	8.8%	43.4%	45.5%	100.0%
		占公正度比	7.8%	3.8%	2.4%	8.0%	48.4%	9.5%
		占总比	0.1%	0.2%	0.8%	4.1%	4.3%	9.5%
总　计		计　数	153	766	6211	9349	1619	18 098
		占总比	0.8%	4.2%	34.3%	51.7%	8.9%	100.0%

以受访者对法院允许公众旁听审判的满意度为横轴，以审判过程的公正度为纵轴，可得下图：

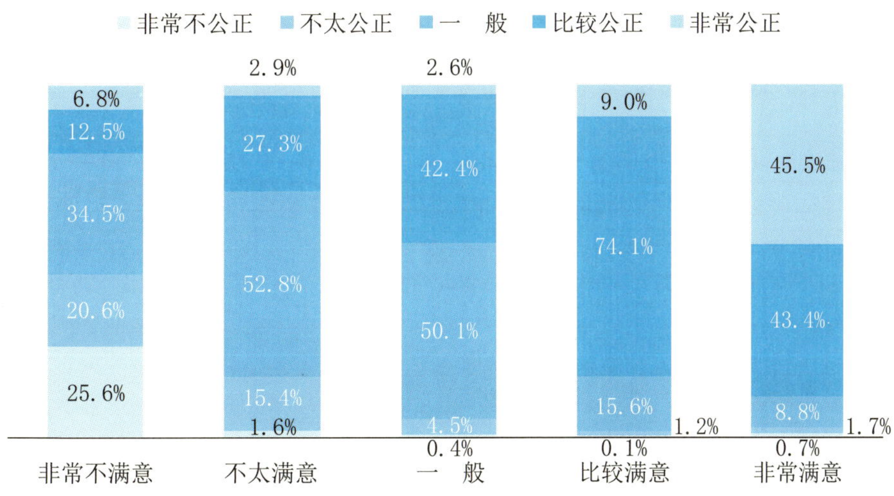

图 9-6　对法院允许公众旁听审判的满意度和审判过程的公正度认知之间的交叉分析图

数据挖掘分析：

若将选项“非常公正”、“比较公正”和“一般”合并视为“公正”，将选项“不太公正”和“非常不公正”合并视为“不公正”，则得数据如下：

1. 对法院允许公众旁听审判的满意度为“非常不满意”的受访者中，认为审判过程公正的比例为 53.8%。

2. 对法院允许公众旁听审判的满意度为“不太满意”的受访者中，认为审判过程公正的比例为 83.0%。

3. 对法院允许公众旁听审判的满意度为“一般”的受访者中，认为审判过程公正的比例为 95.1%。

4. 对法院允许公众旁听审判的满意度为“比较满意”的受访者中，认为审判过程公正的比例为 98.7%。

5. 对法院允许公众旁听审判的满意度为“非常满意”的受访者中，认为审判过程公正的比例为 97.7%。

数据表明，公众卷 Q6.1 题和 Q5.1 题之间，即受访者对法院允许公众旁听审判的满意度与受访者对审判过程公正度的认知之间存在一定的关联。一般来说，受访者对法院允许公众旁听审判的满意度越高，同样认为审判过程的公正度越高，两者之间呈现正相关性。

通过对专业卷的 Q34.1 题和 Q35.1 题进行相关性分析，考察两组数据间的 Spearman 相关系数，得到下表：

表 9-9　对法院允许公众旁听审判的满意度和审判过程的公正度认知之间的相关分析表

			Q34.1：您对自己所在地区法院允许公众旁听审判的总体满意程度如何?	Q35.1：总体来说，您觉得自己所在地区法院审判过程公正吗?
Spearman 的 rho	Q34.1：您对自己所在地区法院允许公众旁听审判的总体满意程度如何?	相关系数	1.000	0.684**
		显著性（双尾）		0.000
		N*	5833	5826
	Q35.1：总体来说，您觉得自己所在地区法院审判过程公正吗?	相关系数	0.684**	1.000
		显著性（双尾）	0.000	
		N*	5826	5832

* N 为样本数；** 相关性在 0.01 层上显著（双尾）。

从上表中不难发现，Spearman 相关系数为 0.684，表示两题之间具有正相关性；同时双尾显著性为 0.000，表示该结果在 0.01 水平上显著，即表示其判断犯弃真型错误率小于 1%，结果准确。

为直观而深入地探寻两题间可能存在的深层次联系，我们对两题进行交叉分析：首先将拒答问卷全部剔除，再对剩下的问卷样本以受访者对法院允许公众旁听审判的满意度作为区分条件，来分析对法院允许公众旁听审判的满意度不同的受访者在对审判过程的公正度这一问题的认知上具有的分布特性，得到表 9-10：

表 9-10　对法院允许公众旁听审判的满意度和审判过程的公正度认知之间的交叉分析表

			Q35.1：总体来说，您觉得自己所在地区法院审判过程公正吗?					总　计
			非常不公正	不太公正	一　般	比较公正	非常公正	
Q34.1：您对自己所在地区法院允许公众旁听审判的总体满意程度如何?	非常不满意	计　数	23	15	14	8	0	60
		占满意度比	38.3%	25.0%	23.3%	13.3%	0.0%	100.0%
		占公正度比	69.7%	11.2%	1.2%	0.2%	0.0%	1.0%
		占总比	0.4%	0.3%	0.2%	0.1%	0.0%	1.0%
	不太满意	计　数	8	79	100	33	2	222
		占满意度比	3.6%	35.6%	45.0%	14.9%	0.9%	100.0%
		占公正度比	24.2%	59.0%	8.4%	1.0%	0.2%	3.8%
		占总比	0.1%	1.4%	1.7%	0.6%	0.0%	3.8%
	一　般	计　数	1	38	779	634	20	1472
		占满意度比	0.1%	2.6%	52.9%	43.1%	1.4%	100.0%
		占公正度比	3.0%	28.4%	65.5%	19.4%	1.7%	25.3%
		占总比	0.0%	0.7%	13.4%	10.9%	0.3%	25.3%
	比较满意	计　数	0	2	276	2059	259	2596
		占满意度比	0.0%	0.1%	10.6%	79.3%	10.0%	100.0%
		占公正度比	0.0%	1.5%	23.2%	63.1%	21.5%	44.6%
		占总比	0.0%	0.0%	4.7%	35.3%	4.4%	44.6%
	非常满意	计　数	1	0	21	529	925	1476
		占满意度比	0.1%	0.0%	1.4%	35.8%	62.7%	100.0%
		占公正度比	3.0%	0.0%	1.8%	16.2%	76.7%	25.3%
		占总比	0.0%	0.0%	0.4%	9.1%	15.9%	25.3%
总　计		计　数	33	134	1190	3263	1206	5826
		占总比	0.6%	2.3%	20.4%	56.0%	20.7%	100.0%

以受访者对法院允许公众旁听审判的满意度为横轴，以审判过程的公正度为纵轴，可得下图：

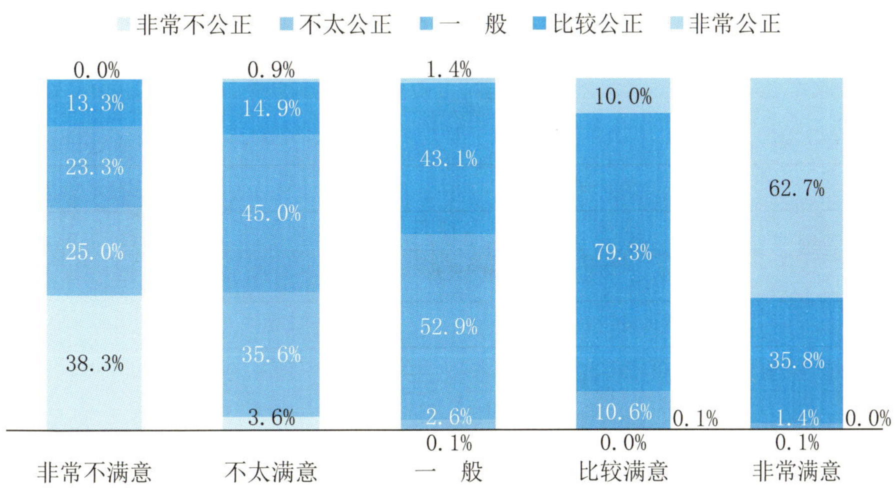

图 9-7　对法院允许公众旁听审判的满意度和审判过程的公正度认知之间的交叉分析图

数据挖掘分析：

若将选项“非常公正”、“比较公正”和“一般”合并视为“公正”，将选项“不太公正”和“非常不公正”合并视为“不公正”，则得数据如下：

1. 对法院允许公众旁听审判的满意度为“非常不满意”的受访者中，认为审判过程公正的比例为36.6%。

2. 对法院允许公众旁听审判的满意度为“不太满意”的受访者中，认为审判过程公正的比例为60.8%。

3. 对法院允许公众旁听审判的满意度为“一般”的受访者中，认为审判过程公正的比例为97.4%。

4. 对法院允许公众旁听审判的满意度为“比较满意”的受访者中，认为审判过程公正的比例为99.9%。

5. 对法院允许公众旁听审判的满意度为“非常满意”的受访者中，认为审判过程公正的比例为99.9%。

数据表明，专业卷Q34.1题和Q35.1题之间，即受访者对法院允许公众旁听审判的满意度与受访者对审判过程公正度的认知之间存在一定的关联。具体来说，受访者对法院允许公众旁听审判的满意度越高，同样认为审判过程的公正度越高，两者之间呈现正相关性。

9.1.3 司法过程依法公开问题跨卷对比分析

公众卷和专业卷均就受访者对法院允许公众旁听审判的满意度进行了调查，我们看看两个群体的作答情况是否呈现出明显差异：

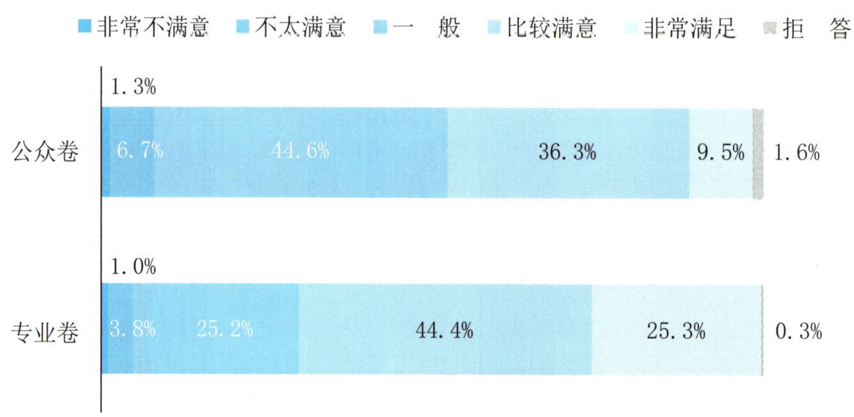

图9-8　对法院允许公众旁听审判的满意度作答情况分布对照图

从上图可以看出，相对于公众卷的作答情况，专业卷的受访者对法院允许公众旁听审判的满意度更高，选择“非常满意”、“比较满意”和“一般”的人数比例高于公众卷，选择“非常不满意”和“不太满意”的人数比例低于公众卷。

9.2 裁判结果依法公开

为测量这一指标，调查问卷设计一个问题：

问题：“您对自己所在地区法院及时公开判决书的总体满意程度如何？”【公众卷、专业卷】

9.2.1 裁判结果依法公开问题基本数据

对于裁判结果依法公开问题，我们提取有关问题进行了频数分析，其中公众卷部分基本数据情况如下：

问题："您对自己所在地区法院及时公开判决书的总体满意程度如何？"【公众卷】

表 9-11 公众卷：对法院及时公开判决书的满意度作答情况详表

公众卷		计　数	列 N%
对法院及时公开判决书的满意度	非常不满意	285	1.5%
	不太满意	1473	7.9%
	一　般	8492	45.8%
	比较满意	6230	33.6%
	非常满意	1731	9.3%
	拒　答	341	1.8%

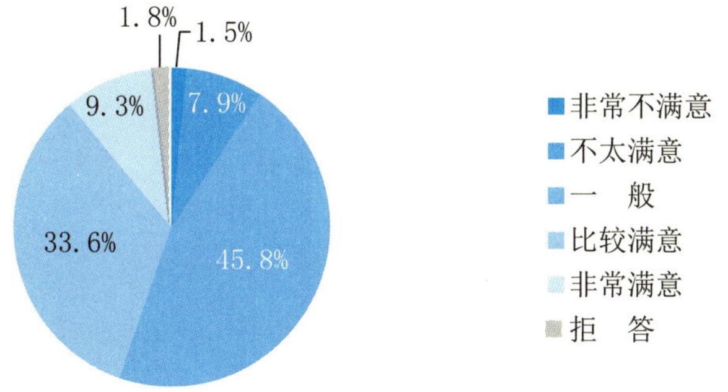

图 9-9 公众卷：对法院及时公开判决书的满意度作答情况分布图

由上图可以看出，公众卷的受访者在回答"对法院及时公开判决书的满意度"问题时，更倾向于对此感到满意，选择"非常满意"、"比较满意"和"一般"的人数比例为 88.7%，选择"非常不满意"和"不太满意"的人数比例为 9.4%。

裁判结果依法公开问题专业卷部分基本数据情况则如下：

问题："您对自己所在地区法院及时公开判决书的总体满意程度如何？"【专业卷】

表 9-12 专业卷：对法院及时公开判决书的满意度作答情况详表

		法　官		检察官		警　察		律　师		全体	
		计数	列 N%	计数	列 N%	计数	列 N%	计数	列 N%	计数	列 N%
对法院及时公开判决书的满意度	非常不满意	5	0.3%	12	0.8%	25	1.8%	33	2.2%	75	1.3%
	不太满意	43	2.9%	41	2.7%	66	4.8%	165	11.1%	315	5.4%
	一　般	136	9.2%	380	25.2%	471	34.2%	568	38.3%	1556	26.6%
	比较满意	597	40.5%	736	48.8%	605	43.9%	557	37.6%	2496	42.7%
	非常满意	686	46.5%	334	22.1%	209	15.2%	153	10.3%	1384	23.7%
	拒　答	7	0.5%	6	0.4%	3	0.2%	6	0.4%	22	0.4%

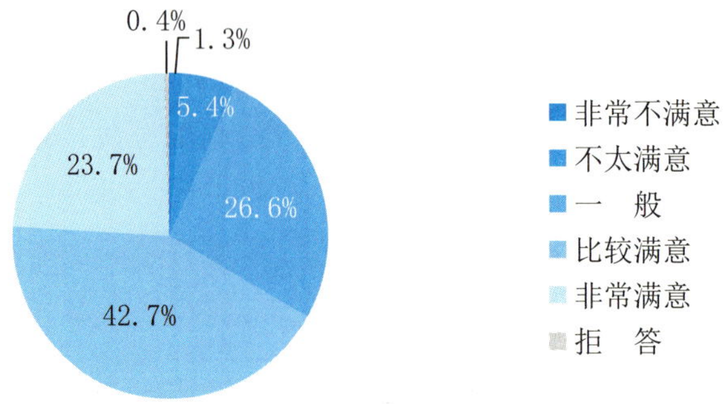

图 9-10　专业卷：对法院及时公开判决书的满意度作答情况分布图

由上图可以看出，专业卷的受访者在回答“对法院及时公开判决书的满意度”问题时，更倾向于对此感到满意，选择“非常满意”、“比较满意” 和 “一般” 的人数比例为 93.0%，选择“非常不满意” 和“不太满意” 的人数比例为 6.7%。

专业卷的受访者依照其职业分为四类人群，不同职业群体对法院及时公开判决书的满意度对比如下图：

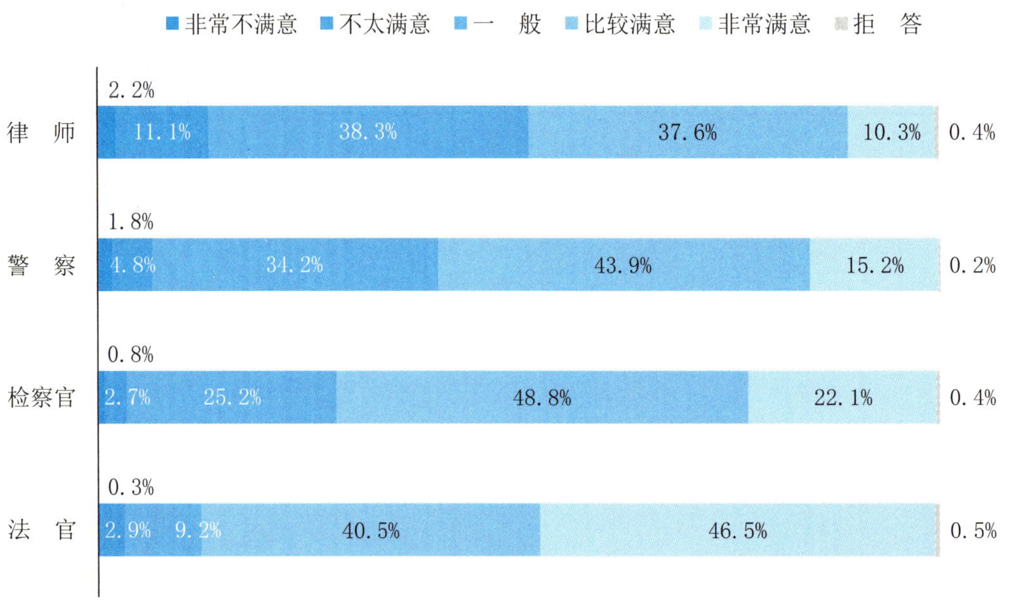

图 9-11　专业卷细分：对法院及时公开判决书的满意度作答情况分布图

不同职业群体在回答“对法院及时公开判决书的满意度”问题时，法官群体的满意度最高，其选择“非常不满意”和“不太满意”两项的人数比例低于其他三类人群，选择“非常满意”和“比较满意”两项的人数比例则高于其他三类人群。与之对比的是律师群体。

9.2.2　裁判结果依法公开问题相关分析

课题组采用相关性分析和交叉分析两种数据分析技术，对公众卷和专业卷进行分析。

首先通过对公众卷的 Q1 题和 Q5.2 题进行相关性分析，考察两组数据间的 Spearman 相关系数，得到表 9-13：

表 9-13　对法院及时公开判决书的满意度和作为陪审员参与庭审的意愿度之间的相关分析表

			Q1：如果有当人民陪审员的机会，您愿意参与法庭审判吗?	Q5.2：您对自己所在地区法院及时公开判决书的总体满意程度如何?
Spearman 的 rho	Q1：如果有当人民陪审员的机会，您愿意参与法庭审判吗?	相关系数	1.000	0.169**
		显著性（双尾）		0.000
		N*	18 485	18 169
	Q5.2：您对自己所在地区法院及时公开判决书的总体满意程度如何?	相关系数	0.169**	1.000
		显著性（双尾）	0.000	
		N*	18 169	18 211

*N 为样本数；** 相关性在 0.01 层上显著（双尾）。

从上表中不难发现，Spearman 相关系数为 0.169，表示两题之间具有正相关性；同时双尾显著性为 0.000，表示该结果在 0.01 水平上显著，即表示其判断犯弃真型错误率小于 1%，结果准确。

为直观而深入地探寻两题间可能存在的深层次联系，我们对两题进行交叉分析：首先将拒答问卷全部剔除，再对剩下的问卷样本以受访者对法院及时公开判决书的满意度作为区分条件，来分析对法院及时公开判决书的满意度不同的受访者在作为陪审员参与庭审的意愿度方面具有的分布特性，得到下表：

表 9-14　对法院及时公开判决书的满意度和作为陪审员参与庭审的意愿度之间的交叉分析表

			Q1：如果有当人民陪审员的机会，您愿意参与法庭审判吗?					总　计
			非常不愿意	不太愿意	一　般	比较愿意	非常愿意	
Q5.2：您对自己所在地区法院及时公开判决书的总体满意程度如何?	非常不满意	计　数	27	35	70	61	90	283
		占满意度比	9.5%	12.4%	24.7%	21.6%	31.8%	100.0%
		占意愿度比	6.2%	1.5%	1.2%	1.1%	2.2%	1.6%
		占总比	0.1%	0.2%	0.4%	0.3%	0.5%	1.6%
	不太满意	计　数	64	272	498	323	313	1470
		占满意度比	4.4%	18.5%	33.9%	22.0%	21.3%	100.0%
		占意愿度比	14.6%	11.6%	8.7%	5.9%	7.5%	8.1%
		占总比	0.4%	1.5%	2.7%	1.8%	1.7%	8.1%
	一　般	计　数	218	1268	3056	2442	1496	8480
		占满意度比	2.6%	15.0%	36.0%	28.8%	17.6%	100.0%
		占意愿度比	49.9%	54.2%	53.3%	44.4%	35.9%	46.7%
		占总比	1.2%	7.0%	16.8%	13.4%	8.2%	46.7%
	比较满意	计　数	78	643	1806	2199	1493	6219
		占满意度比	1.3%	10.3%	29.0%	35.4%	24.0%	100.0%
		占意愿度比	17.8%	27.5%	31.5%	40.0%	35.8%	34.2%
		占总比	0.4%	3.5%	9.9%	12.1%	8.2%	34.2%

续表

			Q1：如果有当人民陪审员的机会，您愿意参与法庭审判吗？					总　计
			非常不愿意	不太愿意	一　般	比较愿意	非常愿意	
Q5.2：您对自己所在地区法院及时公开判决书的总体满意程度如何？	非常满意	计　数	50	123	301	469	774	1717
		占满意度比	2.9%	7.2%	17.5%	27.3%	45.1%	100.0%
		占意愿度比	11.4%	5.3%	5.3%	8.5%	18.6%	9.5%
		占总比	0.3%	0.7%	1.7%	2.6%	4.3%	9.5%
总　计		计　数	437	2341	5731	5494	4166	18 169
		占总比	2.4%	12.9%	31.5%	30.2%	22.9%	100.0%

以受访者对法院及时公开判决书的满意度为横轴，以受访者作为陪审员参与庭审的意愿度为纵轴，可得下图：

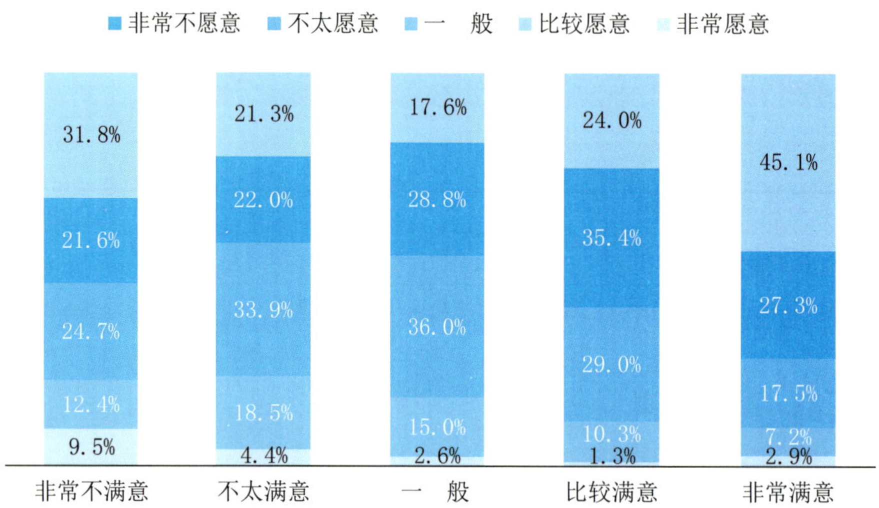

图 9-12　对法院及时公开判决书的满意度和作为陪审员参与庭审的意愿度之间的交叉分析图

数据挖掘分析：

若将选项“非常愿意”、“比较愿意”和“一般”合并视为“愿意”，将选项“不太愿意”和“非常不愿意”合并视为“不愿意”，则得数据如下：

1. 对法院及时公开判决书的满意度为“非常不满意”的受访者中，愿意作为陪审员参与庭审的比例为78.1%。

2. 对法院及时公开判决书的满意度为“不太满意”的受访者中，愿意作为陪审员参与庭审的比例为77.2%。

3. 对法院及时公开判决书的满意度为“一般”的受访者中，愿意作为陪审员参与庭审的比例为82.4%。

4. 对法院及时公开判决书的满意度为“比较满意”的受访者中，愿意作为陪审员参与庭审的比例为88.4%。

5. 对法院及时公开判决书的满意度为“非常满意”的受访者中，愿意作为陪审员参与庭审的比例为89.9%。

数据表明，公众卷Q1题和Q5.2题之间，即受访者对法院及时公开判决书的满意度与受访者作为陪审员参与庭审的意愿度之间存在一定的关联。一般来说，受访者对法院及时公开判决书的满意度越高，其作为陪审员参与庭审的意愿就越强，两者之间呈现正相关性。

通过对公众卷的 Q7 题和 Q5.2 题进行相关性分析，考察两组数据间的 Spearman 相关系数，得到下表：

表 9-15　对法院及时公开判决书的满意度和矛盾双方到法院起诉可能性认知之间的相关分析表

			Q7：在您所在地区，当矛盾双方无法通过协商、调解等方式解决纠纷时，人们可能会到法院起诉吗？	Q5.2：您对自己所在地区法院及时公开判决书的总体满意程度如何？
Spearman 的 rho	Q7：在您所在地区，当矛盾双方无法通过协商、调解等方式解决纠纷时，人们可能会到法院起诉吗？	相关系数	1.000	0.234**
		显著性（双尾）		0.000
		N*	18 486	18 171
	Q5.2：您对自己所在地区法院及时公开判决书的总体满意程度如何？	相关系数	0.234**	1.000
		显著性（双尾）	0.000	
		N*	18 171	18 211

*N 为样本数；** 相关性在 0.01 层上显著（双尾）。

从上表中不难发现，Spearman 相关系数为 0.234，表示两题之间具有正相关性；同时双尾显著性为 0.000，表示该结果在 0.01 水平上显著，即表示其判断犯弃真型错误率小于 1%，结果准确。

为直观而深入地探寻两题间可能存在的深层次联系，我们对两题进行交叉分析：首先将拒答问卷全部剔除，再对剩下的问卷样本以受访者对法院及时公开判决书的满意度作为区分条件，来分析对法院及时公开判决书的满意度不同的受访者在对无法通过协商、调解解决纠纷的矛盾双方到法院起诉的可能性这一问题的认知上具有的分布特性，得到下表：

表 9-16　对法院及时公开判决书的满意度和矛盾双方到法院起诉可能性认知之间的交叉分析表

			Q7：在您所在地区，当矛盾双方无法通过协商、调解等方式解决纠纷时，人们可能会到法院起诉吗？					总　计
			非常不可能	不太可能	有可能	很可能	非常可能	
Q5.2：您对自己所在地区法院及时公开判决书的总体满意程度如何？	非常不满意	计　数	19	57	116	50	43	285
		占满意度比	6.7%	20.0%	40.7%	17.5%	15.1%	100.0%
		占可能性比	13.1%	2.8%	1.4%	0.9%	1.8%	1.6%
		占总比	0.1%	0.3%	0.6%	0.3%	0.2%	1.6%
	不太满意	计　数	28	313	719	285	117	1462
		占满意度比	1.9%	21.4%	49.2%	19.5%	8.0%	100.0%
		占可能性比	19.3%	15.6%	8.7%	5.2%	5.0%	8.0%
		占总比	0.2%	1.7%	4.0%	1.6%	0.6%	8.0%
	一　般	计　数	55	1052	4381	2283	707	8478
		占满意度比	0.6%	12.4%	51.7%	26.9%	8.3%	100.0%
		占可能性比	37.9%	52.5%	53.2%	41.9%	30.1%	46.7%
		占总比	0.3%	5.8%	24.1%	12.6%	3.9%	46.7%

续表

			Q7：在您所在地区，当矛盾双方无法通过协商、调解等方式解决纠纷时，人们可能会到法院起诉吗？					总　计
			非常不可能	不太可能	有可能	很可能	非常可能	
Q5.2：您对自己所在地区法院及时公开判决书的总体满意程度如何？	比较满意	计　数	24	485	2521	2241	951	6222
		占满意度比	0.4%	7.8%	40.5%	36.0%	15.3%	100.0%
		占可能性比	16.6%	24.2%	30.6%	41.1%	40.6%	34.2%
		占总比	0.1%	2.7%	13.9%	12.3%	5.2%	34.2%
	非常满意	计　数	19	97	494	587	527	1724
		占满意度比	1.1%	5.6%	28.7%	34.0%	30.6%	100.0%
		占可能性比	13.1%	4.8%	6.0%	10.8%	22.5%	9.5%
		占总比	0.1%	0.5%	2.7%	3.2%	2.9%	9.5%
总　计		计　数	145	2004	8231	5446	2345	18 171
		占总比	0.8%	11.0%	45.3%	30.0%	12.9%	100.0%

以受访者对法院及时公开判决书的满意度为横轴，以无法通过协商、调解解决纠纷的矛盾双方到法院起诉的可能性为纵轴，可得下图：

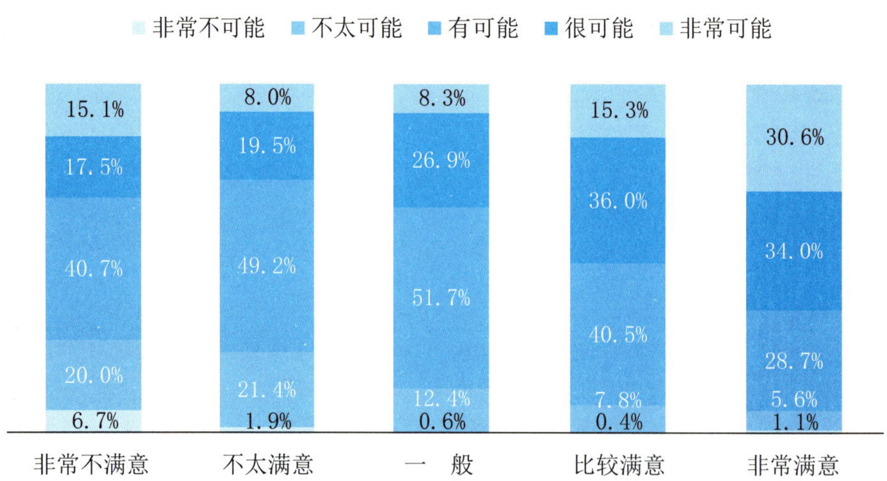

图 9-13　对法院及时公开判决书的满意度和矛盾双方到法院起诉可能性认知之间的交叉分析图

数据挖掘分析：

若将选项“非常可能”、“很可能”和“有可能”合并视为“可能”，将选项“不太可能”和“非常不可能”合并视为“不可能”，则得数据如下：

1. 对法院及时公开判决书的满意度为“非常不满意”的受访者中，认为无法通过协商、调解解决纠纷的矛盾双方可能到法院起诉的比例为73.3%。

2. 对法院及时公开判决书的满意度为“不太满意”的受访者中，认为无法通过协商、调解解决纠纷的矛盾双方可能到法院起诉的比例为76.7%。

3. 对法院及时公开判决书的满意度为“一般”的受访者中，认为无法通过协商、调解解决纠纷的矛盾双方可能到法院起诉的比例为86.9%。

4. 对法院及时公开判决书的满意度为“比较满意”的受访者中，认为无法通过协商、调解解决纠纷的矛盾双方可能到法院起诉的比例为 91.8%。

5. 对法院及时公开判决书的满意度为"非常满意"的受访者中，认为无法通过协商、调解解决纠纷的矛盾双方可能到法院起诉的比例为 93.3%。

数据表明，公众卷 Q7 题和 Q5.2 题之间，即受访者对法院及时公开判决书的满意度与受访者对无法通过协商、调解解决纠纷的矛盾双方到法院起诉可能性的认知之间存在一定的关联。具体来说，受访者对法院及时公开判决书的满意度越高，同样认为无法通过协商、调解解决纠纷的矛盾双方到法院起诉的可能性越高，两者之间呈现正相关性。

通过对专业卷的 Q34.2 题和 Q35.2 题进行相关性分析，考察两组数据间的 Spearman 相关系数，得到下表：

表 9-17　对法院及时公开判决书的满意度和判决结果的公正度认知之间的相关分析表

			Q35.2：总体来说，您觉得自己所在地区法院判决结果公正吗?	Q34.2：您对自己所在地区法院及时公开判决书的总体满意程度如何?
Spearman 的 rho	Q35.2：总体来说，您觉得自己所在地区法院判决结果公正吗?	相关系数	1.000	0.678**
		显著性（双尾）		0.000
		N*	5826	5818
	Q34.2：您对自己所在地区法院及时公开判决书的总体满意程度如何?	相关系数	0.678**	1.000
		显著性（双尾）	0.000	
		N*	5818	5829

*N 为样本数；** 相关性在 0.01 层上显著（双尾）。

从上表中不难发现，Spearman 相关系数为 0.678，表示两题之间具有正相关性；同时双尾显著性为 0.000，表示该结果在 0.01 水平上显著，即表示其判断犯弃真型错误率小于 1%，结果准确。

为直观而深入地探寻两题间可能存在的深层次联系，我们对两题进行交叉分析：首先将拒答问卷全部剔除，再对剩下的问卷样本以受访者对法院及时公开判决书的满意度作为区分条件，来分析对法院及时公开判决书的满意度不同的受访者在对判决结果的公正度这一问题的认知上具有的分布特性，得到下表：

表 9-18　对法院及时公开判决书的满意度和判决结果的公正度认知之间的交叉分析表

			Q35.2：总体来说，您觉得自己所在地区法院判决结果公正吗?					总　计
			非常不公正	不太公正	一　般	比较公正	非常公正	
Q34.2：您对自己所在地区法院及时公开判决书的总体满意程度如何?	非常不满意	计　数	29	15	23	7	1	75
		占满意度比	38.7%	20.0%	30.7%	9.3%	1.3%	100.0%
		占公正度比	64.4%	9.7%	1.7%	0.2%	0.1%	1.3%
		占总比	0.5%	0.3%	0.4%	0.1%	0.0%	1.3%
	不太满意	计　数	11	84	163	54	2	314
		占满意度比	3.5%	26.8%	51.9%	17.2%	0.6%	100.0%
		占公正度比	24.4%	54.2%	12.0%	1.7%	0.2%	5.4%
		占总比	0.2%	1.4%	2.8%	0.9%	0.0%	5.4%

续表

			Q35.2：总体来说，您觉得自己所在地区法院判决结果公正吗?					总　计
			非常不公正	不太公正	一　般	比较公正	非常公正	
Q34.2：您对自己所在地区法院及时公开判决书的总体满意程度如何?	一　般	计　数	3	41	856	631	20	1551
		占满意度比	0.2%	2.6%	55.2%	40.7%	1.3%	100.0%
		占公正度比	6.7%	26.5%	63.0%	19.8%	1.9%	26.7%
		占总比	0.1%	0.7%	14.7%	10.8%	0.3%	26.7%
	比较满意	计　数	2	15	266	1999	214	2496
		占满意度比	0.1%	0.6%	10.7%	80.1%	8.6%	100.0%
		占公正度比	4.4%	9.7%	19.6%	62.8%	19.9%	42.9%
		占总比	0.0%	0.3%	4.6%	34.4%	3.7%	42.9%
	非常满意	计　数	0	0	51	494	837	1382
		占满意度比	0.0%	0.0%	3.7%	35.7%	60.6%	100.0%
		占公正度比	0.0%	0.0%	3.8%	15.5%	77.9%	23.8%
		占总比	0.0%	0.0%	0.9%	8.5%	14.4%	23.8%
总　计		计　数	45	155	1359	3185	1074	5818
		占总比	0.8%	2.7%	23.4%	54.7%	18.5%	100.0%

以受访者对法院及时公开判决书的满意度为横轴，以判决结果的公正度为纵轴，可得下图：

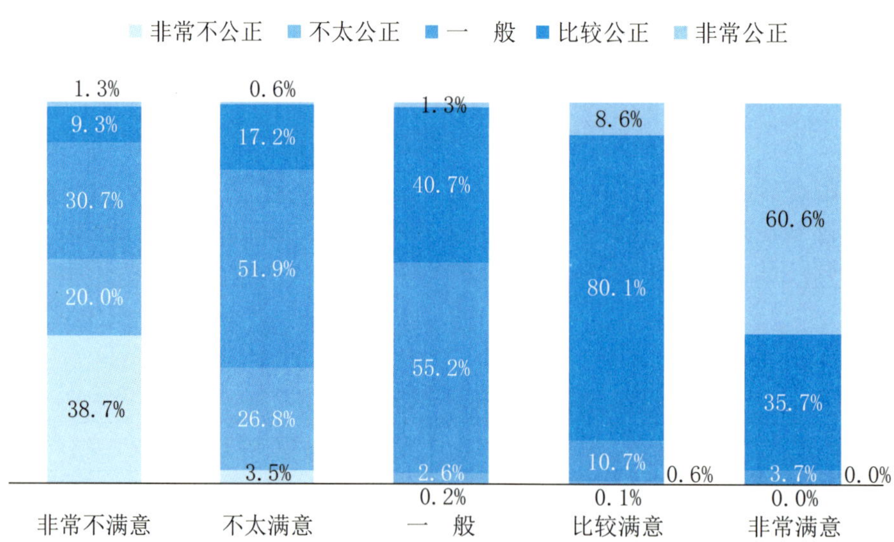

图 9-14　对法院及时公开判决书的满意度和判决结果的公正度认知之间的交叉分析图

数据挖掘分析：

若将选项“非常公正”、“比较公正”和“一般”合并视为“公正”，将选项“不太公正”和“非常不公正”合并视为“不公正”，则得数据如下：

1. 对法院及时公开判决书的满意度为“非常不满意”的受访者中，认为判决结果公正的比例为41.3%。

2. 对法院及时公开判决书的满意度为“不太满意”的受访者中，认为判决结果公正的比例为 69.7%。

3. 对法院及时公开判决书的满意度为"一般"的受访者中，认为判决结果公正的比例为 97.2%。

4. 对法院及时公开判决书的满意度为"比较满意"的受访者中，认为判决结果公正的比例为 99.4%。

5. 对法院及时公开判决书的满意度为"非常满意"的受访者中，认为判决结果公正的比例为 100.0%。

数据表明，专业卷 Q34.2 题和 Q35.2 题之间，即受访者对法院及时公开判决书的满意度与受访者对判决结果公正度的认知之间存在一定的关联。具体来说，受访者对法院及时公开判决书的满意度越高，同样认为判决结果的公正度越高，两者之间呈现正相关性。

9.2.3 裁判结果依法公开问题跨卷对比分析

公众卷和专业卷均就受访者对法院及时公开判决书的满意度进行了调查，我们看看两个群体的作答情况是否呈现出明显差异：

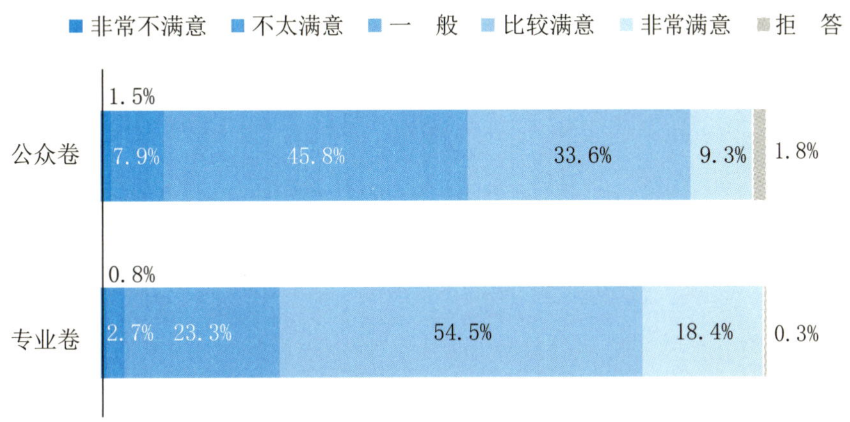

图 9-15　法院及时公开判决书满意度作答情况分布对照图

从上图可以看出，相对于公众卷的作答情况，专业卷的受访者对法院及时公开判决书的满意度更高，选择"非常满意"、"比较满意"和"一般"的人数比例高于公众卷，选择"非常不满意"和"不太满意"的人数比例低于公众卷。

9.3　司法权力主体受到信任与认同

为测量这一指标，调查问卷设计三个问题：

问题一："您对自己所在地区法官的满意度如何？"【公众卷、专业卷】

问题二："您对自己所在地区检察官的满意度如何？"【公众卷、专业卷】

问题三："您对自己所在地区警察的满意度如何？"【公众卷、专业卷】

9.3.1 司法权力主体受到信任与认同问题基本数据

对于司法权力主体受到信任与认同问题，我们提取有关问题进行了频数分析，其中公众卷部分基本数据情况如下：

问题一："您对自己所在地区法官的满意度如何？"【公众卷】

表 9-19 公众卷：对法官满意度作答情况详表

公众卷		计　数	列 N%
对法官满意度	非常不满意	295	1.6%
	不太满意	971	5.2%
	一　般	9142	49.3%
	比较满意	6829	36.8%
	非常满意	1188	6.4%
	拒　答	127	0.7%

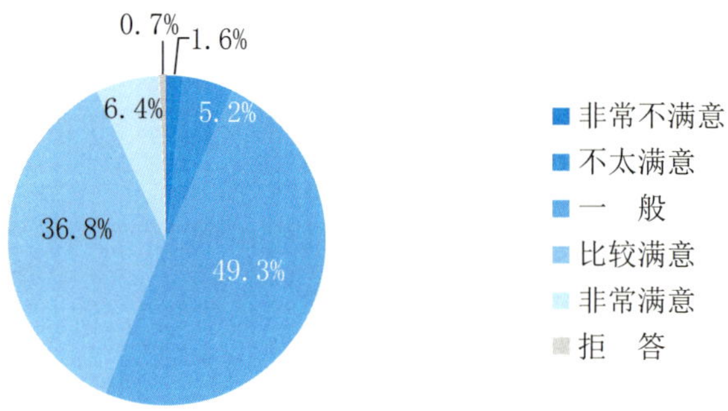

图 9-16 公众卷：对法官满意度作答情况分布图

由上图可以看出，公众卷的受访者在回答“对法官满意度”问题时，更倾向于对此感到满意，选择“非常满意”、“比较满意”和“一般”的人数比例为 92.5%，选择“非常不满意”和“不太满意”的人数比例为 6.8%。

问题二：“您对自己所在地区检察官的满意度如何?”【公众卷】

表 9-20 公众卷：对检察官满意度作答情况详表

公众卷		计　数	列 N%
对检察官满意度	非常不满意	283	1.5%
	不太满意	1111	6.0%
	一　般	9120	49.2%
	比较满意	6685	36.0%
	非常满意	1190	6.4%
	拒　答	163	0.9%

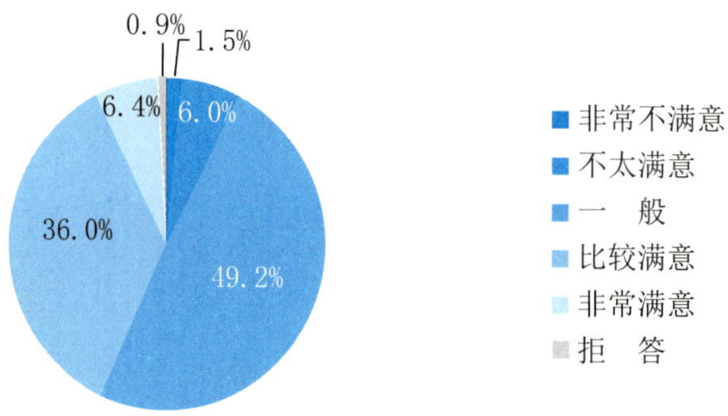

图 9-17 公众卷：对检察官满意度作答情况分布图

由上图可以看出，公众卷的受访者在回答“对检察官满意度”问题时，更倾向于对此感到满意，选择“非常满意”、“比较满意”和“一般”的人数比例为 91.6%，选择“非常不满意”和“不太满意”的人数比例为 7.5%。

问题三：“您对自己所在地区警察的满意度如何?”【公众卷】

表 9-21　公众卷：对警察满意度作答情况详表

公众卷		计　数	列 N%
对警察满意度	非常不满意	778	4.2%
	不太满意	2712	14.6%
	一　般	8620	46.5%
	比较满意	5217	28.1%
	非常满意	1117	6.0%
	拒　答	108	0.6%

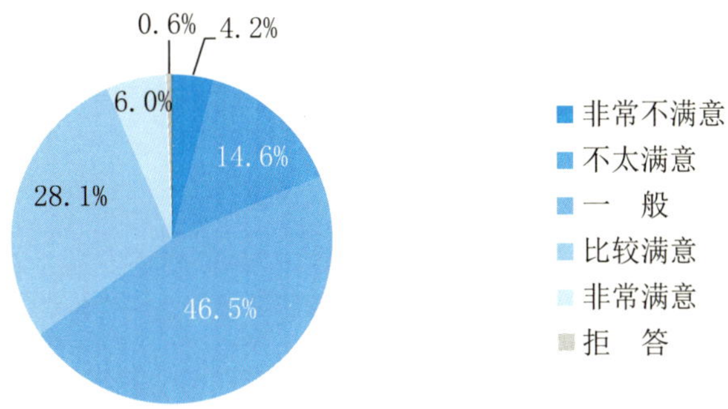

图 9-18　公众卷：对警察满意度作答情况分布图

由上图可以看出，公众卷的受访者在回答“对警察满意度”问题时，更倾向于对此感到满意，选择“非常满意”、“比较满意”和“一般”的人数比例为 80.6%，选择“非常不满意”和“不太满意”的人数比例为 18.8%。

司法权力主体受到信任与认同问题专业卷部分基本数据情况则如下：

问题一：“您对自己所在地区法官的满意度如何?”【专业卷】

表 9-22　专业卷：对法官满意度作答情况详表

		法　官		检察官		警　察		律　师		全　体	
		计数	列 N%	计数	列 N%	计数	列 N%	计数	列 N%	计数	列 N%
对法官满意度	非常不满意	8	0.5%	11	0.7%	30	2.2%	26	1.8%	75	1.3%
	不太满意	51	3.5%	64	4.2%	69	5.0%	108	7.3%	292	5.0%
	一　般	196	13.3%	385	25.5%	493	35.8%	595	40.1%	1670	28.6%
	比较满意	777	52.7%	816	54.1%	600	43.5%	688	46.4%	2883	49.3%
	非常满意	439	29.8%	232	15.4%	185	13.4%	61	4.1%	918	15.7%
	拒　答	3	0.2%	1	0.1%	2	0.1%	4	0.3%	10	0.2%

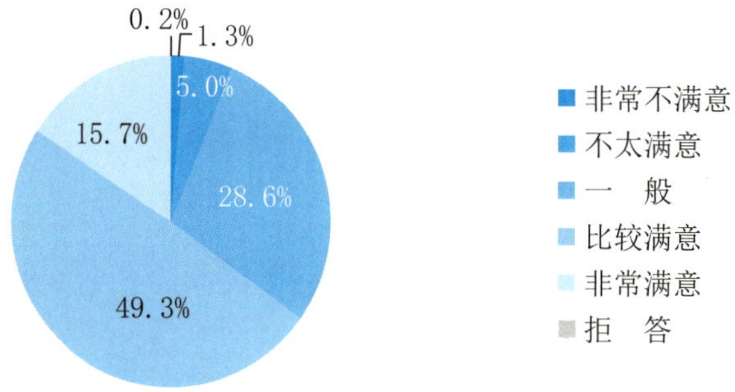

图 9-19　专业卷：对法官满意度作答情况分布图

由上图可以看出，专业卷的受访者在回答“对法官满意度”问题时，更倾向于对此感到满意，选择“非常满意”、“比较满意”和“一般”的人数比例为93.6%，选择“非常不满意”和“不太满意”的人数比例为6.3%。

专业卷的受访者依照其职业分为四类人群，不同职业群体对法官的满意度对比如下图：

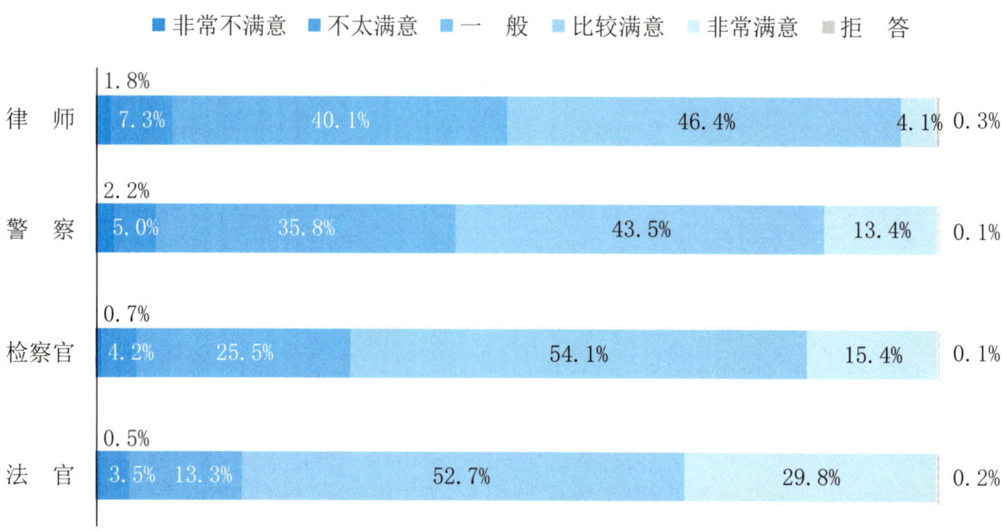

图 9-20　专业卷细分：对法官满意度作答情况分布图

不同职业群体在回答“对法官满意度”问题时，律师群体的满意度最低，其选择“非常不满意”和“不太满意”两项的人数比例高于其他三类人群，选择“比较满意”和“非常满意”两项的人数比例则低于其他三类人群。与之对比的是法官群体。

问题二：“您对自己所在地区检察官的满意度如何?”【专业卷】

表 9-23　专业卷：对检察官满意度作答情况详表

		法　官		检察官		警　察		律　师		全　体	
		计数	列 N%	计数	列 N%	计数	列 N%	计数	列 N%	计数	列 N%
对检察官满意度	非常不满意	16	1.1%	3	0.2%	34	2.5%	20	1.3%	73	1.2%
	不太满意	74	5.0%	35	2.3%	92	6.7%	108	7.3%	309	5.3%
	一　般	306	20.8%	243	16.1%	468	33.9%	598	40.4%	1617	27.7%
	比较满意	773	52.4%	831	55.1%	589	42.7%	672	45.3%	2865	49.0%
	非常满意	299	20.3%	394	26.1%	192	13.9%	78	5.3%	965	16.5%
	拒　答	6	0.4%	3	0.2%	4	0.3%	6	0.4%	19	0.3%

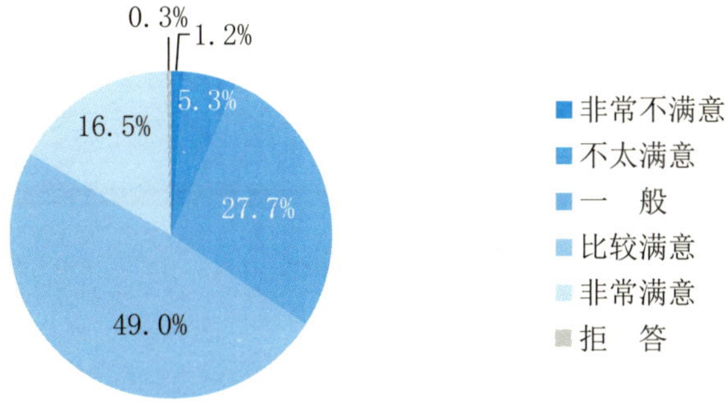

图 9-21 专业卷：对检察官满意度作答情况分布图

由上图可以看出，专业卷的受访者在回答“对检察官满意度”问题时，更倾向于对此感到满意，选择“非常满意”、“比较满意”和“一般”的人数比例为93.2%，选择“非常不满意”和“不太满意”的人数比例为6.5%。

专业卷的受访者依照其职业分为四类人群，不同职业群体对检察官的满意度对比如下图：

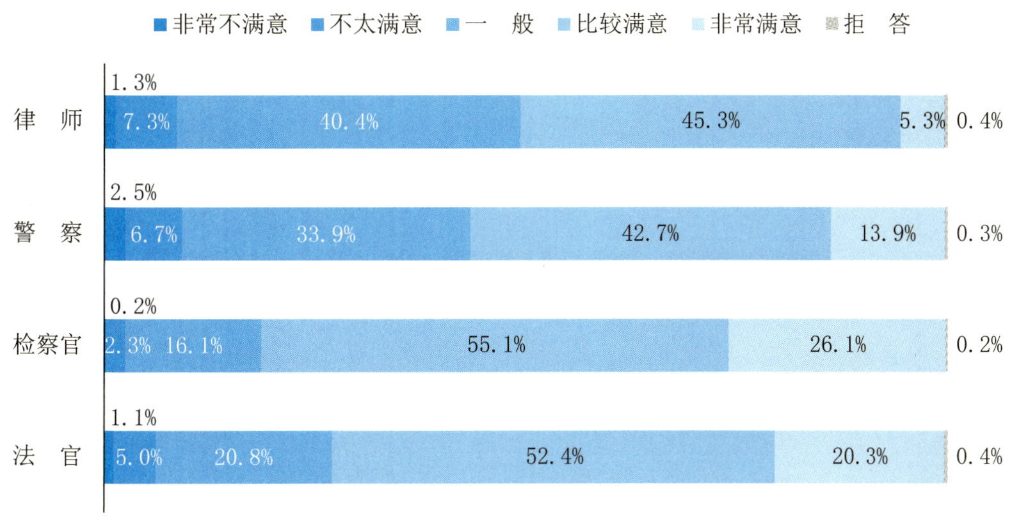

图 9-22 专业卷细分：对检察官满意度作答情况分布图

不同职业群体在回答“对检察官满意度”问题时，警察群体的满意度最低，其选择“非常不满意”和“不太满意”两项的人数比例高于其他三类人群，选择“比较满意”和“非常满意”两项的人数比例则低于其他三类人群。与之对比的是检察官群体。

问题三：“您对自己所在地区警察的满意度如何?”【专业卷】

表 9-24 专业卷：对警察满意度作答情况详表

		法 官		检察官		警 察		律 师		全 体	
		计数	列 N%	计数	列 N%	计数	列 N%	计数	列 N%	计数	列 N%
对警察满意度	非常不满意	44	3.0%	30	2.0%	19	1.4%	89	6.0%	185	3.2%
	不太满意	141	9.6%	111	7.4%	45	3.4%	284	19.2%	582	10.0%
	一 般	476	32.3%	542	35.9%	256	19.2%	640	43.2%	1925	32.9%
	比较满意	576	39.1%	641	42.5%	618	46.4%	419	28.3%	2280	39.0%
	非常满意	231	15.7%	183	12.1%	391	29.4%	45	3.0%	860	14.7%
	拒 答	6	0.4%	2	0.1%	2	0.2%	5	0.3%	16	0.3%

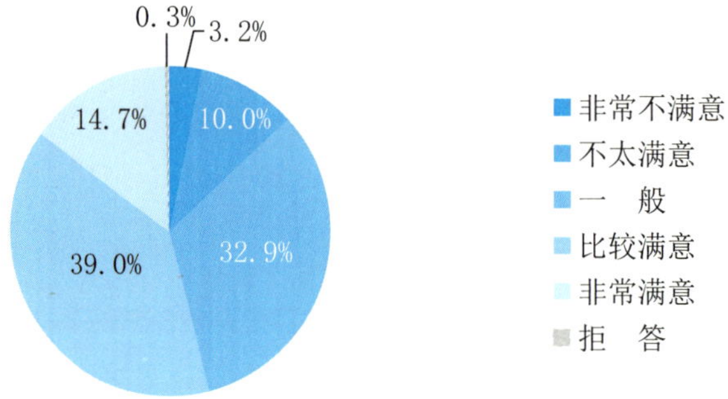

图 9-23　专业卷：对警察满意度作答情况分布图

由上图可以看出，专业卷的受访者在回答“对警察满意度”问题时，更倾向于对此感到满意，选择“非常满意”、“比较满意”和“一般”的人数比例为86.6%，选择“非常不满意”和“不太满意”的人数比例为13.2%。

专业卷的受访者依照其职业分为四类人群，不同职业群体对警察的满意度对比如下图：

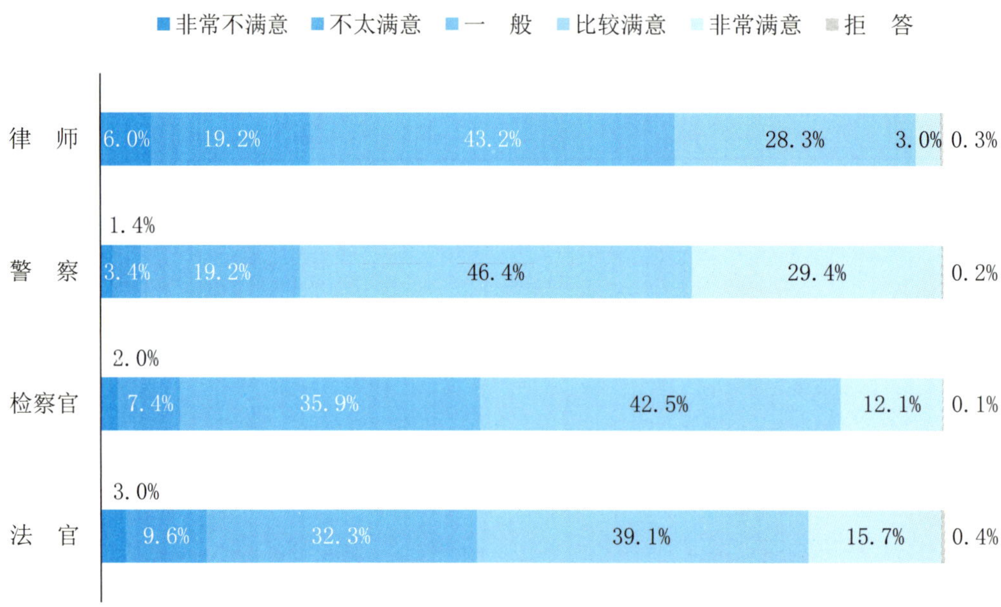

图 9-24　专业卷细分：对警察满意度作答情况分布图

不同职业群体在回答“对警察满意度”问题时，律师群体的满意度最低，其选择“非常不满意”和“不太满意”两项的人数比例高于其他三类人群，选择“比较满意”和“非常满意”的人数比例则低于其他三类人群。与之对比的是警察群体。

9.3.2　司法权力主体受到信任与认同问题相关分析

课题组采用相关性分析和交叉分析两种数据分析技术，对公众卷和专业卷进行分析。

首先通过对公众卷的Q1题和Q4.1题进行相关性分析，考察两组数据间的Spearman相关系数，得到表9-25：

表 9-25　对法官满意度和作为陪审员参与庭审的意愿度之间的相关分析表

			Q1：如果有当人民陪审员的机会，您愿意参与法庭审判吗？	Q4.1：您对自己所在地区法官的满意度如何？
Spearman 的 rho	Q1：如果有当人民陪审员的机会，您愿意参与法庭审判吗？	相关系数	1.000	0.158**
		显著性（双尾）		0.000
		N*	18 485	18 379
	Q4.1：您对自己所在地区法官的满意度如何？	相关系数	0.158**	1.000
		显著性（双尾）	0.000	
		N*	18 379	18 425

*N 为样本数；** 相关性在 0.01 层上显著（双尾）。

从上表中不难发现，Spearman 相关系数为 0.158，表示两题之间具有正相关性；同时双尾显著性为 0.000，表示该结果在 0.01 水平上显著，即表示其判断犯弃真型错误率小于 1%，结果准确。

为直观而深入地探寻两题间可能存在的深层次联系，我们对两题进行交叉分析：首先将拒答问卷全部剔除，再对剩下的问卷样本以受访者对法官的满意度作为区分条件，来分析对法官的满意度不同的受访者在作为陪审员参与庭审的意愿度方面具有的分布特性，得到下表：

表 9-26　对法官满意度和作为陪审员参与庭审的意愿度之间的交叉分析表

			Q1：如果有当人民陪审员的机会，您愿意参与法庭审判吗？					总　计
			非常不愿意	不太愿意	一　般	比较愿意	非常愿意	
Q4.1：您对自己所在地区法官的满意度如何？	非常不满意	计　数	29	42	52	47	123	293
		占满意度比	9.9%	14.3%	17.7%	16.0%	42.0%	100.0%
		占意愿度比	6.4%	1.7%	0.9%	0.8%	2.9%	1.6%
		占总比	0.2%	0.2%	0.3%	0.3%	0.7%	1.6%
	不太满意	计　数	69	193	293	206	205	966
		占满意度比	7.1%	20.0%	30.3%	21.3%	21.2%	100.0%
		占意愿度比	15.2%	8.0%	5.1%	3.7%	4.9%	5.3%
		占总比	0.4%	1.1%	1.6%	1.1%	1.1%	5.3%
	一　般	计　数	221	1390	3377	2502	1635	9125
		占满意度比	2.4%	15.2%	37.0%	27.4%	17.9%	100.0%
		占意愿度比	48.6%	57.8%	58.4%	45.2%	39.0%	49.6%
		占总比	1.2%	7.6%	18.4%	13.6%	8.9%	49.6%
	比较满意	计　数	92	681	1868	2477	1697	6815
		占满意度比	1.3%	10.0%	27.4%	36.3%	24.9%	100.0%
		占意愿度比	20.2%	28.3%	32.3%	44.7%	40.4%	37.1%
		占总比	0.5%	3.7%	10.2%	13.5%	9.2%	37.1%
	非常满意	计　数	44	97	195	308	536	1180
		占满意度比	3.7%	8.2%	16.5%	26.1%	45.4%	100.0%

续表

			Q1：如果有当人民陪审员的机会，您愿意参与法庭审判吗?					总　计
			非常不愿意	不太愿意	一　般	比较愿意	非常愿意	
	非常满意	占意愿度比	9.7%	4.0%	3.4%	5.6%	12.8%	6.4%
		占总比	0.2%	0.5%	1.1%	1.7%	2.9%	6.4%
总　计		计　数	455	2403	5785	5540	4196	18 379
		占总比	2.5%	13.1%	31.5%	30.1%	22.8%	100.0%

以受访者对法官的满意度为横轴，以受访者作为陪审员参与庭审的意愿度为纵轴，可得下图：

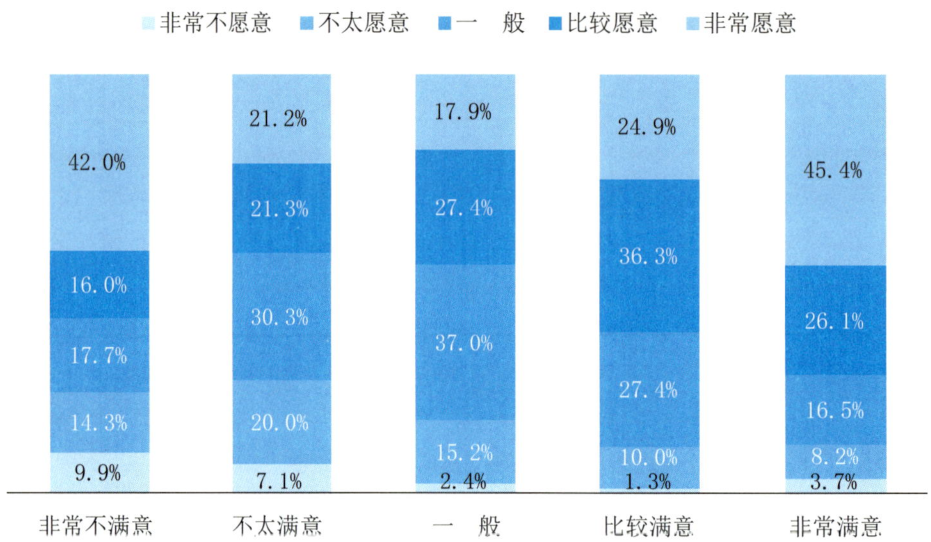

图 9-25　对法官满意度和作为陪审员参与庭审的意愿度之间的交叉分析图

数据挖掘分析：

若将选项“非常愿意”、“比较愿意”和“一般”合并视为“愿意”，将选项“不太愿意”和“非常不愿意”合并视为“不愿意”，则得数据如下：

1. 对法官满意度为“非常不满意”的受访者中，愿意作为陪审员参与庭审的比例为75.7%。
2. 对法官满意度为“不太满意”的受访者中，愿意作为陪审员参与庭审的比例为72.8%。
3. 对法官满意度为“一般”的受访者中，愿意作为陪审员参与庭审的比例为82.3%。
4. 对法官满意度为“比较满意”的受访者中，愿意作为陪审员参与庭审的比例为88.6%。
5. 对法官满意度为“非常满意”的受访者中，愿意作为陪审员参与庭审的比例为88.0%。

数据表明，公众卷Q1题和Q4.1题之间，即受访者作为陪审员参与庭审的意愿度与受访者对法官的满意度之间存在一定的关联。一般来说，受访者对法官的满意度越高，作为陪审员参与庭审的意愿也就越强，两者之间呈现正相关性。

通过对公众卷的Q7题和Q4.1题进行相关性分析，考察两组数据间的Spearman相关系数，得到表9-27：

表 9-27　对法官满意度和矛盾双方到法院起诉可能性认知之间的相关分析表

			Q7：在您所在地区，当矛盾双方无法通过协商、调解等方式解决纠纷时，人们可能会到法院起诉吗？	Q4.1：您对自己所在地区法官的满意度如何？
Spearman 的 rho	Q7：在您所在地区，当矛盾双方无法通过协商、调解等方式解决纠纷时，人们可能会到法院起诉吗？	相关系数	1.000	0.194**
		显著性（双尾）		0.000
		N*	18 425	18 381
	Q4.1：您对自己所在地区法官的满意度如何？	相关系数	0.194**	1.000
		显著性（双尾）	0.000	
		N*	18 381	18 486

*N 为样本数；** 相关性在 0.01 层上显著（双尾）。

从上表中不难发现，Spearman 相关系数为 0.194，表示两题之间具有正相关性；同时双尾显著性为 0.000，表示该结果在 0.01 水平上显著，即表示其判断犯弃真型错误率小于 1%，结果准确。

为直观而深入地探寻两题间可能存在的深层次联系，我们对两题进行交叉分析：首先将拒答问卷全部剔除，再对剩下的问卷样本以受访者对法官的满意度作为区分条件，来分析对法官的满意度不同的受访者在对无法通过协商、调解解决纠纷的矛盾双方到法院起诉的可能性这一问题的认知上具有的分布特性，得到下表：

表 9-28　对法官满意度和矛盾双方到法院起诉可能性认知之间的交叉分析表

			Q7：在您所在地区，当矛盾双方无法通过协商、调解等方式解决纠纷时，人们可能会到法院起诉吗？					总　计
			非常不可能	不太可能	有可能	很可能	非常可能	
Q4.1：您对自己所在地区法官的满意度如何？	非常不满意	计　数	23	60	113	39	59	294
		占满意度比	7.8%	20.4%	38.4%	13.3%	20.1%	100.0%
		占可能性比	15.6%	3.0%	1.4%	0.7%	2.5%	1.6%
		占总比	0.1%	0.3%	0.6%	0.2%	0.3%	1.6%
	不太满意	计　数	24	219	443	199	83	968
		占满意度比	2.5%	22.6%	45.8%	20.6%	8.6%	100.0%
		占可能性比	16.3%	10.8%	5.3%	3.6%	3.5%	5.3%
		占总比	0.1%	1.2%	2.4%	1.1%	0.5%	5.3%
	一　般	计　数	58	1156	4615	2419	875	9123
		占满意度比	0.6%	12.7%	50.6%	26.5%	9.6%	100.0%
		占可能性比	39.5%	57.1%	55.4%	43.9%	37.0%	49.6%
		占总比	0.3%	6.3%	25.1%	13.2%	4.8%	49.6%
	比较满意	计　数	24	512	2817	2459	1001	6813
		占满意度比	0.4%	7.5%	41.3%	36.1%	14.7%	100.0%
		占可能性比	16.3%	25.3%	33.8%	44.6%	42.3%	37.1%
		占总比	0.1%	2.8%	15.3%	13.4%	5.4%	37.1%

续表

			Q7：在您所在地区，当矛盾双方无法通过协商、调解等方式解决纠纷时，人们可能会到法院起诉吗？					总 计
			非常不可能	不太可能	有可能	很可能	非常可能	
Q4.1：您对自己所在地区法官的满意度如何？	非常满意	计 数	18	77	347	392	349	1183
		占满意度比	1.5%	6.5%	29.3%	33.1%	29.5%	100.0%
		占可能性比	12.2%	3.8%	4.2%	7.1%	14.7%	6.4%
		占总比	0.1%	0.4%	1.9%	2.1%	1.9%	6.4%
总 计		计 数	147	2024	8335	5508	2367	18 381
		占总比	0.8%	11.0%	45.3%	30.0%	12.9%	100.0%

以受访者对法官的满意度为横轴，以无法通过协商、调解解决纠纷的矛盾双方到法院起诉的可能性为纵轴，可得下图：

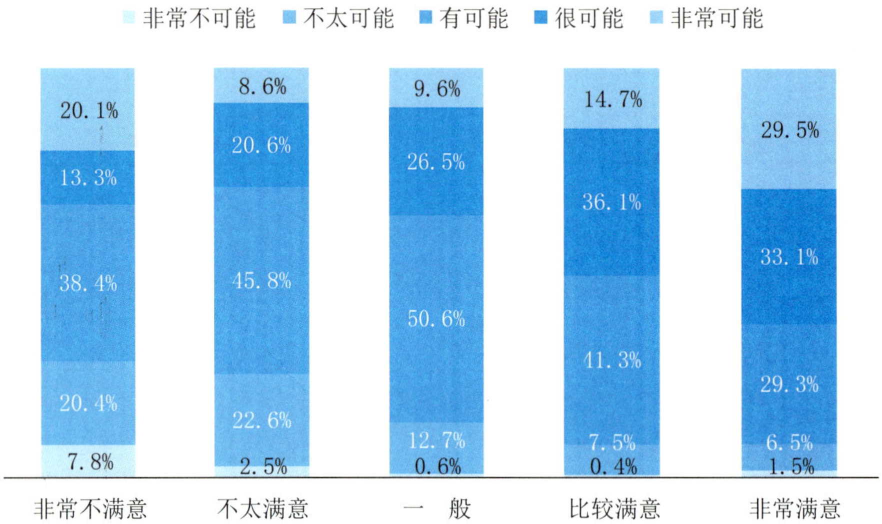

图 9-26 对法官满意度和矛盾双方到法院起诉可能性认知之间的交叉分析图

数据挖掘分析：

若将选项“非常可能”、“很可能”和“有可能”合并视为“可能”，将选项“不太可能”和“非常不可能”合并视为“不可能”，则得数据如下：

1. 对法官满意度为“非常不满意”的受访者中，认为无法通过协商、调解解决纠纷的矛盾双方可能到法院起诉的比例为71.8%。

2. 对法官满意度为“不太满意”的受访者中，认为无法通过协商、调解解决纠纷的矛盾双方可能到法院起诉的比例为75.0%。

3. 对法官满意度为“一般”的受访者中，认为无法通过协商、调解解决纠纷的矛盾双方可能到法院起诉的比例为86.7%。

4. 对法官满意度为“比较满意”的受访者中，认为无法通过协商、调解解决纠纷的矛盾双方可能到法院起诉的比例为92.1%。

5. 对法官满意度为“非常满意”的受访者中，认为无法通过协商、调解解决纠纷的矛盾双方可能到法院起诉的比例为91.9%。

数据表明，公众卷Q7题和Q4.1题之间，即受访者对无法通过协商、调解解决纠纷的矛盾双方到法院起诉可能性的认知与受访者对法官满意度之间存在一定的关联。一般来说，受访者对法官满意度越高，越倾向于认为无法通过协商、调解解决纠纷的矛盾双方可能到法院起诉，两者之间呈现正相关性。

通过对公众卷的 Q1 题和 Q4.2 题进行相关性分析，考察两组数据间的 Spearman 相关系数，得到下表：

表 9-29　对检察官满意度和作为陪审员参与庭审的意愿度之间的相关分析表

			Q1：如果有当人民陪审员的机会，您愿意参与法庭审判吗？	Q4.2：您对自己所在地区检察官的满意度如何？
Spearman 的 rho	Q1：如果有当人民陪审员的机会，您愿意参与法庭审判吗？	相关系数	1.000	0.173**
		显著性（双尾）		0.000
		N*	18 389	18 343
	Q4.2：您对自己所在地区检察官的满意度如何？	相关系数	0.173**	1.000
		显著性（双尾）	0.000	
		N*	18 343	18 485

* N 为样本数；** 相关性在 0.01 层上显著（双尾）。

从上表中不难发现，Spearman 相关系数为 0.173，表示两题之间具有正相关性；同时双尾显著性为 0.000，表示该结果在 0.01 水平上显著，即表示其判断犯弃真型错误率小于 1%，结果准确。

为直观而深入地探寻两题间可能存在的深层次联系，我们对两题进行交叉分析：首先将拒答问卷全部剔除，再对剩下的问卷样本以受访者对检察官的满意度作为区分条件，来分析对检察官的满意度不同的受访者在作为陪审员参与庭审的意愿度方面具有的分布特性，得到下表：

表 9-30　对检察官满意度和作为陪审员参与庭审的意愿度之间的交叉分析表

			Q1：如果有当人民陪审员的机会，您愿意参与法庭审判吗？					总　计
			非常不愿意	不太愿意	一　般	比较愿意	非常愿意	
Q4.2：您对自己所在地区检察官的满意度如何？	非常不满意	计　数	34	45	61	40	101	281
		占满意度比	12.1%	16.0%	21.7%	14.2%	35.9%	100.0%
		占意愿度比	7.5%	1.9%	1.1%	0.7%	2.4%	1.5%
		占总比	0.2%	0.2%	0.3%	0.2%	0.6%	1.5%
	不太满意	计　数	61	246	385	228	185	1105
		占满意度比	5.5%	22.3%	34.8%	20.6%	16.7%	100.0%
		占意愿度比	13.5%	10.3%	6.7%	4.1%	4.4%	6.0%
		占总比	0.3%	1.3%	2.1%	1.2%	1.0%	6.0%
	一　般	计　数	234	1338	3274	2555	1702	9103
		占满意度比	2.6%	14.7%	36.0%	28.1%	18.7%	100.0%
		占意愿度比	51.9%	55.8%	56.7%	46.2%	40.6%	49.6%
		占总比	1.3%	7.3%	17.8%	13.9%	9.3%	49.6%
	比较满意	计　数	88	676	1831	2403	1674	6672
		占满意度比	1.3%	10.1%	27.4%	36.0%	25.1%	100.0%
		占意愿度比	19.5%	28.2%	31.7%	43.4%	40.0%	36.4%
		占总比	0.5%	3.7%	10.0%	13.1%	9.1%	36.4%

续表

			Q1：如果有当人民陪审员的机会，您愿意参与法庭审判吗?					总　计
			非常不愿意	不太愿意	一　般	比较愿意	非常愿意	
Q4.2：您对自己所在地区检察官的满意度如何?	非常满意	计　数	34	94	220	307	527	1182
		占满意度比	2.9%	8.0%	18.6%	26.0%	44.6%	100.0%
		占意愿度比	7.5%	3.9%	3.8%	5.5%	12.6%	6.4%
		占总比	0.2%	0.5%	1.2%	1.7%	2.9%	6.4%
总　计		计　数	451	2399	5771	5533	4189	18 343
		占总比	2.5%	13.1%	31.5%	30.2%	22.8%	100.0%

以受访者对检察官的满意度为横轴，以受访者作为陪审员参与庭审的意愿度为纵轴，可得下图：

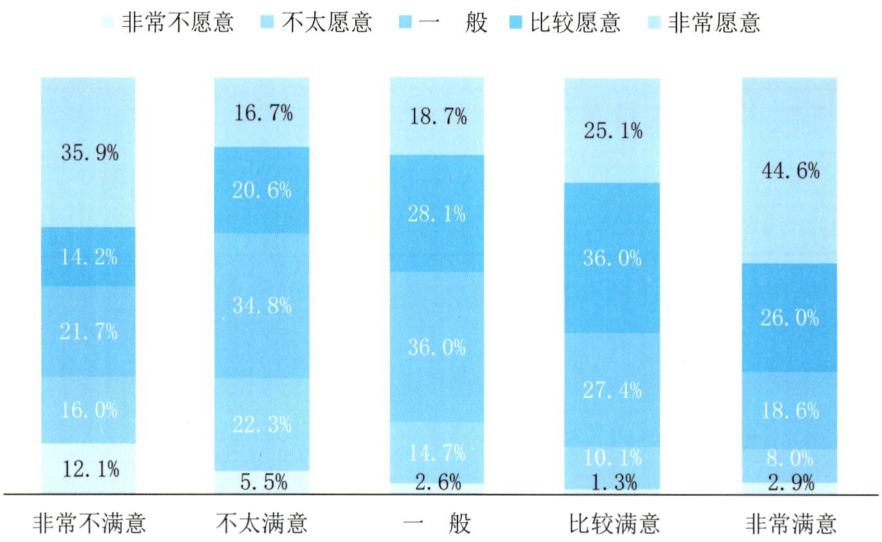

图 9-27　对检察官满意度和作为陪审员参与庭审的意愿度之间的交叉分析图

数据挖掘分析：

若将选项“非常愿意”、“比较愿意”和“一般”合并视为“愿意”，将选项“不太愿意”和“非常不愿意”合并视为“不愿意”，则得数据如下：

1. 对检察官满意度为“非常不满意”的受访者中，愿意作为陪审员参与庭审的比例为 71.8%。
2. 对检察官满意度为“不太满意”的受访者中，愿意作为陪审员参与庭审的比例为 72.1%。
3. 对检察官满意度为“一般”的受访者中，愿意作为陪审员参与庭审的比例为 82.8%。
4. 对检察官满意度为“比较满意”的受访者中，愿意作为陪审员参与庭审的比例为 88.5%。
5. 对检察官满意度为“非常满意”的受访者中，愿意作为陪审员参与庭审的比例为 89.2%。

数据表明，公众卷 Q1 题和 Q4.2 题之间，即受访者作为陪审员参与庭审的意愿度与受访者对检察官的满意度之间存在一定的关联。具体来说，受访者对检察官的满意度越高，作为陪审员参与庭审的意愿也就越强，两者之间呈现正相关性。

9.3.3　司法权力主体受到信任与认同问题跨卷对比分析

公众卷和专业卷均就受访者对法官的满意度进行了调查，我们看看两个群体的作答情况是否呈现出明显差异：

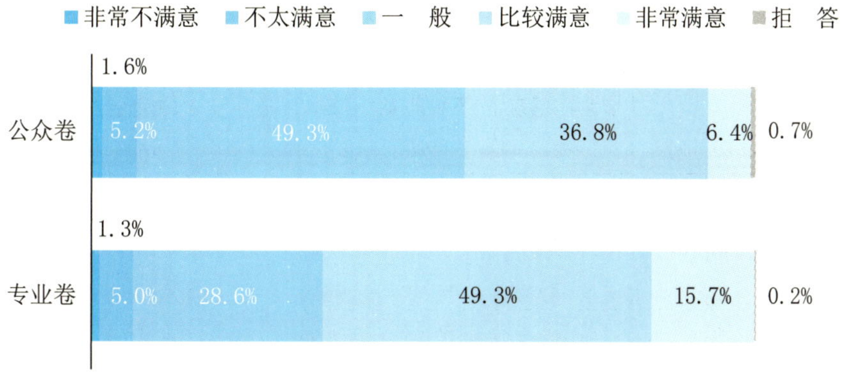

图 9-28　对法官满意度作答情况分布对照图

从上图可以看出，相对于公众卷的作答情况，专业卷的受访者对法官的满意度更高，其选择“非常满意”、“比较满意”和“一般”的人数比例高于公众卷，选择“非常不满意”和“不太满意”的人数比例低于公众卷。

公众卷和专业卷均就受访者对检察官的满意度进行了调查，我们看看两个群体的作答情况是否呈现出明显差异：

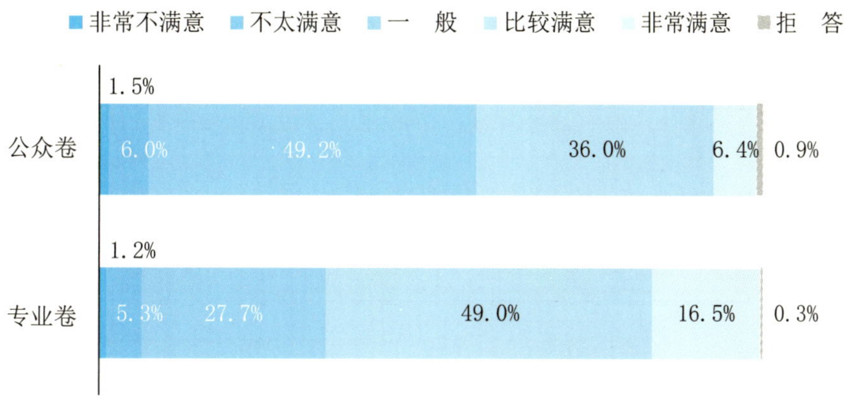

图 9-29　对检察官满意度作答情况分布对照图

从上图可以看出，相对于公众卷的作答情况，专业卷的受访者对检察官的满意度更高，其选择“非常满意”、“比较满意”和“一般”的人数比例高于公众卷，选择“非常不满意”和“不太满意”的人数比例低于公众卷。

公众卷和专业卷均就受访者对警察的满意度进行了调查，我们看看两个群体的作答情况是否呈现出明显差异：

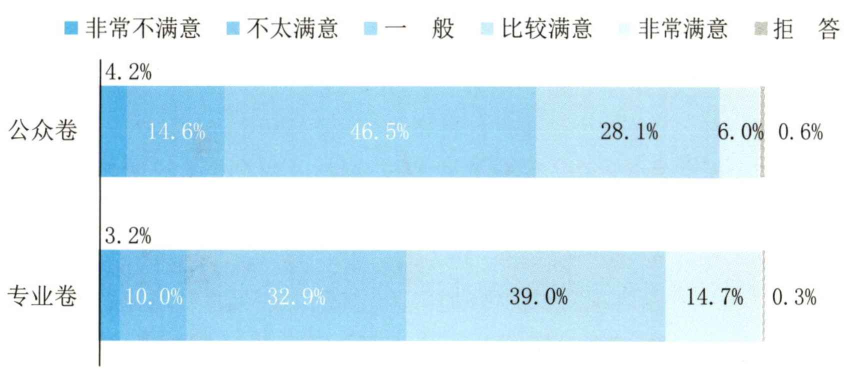

图 9-30　对警察满意度作答情况分布对照图

从上图可以看出，相对于公众卷的作答情况，专业卷的受访者对警察的满意度更高，其选择“非常满意”、“比较满意”和“一般”的人数比例高于公众卷，选择“非常不满意”和“不太满意”的人数比例低于公众卷。

9.4 司法裁判受到信任与认同

为测量这一指标,调查问卷设计两个问题：
问题一：“总体来说，您觉得自己所在地区法院审判过程公正吗?”【公众卷、专业卷】
问题二：“总体来说，您觉得自己所在地区法院判决结果公正吗?”【公众卷、专业卷】

9.4.1 司法裁判受到信任与认同问题基本数据

对于司法裁判受到信任与认同问题，我们提取有关问题进行了频数分析，其中公众卷部分基本数据情况如下：

问题一：“总体来说，您觉得自己所在地区法院审判过程公正吗?”【公众卷】

表 9-31　公众卷：审判过程公正度作答情况详表

公众卷		计　数	列 N%
审判过程公正度	非常不公正	156	0.8%
	不太公正	772	4.2%
	一　般	6292	33.9%
	比较公正	9456	51.0%
	非常公正	1642	8.9%
	拒　答	234	1.3%

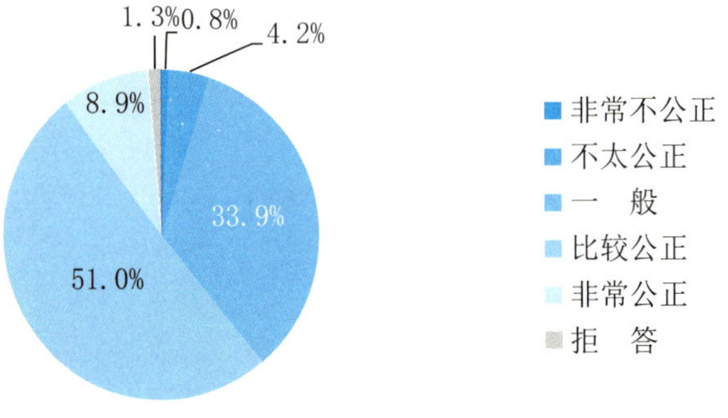

图 9-31　公众卷：审判过程公正度作答情况分布图

由上图可以看出，公众卷的受访者在回答“审判过程公正度”问题时，更倾向于认为审判过程是公正的，选择“非常公正”、“比较公正”和“一般”的人数比例为 93.8%，选择“非常不公正”和“不太公正”的人数比例为 5.0%。

问题二：“总体来说，您觉得自己所在地区法院判决结果公正吗?”【公众卷】

表 9-32　公众卷：判决结果公正度作答情况详表

公众卷		计　数	列 N%
判决结果公正度	非常不公正	183	2.0%
	不太公正	1008	5.4%
	一　般	7021	37.8%
	比较公正	8519	45.9%
	非常公正	1521	8.2%
	拒　答	300	1.6%

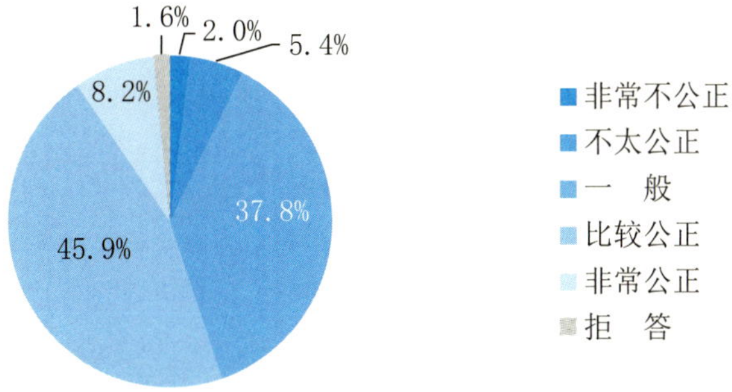

图 9-32　公众卷：判决结果公正度作答情况分布图

由上图可以看出，公众卷的受访者在回答“判决结果公正度”问题时，更倾向于认为判决结果是公正的，选择“非常公正”、“比较公正”和“一般”的人数比例为 91.9%，选择“非常不公正”和“不太公正”的人数比例为 7.4%。

司法裁判受到信任与认同问题专业卷部分基本数据情况则如下：

问题一：“总体来说，您觉得自己所在地区法院审判过程公正吗?”【专业卷】

表 9-33　专业卷：审判过程公正度作答情况详表

		法　官		检察官		警　察		律　师		全　体	
		计数	列 N%	计数	列 N%	计数	列 N%	计数	列 N%	计数	列 N%
审判过程公正度	非常不公正	6	0.4%	3	0.2%	15	1.1%	9	0.6%	33	0.6%
	不太公正	25	1.7%	15	1.0%	32	2.3%	61	4.1%	134	2.3%
	一　般	99	6.7%	248	16.4%	353	25.6%	493	33.3%	1193	20.4%
	比较公正	718	48.7%	947	62.8%	767	55.6%	830	56.0%	3264	55.8%
	非常公正	622	42.2%	294	19.5%	203	15.0%	85	5.7%	1208	20.7%
	拒　答	4	0.3%	2	0.1%	6	0.4%	4	0.3%	16	0.3%

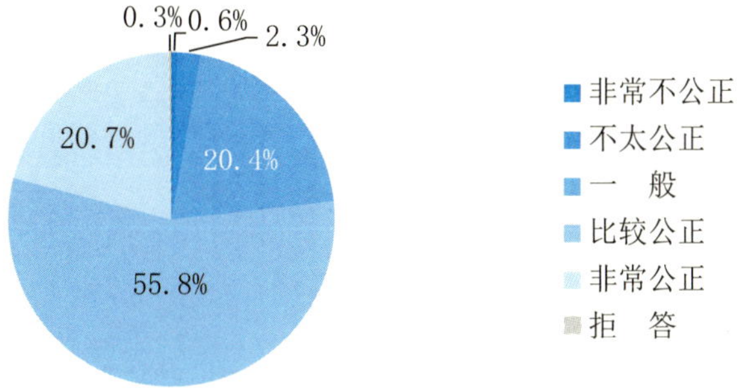

图 9-33　专业卷：审判过程公正度作答情况分布图

由图 9-33 可以看出，专业卷的受访者在回答“审判过程公正度”问题时，更倾向于认为审判过程是公正的，选择“非常公正”、“比较公正”和“一般”的人数比例为 96.9%，选择“非常不公正”和“不太公正”的人数比例为 2.9%。

专业卷的受访者依照其职业分为四类人群，不同职业群体对审判过程的公正度判断对比如下图：

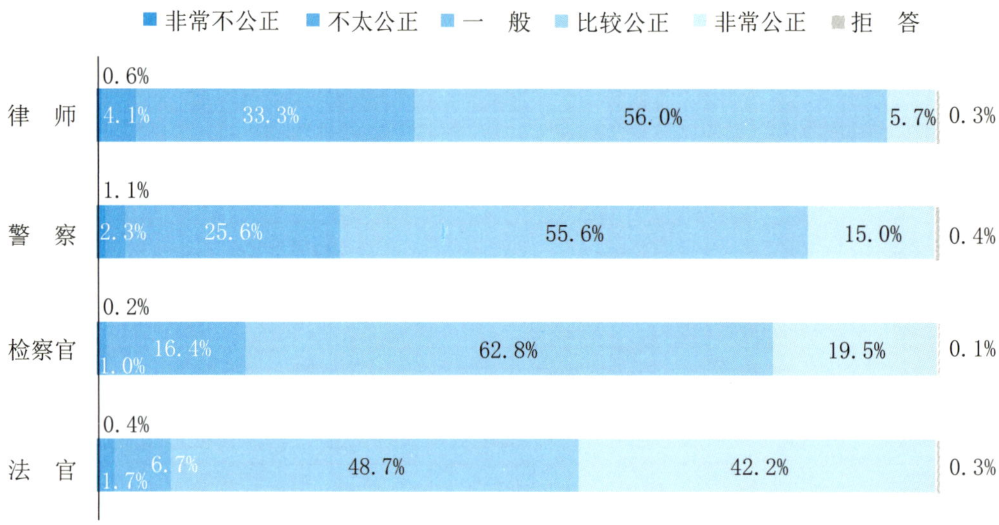

图 9-34 专业卷细分：审判过程公正度作答情况分布图

不同职业群体在回答“审判过程公正度”问题时，法官群体更倾向于认为审判过程是公正的，其选择“非常不公正”和“不太公正”两项的人数比例低于其他三类人群，选择“比较公正”和“非常公正”两项的人数比例则高于其他三类人群。与之对比的是律师群体。

问题二：“总体来说，您觉得自己所在地区法院判决结果公正吗？”【专业卷】

表 9-34 专业卷：判决结果公正度作答情况详表

		法官		检察官		警察		律师		全体	
		计数	列 N%	计数	列 N%	计数	列 N%	计数	列 N%	计数	列 N%
判决结果公正度	非常不公正	7	0.5%	4	0.3%	22	1.6%	12	0.8%	45	0.8%
	不太公正	30	2.0%	17	1.1%	34	2.5%	75	5.1%	157	2.7%
	一 般	107	7.3%	259	17.2%	370	26.8%	626	42.2%	1363	23.3%
	比较公正	785	53.3%	958	63.5%	739	53.6%	705	47.6%	3188	54.5%
	非常公正	541	36.7%	265	17.6%	210	15.2%	59	4.0%	1076	18.4%
	拒 答	4	0.3%	6	0.4%	4	0.3%	5	0.3%	19	0.3%

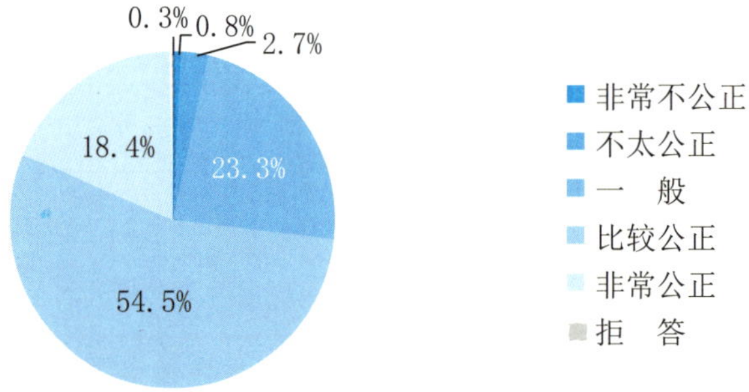

图 9-35 专业卷：判决结果公正度作答情况分布图

由图 9-35 可以看出，专业卷的受访者在回答“判决结果公正度”问题时，更倾向于认为判决结果是公正的，选择“非常公正”、“比较公正”和“一般”的人数比例为 96.2%，选择“非常不公正”和“不太公正”的人数比例为 3.5%。

专业卷的受访者依照其职业分为四类人群，不同职业群体对判决结果的公正度判断对比如下图：

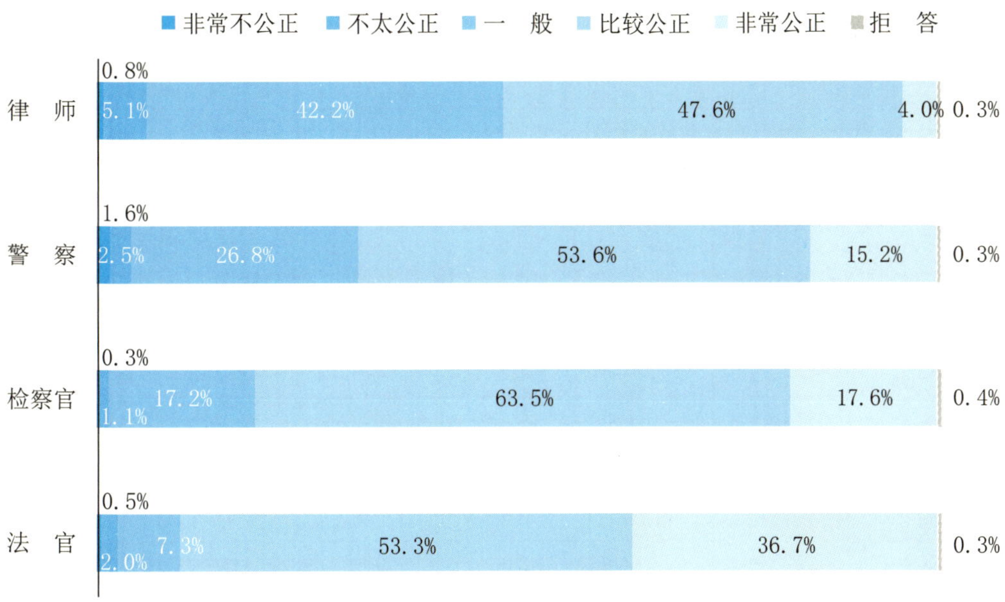

图 9-36　专业卷细分：判决结果公正度作答情况分布图

不同职业群体在回答“判决结果公正度”问题时，法官群体更倾向于认为判决结果是公正的，其选择“非常不公正”和“不太公正”两项的人数比例低于其他三类人群，选择“比较公正”和“非常公正”两项的人数比例则高于其他三类人群。与之对比的是律师群体。

9.4.2　司法裁判受到信任与认同问题相关分析

课题组采用相关性分析和交叉分析两种数据分析技术，对公众卷和专业卷进行分析。

首先通过对公众卷的 Q6.1 题和 Q4.1 题进行相关性分析，考察两组数据间的 Spearman 相关系数，得到下表：

表 9-35　对法官满意度和审判过程的公正度认知之间的相关分析表

			Q6.1：总体来说，您觉得自己所在地区法院审判过程公正吗?	Q4.1：您对自己所在地区法官的满意度如何?
Spearman 的 rho	Q6.1：总体来说，您觉得自己所在地区法院审判过程公正吗?	相关系数	1.000	0.524**
		显著性（双尾）		0.000
		N*	18 425	18 241
	Q4.1：您对自己所在地区法官的满意度如何?	相关系数	0.524**	1.000
		显著性（双尾）	0.000	
		N*	18 241	18 318

*N 为样本数；** 相关性在 0.01 层上显著（双尾）。

从表 9-35 中不难发现，Spearman 相关系数为 0.524，表示两题之间具有正相关性；同时双尾显著性为 0.000，表示该结果在 0.01 水平上显著，即表示其判断犯弃真型错误率小于 1%，结果准确。

为直观而深入地探寻两题间可能存在的深层次联系，我们对两题进行交叉分析：首先将拒答问卷全部剔除，再对剩下的问卷样本以受访者对法官的满意度作为区分条件，来分析对法官的满意度不同的受访者在对审判过程的公正度这一问题的认知上具有的分布特性，得到下表：

表 9-36　对法官满意度和审判过程的公正度认知之间的交叉分析表

			Q6.1：总体来说，您觉得自己所在地区法院审判过程公正吗？					总　计
			非常不公正	不太公正	一　般	比较公正	非常公正	
Q4.1：您对自己所在地区法官的满意度如何？	非常不满意	计　数	87	73	76	31	22	289
		占满意度比	30.1%	25.3%	26.3%	10.7%	7.6%	100.0%
		占公正度比	55.8%	9.5%	1.2%	0.3%	1.3%	1.6%
		占总比	0.5%	0.4%	0.4%	0.2%	0.1%	1.6%
	不太满意	计　数	27	223	476	202	36	964
		占满意度比	2.8%	23.1%	49.4%	21.0%	3.7%	100.0%
		占公正度比	17.3%	29.2%	7.6%	2.1%	2.2%	5.3%
		占总比	0.1%	1.2%	2.6%	1.1%	0.2%	5.3%
	一　般	计　数	27	406	4651	3759	190	9033
		占满意度比	0.3%	4.5%	51.5%	41.6%	2.1%	100.0%
		占公正度比	17.3%	53.1%	74.2%	39.9%	11.6%	49.5%
		占总比	0.1%	2.2%	25.5%	20.6%	1.0%	49.5%
	比较满意	计　数	7	56	975	5019	715	6772
		占满意度比	0.1%	0.8%	14.4%	74.1%	10.6%	100.0%
		占公正度比	4.5%	7.3%	15.6%	53.3%	43.8%	37.1%
		占总比	0.0%	0.3%	5.3%	27.5%	3.9%	37.1%
	非常满意	计　数	8	7	90	407	671	1183
		占满意度比	0.7%	0.6%	7.6%	34.4%	56.7%	100.0%
		占公正度比	5.1%	0.9%	1.4%	4.3%	41.1%	6.5%
		占总比	0.0%	0.0%	0.5%	2.2%	3.7%	6.5%
总　计		计　数	156	765	6268	9418	1634	18 241
		占总比	0.9%	4.2%	34.4%	51.6%	9.0%	100.0%

以受访者对法官的满意度为横轴，以审判过程的公正度为纵轴，可得图 9-37：

数据挖掘分析：

若将选项“非常公正”、“比较公正”和“一般”合并视为“公正”，将选项“不太公正”和“非常不公正”合并视为“不公正”，则得数据如下：

1. 对法官满意度为“非常不满意”的受访者中，认为审判过程公正的比例为 44.6%。
2. 对法官满意度为“不太满意”的受访者中，认为审判过程公正的比例为 74.1%。
3. 对法官满意度为“一般”的受访者中，认为审判过程公正的比例为 95.2%。

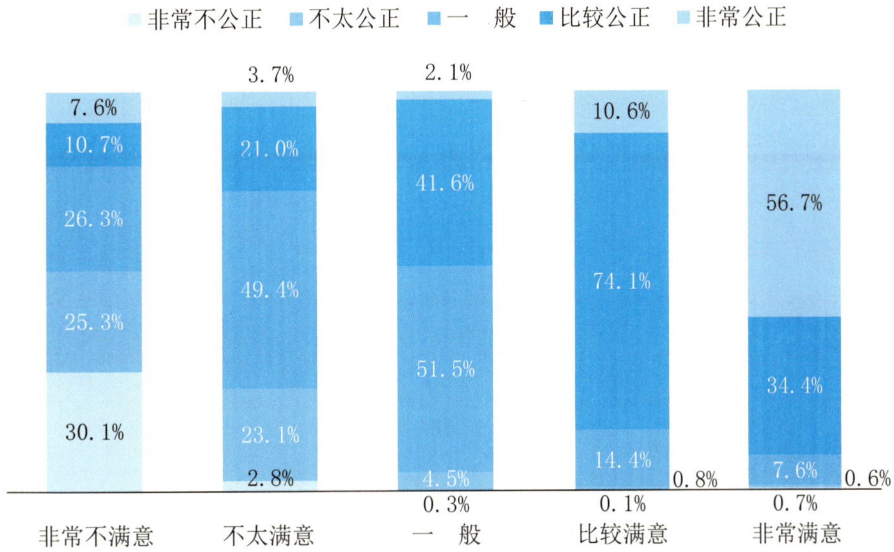

图 9-37　对法官满意度和审判过程的公正度认知之间的交叉分析图

4. 对法官满意度为"比较满意"的受访者中，认为审判过程公正的比例为 99.1%。

5. 对法官满意度为"非常满意"的受访者中，认为审判过程公正的比例为 98.7%。

数据表明，公众卷 Q6.1 题和 Q4.1 题之间，即受访者对审判过程公正度的认知与受访者对法官满意度之间存在一定的关联。一般来说，受访者对法官满意度越高，越倾向于认为审判过程公正，两者之间呈现正相关性。

通过对公众卷的 Q6.2 题和 Q4.1 题进行相关性分析，考察两组数据间的 Spearman 相关系数，得到下表：

表 9-37　对法官满意度和判决结果的公正度认知之间的相关分析表

			Q6.2：总体来说，您觉得自己所在地区法院判决结果公正吗？	Q4.1：您对自己所在地区法官的满意度如何？
Spearman 的 rho	Q6.2：总体来说，您觉得自己所在地区法院判决结果公正吗？	相关系数	1.000	0.510**
		显著性（双尾）		0.000
		N*	18 425	18 181
	Q4.1：您对自己所在地区法官的满意度如何？	相关系数	0.510**	1.000
		显著性（双尾）	0.000	
		N*	18 181	18 252

* N 为样本数；** 相关性在 0.01 层上显著（双尾）。

从上表中不难发现，Spearman 相关系数为 0.510，表示两题之间具有正相关性；同时双尾显著性为 0.000，表示该结果在 0.01 水平上显著，即表示其判断犯弃真型错误率小于 1%，结果准确。

为直观而深入地探寻两题间可能存在的深层次联系，我们对两题进行交叉分析：首先将拒答问卷全部剔除，再对剩下的问卷样本以受访者对法官的满意度作为区分条件，来分析对法官的满意度不同的受访者在对判决结果的公正度这一问题的认知上具有的分布特性，得到表 9-38：

表 9-38　对法官满意度和判决结果的公正度认知之间的交叉分析表

			Q6.2：总体来说，您觉得自己所在地区法院判决结果公正吗？					总　计
			非常不公正	不太公正	一　般	比较公正	非常公正	
Q4.1：您对自己所在地区法官的满意度如何？	非常不满意	计　数	90	78	81	24	17	290
		占满意度比	31.0%	26.9%	27.9%	8.3%	5.9%	100.0%
		占公正度比	49.7%	7.8%	1.2%	0.3%	1.1%	1.6%
		占总比	0.5%	0.4%	0.4%	0.1%	0.1%	1.6%
	不太满意	计　数	37	262	466	170	27	962
		占满意度比	3.8%	27.2%	48.4%	17.7%	2.8%	100.0%
		占公正度比	20.4%	26.1%	6.7%	2.0%	1.8%	5.3%
		占总比	0.2%	1.4%	2.6%	0.9%	0.1%	5.3%
	一　般	计　数	41	553	4914	3316	180	9004
		占满意度比	0.5%	6.1%	54.6%	36.8%	2.0%	100.0%
		占公正度比	22.7%	55.2%	70.2%	39.1%	11.9%	49.5%
		占总比	0.2%	3.0%	27.0%	18.2%	1.0%	49.5%
	比较满意	计　数	8	95	1422	4570	654	6749
		占满意度比	0.1%	1.4%	21.1%	67.7%	9.7%	100.0%
		占公正度比	4.4%	9.5%	20.3%	53.9%	43.2%	37.1%
		占总比	0.0%	0.5%	7.8%	25.1%	3.6%	37.1%
	非常满意	计　数	5	14	116	405	636	1176
		占满意度比	0.4%	1.2%	9.9%	34.4%	54.1%	100.0%
		占公正度比	2.8%	1.4%	1.7%	4.8%	42.0%	6.5%
		占总比	0.0%	0.1%	0.6%	2.2%	3.5%	6.5%
总　计		计　数	181	1002	6999	8485	1514	18 181
		占总比	1.0%	5.5%	38.5%	46.7%	8.3%	100.0%

以受访者对法官的满意度为横轴，以判决结果的公正度为纵轴，可得下图：

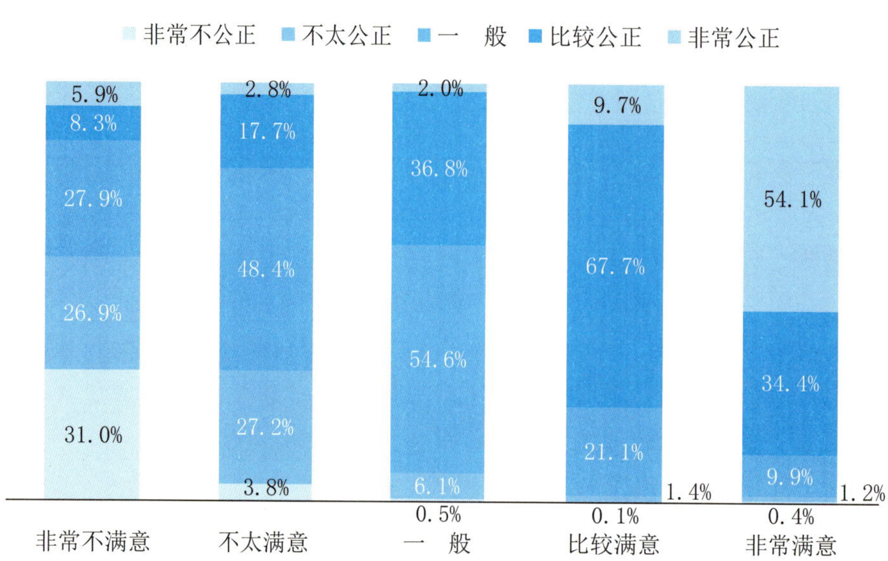

图 9-38　对法官满意度和判决结果的公正度认知之间的交叉分析图

数据挖掘分析：

若将选项“非常公正”、“比较公正”和“一般”合并视为“公正”，将选项“不太公正”和“非常不公正”合并视为“不公正”，则得数据如下：

1. 对法官满意度为“非常不满意”的受访者中，认为判决结果公正的比例为 42.1%。
2. 对法官满意度为“不太满意”的受访者中，认为判决结果公正的比例为 68.9%。
3. 对法官满意度为“一般”的受访者中，认为判决结果公正的比例为 93.4%。
4. 对法官满意度为“比较满意”的受访者中，认为判决结果公正的比例为 98.5%。
5. 对法官满意度为“非常满意”的受访者中，认为判决结果公正的比例为 98.4%。

数据表明，公众卷 Q6.2 题和 Q4.1 题之间，即受访者对判决结果公正度的认知与受访者对法官满意度之间存在一定的关联。一般来说，受访者对法官满意度越高，越倾向于认为判决结果公正，两者之间呈现正相关性。

通过对专业卷的 Q33.1 题和 Q35.1 题进行相关性分析，考察两组数据间的 Spearman 相关系数，得到下表：

表 9-39　对法官满意度和审判过程的公正度认知之间的相关分析表

			Q33.1：您对自己所在地区法官的满意度如何?	Q35.1：总体来说，您觉得自己所在地区法院审判过程公正吗?
Spearman 的 rho	Q33.1：您对自己所在地区法官的满意度如何?	相关系数	1.000	0.680**
		显著性（双尾）		0.000
		N*	5838	5830
	Q35.1：总体来说，您觉得自己所在地区法院审判过程公正吗?	相关系数	0.680**	1.000
		显著性（双尾）	0.000	
		N*	5830	5832

* N 为样本数；** 相关性在 0.01 层上显著（双尾）。

从上表中不难发现，Spearman 相关系数为 0.680，表示两题之间具有正相关性；同时双尾显著性为 0.000，表示该结果在 0.01 水平上显著，即表示其判断犯弃真型错误率小于 1%，结果准确。

为直观而深入地探寻两题间可能存在的深层次联系，我们对两题进行交叉分析：首先将拒答问卷全部剔除，再对剩下的问卷样本以受访者对法官的满意度作为区分条件，来分析对法官的满意度不同的受访者在对审判过程的公正度这一问题的认知上具有的分布特性，得到下表：

表 9-40　对法官满意度和审判过程的公正度认知之间的交叉分析表

			Q35.1：总体来说，您觉得自己所在地区法院审判过程公正吗?					总　计
			非常不公正	不太公正	一　般	比较公正	非常公正	
Q33.1：您对自己所在地区法官的满意度如何?	非常不满意	计　数	20	22	22	9	1	74
		占满意度比	27.0%	29.7%	29.7%	12.2%	1.4%	100.0%
		占公正度比	60.6%	16.4%	1.8%	0.3%	0.1%	1.3%
		占总比	0.3%	0.4%	0.4%	0.2%	0.0%	1.3%

续表

			Q35.1：总体来说，您觉得自己所在地区法院审判过程公正吗?					总　计
			非常不公正	不太公正	一　般	比较公正	非常公正	
Q33.1：您对自己所在地区法官的满意度如何?	不太满意	计　数	9	84	134	59	6	292
		占满意度比	3.1%	28.8%	45.9%	20.2%	2.1%	100.0%
		占公正度比	27.3%	62.7%	11.2%	1.8%	0.5%	5.0%
		占总比	0.2%	1.4%	2.3%	1.0%	0.1%	5.0%
	一　般	计　数	4	28	823	766	44	1665
		占满意度比	0.2%	1.7%	49.4%	46.0%	2.6%	100.0%
		占公正度比	12.1%	20.9%	69.0%	23.5%	3.6%	28.6%
		占总比	0.1%	0.5%	14.1%	13.1%	0.8%	28.6%
	比较满意	计　数	0	0	201	2247	434	2882
		占满意度比	0.0%	0.0%	7.0%	78.0%	15.1%	100.0%
		占公正度比	0.0%	0.0%	16.9%	68.9%	35.9%	49.4%
		占总比	0.0%	0.0%	3.4%	38.5%	7.4%	49.4%
	非常满意	计　数	0	0	12	182	723	917
		占满意度比	0.0%	0.0%	1.3%	19.8%	78.8%	100.0%
		占公正度比	0.0%	0.0%	1.0%	5.6%	59.9%	15.7%
		占总比	0.0%	0.0%	0.2%	3.1%	12.4%	15.7%
总　计		计　数	33	134	1192	3263	1208	5830
		占总比	0.6%	2.3%	20.4%	56.0%	20.7%	100.0%

以受访者对法官的满意度为横轴，以审判过程的公正度为纵轴，可得下图：

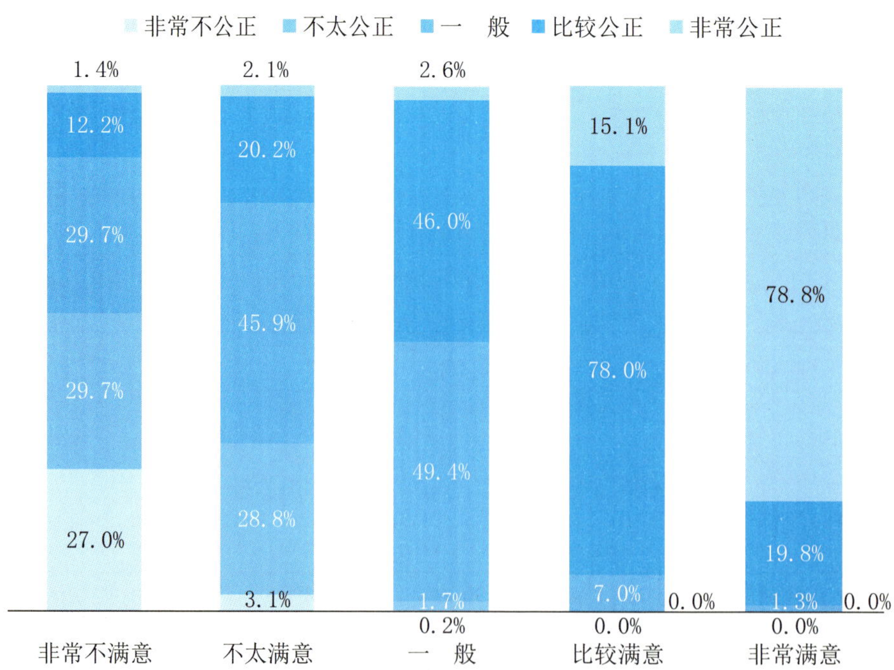

图 9-39　对法官满意度和审判过程的公正度认知之间的交叉分析图

数据挖掘分析：

若将选项“非常公正”、“比较公正”和“一般”合并视为“公正”，将选项“不太公正”和“非常不公正”合并视为“不公正”，则得数据如下：

1. 对法官满意度为“非常不满意”的受访者中，认为审判过程公正的比例为 43.3%。
2. 对法官满意度为“不太满意”的受访者中，认为审判过程公正的比例为 68.2%。
3. 对法官满意度为“一般”的受访者中，认为审判过程公正的比例为 98.0%。
4. 对法官满意度为“比较满意”的受访者中，认为审判过程公正的比例为 100.0%。
5. 对法官满意度为“非常满意”的受访者中，认为审判过程公正的比例为 99.9%。

数据表明，专业卷 Q35.1 题和 Q33.1 题之间，即受访者对审判过程公正度的认知与受访者对法官满意度之间存在一定的关联。一般来说，受访者对法官满意度越高，越倾向于认为审判过程公正，两者之间呈现正相关性。

通过对专业卷的 Q33.1 题和 Q35.2 题进行相关性分析，考察两组数据间的 Spearman 相关系数，得到下表：

表 9-41　对法官满意度和判决结果的公正度认知之间的相关分析表

			Q33.1：您对自己所在地区法官的满意度如何?	Q35.2：总体来说，您觉得自己所在地区法院判决结果公正吗?
Spearman 的 rho	Q33.1：您对自己所在地区法官的满意度如何?	相关系数	1.000	0.675**
		显著性（双尾）		0.000
		N*	5838	5827
	Q35.2：总体来说，您觉得自己所在地区法院判决结果公正吗?	相关系数	0.675**	1.000
		显著性（双尾）	0.000	
		N*	5827	5829

*N 为样本数；** 相关性在 0.01 层上显著（双尾）。

从上表中不难发现，Spearman 相关系数为 0.675，表示两题之间具有正相关性；同时双尾显著性为 0.000，表示该结果在 0.01 水平上显著，即表示其判断犯弃真型错误率小于 1%，结果准确。

为直观而深入地探寻两题间可能存在的深层次联系，我们对两题进行交叉分析：首先将拒答问卷全部剔除，再对剩下的问卷样本以受访者对法官的满意度作为区分条件，来分析对法官的满意度不同的受访者在对判决结果的公正度这一问题的认知上具有的分布特性，得到下表：

表 9-42　对法官满意度和判决结果的公正度认知之间的交叉分析表

			Q35.2：总体来说，您觉得自己所在地区法院判决结果公正吗?					总　计
			非常不公正	不太公正	一　般	比较公正	非常公正	
Q33.1：您对自己所在地区法官的满意度如何?	非常不满意	计　数	26	22	18	8	1	75
		占满意度比	34.7%	29.3%	24.0%	10.7%	1.3%	100.0%
		占公正度比	57.8%	14.0%	1.3%	0.3%	0.1%	1.3%
		占总比	0.4%	0.4%	0.3%	0.1%	0.0%	1.3%
	不太满意	计　数	13	87	141	40	8	289
		占满意度比	4.5%	30.1%	48.8%	13.8%	2.8%	100.0%
		占公正度比	28.9%	55.4%	10.4%	1.3%	0.7%	5.0%
		占总比	0.2%	1.5%	2.4%	0.7%	0.1%	5.0%

续表

			Q35.2：总体来说，您觉得自己所在地区法院判决结果公正吗?					总　计
			非常不公正	不太公正	一　般	比较公正	非常公正	
Q33.1：您对自己所在地区法官的满意度如何?	一　般	计　数	5	41	893	686	39	1664
		占满意度比	0.3%	2.5%	53.7%	41.2%	2.3%	100.0%
		占公正度比	11.1%	26.1%	65.6%	21.5%	3.6%	28.6%
		占总比	0.1%	0.7%	15.3%	11.8%	0.7%	28.6%
	比较满意	计　数	1	7	295	2236	343	2882
		占满意度比	0.0%	0.2%	10.2%	77.6%	11.9%	100.0%
		占公正度比	2.2%	4.5%	21.7%	70.2%	31.9%	49.5%
		占总比	0.0%	0.1%	5.1%	38.4%	5.9%	49.5%
	非常满意	计　数	0	0	15	217	685	917
		占满意度比	0.0%	0.0%	1.6%	23.7%	74.7%	100.0%
		占公正度比	0.0%	0.0%	1.1%	6.8%	63.7%	15.7%
		占总比	0.0%	0.0%	0.3%	3.7%	11.8%	15.7%
总　计		计　数	45	157	1362	3187	1076	5827
		占总比	0.8%	2.7%	23.4%	54.7%	18.5%	100.0%

以受访者对法官的满意度为横轴，以判决结果的公正度为纵轴，可得下图：

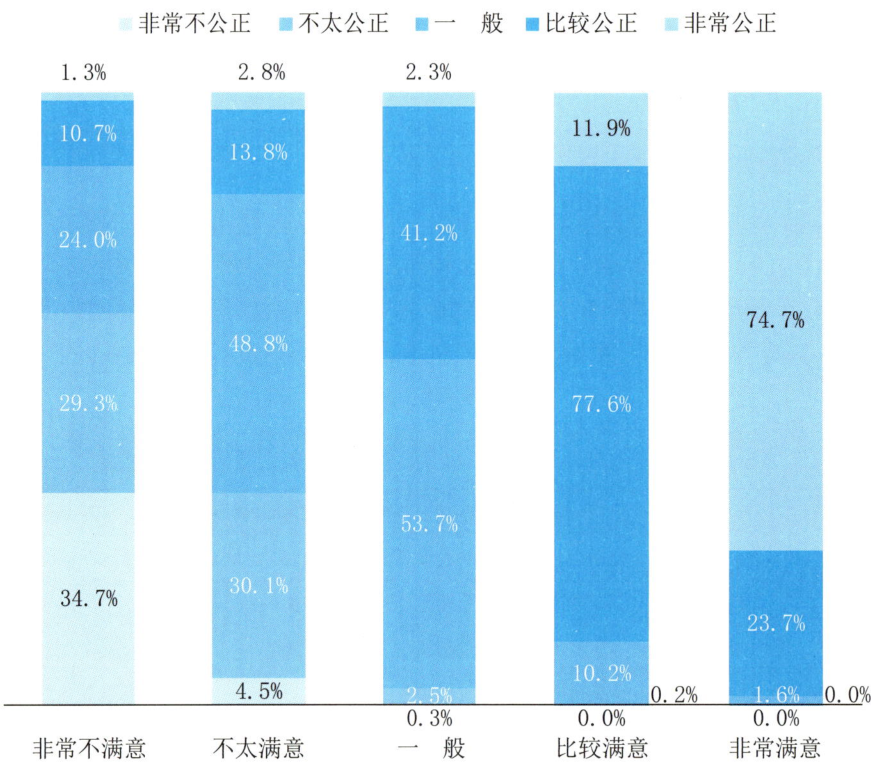

图 9-40　对法官满意度和判决结果的公正度认知之间的交叉分析图

数据挖掘分析：

若将选项“非常公正”、“比较公正”和“一般”合并视为“公正”，将选项“不太公正”和“非

常不公正”合并视为“不公正”，则得数据如下：

1. 对法官满意度为“非常不满意”的受访者中，认为判决结果公正的比例为 36.0%。
2. 对法官满意度为“不太满意”的受访者中，认为判决结果公正的比例为 65.4%。
3. 对法官满意度为“一般”的受访者中，认为判决结果公正的比例为 97.2%。
4. 对法官满意度为“比较满意”的受访者中，认为判决结果公正的比例为 99.7%。
5. 对法官满意度为“非常满意”的受访者中，认为判决结果公正的比例为 100.0%。

数据表明，专业卷 Q35.2 题和 Q33.1 题之间，即受访者对判决结果公正度的认知与受访者对法官满意度之间存在一定的关联。具体来说，受访者对法官满意度越高，越倾向于认为判决结果公正，两者之间呈现正相关性。

通过对公众卷的 Q6.1 题和 Q4.2 题进行相关性分析，考察两组数据间的 Spearman 相关系数，得到下表：

表 9-43　对检察官满意度和审判过程的公正度认知之间的相关分析表

			Q6.1：总体来说，您觉得自己所在地区法院审判过程公正吗?	Q4.2：您对自己所在地区检察官的满意度如何?
Spearman 的 rho	Q6.1：总体来说，您觉得自己所在地区法院审判过程公正吗?	相关系数	1.000	0.494**
		显著性（双尾）		0.000
		N*	18 389	18 208
	Q4.2：您对自己所在地区检察官的满意度如何?	相关系数	0.494**	1.000
		显著性（双尾）	0.000	
		N*	18 208	18 318

*N 为样本数；** 相关性在 0.01 层上显著（双尾）。

从上表中不难发现，Spearman 相关系数为 0.494，表示两题之间具有正相关性；同时双尾显著性为 0.000，表示该结果在 0.01 水平上显著，即表示其判断犯弃真型错误率小于 1%，结果准确。

为直观而深入地探寻两题间可能存在的深层次联系，我们对两题进行交叉分析：首先将拒答问卷全部剔除，再对剩下的问卷样本以受访者对检察官的满意度作为区分条件，来分析对检察官的满意度不同的受访者在对审判过程的公正度这一问题的认知上具有的分布特性，得到下表：

表 9-44　对检察官满意度和审判过程的公正度认知之间的交叉分析表

			Q6.1：总体来说，您觉得自己所在地区法院审判过程公正吗?					总　计
			非常不公正	不太公正	一　般	比较公正	非常公正	
Q4.2：您对自己所在地区检察官的满意度如何?	非常不满意	计　数	74	64	83	36	20	277
		占满意度比	26.7%	23.1%	30.0%	13.0%	7.2%	100.0%
		占公正度比	47.7%	8.4%	1.3%	0.4%	1.2%	1.5%
		占总比	0.4%	0.4%	0.5%	0.2%	0.1%	1.5%
	不太满意	计　数	30	225	531	273	43	1102
		占满意度比	2.7%	20.4%	48.2%	24.8%	3.9%	100.0%
		占公正度比	19.4%	29.5%	8.5%	2.9%	2.6%	6.1%
		占总比	0.2%	1.2%	2.9%	1.5%	0.2%	6.1%

续表

			Q6.1：总体来说，您觉得自己所在地区法院审判过程公正吗?					总　计
			非常不公正	不太公正	一　般	比较公正	非常公正	
Q4.2：您对自己所在地区检察官的满意度如何?	一　般	计　数	36	398	4532	3818	231	9015
		占满意度比	0.4%	4.4%	50.3%	42.4%	2.6%	100.0%
		占公正度比	23.2%	52.2%	72.5%	40.6%	14.1%	49.5%
		占总比	0.2%	2.2%	24.9%	21.0%	1.3%	49.5%
	比较满意	计　数	8	66	1019	4837	699	6629
		占满意度比	0.1%	1.0%	15.4%	73.0%	10.5%	100.0%
		占公正度比	5.2%	8.7%	16.3%	51.4%	42.8%	36.4%
		占总比	0.0%	0.4%	5.6%	26.6%	3.8%	36.4%
	非常满意	计　数	7	9	86	443	640	1185
		占满意度比	0.6%	0.8%	7.3%	37.4%	54.0%	100.0%
		占公正度比	4.5%	1.2%	1.4%	4.7%	39.2%	6.5%
		占总比	0.0%	0.0%	0.5%	2.4%	3.5%	6.5%
总　计		计　数	155	762	6251	9407	1633	18 208
		占总比	0.9%	4.2%	34.3%	51.7%	9.0%	100.0%

以受访者对检察官的满意度为横轴，以审判过程的公正度为纵轴，可得下图：

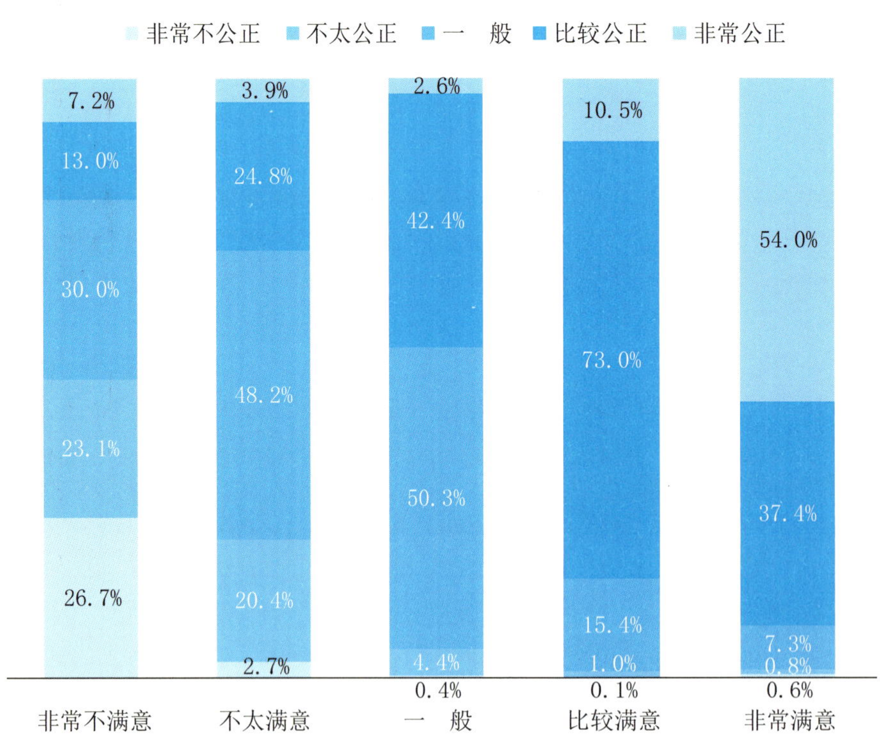

图9-41　对检察官满意度和审判过程的公正度认知之间的交叉分析图

数据挖掘分析：

若将选项“非常公正”、“比较公正”和“一般”合并视为“公正”，将选项“不太公正”和“非

常不公正”合并视为“不公正”，则得数据如下：

1. 对检察官满意度为“非常不满意”的受访者中，认为审判过程公正的比例为 50.2%。
2. 对检察官满意度为“不太满意”的受访者中，认为审判过程公正的比例为 76.9%。
3. 对检察官满意度为“一般”的受访者中，认为审判过程公正的比例为 95.3%。
4. 对检察官满意度为“比较满意”的受访者中，认为审判过程公正的比例为 98.9%。
5. 对检察官满意度为“非常满意”的受访者中，认为审判过程公正的比例为 98.7%。

数据表明，公众卷 Q6.1 题和 Q4.2 题之间，即受访者对审判过程公正度的认知与受访者对检察官满意度之间存在一定的关联。一般来说，受访者对检察官满意度越高，越倾向于认为审判过程公正，两者之间呈现正相关性。

通过对公众卷的 Q6.2 题和 Q4.2 题进行相关性分析，考察两组数据间的 Spearman 相关系数，得到下表：

表 9-45　对检察官满意度和判决结果的公正度认知之间的相关分析表

			Q6.2：总体来说，您觉得自己所在地区法院判决结果公正吗?	Q4.2：您对自己所在地区检察官的满意度如何?
Spearman 的 rho	Q6.2：总体来说，您觉得自己所在地区法院判决结果公正吗?	相关系数	1.000	0.495**
		显著性（双尾）		0.000
		N*	18 389	18 161
	Q4.2：您对自己所在地区检察官的满意度如何?	相关系数	0.495**	1.000
		显著性（双尾）	0.000	
		N*	18 161	18 252

*N 为样本数；** 相关性在 0.01 层上显著（双尾）。

从上表中不难发现，Spearman 相关系数为 0.495，表示两题之间具有正相关性；同时双尾显著性为 0.000，表示该结果在 0.01 水平上显著，即表示其判断犯弃真型错误率小于 1%，结果准确。

为直观而深入地探寻两题间可能存在的深层次联系，我们对两题进行交叉分析：首先将拒答问卷全部剔除，再对剩下的问卷样本以受访者对检察官的满意度作为区分条件，来分析对检察官的满意度不同的受访者在对判决结果的公正度这一问题的认知上具有的分布特性，得到下表：

表 9-46　对检察官满意度和判决结果的公正度认知之间的交叉分析表

			Q6.2：总体来说，您觉得自己所在地区法院判决结果公正吗?					总　计
			非常不公正	不太公正	一　般	比较公正	非常公正	
Q4.2：您对自己所在地区检察官的满意度如何?	非常不满意	计　数	78	65	91	25	20	279
		占满意度比	28.0%	23.3%	32.6%	9.0%	7.2%	100.0%
		占公正度比	42.9%	6.5%	1.3%	0.3%	1.3%	1.5%
		占总比	0.4%	0.4%	0.5%	0.1%	0.1%	1.5%
	不太满意	计　数	40	274	548	204	28	1094
		占满意度比	3.7%	25.0%	50.1%	18.6%	2.6%	100.0%
		占公正度比	22.0%	27.5%	7.8%	2.4%	1.9%	6.0%
		占总比	0.2%	1.5%	3.0%	1.1%	0.2%	6.0%

续表

			Q6.2：总体来说，您觉得自己所在地区法院判决结果公正吗?					总　计
			非常不公正	不太公正	一　般	比较公正	非常公正	
Q4.2：您对自己所在地区检察官的满意度如何?	一　般	计　数	49	539	4879	3313	204	8984
		占满意度比	0.5%	6.0%	54.3%	36.9%	2.3%	100.0%
		占公正度比	26.9%	54.0%	69.8%	39.1%	13.5%	49.5%
		占总比	0.3%	3.0%	26.9%	18.2%	1.1%	49.5%
	比较满意	计　数	11	103	1338	4534	634	6620
		占满意度比	0.2%	1.6%	20.2%	68.5%	9.6%	100.0%
		占公正度比	6.0%	10.3%	19.1%	53.5%	42.0%	36.5%
		占总比	0.1%	0.6%	7.4%	25.0%	3.5%	36.5%
	非常满意	计　数	4	17	135	403	625	1184
		占满意度比	0.3%	1.4%	11.4%	34.0%	52.8%	100.0%
		占公正度比	2.2%	1.7%	1.9%	4.8%	41.4%	6.5%
		占总比	0.0%	0.1%	0.7%	2.2%	3.4%	6.5%
总　计		计　数	182	998	6991	8479	1511	18 161
		占总比	1.0%	5.5%	38.5%	46.7%	8.3%	100.0%

以受访者对检察官的满意度为横轴，以判决结果的公正度为纵轴，可得下图：

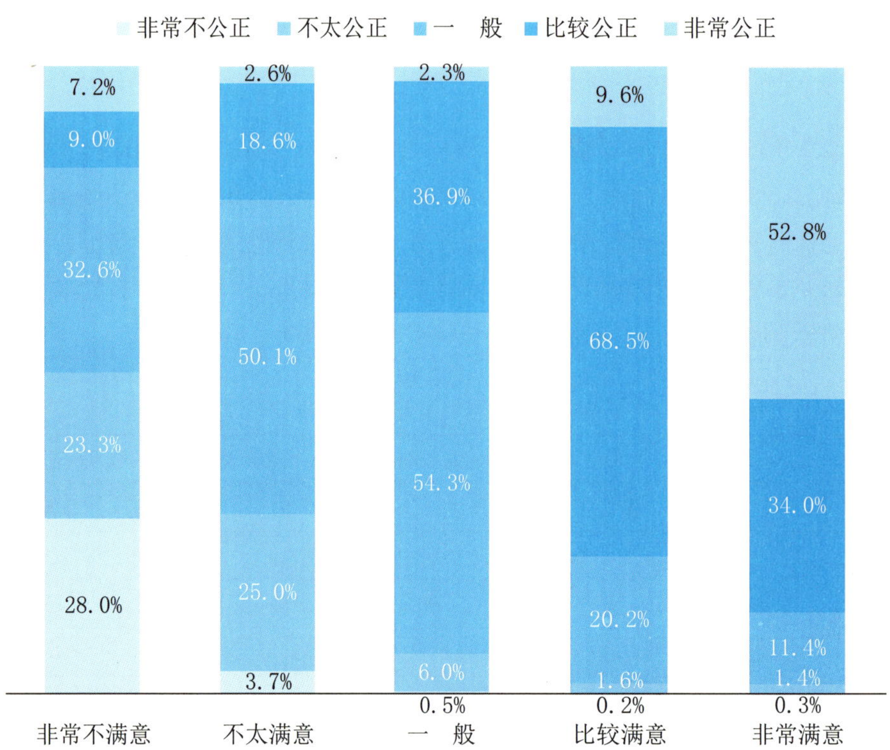

图 9-42　对检察官满意度和判决结果的公正度认知之间的交叉分析图

数据挖掘分析：

若将选项“非常公正”、“比较公正”和“一般”合并视为“公正”，将选项“不太公正”和“非

常不公正”合并视为“不公正”，则得数据如下：

1. 对检察官满意度为“非常不满意”的受访者中，认为判决结果公正的比例为 48.8%。
2. 对检察官满意度为“不太满意”的受访者中，认为判决结果公正的比例为 71.3%。
3. 对检察官满意度为“一般”的受访者中，认为判决结果公正的比例为 93.5%。
4. 对检察官满意度为“比较满意”的受访者中，认为判决结果公正的比例为 98.3%。
5. 对检察官满意度为“非常满意”的受访者中，认为判决结果公正的比例为 98.2%。

数据表明，专业卷 Q6.2 题和 Q4.2 题之间，即受访者对判决结果公正度的认知与受访者对检察官满意度之间存在一定的关联。一般来说，受访者对检察官满意度越高，越倾向于认为判决结果公正，两者之间呈现正相关性。

通过对专业卷的 Q33.2 题和 Q35.1 题进行相关性分析，考察两组数据间的 Spearman 相关系数，得到下表：

表 9-47 对检察官满意度和审判过程的公正度认知之间的相关分析表

			Q33.2：您对自己所在地区检察官的满意度如何？	Q35.1：总体来说，您觉得自己所在地区法院审判过程公正吗？
Spearman 的 rho	Q33.2：您对自己所在地区检察官的满意度如何？	相关系数	1.000	0.583**
		显著性（双尾）		0.000
		N*	5829	5822
	Q35.1：总体来说，您觉得自己所在地区法院审判过程公正吗？	相关系数	0.583**	1.000
		显著性（双尾）	0.000	
		N*	5822	5832

* N 为样本数；** 相关性在 0.01 层上显著（双尾）。

从上表中不难发现，Spearman 相关系数为 0.583，表示两题之间具有正相关性；同时双尾显著性为 0.000，表示该结果在 0.01 水平上显著，即表示其判断犯弃真型错误率小于 1%，结果准确。

为直观而深入地探寻两题间可能存在的深层次联系，我们对两题进行交叉分析：首先将拒答问卷全部剔除，再对剩下的问卷样本以受访者对检察官的满意度作为区分条件，来分析对检察官的满意度不同的受访者在对审判过程的公正度这一问题的认知上具有的分布特性，得到下表：

表 9-48 对检察官满意度和审判过程的公正度认知之间的交叉分析表

			Q35.1：总体来说，您觉得自己所在地区法院审判过程公正吗？					总 计
			非常不公正	不太公正	一 般	比较公正	非常公正	
Q33.2：您对自己所在地区检察官的满意度如何？	非常不满意	计 数	19	16	18	12	8	73
		占满意度比	26.0%	21.9%	24.7%	16.4%	11.0%	100.0%
		占公正度比	57.6%	12.0%	1.5%	0.4%	0.7%	1.3%
		占总比	0.3%	0.3%	0.3%	0.2%	0.1%	1.3%
	不太满意	计 数	9	79	131	79	10	308
		占满意度比	2.9%	25.6%	42.5%	25.6%	3.2%	100.0%
		占公正度比	27.3%	59.4%	11.0%	2.4%	0.8%	5.3%
		占总比	0.2%	1.4%	2.3%	1.4%	0.2%	5.3%

续表

			Q35.1：总体来说，您觉得自己所在地区法院审判过程公正吗?					总　计
			非常不公正	不太公正	一　般	比较公正	非常公正	
Q33.2：您对自己所在地区检察官的满意度如何?	一　般	计　数	3	29	749	743	90	1614
		占满意度比	0.2%	1.8%	46.4%	46.0%	5.6%	100.0%
		占公正度比	9.1%	21.8%	62.9%	22.8%	7.5%	27.7%
		占总比	0.1%	0.5%	12.9%	12.8%	1.5%	27.7%
	比较满意	计　数	1	7	265	2133	456	2862
		占满意度比	0.0%	0.2%	9.3%	74.5%	15.9%	100.0%
		占公正度比	3.0%	5.3%	22.3%	65.4%	37.8%	49.2%
		占总比	0.0%	0.1%	4.6%	36.6%	7.8%	49.2%
	非常满意	计　数	1	2	28	292	642	965
		占满意度比	0.1%	0.2%	2.9%	30.3%	66.5%	100.0%
		占公正度比	3.0%	1.5%	2.4%	9.0%	53.2%	16.6%
		占总比	0.0%	0.0%	0.5%	5.0%	11.0%	16.6%
总　计		计　数	33	133	1191	3259	1206	5822
		占总比	0.6%	2.3%	20.5%	56.0%	20.7%	100.0%

以受访者对检察官的满意度为横轴，以审判过程的公正度为纵轴，可得下图：

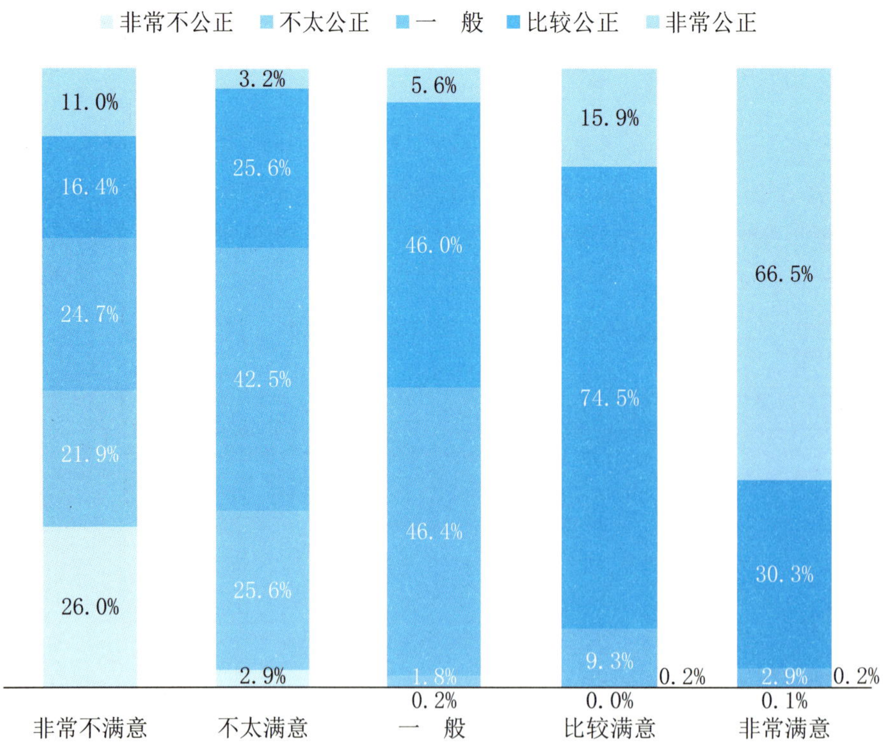

图9-43　对检察官满意度和审判过程的公正度认知之间的交叉分析图

数据挖掘分析：

若将选项“非常公正”、“比较公正”和“一般”合并视为“公正”，将选项“不太公正”和“非

常不公正”合并视为“不公正”，则得数据如下：

1. 对检察官满意度为“非常不满意”的受访者中，认为审判过程公正的比例为 52.1%。
2. 对检察官满意度为“不太满意”的受访者中，认为审判过程公正的比例为 71.3%。
3. 对检察官满意度为“一般”的受访者中，认为审判过程公正的比例为 98.0%。
4. 对检察官满意度为“比较满意”的受访者中，认为审判过程公正的比例为 99.7%。
5. 对检察官满意度为“非常满意”的受访者中，认为审判过程公正的比例为 99.7%。

数据表明，专业卷 Q35.1 题和 Q33.2 题之间，即受访者对审判过程公正度的认知与受访者对检察官满意度之间存在一定的关联。具体来说，受访者对检察官满意度越高，越倾向于认为审判过程公正，两者之间呈现正相关性。

通过对专业卷的 Q33.2 题和 Q35.2 题进行相关性分析，考察两组数据间的 Spearman 相关系数，得到下表：

表 9-49　对检察官满意度和判决结果的公正度认知之间的相关分析表

			Q33.2：您对自己所在地区检察官的满意度如何？	Q35.2：总体来说，您觉得自己所在地区法院判决结果公正吗？
Spearman 的 rho	Q33.2：您对自己所在地区检察官的满意度如何？	相关系数	1.000	0.586**
		显著性（双尾）		0.000
		N*	5829	5820
	Q35.2：总体来说，您觉得自己所在地区法院判决结果公正吗？	相关系数	0.586**	1.000
		显著性（双尾）	0.000	
		N*	5820	5829

*N 为样本数；** 相关性在 0.01 层上显著（双尾）。

从上表中不难发现，Spearman 相关系数为 0.586，表示两题之间具有正相关性；同时双尾显著性为 0.000，表示该结果在 0.01 水平上显著，即表示其判断犯弃真型错误率小于 1%，结果准确。

为直观而深入地探寻两题间可能存在的深层次联系，我们对两题进行交叉分析：首先将拒答问卷全部剔除，再对剩下的问卷样本以受访者对检察官的满意度作为区分条件，来分析对检察官的满意度不同的受访者在对判决结果的公正度这一问题的认知上具有的分布特性，得到下表：

表 9-50　对检察官满意度和判决结果的公正度认知之间的交叉分析表

			Q35.2：总体来说，您觉得自己所在地区法院判决结果公正吗？					总　计
			非常不公正	不太公正	一　般	比较公正	非常公正	
Q33.2：您对自己所在地区检察官的满意度如何？	非常不满意	计　数	22	15	17	10	9	73
		占满意度比	30.1%	20.5%	23.3%	13.7%	12.3%	100.0%
		占公正度比	48.9%	9.7%	1.2%	0.3%	0.8%	1.3%
		占总比	0.4%	0.3%	0.3%	0.2%	0.2%	1.3%
	不太满意	计　数	14	76	141	66	11	308
		占满意度比	4.5%	24.7%	45.8%	21.4%	3.6%	100.0%
		占公正度比	31.1%	49.0%	10.4%	2.1%	1.0%	5.3%
		占总比	0.2%	1.3%	2.4%	1.1%	0.2%	5.3%

续表

			Q35.2：总体来说，您觉得自己所在地区法院判决结果公正吗？					总　计
			非常不公正	不太公正	一　般	比较公正	非常公正	
Q33.2：您对自己所在地区检察官的满意度如何？	一　般	计　数	6	46	826	656	79	1613
		占满意度比	0.4%	2.9%	51.2%	40.7%	4.9%	100.0%
		占公正度比	13.3%	29.7%	60.6%	20.6%	7.3%	27.7%
		占总比	0.1%	0.8%	14.2%	11.3%	1.4%	27.7%
	比较满意	计　数	2	15	342	2140	363	2862
		占满意度比	0.1%	0.5%	11.9%	74.8%	12.7%	100.0%
		占公正度比	4.4%	9.7%	25.1%	67.2%	33.8%	49.2%
		占总比	0.0%	0.3%	5.9%	36.8%	6.2%	49.2%
	非常满意	计　数	1	3	36	311	613	964
		占满意度比	0.1%	0.3%	3.7%	32.3%	63.6%	100.0%
		占公正度比	2.2%	1.9%	2.6%	9.8%	57.0%	16.6%
		占总比	0.0%	0.1%	0.6%	5.3%	10.5%	16.6%
总　计		计　数	45	155	1362	3183	1075	5820
		占总比	0.8%	2.7%	23.4%	54.7%	18.5%	100.0%

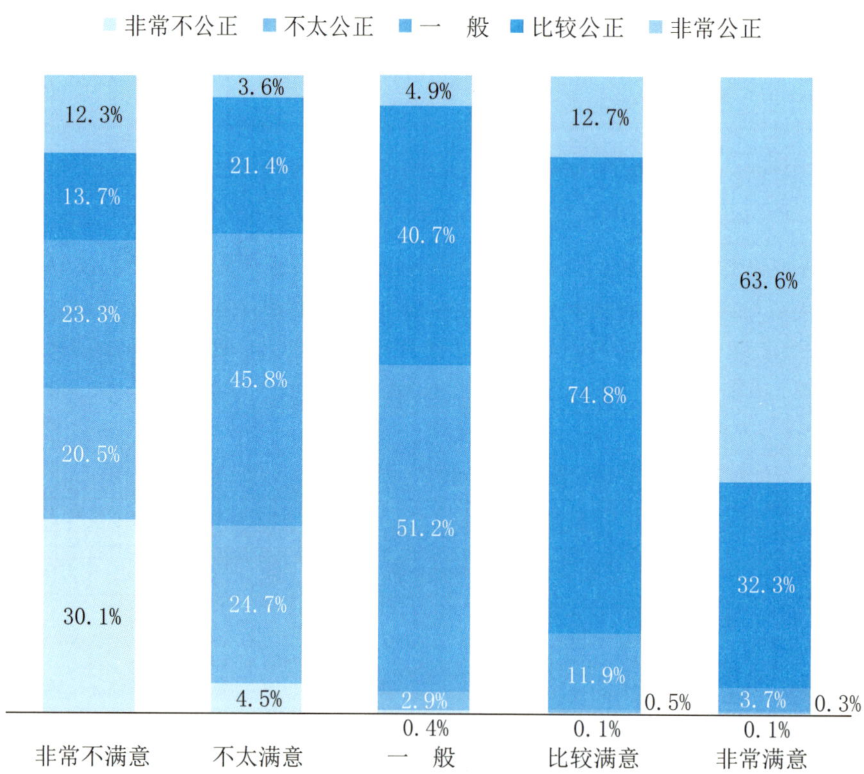

图 9-44　对检察官满意度和判决结果的公正度认知之间的交叉分析图

数据挖掘分析：

若将选项“非常公正”、“比较公正”和“一般”合并视为“公正”，将选项“不太公正”和“非常不公正”合并视为“不公正”，则得数据如下：

1. 对检察官满意度为“非常不满意”的受访者中，认为判决结果公正的比例为 49.3%。
2. 对检察官满意度为“不太满意”的受访者中，认为判决结果公正的比例为 70.8%。
3. 对检察官满意度为“一般”的受访者中，认为判决结果公正的比例为 96.8%。
4. 对检察官满意度为“比较满意”的受访者中，认为判决结果公正的比例为 99.4%。
5. 对检察官满意度为“非常满意”的受访者中，认为判决结果公正的比例为 99.6%。

数据表明，专业卷 Q35.2 题和 Q33.2 题之间，即受访者对判决结果公正度的认知与受访者对检察官满意度之间存在一定的关联。具体来说，受访者对检察官满意度越高，越倾向于认为判决结果公正，两者之间呈现正相关性。

9.4.3 司法裁判受到信任与认同问题跨卷对比分析

公众卷和专业卷均就审判过程的公正度进行了调查，我们看看两个群体的作答情况是否呈现出明显差异：

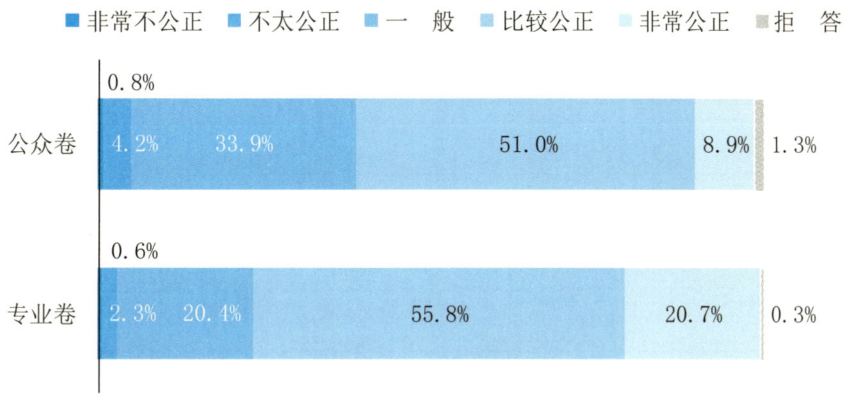

图 9-45　法院审判过程公正满意度作答情况分布对照图

从上图可以看出，相对于公众卷的作答情况，专业卷的受访者更倾向于认为审判过程是公正的，其选择“非常公正”、“比较公正”和“一般”的人数比例高于公众卷，选择“非常不公正”和“不太公正”的人数比例低于公众卷。

公众卷和专业卷均就判决结果的公正度进行了调查，我们看看两个群体的作答情况是否呈现出明显差异：

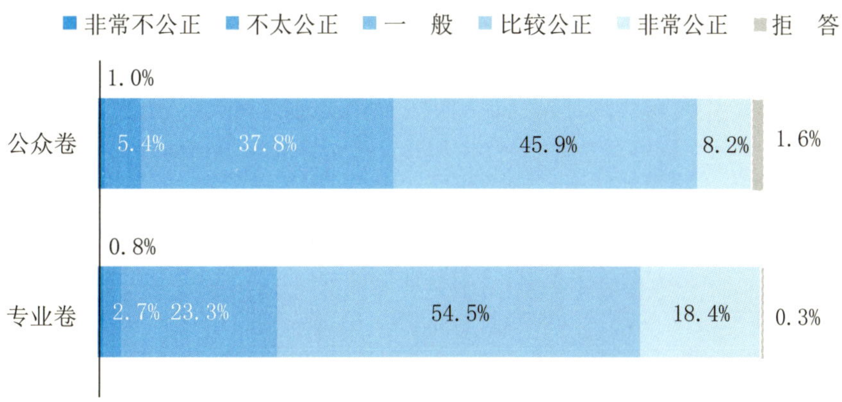

图 9-46　法院判决结果公正满意度作答情况分布对照图

从上图可以看出，相对于公众卷的作答情况，专业卷的受访者更倾向于认为判决结果是公正的，其选择“非常公正”、“比较公正”和“一般”的人数比例高于公众卷，选择“非常不公正”和“不太公正”的人数比例低于公众卷。

指标 10　司法文化

司法文化作为一级指标，下设四个二级指标：①公众参与司法的意识及程度；②公众诉诸司法的意识及程度；③公众接受司法裁判的意识及程度；④公众接受现代刑罚理念的意识及程度。涉及公众卷 5 个题目。具体的数据挖掘结果如下：

10.1 公众参与司法的意识及程度

为测量这一指标，调查问卷设计一个问题：

问题："如果有当人民陪审员的机会，您愿意参与法庭审判吗？"【公众卷】

10.1.1 公众参与司法的意识及程度问题基本数据

对于公众参与司法的意识及程度问题，我们提取有关问题进行了频数分析，其基本数据情况如下：

问题："如果有当人民陪审员的机会，您愿意参与法庭审判吗？"【公众卷】

表 10-1　公众卷：作为陪审员参与庭审的意愿度作答情况详表

公众卷		计　数	列 N%
作为陪审员参与庭审的意愿度	非常不愿意	459	2.5%
	不太愿意	2417	13.0%
	一　般	5823	31.4%
	比较愿意	5564	30.0%
	非常愿意	4222	22.8%
	拒　答	67	0.4%

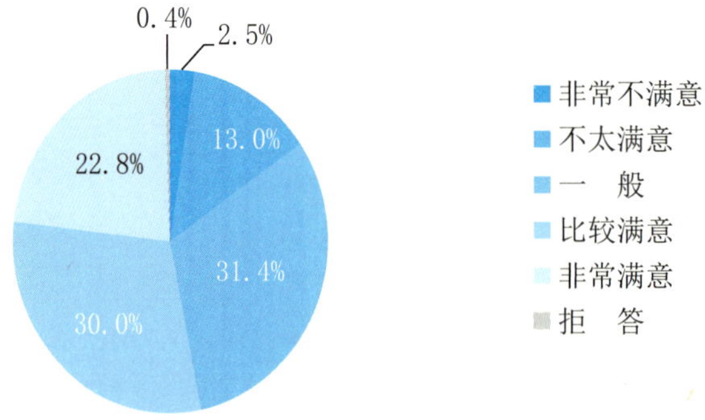

图 10-1　公众卷：作为陪审员参与庭审的意愿度作答情况分布图

由上图可以看出，公众卷的受访者在回答"作为陪审员参与庭审的意愿度"问题时，多数人选择"一般"和"比较愿意"，选择这两项的人数比例相当，合计超过受访者人数比例的半数以上，除此以外，有接近 1/4 的人选择"非常愿意"。三项相加接近受访者总数的 85%，似乎表明大多数受访者对作为陪审员参与庭审持积极态度。

10.1.2 公众参与司法的意识及程度问题相关分析

课题组采用相关性分析和交叉分析两种数据分析技术，对公众卷进行分析。

首先通过对公众卷的 Q1 题和 Q7 题进行相关性分析，考察两组数据间的 Spearman 相关系数，得到下表：

表 10-2　对参与庭审意愿度和矛盾双方到法院起诉可能性认知之间的相关分析表

			Q7：在您所在地区，当矛盾双方无法通过协商、调解等方式解决纠纷时，人们可能会到法院起诉吗？	Q1：如果有当人民陪审员的机会，您愿意参与法庭审判吗？
Spearman 的 rho	Q7：在您所在地区，当矛盾双方无法通过协商、调解等方式解决纠纷时，人们可能会到法院起诉吗？	相关系数	1.000	0.203**
		显著性（双尾）		0.000
		N*	18 486	18 439
	Q1：如果有当人民陪审员的机会，您愿意参与法庭审判吗？	相关系数	0.203**	1.000
		显著性（双尾）	0.000	
		N*	18 439	18 485

＊N 为样本数；＊＊相关性在 0.01 层上显著（双尾）。

从上表中不难发现，Spearman 相关系数为 0.203，表示两题之间具有正相关性；同时双尾显著性为 0.000，表示该结果在 0.01 水平上显著，即表示其判断犯弃真型错误率小于 1%，结果准确。

为直观而深入地探寻两题间可能存在的深层次联系，我们对两题进行交叉分析：首先将拒答问卷全部剔除，再对剩下的问卷样本以受访者作为陪审员参与庭审的意愿度作为区分条件，来分析意愿度不同的受访者在对无法通过协商、调解解决纠纷的矛盾双方到法院起诉的可能性这一问题的认知上具有的分布特性，得到下表：

表 10-3　对参与庭审意愿度和矛盾双方到法院起诉可能性认知之间的交叉分析表

			Q7：在您所在地区，当矛盾双方无法通过协商、调解等方式解决纠纷时，人们可能会到法院起诉吗？					总　计
			非常不可能	不太可能	有可能	很可能	非常可能	
Q1：如果有当人民陪审员的机会，您愿意参与法庭审判吗？	非常不愿意	计　数	27	81	197	92	59	456
		占意愿度比	5.9%	17.8%	43.2%	20.2%	12.9%	100.0%
		占可能性比	18.8%	4.0%	2.4%	1.7%	2.5%	2.5%
		占总比	0.1%	0.4%	1.1%	0.5%	0.3%	2.5%
	不太愿意	计　数	28	389	1232	551	206	2406
		占意愿度比	1.2%	16.2%	51.2%	22.9%	8.6%	100.0%
		占可能性比	19.4%	19.2%	14.7%	10.0%	8.7%	13.0%
		占总比	0.2%	2.1%	6.7%	3.0%	1.1%	13.0%
	一　般	计　数	26	735	3043	1539	466	5809
		占意愿度比	0.4%	12.7%	52.4%	26.5%	8.0%	100.0%

续表

			Q7：在您所在地区，当矛盾双方无法通过协商、调解等方式解决纠纷时，人们可能会到法院起诉吗？					总　计
			非常不可能	不太可能	有可能	很可能	非常可能	
Q1：如果有当人民陪审员的机会，您愿意参与法庭审判吗？	一　般	占可能性比	18.1%	36.2%	36.4%	27.9%	19.6%	31.5%
		占总比	0.1%	4.0%	16.5%	8.3%	2.5%	31.5%
	比较愿意	计　数	22	499	2423	1973	639	5556
		占意愿度比	0.4%	9.0%	43.6%	35.5%	11.5%	100.0%
		占可能性比	15.3%	24.6%	29.0%	35.7%	26.9%	30.1%
		占总比	0.1%	2.7%	13.1%	10.7%	3.5%	30.1%
	非常愿意	计　数	41	325	1471	1366	1009	4212
		占意愿度比	1.0%	7.7%	34.9%	32.4%	24.0%	100.0%
		占可能性比	28.5%	16.0%	17.6%	24.7%	42.4%	22.8%
		占总比	0.2%	1.8%	8.0%	7.4%	5.5%	22.8%
总　计		计　数	144	2029	8366	5521	2379	18 439
		占总比	0.8%	11.0%	45.4%	29.9%	12.9%	100.0%

以受访者作为陪审员参与庭审的意愿度为横轴，以无法通过协商、调解解决纠纷的矛盾双方到法院起诉的可能性为纵轴，可得下图：

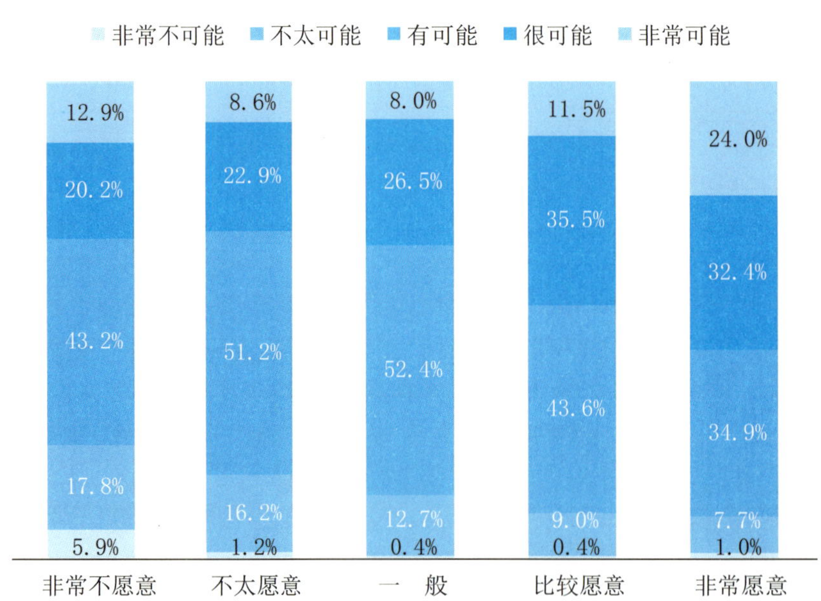

图 10-2　对参与庭审意愿度和矛盾双方到法院起诉可能性认知之间的交叉分析图

数据挖掘分析：

若将选项“非常可能”、“很可能”和“有可能”合并视为“可能”，将选项“不太可能”和“非常不可能”合并视为“不可能”，则得数据如下：

1. 作为陪审员参与庭审的意愿度为“非常不愿意”的受访者中，认为无法通过协商、调解解决纠纷的矛盾双方可能到法院起诉的比例为76.3%。

2. 作为陪审员参与庭审的意愿度为“不太愿意”的受访者中，认为无法通过协商、调解解决纠纷的矛盾双方可能到法院起诉的比例为 82.7%。

3. 作为陪审员参与庭审的意愿度为“一般”的受访者中，认为无法通过协商、调解解决纠纷的矛盾双方可能到法院起诉的比例为 86.9%。

4. 作为陪审员参与庭审的意愿度为“比较愿意”的受访者中，认为无法通过协商、调解解决纠纷的矛盾双方可能到法院起诉的比例为 90.6%。

5. 作为陪审员参与庭审的意愿度为“非常愿意”的受访者中，认为无法通过协商、调解解决纠纷的矛盾双方可能到法院起诉的比例为 91.3%。

数据表明，公众卷 Q1 题和 Q7 题之间，即受访者作为陪审员参与庭审的意愿度与受访者对无法通过协商、调解解决纠纷的矛盾双方到法院起诉可能性的认知之间存在一定的关联。具体来说，受访者作为陪审员参与庭审的意愿越强，同样认为无法通过协商、调解解决纠纷的矛盾双方到法院起诉的可能性越高，两者之间呈现正相关性。这似乎意味着，公众的诉讼经历能在一定程度上促进其参与司法的意识及程度。

10.2 公众诉诸司法的意识及程度

为测量这一指标，调查问卷设计一个问题：

问题：“在您所在地区，当矛盾双方无法通过协商、调解等方式解决纠纷时，人们可能会到法院起诉吗?”【公众卷】

10.2.1 公众诉诸司法的意识及程度问题基本数据

对于公众诉诸司法的意识及程度问题，我们提取有关问题进行了频数分析，其基本数据情况如下：

问题：“在您所在地区，当矛盾双方无法通过协商、调解等方式解决纠纷时，人们可能会到法院起诉吗?”【公众卷】

表 10-4　公众卷：无法通过协商、调解解决纠纷的矛盾双方到法院起诉的可能性作答情况详表

公众卷		计　数	列 N%
无法通过协商、调解解决纠纷的矛盾双方到法院起诉的可能性	非常不可能	148	0.8%
	不太可能	2040	11.0%
	有可能	8382	45.2%
	很可能	5535	29.8%
	非常可能	2381	12.8%
	拒　答	66	0.4%

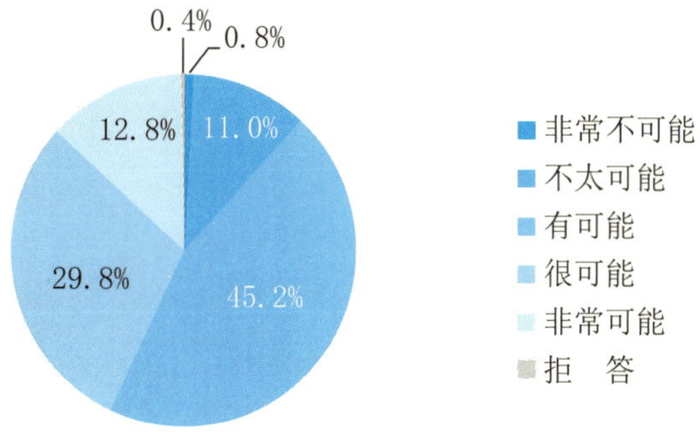

图 10-3　公众卷：无法通过协商、调解解决纠纷的矛盾双方到法院起诉的可能性作答情况分布图

由图 10-3 可以看出，公众卷的受访者在回答“无法通过协商、调解解决纠纷的矛盾双方到法院起诉的可能性”问题时，更倾向于认为上述情况可能发生，其中 42.6%的受访者选择“很可能”和“非常可能”。

10.2.2 公众诉诸司法的意识及程度问题相关分析

课题组采用相关性分析和交叉分析两种数据分析技术，对公众卷进行分析。

首先通过对公众卷的 Q7 题和 Q6.1 题进行相关性分析，考察两组数据间的 Spearman 相关系数，得到下表：

表 10-5 对矛盾双方到法院起诉可能性与审判过程公正度的认知之间的相关分析表

			Q7：在您所在地区，当矛盾双方无法通过协商、调解等方式解决纠纷时，人们可能会到法院起诉吗?	Q6.1：总体来说，您觉得自己所在地区法院审判过程公正吗?
Spearman 的 rho	Q7：在您所在地区，当矛盾双方无法通过协商、调解等方式解决纠纷时，人们可能会到法院起诉吗?	相关系数	1.000	0.225**
		显著性（双尾）		0.000
		N*	18 486	18 283
	Q6.1：总体来说，您觉得自己所在地区法院审判过程公正吗?	相关系数	0.225**	1.000
		显著性（双尾）	0.000	
		N*	18 283	18 318

*N 为样本数；** 相关性在 0.01 层上显著（双尾）。

从上表中不难发现，Spearman 相关系数为 0.225，表示两题之间具有正相关性；同时双尾显著性为 0.000，表示该结果在 0.01 水平上显著，即表示其判断犯弃真型错误率小于 1%，结果准确。

为直观而深入地探寻两题间可能存在的深层次联系，我们对两题进行交叉分析：首先将拒答问卷全部剔除，再对剩下的问卷样本以受访者对无法通过协商、调解解决纠纷的矛盾双方到法院起诉可能性的认知作为区分条件，来分析受访者在对审判过程的公正度这一问题的认知上具有的分布特性，得到下表：

表 10-6 对矛盾双方到法院起诉可能性与审判过程公正度的认知之间的交叉分析表

			Q7：在您所在地区，当矛盾双方无法通过协商、调解等方式解决纠纷时，人们可能会到法院起诉吗?					总计
			非常不可能	不太可能	有可能	很可能	非常可能	
Q6.1：总体来说，您觉得自己所在地区法院审判过程公正吗?	非常不公正	计数	21	26	50	26	33	156
		占公正性比	13.5%	16.7%	32.1%	16.7%	21.2%	100.0%
		占可能性比	14.5%	1.3%	0.6%	0.5%	1.4%	0.9%
		占总比	0.1%	0.1%	0.3%	0.1%	0.2%	0.9%
	不太公正	计数	26	177	347	141	79	770
		占公正性比	3.4%	23.0%	45.1%	18.3%	10.3%	100.0%
		占可能性比	17.9%	8.8%	4.2%	2.6%	3.3%	4.2%
		占总比	0.1%	1.0%	1.9%	0.8%	0.4%	4.2%

续表

			Q7：在您所在地区，当矛盾双方无法通过协商、调解等方式解决纠纷时，人们可能会到法院起诉吗？					总　计
			非常不可能	不太可能	有可能	很可能	非常可能	
Q6.1：总体来说，您觉得自己所在地区法院审判过程公正吗？	一　般	计　数	48	929	3322	1489	492	6280
		占公正性比	0.8%	14.8%	52.9%	23.7%	7.8%	100.0%
		占可能性比	33.1%	46.1%	40.1%	27.2%	20.8%	34.3%
		占总比	0.3%	5.1%	18.2%	8.1%	2.7%	34.3%
	比较公正	计　数	33	790	4073	3257	1288	9441
		占公正性比	0.3%	8.4%	43.1%	34.5%	13.6%	100.0%
		占可能性比	22.8%	39.2%	49.2%	59.4%	54.5%	51.6%
		占总比	0.2%	4.3%	22.3%	17.8%	7.0%	51.6%
	非常公正	计　数	17	94	485	570	470	1636
		占公正性比	1.0%	5.7%	29.6%	34.8%	28.7%	100.0%
		占可能性比	11.7%	4.7%	5.9%	10.4%	19.9%	8.9%
		占总比	0.1%	0.5%	2.7%	3.1%	2.6%	8.9%
总　计		计　数	145	2016	8277	5483	2362	18 283
		占总比	0.8%	11.0%	45.3%	30.0%	12.9%	100.0%

以审判过程的公正度为横轴，以无法通过协商、调解解决纠纷的矛盾双方到法院起诉的可能性为纵轴，可得下图：

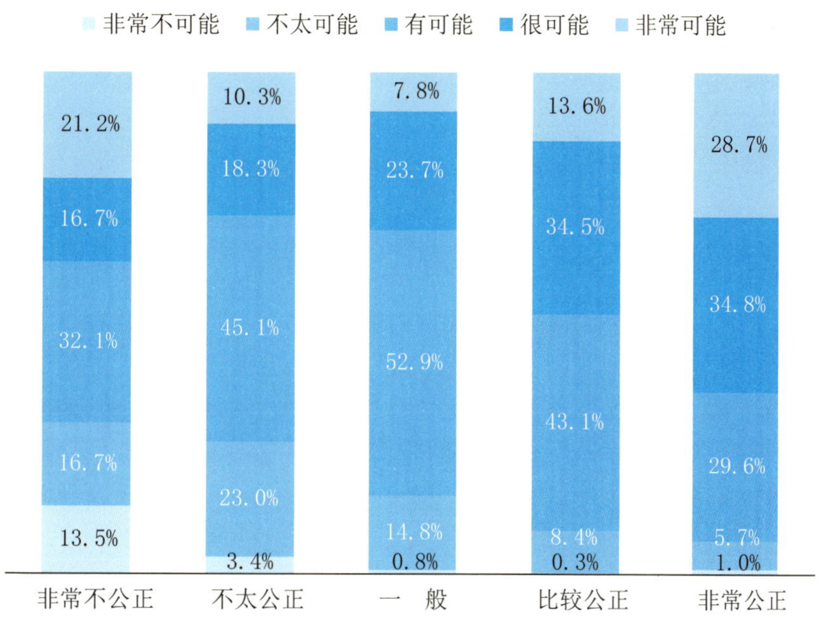

图 10-4　对矛盾双方到法院起诉可能性与审判过程公正度的认知之间的交叉分析图

数据挖掘分析：

若将选项“非常可能”、“很可能”和“有可能”合并视为“可能”，将选项“不太可能”和“非常不可能”合并视为“不可能”，则得数据如下：

1. 认为审判过程公正度为“非常不公正”的受访者中，认为无法通过协商、调解解决纠纷的矛盾双方可能到法院起诉的比例为70.0%。

2. 认为审判过程公正度为“不太公正”的受访者中，认为无法通过协商、调解解决纠纷的矛盾双方可能到法院起诉的比例为73.7%。

3. 认为审判过程公正度为“一般”的受访者中，认为无法通过协商、调解解决纠纷的矛盾双方可能到法院起诉的比例为84.4%。

4. 认为审判过程公正度为“比较公正”的受访者中，认为无法通过协商、调解解决纠纷的矛盾双方可能到法院起诉的比例为91.2%。

5. 认为审判过程公正度为“非常公正”的受访者中，认为无法通过协商、调解解决纠纷的矛盾双方可能到法院起诉的比例为93.1%。

数据表明，公众卷Q7题和Q6.1题之间，即受访者对无法通过协商、调解解决纠纷的矛盾双方到法院起诉可能性的认知与受访者对审判过程公正度的认知之间存在一定的关联。具体来说，受访者认为审判过程的公正度越高，同样认为无法通过协商、调解解决纠纷的矛盾双方到法院起诉的可能性越高，两者之间呈现正相关性。这意味着，想要提高无法通过协商、调解解决纠纷的矛盾双方到法院起诉的可能性，应该从提高审判过程的公正度入手，从而提高公众诉诸司法的意识及程度。

通过对公众卷的Q7题和Q6.2题进行相关性分析，考察两组数据间的Spearman相关系数，得到下表：

表10-7 对矛盾双方到法院起诉可能性与判决结果公正度的认知之间的相关分析表

			Q7：在您所在地区，当矛盾双方无法通过协商、调解等方式解决纠纷时，人们可能会到法院起诉吗？	Q6.2：总体来说，您觉得自己所在地区法院判决结果公正吗？
Spearman的rho	Q7：在您所在地区，当矛盾双方无法通过协商、调解等方式解决纠纷时，人们可能会到法院起诉吗？	相关系数	1.000	0.239**
		显著性（双尾）		0.000
		N*	18 486	18 219
	Q6.2：总体来说，您觉得自己所在地区法院判决结果公正吗？	相关系数	0.239**	1.000
		显著性（双尾）	0.000	
		N*	18 219	18 252

*N为样本数；**相关性在0.01层上显著（双尾）。

从上表中不难发现，Spearman相关系数为0.239，表示两题之间具有正相关性；同时双尾显著性为0.000，表示该结果在0.01水平上显著，即表示其判断犯弃真型错误率小于1%，结果准确。

为直观而深入地探寻两题间可能存在的深层次联系，我们对两题进行交叉分析：首先将拒答问卷全部剔除，再对剩下的问卷样本以受访者对无法通过协商、调解解决纠纷的矛盾双方到法院起诉可能性的认知作为区分条件，来分析受访者在对判决结果的公正度这一问题的认知上具有的分布特性，得到表10-8：

表 10-8　对矛盾双方到法院起诉可能性与判决结果公正度的认知之间的交叉分析表

			Q7：在您所在地区，当矛盾双方无法通过协商、调解等方式解决纠纷时，人们可能会到法院起诉吗？					总　计
			非常不可能	不太可能	有可能	很可能	非常可能	
Q6.2：总体来说，您觉得自己所在地区法院判决结果公正吗？	非常不公正	计　数	21	31	62	31	38	183
		占公正性比	11.5%	16.9%	33.9%	16.9%	20.8%	100.0%
		占可能性比	14.5%	1.6%	0.8%	0.6%	1.6%	1.0%
		占总比	0.1%	0.2%	0.3%	0.2%	0.2%	1.0%
	不太公正	计　数	28	244	477	172	85	1006
		占公正性比	2.8%	24.3%	47.4%	17.1%	8.4%	100.0%
		占可能性比	19.3%	12.3%	5.8%	3.1%	3.6%	5.5%
		占总比	0.2%	1.3%	2.6%	0.9%	0.5%	5.5%
	一　般	计　数	56	931	3776	1683	562	7008
		占公正性比	0.8%	13.3%	53.9%	24.0%	8.0%	100.0%
		占可能性比	38.6%	46.8%	45.7%	30.8%	23.9%	38.5%
		占总比	0.3%	5.1%	20.7%	9.2%	3.1%	38.5%
	比较公正	计　数	24	703	3489	3043	1247	8506
		占公正性比	0.3%	8.3%	41.0%	35.8%	14.7%	100.0%
		占可能性比	16.6%	35.3%	42.3%	55.6%	52.9%	46.7%
		占总比	0.1%	3.9%	19.2%	16.7%	6.8%	46.7%
	非常公正	计　数	16	82	450	544	424	1516
		占公正性比	1.1%	5.4%	29.7%	35.9%	28.0%	100.0%
		占可能性比	11.0%	4.1%	5.5%	9.9%	18.0%	8.3%
		占总比	0.1%	0.5%	2.5%	3.0%	2.3%	8.3%
总　计		计　数	145	1991	8254	5473	2356	18 219
		占总比	0.8%	10.9%	45.3%	30.0%	12.9%	100.0%

以判决结果的公正度为横轴，以无法通过协商、调解解决纠纷的矛盾双方到法院起诉的可能性为纵轴，可得图 10-5：

数据挖掘分析：

若将选项“非常可能”、“很可能”和“有可能”合并视为“可能”，将选项“不太可能”和“非常不可能”合并视为“不可能”，则得数据如下：

1. 认为判决结果公正度为“非常不公正”的受访者中，认为无法通过协商、调解解决纠纷的矛盾双方可能到法院起诉的比例为 71.6%。

2. 认为判决结果公正度为“不太公正”的受访者中，认为无法通过协商、调解解决纠纷的矛盾双方可能到法院起诉的比例为 72.9%。

3. 认为判决结果公正度为“一般”的受访者中，认为无法通过协商、调解解决纠纷的矛盾双方可能到法院起诉的比例为 85.9%。

4. 认为判决结果公正度为“比较公正”的受访者中，认为无法通过协商、调解解决纠纷的矛盾双方

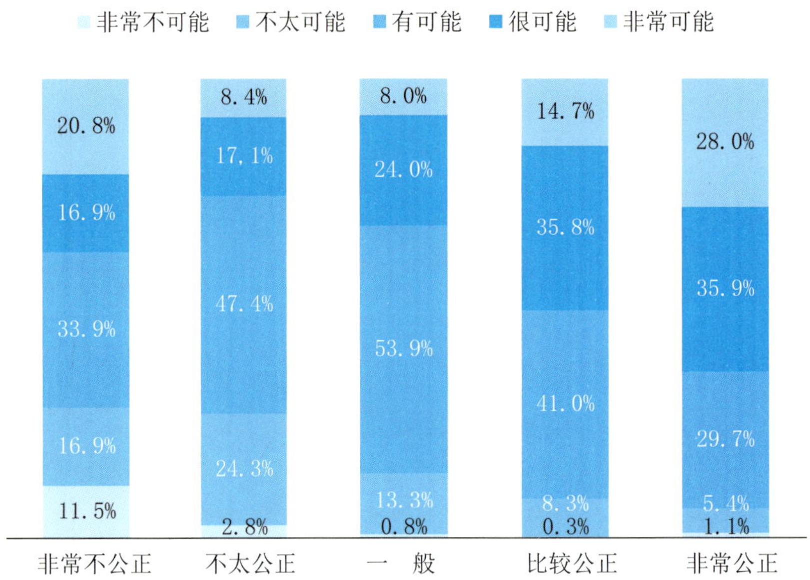

图 10-5　对矛盾双方到法院起诉可能性与判决结果公正度的认知之间的交叉分析图

可能到法院起诉的比例为91.5%。

5. 认为判决结果公正度为“非常公正”的受访者中，认为无法通过协商、调解解决纠纷的矛盾双方可能到法院起诉的比例为93.6%。

数据表明，公众卷Q7题和Q6.2题之间，即受访者对无法通过协商、调解解决纠纷的矛盾双方到法院起诉可能性的认知与受访者对判决结果公正度的认知之间存在一定的关联。具体来说，受访者认为判决结果的公正度越高，同样认为无法通过协商、调解解决纠纷的矛盾双方到法院起诉的可能性越高，两者之间呈现正相关性。这意味着，想要提高无法通过协商、调解解决纠纷的矛盾双方到法院起诉的可能性，应该从提高判决结果的公正度入手，从而提高公众诉诸司法的意识及程度。

10.3 公众接受司法裁判的意识及程度

为测量这一指标，调查问卷设计一个问题：

问题：“假设法院审判程序没有问题，但判决结果对您不利，您尊重裁判的可能性有多大？”【公众卷】

10.3.1 公众接受司法裁判的意识及程度问题基本数据

对于公众接受司法裁判的意识及程度问题，我们提取有关问题进行了频数分析，其基本数据情况如下：

问题：“假设法院审判程序没有问题，但判决结果对您不利，您尊重裁判的可能性有多大？”【公众卷】

表 10-9　公众卷：对程序公正的审判结果不满意但尊重裁判的可能性作答情况详表

公众卷		计　数	列 N%
对程序公正的审判结果不满意但尊重裁判的可能性	非常不可能	608	3.3%
	不太可能	3609	19.5%
	有可能	8051	43.4%
	很可能	4751	25.6%
	非常可能	1392	7.5%
	拒　答	141	0.8%

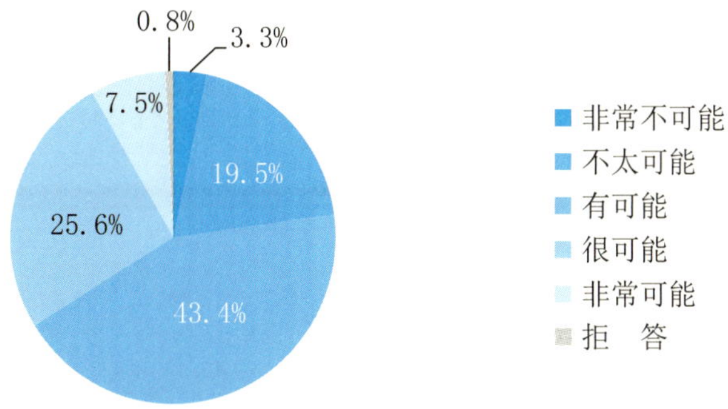

图 10-6　公众卷：对程序公正的审判结果不满意但尊重裁判的可能性作答情况分布图

由上图可以看出，公众卷的受访者在回答“对程序公正的审判结果不满意但尊重裁判的可能性”问题时，虽然有 22.8%的受访者不情愿接受判决结果，但大多数人尊重判决结果。

10.3.2　公众接受司法裁判的意识及程度问题相关分析

课题组采用相关性分析和交叉分析两种数据分析技术，对公众卷进行分析。

首先通过对公众卷的 Q8 题和 Q4.1 题进行相关性分析，考察两组数据间的 Spearman 相关系数，得到下表：

表 10-10　对法官满意度和对程序公正的审判结果不满意但尊重裁判的可能性之间的相关分析表

			Q8：假设法院审判程序没有问题，但判决结果对您不利，您尊重裁判的可能性有多大?	Q4.1：您对自己所在地区法官的满意度如何?
Spearman 的 rho	Q8：假设法院审判程序没有问题，但判决结果对您不利，您尊重裁判的可能性有多大?	相关系数	1.000	0.210**
		显著性（双尾）		0.000
		N*	18 425	18 311
	Q4.1：您对自己所在地区法官的满意度如何?	相关系数	0.210**	1.000
		显著性（双尾）	0.000	
		N*	18 311	18 411

* N 为样本数；** 相关性在 0.01 层上显著（双尾）。

从上表中不难发现，Spearman 相关系数为 0.210，表示两题之间具有正相关性；同时双尾显著性为 0.000，表示该结果在 0.01 水平上显著，即表示其判断犯弃真型错误率小于 1%，结果准确。

为直观而深入地探寻两题间可能存在的深层次联系，我们对两题进行交叉分析：首先将拒答问卷全部剔除，再对剩下的问卷样本以受访者对法官的满意度作为区分条件，来分析对法官的满意度不同的受访者在对程序公正的审判结果不满意但尊重裁判的可能性这一问题上具有的分布特性，得到表 10-11：

表 10-11　对法官满意度和对程序公正的审判结果不满意但尊重裁判的可能性之间的交叉分析表

			Q8：假设法院审判程序没有问题，但判决结果对您不利，您尊重裁判的可能性有多大？					总　计
			非常不可能	不太可能	有可能	很可能	非常可能	
Q4.1：您对自己所在地区法官的满意度如何？	非常不满意	计　数	64	69	85	42	33	293
		占满意度比	21.8%	23.5%	29.0%	14.3%	11.3%	100.0%
		占可能性比	10.7%	1.9%	1.1%	0.9%	2.4%	1.6%
		占总比	0.3%	0.4%	0.5%	0.2%	0.2%	1.6%
	不太满意	计　数	69	270	411	169	45	964
		占满意度比	7.2%	28.0%	42.6%	17.5%	4.7%	100.0%
		占可能性比	11.5%	7.5%	5.1%	3.6%	3.2%	5.3%
		占总比	0.4%	1.5%	2.2%	0.9%	0.2%	5.3%
	一　般	计　数	301	2046	4377	1927	434	9085
		占满意度比	3.3%	22.5%	48.2%	21.2%	4.8%	100.0%
		占可能性比	50.2%	57.2%	54.6%	40.7%	31.3%	49.6%
		占总比	1.6%	11.2%	23.9%	10.5%	2.4%	49.6%
	比较满意	计　数	127	1030	2819	2220	595	6791
		占满意度比	1.9%	15.2%	41.5%	32.7%	8.8%	100.0%
		占可能性比	21.2%	28.8%	35.2%	46.9%	42.9%	37.1%
		占总比	0.7%	5.6%	15.4%	12.1%	3.2%	37.1%
	非常满意	计　数	39	164	320	374	281	1178
		占满意度比	3.3%	13.9%	27.2%	31.7%	23.9%	100.0%
		占可能性比	6.5%	4.6%	4.0%	7.9%	20.2%	6.4%
		占总比	0.2%	0.9%	1.7%	2.0%	1.5%	6.4%
总　计		计　数	600	3579	8012	4732	1388	18 311
		占总比	3.3%	19.5%	43.8%	25.8%	7.6%	100.0%

以受访者对法官的满意度为横轴，以受访者对程序公正的审判结果不满意但尊重裁判的可能性为纵轴，可得图 10-7：

数据挖掘分析：

若将选项"非常可能"、"很可能"和"有可能"合并视为"可能"，将选项"不太可能"和"非常不可能"合并视为"不可能"，则得数据如下：

1. 对法官满意度为"非常不满意"的受访者中，认为其可能对程序公正的审判结果不满意但尊重裁判的比例为 54.6%。

2. 对法官满意度为"不太满意"的受访者中，认为其可能对程序公正的审判结果不满意但尊重裁判的比例为 64.8%。

3. 对法官满意度为"一般"的受访者中，认为其可能对程序公正的审判结果不满意但尊重裁判的比例为 74.2%。

4. 对法官满意度为"比较满意"的受访者中，认为其可能对程序公正的审判结果不满意但尊重裁判

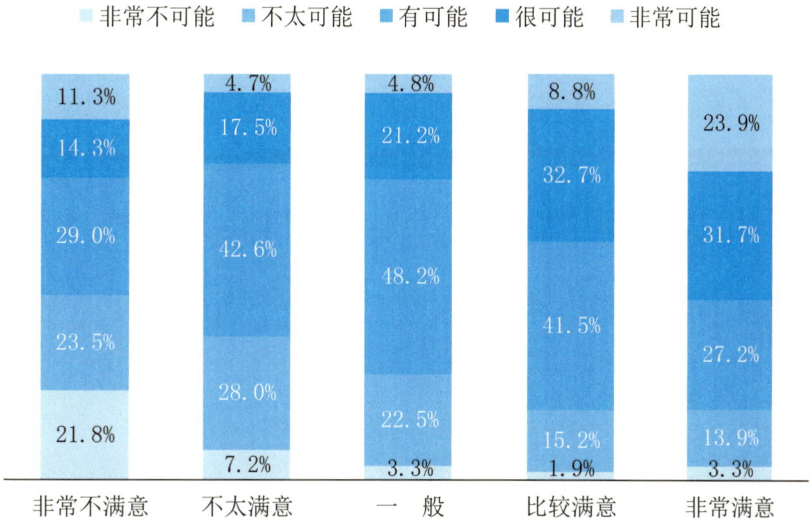

图 10-7　对法官满意度和对程序公正的审判结果不满意但尊重裁判的可能性之间的交叉分析图

的比例为 83.0%。

5. 对法官满意度为“非常满意”的受访者中，认为其可能对程序公正的审判结果不满意但尊重裁判的比例为 82.8%。

数据表明，公众卷 Q8 题和 Q4.1 题之间，即受访者对程序公正的审判结果不满意但尊重裁判的可能性与受访者对法官满意度之间存在一定的关联。一般来说，受访者对法官满意度越高，越可能对程序公正的审判结果不满意但尊重裁判。这意味着，提高公众对法官群体的满意度即司法公信力，会大大提高公众接受司法裁判的程度。

10.4　公众接受现代刑罚理念的意识及程度

为测量这一指标，调查问卷设计两个问题：

问题一：“对在公共场所举行公捕、公判大会，您的态度最接近以下哪一种?”【公众卷】

问题二：“与枪决相比，您对注射执行死刑这种方式有何看法?”【公众卷】

公众接受现代刑罚理念的意识及程度问题基本数据

对于公众接受现代刑罚理念的意识及程度问题，我们提取有关问题进行了频数分析，其基本数据情况如下：

问题一：“对在公共场所举行公捕、公判大会，您的态度最接近以下哪一种?”【公众卷】

表 10-12　公众卷：对公捕、公判大会的态度作答情况详表

公众卷		计　数	列 N%
对公捕、公判大会的态度	坚决支持	4607	24.8%
	一定程度上支持	7083	38.2%
	不关心，无所谓	2544	13.7%
	不太支持	3152	17.0%
	强烈反对	1087	5.9%
	拒　答	79	0.4%

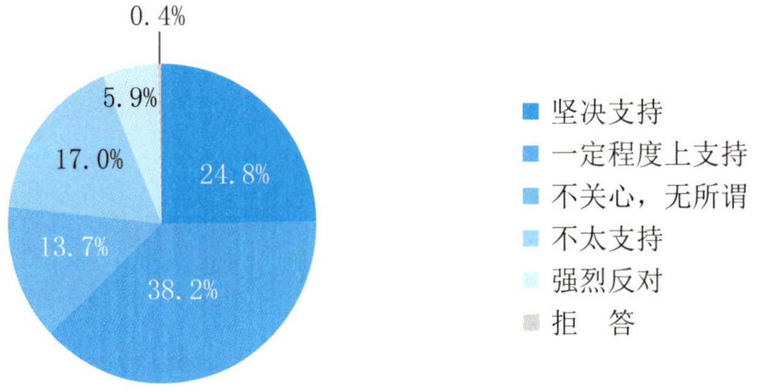

图 10-8　公众卷：对公捕、公判大会的态度作答情况分布图

由上图可以看出，公众卷的受访者在回答“对公捕、公判大会的态度”问题时，超过半数持支持态度，其中24.8%的受访者表示“坚决支持”；只有22.9%的受访者对公捕、公判等不符合现代刑事司法理念的传统习惯表示反对。

问题二：“与枪决相比，您对注射执行死刑这种方式有何看法?”【公众卷】

表 10-13　公众卷：对注射执行死刑的看法作答情况详表

公众卷		计　数	列 N%
对注射执行死刑的看法	坚决支持	5091	27.4%
	一定程度上支持	8645	46.6%
	不关心，无所谓	2747	14.8%
	不太支持	1510	8.1%
	强烈反对	459	2.5%
	拒　答	100	0.5%

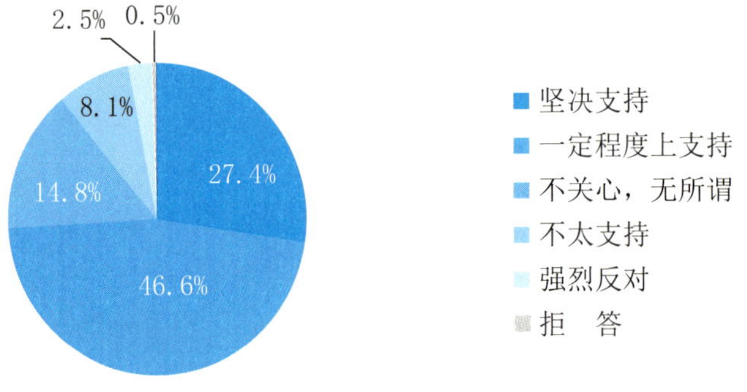

图 10-9　公众卷：对注射执行死刑的看法作答情况分布图

由上图可以看出，公众卷的受访者在回答“对注射执行死刑的看法”问题时，74.0%的受访者支持注射执行死刑，只有极少数受访者强烈反对注射执行死刑。

需要说明的是，指标10.4旨在调查公众接受现代刑罚理念的意识及程度本身，对于该问题不作相关性分析。

附录 1　对司法主体满意度相关系数分布

1 公众卷相关系数分布

1.1 对法官满意度相关系数分布

为了解公众对法官的满意度与各项司法指标之间存在的关联，我们进行了相关性分析和交叉分析，但各个题目与公众对法官满意度之间的相关系数存在差异。这意味着，不同司法指数对公众对法官满意度的影响程度存在差异。

附表 1-1　公众对法官满意度和各个题目间相关系数及各题目得分表

您对自己所在地区法官的满意度如何？		
相关性分析题目	相关系数	题目得分
Q11：在您所在地区，贫富不同的当事人受到法院平等对待的可能性有多大？	0.254	67.2 分
Q16：在您所在地区的民事诉讼中，法官强迫当事人接受调解的可能性有多大？	-0.172	69.3 分
Q17.1：在您所在地区，民事案件生效判决得到有效执行的可能性有多大？	0.277	70.5 分
Q15：在您所在地区，刑事案件审判久拖不决的可能性有多大？	-0.193	67.4 分
Q17.2：在您所在地区，行政机关败诉的生效判决得到有效执行的可能性有多大？	0.238	64.0 分
Q2.1：在您所在地区，法官收受贿赂的可能性有多大？	-0.310	64.4 分
Q3.3：在您所在地区，律师与法官有不正当利益往来的可能性有多大？	-0.271	61.3 分
Q5.1：您对自己所在地区法院允许公众旁听审判的总体满意度如何？	0.461	73.6 分
Q5.2：您对自己所在地区法院及时公开判决书的总体满意度如何？	0.451	72.4 分
Q6.1：总体来说，您觉得自己所在地区法院审判过程公正吗？	0.512	75.0 分
Q6.2：总体来说，您觉得自己所在地区法院判决结果公正吗？	0.492	75.0 分
Q1：如果有当人民陪审员的机会，您愿意参与法庭审判吗？	0.172	72.3 分
Q7：在您所在地区，当矛盾双方无法通过协商、调解等方式解决纠纷时，人们可能会到法院起诉吗？	0.199	68.6 分
Q8：假设法院审判程序没有问题，但判决结果对您不利，您尊重裁判的可能性有多大？	0.209	64.4 分

为了进一步确定哪些方面的提升会大幅度提高公众对法官的满意度，我们将分析得到的相关系数和各题目得分绘成散点图进行分析，如附图 1-1：

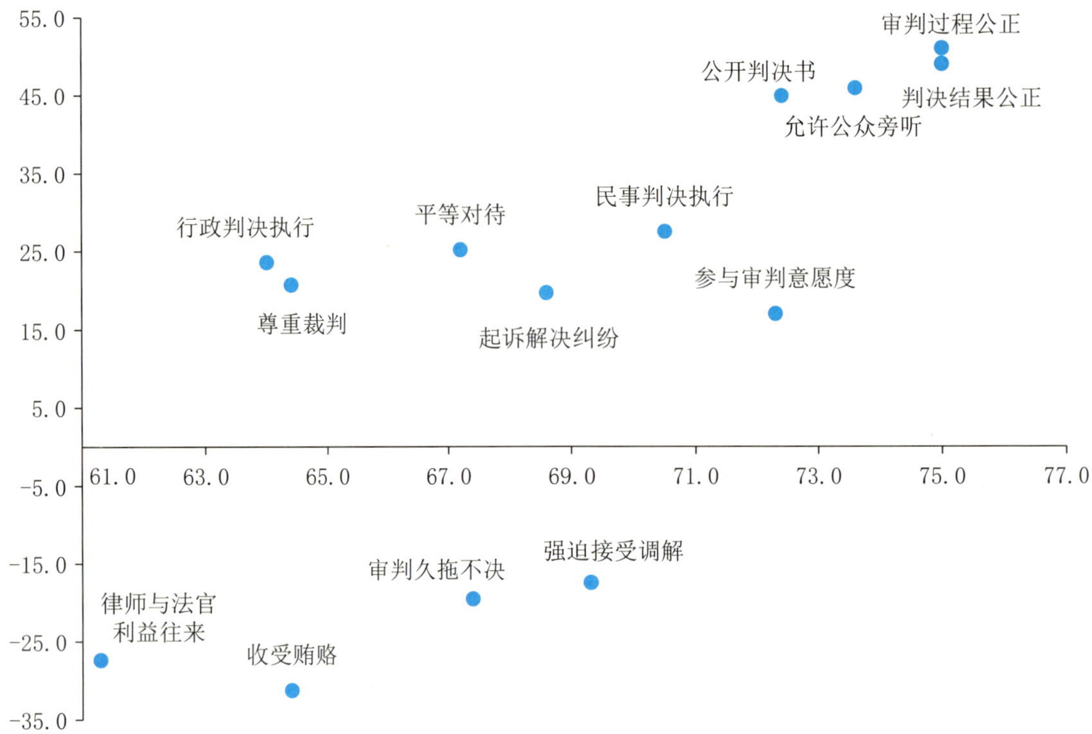

附图 1-1　公众卷：对法官满意度相关系数与各题目得分散点图

从上图可以看出，公众对审判过程公正度的认知与公众对法官满意度之间的正相关性最高，若要提高公众对法官的满意度，司法机关应该提高审判过程的公正度。除此之外，公众对判决结果公正度的认知与公众对法官满意度之间的正相关性也较高，若要提高公众对法官的满意度，司法机关应该提高判决结果的公正度。公众对法官收受贿赂可能性的认知与公众对法官满意度之间的负相关性最高，若要提高公众对法官的满意度，惩治法官腐败现象是非常必要的。

1.2　对检察官满意度相关系数分布

为了解公众对检察官的满意度与各项司法指标之间存在的关联，我们进行了相关性分析和交叉分析，但各个题目与公众对检察官满意度之间的相关系数存在差异。这意味着，不同司法指数对公众对检察官满意度的影响程度存在差异。

附表 1-2　公众对检察官满意度和各个题目间相关系数及各题目得分表

您对自己所在地区检察官的满意度如何?		
相关性分析题目	相关系数	题目得分
Q2.2：在您所在地区，检察官收受贿赂的可能性有多大?	-0.323	67.0 分
Q1：如果有当人民陪审员的机会，您愿意参与法庭审判吗?	0.179	72.3 分
Q7：在您所在地区，当矛盾双方无法通过协商、调解等方式解决纠纷时，人们可能会到法院起诉吗?	0.203	68.6 分

为了进一步确定哪些方面的提升会大幅度提高公众对检察官的满意度，我们将分析得到的相关系数和各题目得分绘成散点图进行分析，如附图 1-2：

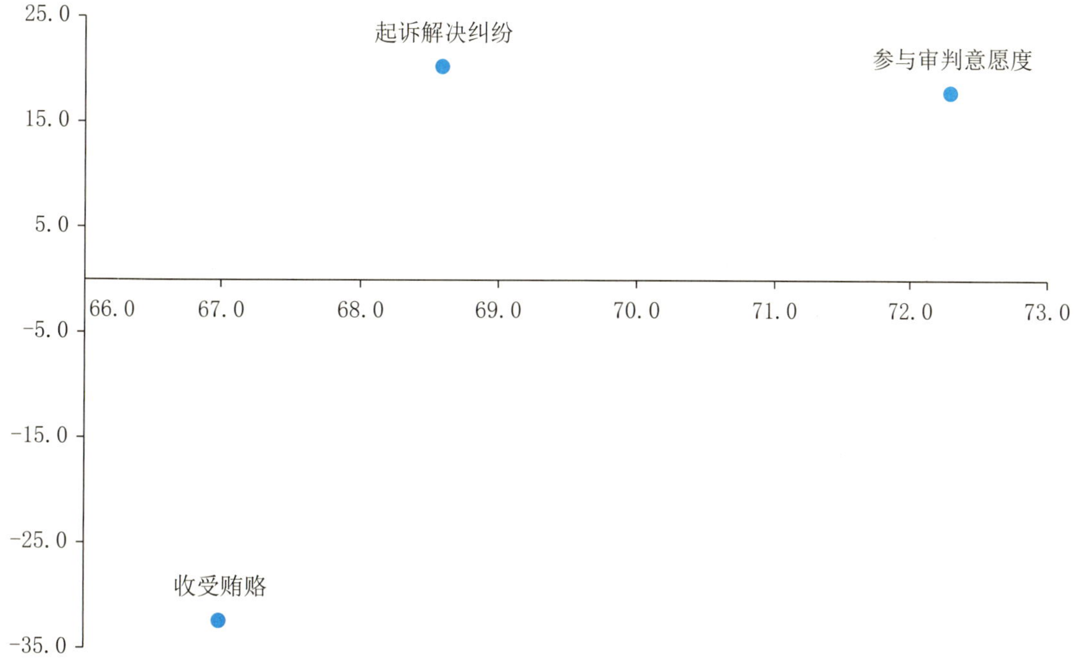

附图 1-2　公众卷：对检察官满意度相关系数与各题目得分散点图

从上图可以看出，公众作为陪审员参与庭审的意愿度和公众对无法通过协商、调解解决纠纷的矛盾双方到法院起诉可能性的认知与公众对检察官满意度之间呈正相关关系，相关系数相差不大。公众对检察官收受贿赂可能性的认知与公众对检察官满意度之间呈负相关关系，若要提高公众对检察官的满意度，惩治检察官腐败现象是非常必要的。

1.3 对警察满意度相关系数分布

为了解公众对警察的满意度与各项司法指标之间存在的关联，我们进行了相关性分析和交叉分析，但各个题目与公众对警察满意度之间的相关系数存在差异。这意味着，不同司法指数对公众对警察满意度的影响程度存在差异。

附表 1-3　公众对警察满意度和各个题目间相关系数及各题目得分表

您对自己所在地区警察的满意度如何?		
相关性分析题目	相关系数	题目得分
Q12：假设您所在地区的一所高中发生一起失窃物品价值 5 万元左右的盗窃案，警方为破案对全校 1000 多名师生强制提取指纹。您认为这样做是否可能?	0.012	72.0 分
Q13：在您所在地区，警察对犯罪嫌疑人刑讯逼供的可能性有多大?	-0.271	70.6 分
Q18.1：在您所在地区，老百姓家里被盗，到公安局报案后得到及时受理的可能性有多大?	0.245	70.6 分
Q2.3：在您所在地区，警察收受贿赂的可能性有多大?	-0.362	62.7 分
Q1：如果有当人民陪审员的机会，您愿意参与法庭审判吗?	0.130	72.3 分
Q7：在您所在地区，当矛盾双方无法通过协商、调解等方式解决纠纷时，人们可能会到法院起诉吗?	0.153	68.6 分

为了进一步确定哪些方面的提升会大幅度提高公众对警察的满意度，我们将分析得到的相关系数和各题目得分绘成散点图进行分析，如附图 1-3：

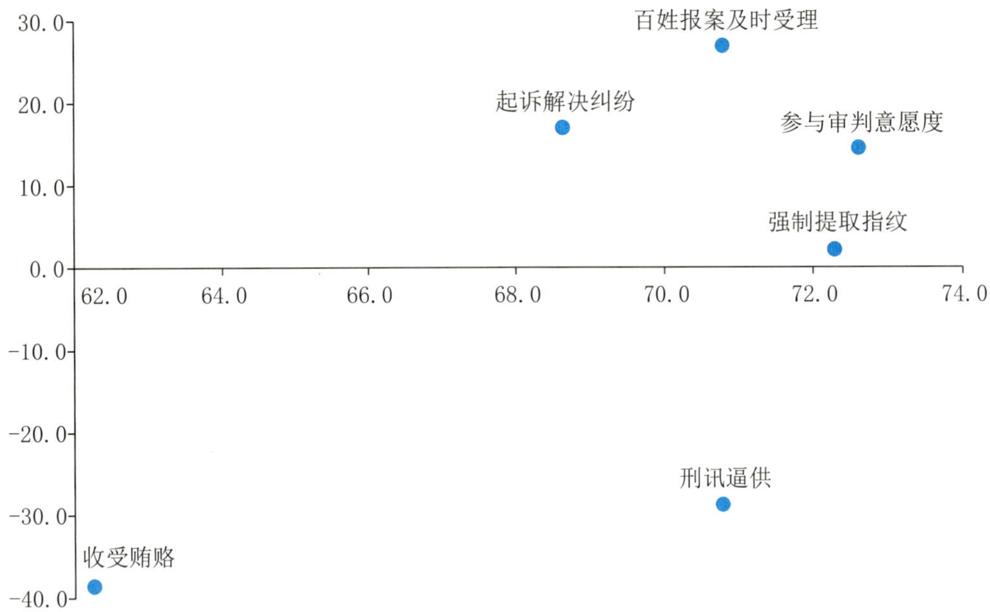

附图 1-3　公众卷：对警察满意度相关系数与各题目得分散点图

从上图可以看出，公众对老百姓家里被盗报案后得到及时受理可能性的认知与公众对警察满意度之间的正相关性最高，若要提高公众对警察的满意度，公安机关应该保障案件受理的及时性。公众对警察收受贿赂可能性的认知与公众对警察满意度之间的负相关性最高，若要提高公众对警察的满意度，惩治警察腐败现象是非常必要的。同时，公众对警察对犯罪嫌疑人刑讯逼供可能性的认知与公众对警察满意度之间的负相关性也较高，若要提高公众对警察的满意度，公安机关还要提高办案过程中对犯罪嫌疑人侦查措施的合法性。

1.4 公众参与司法审判意愿度相关系数分布

为了解公众作为陪审员参与庭审的意愿度与各项司法指标之间存在的关联，我们进行了相关性分析和交叉分析，但各个题目与公众作为陪审员参与庭审的意愿度之间的相关系数存在差异。这意味着，不同司法指数对公众作为陪审员参与庭审的意愿度的影响程度存在差异。

附表 1-4　公众作为陪审员参与庭审的意愿度和各个题目间相关系数及各题目得分表

如果有当人民陪审员的机会，您愿意参与法庭审判吗？		
相关性分析题目	相关系数	题目得分
Q14：在您所在地区，被告人如果请不起律师，他/她得到无偿法律援助的可能性有多大？	0.108	68.0 分
Q11：在您所在地区，贫富不同的当事人受到法院平等对待的可能性有多大？	0.102	67.2 分
Q17.1：在您所在地区，民事案件生效判决得到有效执行的可能性有多大？	0.103	70.5 分
Q19.1：在您所在地区，“打官司就是打证据”的可能性有多大？	0.166	69.8 分
Q19.2：在您所在地区，“打官司就是打人情”的可能性有多大？	-0.065	69.8 分
Q5.1：您对自己所在地区法院允许公众旁听审判的总体满意度如何？	0.187	73.6 分
Q5.2：您对自己所在地区法院及时公开判决书的总体满意度如何？	0.176	72.4 分
Q4.1：您对自己所在地区法官的满意度如何？	0.172	70.0 分
Q4.2：您对自己所在地区检察官的满意度如何？	0.179	70.0 分

续表

如果有当人民陪审员的机会，您愿意参与法庭审判吗?		
相关性分析题目	相关系数	题目得分
Q4. 3：您对自己所在地区警察的满意度如何?	0. 130	70. 0 分
Q7：在您所在地区，当矛盾双方无法通过协商、调解等方式解决纠纷时，人们可能会到法院起诉吗?	0. 203	68. 6 分

为了进一步确定哪些方面的提升会大幅度提高公众作为陪审员参与庭审的意愿度，我们将分析得到的相关系数和各题目得分绘成散点图进行分析，如下图：

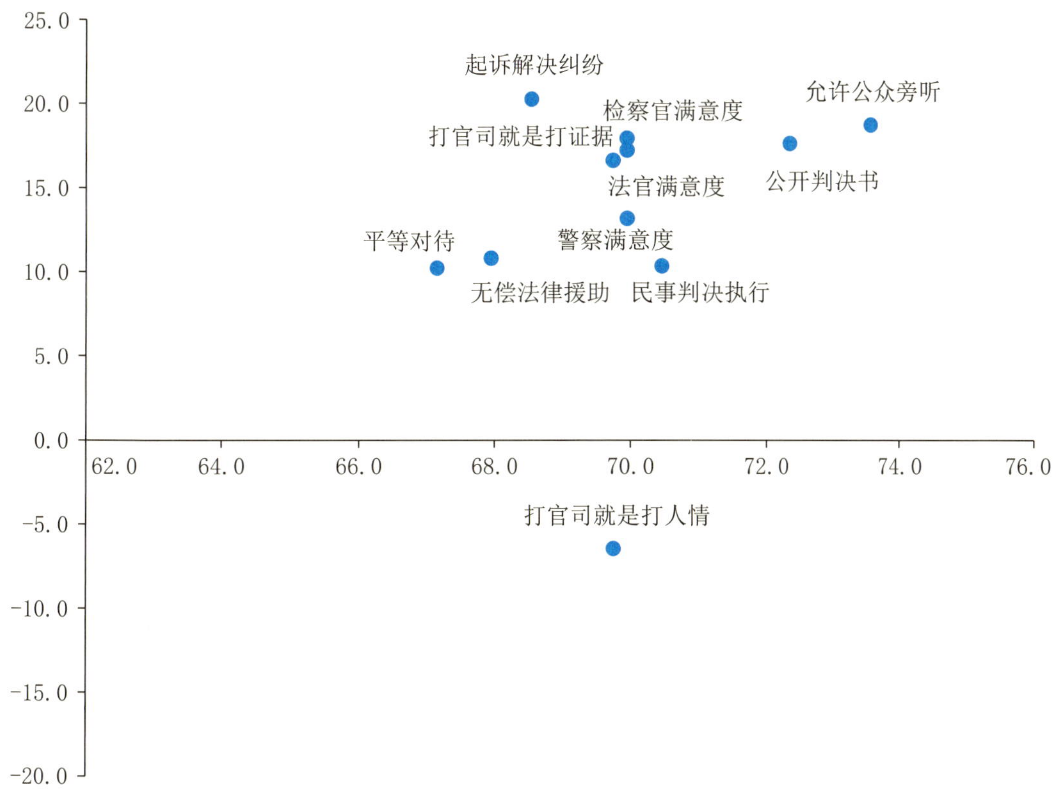

附图 1-4 公众卷：公众作为陪审员参与庭审的意愿度相关系数与各题目得分散点图

从上图可以看出，公众对无法通过协商、调解解决纠纷的矛盾双方到法院起诉可能性的认知与公众作为陪审员参与庭审的意愿度之间的正相关性最大，如果能够提高公众诉诸司法的意识及程度，则会提升人们作为陪审员参与庭审的意愿度。而公众对“打官司就是打人情”可能性的认知与公众作为陪审员参与庭审的意愿度之间呈负相关关系，若要提升公众作为陪审员参与庭审的意愿度，法院应该认真贯彻落实证据裁判原则。

1.5 公众纠纷到法院起诉可能性相关系数分布

为了解公众纠纷到法院起诉的可能性与各项司法指标之间存在的关联，我们进行了相关性分析和交叉分析，但各个题目与公众纠纷到法院起诉的可能性之间的相关系数存在差异。这意味着，不同司法指数对公众纠纷到法院起诉的可能性的影响程度存在差异。

附表 1-5　公众纠纷到法院起诉的可能性和各个题目间相关系数及各题目得分表

在您所在地区，当矛盾双方无法通过协商、调解等方式解决纠纷时，人们可能会到法院起诉吗？		
相关性分析题目	相关系数	题目得分
Q11：在您所在地区，贫富不同的当事人受到法院平等对待的可能性有多大？	0. 177	67. 2 分
Q17. 1：在您所在地区，民事案件生效判决得到有效执行的可能性有多大？	0. 201	70. 5 分
Q18. 1：在您所在地区，老百姓家里被盗，到公安局报案后得到及时受理的可能性有多大？	0. 197	70. 6 分
Q17. 2：在您所在地区，行政机关败诉的生效判决得到有效执行的可能性有多大？	0. 140	64. 0 分
Q19. 1：在您所在地区，“打官司就是打证据”的可能性有多大？	0. 262	69. 8 分
Q19. 2：在您所在地区，“打官司就是打人情”的可能性有多大？	-0. 104	69. 8 分
Q5. 1：您对自己所在地区法院允许公众旁听审判的总体满意度如何？	0. 241	73. 6 分
Q5. 2：您对自己所在地区法院及时公开判决书的总体满意度如何？	0. 237	72. 4 分
Q4. 1：您对自己所在地区法官的满意度如何？	0. 199	70. 0 分
Q4. 2：您对自己所在地区检察官的满意度如何？	0. 203	70. 0 分
Q4. 3：您对自己所在地区警察的满意度如何？	0. 153	70. 0 分
Q6. 1：总体来说，您觉得自己所在地区法院审判过程公正吗？	0. 225	75. 0 分
Q6. 2：总体来说，您觉得自己所在地区法院判决结果公正吗？	0. 239	75. 0 分
Q1：如果有当人民陪审员的机会，您愿意参与法庭审判吗？	0. 203	72. 3 分

为了进一步确定哪些方面的提升会大幅度提高公众纠纷到法院起诉的可能性，我们将分析得到的相关系数和各题目得分绘成散点图进行分析，如下图：

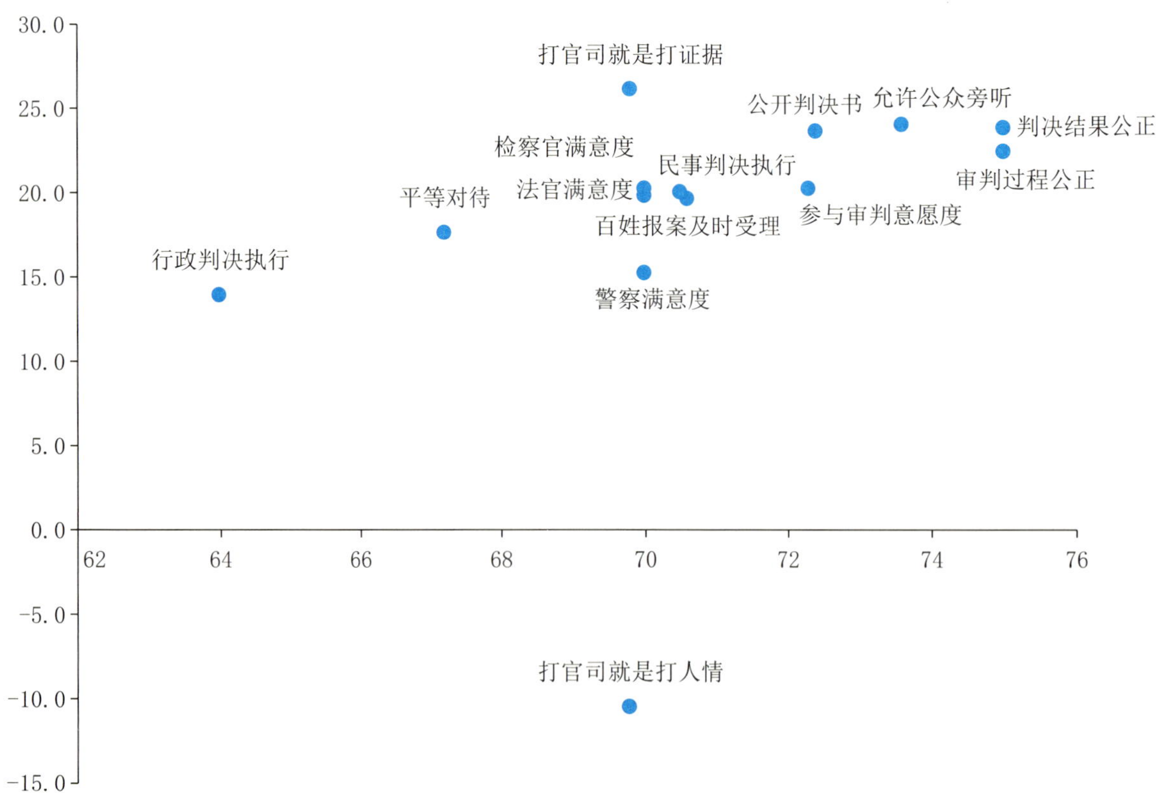

附图 1-5　公众卷：公众纠纷到法院起诉的可能性相关系数与各题目得分散点图

从上图可以看出，公众对“打官司就是打证据”可能性的认知与公众纠纷到法院起诉的可能性之间的正相关性最高，而公众对“打官司就是打人情”可能性的认知与公众纠纷到法院起诉的可能性之间呈负相关关系，若要提高公众诉诸司法的意识及程度，法院应该认真贯彻落实证据裁判原则。

2 专业卷相关系数分布

2.1 对法官满意度相关系数分布

为了解法律职业群体对法官的满意度与各项司法指标之间存在的关联,我们进行了相关性分析和交叉分析，但各个题目与法律职业群体对法官满意度之间的相关系数存在差异。这意味着，不同司法指数对法律职业群体对法官满意度的影响程度存在差异。

附表 1-6　法律职业群体对法官满意度和各个题目间相关系数及各题目得分表

您对自己所在地区法官的满意度如何?		
相关性分析题目	相关系数	题目得分
Q5. 3：在您所在地区，律师与法官存在不正当利益往来的可能性有多大?	-0. 348	61. 3 分
Q6. 1：在您所在地区，法官办“关系案”的可能性有多大?	-0. 438	64. 4 分
Q7. 1：在您所在地区，法官收受贿赂的可能性有多大?	-0. 458	64. 4 分
Q8：在您所在地区，法官办案受到本院领导干涉的可能性有多大?	-0. 376	59. 7 分
Q11. 1：在您所在地区，法院对民事诉讼中贫富不同的当事人“不偏不倚”的可能性有多大?	0. 393	67. 2 分
Q12：您所在地区法院参与当地拆迁的可能性有多大?	-0. 165	72. 0 分
Q17：在您所在地区的刑事审判中，法官要求被告人提供对己不利证据的可能性有多大?	-0. 227	76. 7 分
Q19：在您所在地区的刑事审判中，如果被告人要求证人出庭作证，法官传唤该证人出庭作证的可能性有多大?	0. 312	64. 8 分
Q20：在您所在地区，法官徇私枉法裁判的可能性有多大?	-0. 476	72. 3 分
Q21：在您所在地区的民事诉讼中，法官强迫当事人接受调解的可能性有多大?	-0. 413	69. 3 分
Q26：在您所在地区，刑事案件审判久拖不决的可能性有多大?	-0. 360	67. 4 分
Q27：在您所在地区，对于被害人提起的自诉案件，法院适用简易程序审理的可能性有多大?	0. 071	67. 4 分
Q30. 1：在您所在地区，“打官司就是打证据”的可能性有多大?	0. 378	69. 8 分
Q30. 2：在您所在地区，“打官司就是打人情”的可能性有多大?	-0. 460	69. 8 分
Q31：在您所在地区，认定被告人有罪的证据不足，法官“宁可错放，也不错判”的可能性有多大?	0. 245	69. 8 分
Q32：辩护律师向法庭申请排除非法口供，并履行了初步证明责任，法官排除该证据的可能性有多大?	0. 335	63. 7 分
Q35. 1：您对自己所在地区法院允许公众旁听审判的总体满意度如何?	0. 642	73. 6 分
Q35. 2：您对自己所在地区法院及时公开判决书的总体满意度如何?	0. 646	72. 4 分
Q36. 1：总体来说，您觉得自己所在地区法院审判过程公正吗?	0. 680	75. 0 分

为了进一步确定哪些方面的提升会大幅度提高法律职业群体对法官的满意度，我们将分析得到的相关系数和各题目得分绘成散点图进行分析，如附图 1-6：

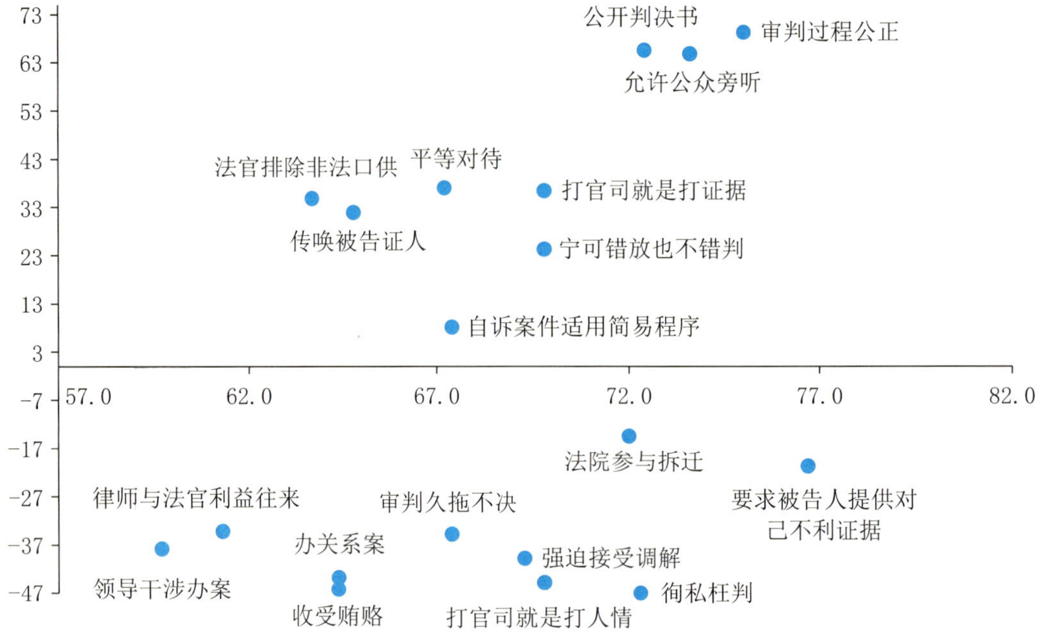

附图 1-6　专业卷：对法官满意度相关系数与各题目得分散点图

从上图可以看出，法律职业群体对审判过程公正度的认知与法律职业群体对法官满意度之间的正相关性最高，若要提高法律职业群体对法官的满意度，首先应该提高审判过程的公正度。法律职业群体对法院及时公开判决书可能性的认知与法律职业群体对法官满意度之间的正相关性也较高。而各题目与法律职业群体对法官满意度之间的负相关系数相差不大，其中法律职业群体对法官徇私枉法裁判可能性的认知与法律职业群体对法官满意度之间的负相关性最高，为-0.476，若要提高法律职业群体对法官的满意度，禁止法官徇私枉法裁判是非常必要的。

2.2 对检察官满意度相关系数分布

为了解法律职业群体对检察官的满意度与各项司法指标之间存在的关联，我们进行了相关性分析和交叉分析，但各个题目与法律职业群体对检察官满意度之间的相关系数存在差异。这意味着，不同司法指数对法律职业群体对检察官满意度的影响程度存在差异。

附表 1-7　法律职业群体对检察官满意度和各个题目间相关系数及各题目得分表

您对自己所在地区检察官的满意度如何?		
相关性分析题目	相关系数	题目得分
Q4.4：在您所在地区，律师正常执业时，在办案过程中被公检法人员羞辱的可能性有多大?	-0.302	67.6分
Q6.2：在您所在地区，检察官办“关系案”的可能性有多大?	-0.435	67.0分
Q7.2：在您所在地区，检察官收受贿赂的可能性有多大?	-0.451	67.0分
Q10：在您所在地区，检察机关审查起诉时，充分听取辩护人意见的可能性有多大?	0.376	72.3分
Q13：在您所在地区，在审查起诉时发现有违法侦查行为，检察院决定退回补充侦查的可能性有多大?	0.258	69.9分
Q14：在您所在地区，对于公安机关移送审查起诉的案件，检察机关经过审查后认为证据不足，直接作出不起诉决定的可能性有多大?	0.171	69.9分
Q18.2：在您所在地区，律师去检察院阅卷，遇到无理障碍的可能性有多大?	-0.331	68.0分

为了进一步确定哪些方面的提升会大幅度提高法律职业群体对检察官的满意度，我们将分析得到的相关系数和各题目得分绘成散点图进行分析，如下图：

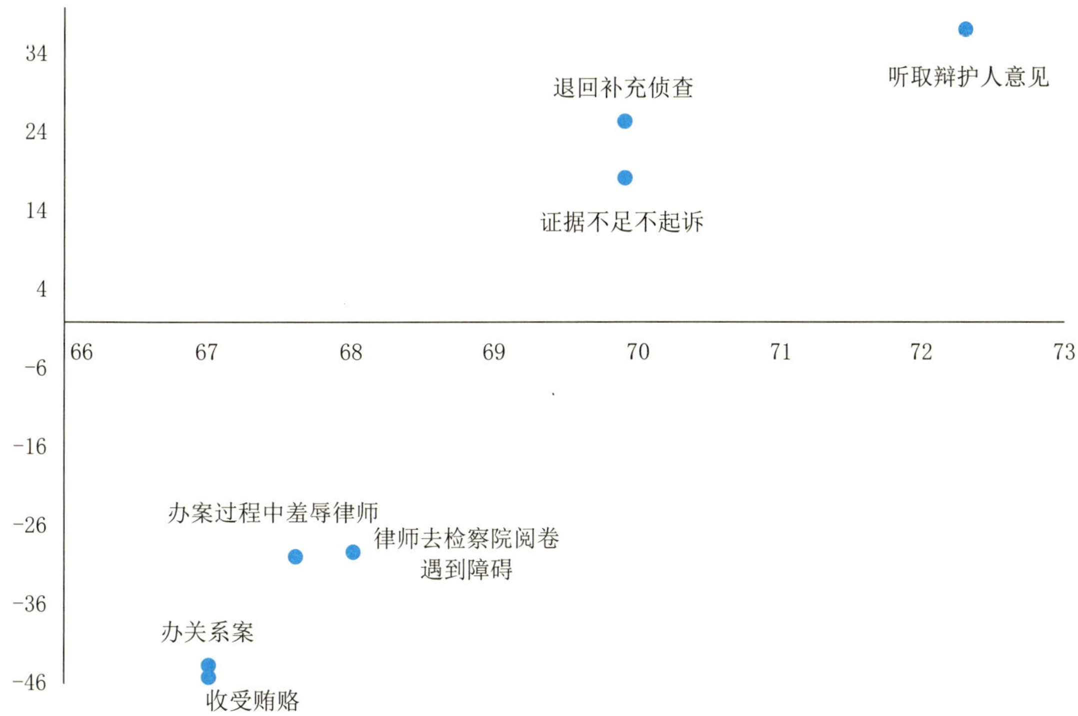

附图 1-7　专业卷：对检察官满意度相关系数与各题目得分散点图

从上图可以看出，法律职业群体对检察机关审查起诉时充分听取辩护人意见可能性的认知与法律职业群体对检察官满意度之间的正相关性最高，检察机关可以从保障司法权力行使的公正性入手，进一步提高法律职业群体对检察官群体的满意度。法律职业群体对检察官办“关系案”可能性的认知和法律职业群体对检察官收受贿赂可能性的认知两个方面与法律职业群体对检察官满意度之间的负相关性最高，分别为-0. 435 和-0. 451，若要提高法律职业群体对检察官的满意度，惩治检察官腐败现象是非常必要的。

2. 3　对警察满意度相关系数分布

为了解法律职业群体对警察的满意度与各项司法指标之间存在的关联，我们进行了相关性分析和交叉分析，但各个题目与法律职业群体对警察满意度之间的相关系数存在差异。这意味着，不同司法指数对法律职业群体对警察满意度的影响程度存在差异。

附表 1-8　法律职业群体对警察满意度和各个题目间相关系数及各题目得分表

您对自己所在地区警察的满意度如何?		
相关性分析题目	相关系数	题目得分
Q4. 1：在您所在地区，律师正常执业时，调查取证权受到限制的可能性有多大?	-0. 322	67. 6 分
Q4. 4：在您所在地区，律师正常执业时，在办案过程中被公检法人员羞辱的可能性有多大?	-0. 256	67. 6 分
Q6. 3：在您所在地区，警察办“关系案”的可能性有多大?	-0. 488	62. 7 分
Q7. 3：在您所在地区，警察收受贿赂的可能性有多大?	-0. 495	62. 7 分
Q15：在您所在地区，警察对犯罪嫌疑人刑讯逼供的可能性有多大?	-0. 453	70. 6 分

续表

您对自己所在地区警察的满意度如何?		
相关性分析题目	相关系数	题目得分
Q16：在您所在地区，犯罪嫌疑人被超期羁押的可能性有多大?	-0.405	70.6 分
Q18.1：在您所在地区，律师到看守所会见犯罪嫌疑人，遇到无理障碍的可能性有多大?	-0.295	68.0 分
Q24：假设您所在地区的一所高中发生一起失窃物品价值 5 万元左右的盗窃案，警方为破案对全校 1000 多名师生强制提取指纹。您认为这样做是否可能?	-0.122	72.0 分
Q25：在您所在地区，警察未经审批程序，对涉嫌贩毒的犯罪嫌疑人进行电话监听的可能性有多大?	-0.361	70.6 分

为了进一步确定哪些方面的提升会大幅度提高法律职业群体对警察的满意度，我们将分析得到的相关系数和各题目得分绘成散点图进行分析，如下图：

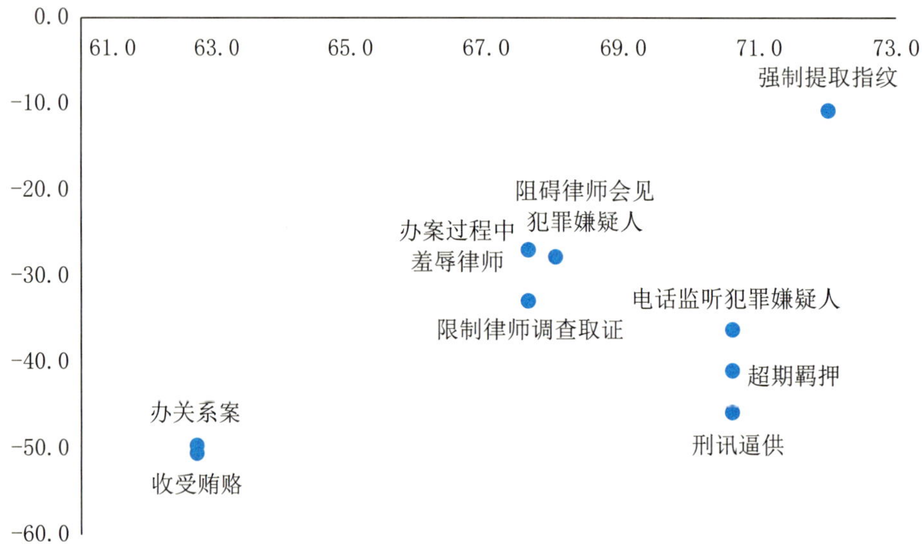

附图 1-8　专业卷：对警察满意度相关系数与各题目得分散点图

从上图可以看出，各题目与法律职业群体对警察满意度之间均呈负相关关系，其中法律职业群体对警察收受贿赂可能性的认知与法律职业群体对警察满意度之间负相关性最高，若要提高法律职业群体对警察的满意度，惩治警察腐败现象是非常必要的。

附录 2　司法文明指数调查数据跨年对照

经过了 2014 年、2015 年、2016 年三年的司法文明指数调查之后，我们希望就三年中的相同问题进行跨年对照分析，以达到探究司法文明发展情况的目的。由于近三年的问卷存在较大改动，且评价标准不甚一致，因此我们可用的有效数据信息也非常有限。

为克服上述三年评价标准不一致，无法直接进行比较的问题，我们采用了赋值的方式，将受访者的主观感受选项从 0～100 分段进行赋值（例如：2014 年问卷采用 4 级量表，1～4 个选项按 0、33.3、66.6、100 四个分值给选项赋值，以从完全不赞同或不满意到完全赞同或满意等状态排序；5 级量表则选择 0、25、50、75、100 五个分值予以赋值），以此方式达成选项的量化比较。

1 公众卷跨年对照

2014 年、2015 年、2016 年三年的司法文明指数调查公众卷部分均涉及的问题包括：

问题 1：如果有当人民陪审员的机会，您愿意参与法庭审判吗？【均值结果越高代表意愿越强烈】

问题 2：在您所在地区，当矛盾双方无法通过协商、调解等方式解决纠纷时，人们可能会到法院起诉吗？【均值结果越高代表可能性越大】

问题 3：在您所在地区，法院对贫富不同、社会地位不同的当事人都一律平等对待的可能性有多大？（2014 年）在您所在地区，贫富不同的当事人受到法院平等对待的可能性有多大？（2015 年、2016 年）【均值结果越高代表可能性越大】

问题 4：您对自己所在地区法官、检察官、警察的整体形象如何评分？（2014 年）【均值结果越高代表评分越高】您对自己所在地区法官、检察官、警察的满意度如何？（2015 年、2016 年）【均值结果越高代表满意度越高】

我们整理了三年来对于上述问题的回答情况，依照前文所说的赋值方式对问卷题目的选项进行了处理，求出结果均值进行对照比较，得到结果如下：

附表 2-1　公众卷：2014 年、2015 年、2016 年三年跨年问题均值对照表

问题 / 年份	1	2	3	4	5	6
	如果有当人民陪审员的机会，您愿意参与法庭审判吗？	当矛盾双方无法通过协商、调解等方式解决纠纷时，人们可能会到法院起诉吗？	贫富不同的当事人受到法院平等对待的可能性有多大？	法官的整体形象评分（2015 年、2016 年对法官的满意度）	检察官的整体形象评分（2015 年、2016 年对检察官的满意度）	警察的整体形象评分（2015 年、2016 年对警察的满意度）
2014 年	58.82	47.26	57.75	55.50	55.84	48.67
2015 年	70.10	60.72	49.27	59.02	58.81	53.17
2016 年	64.43	60.77	51.26	60.37	60.04	54.31

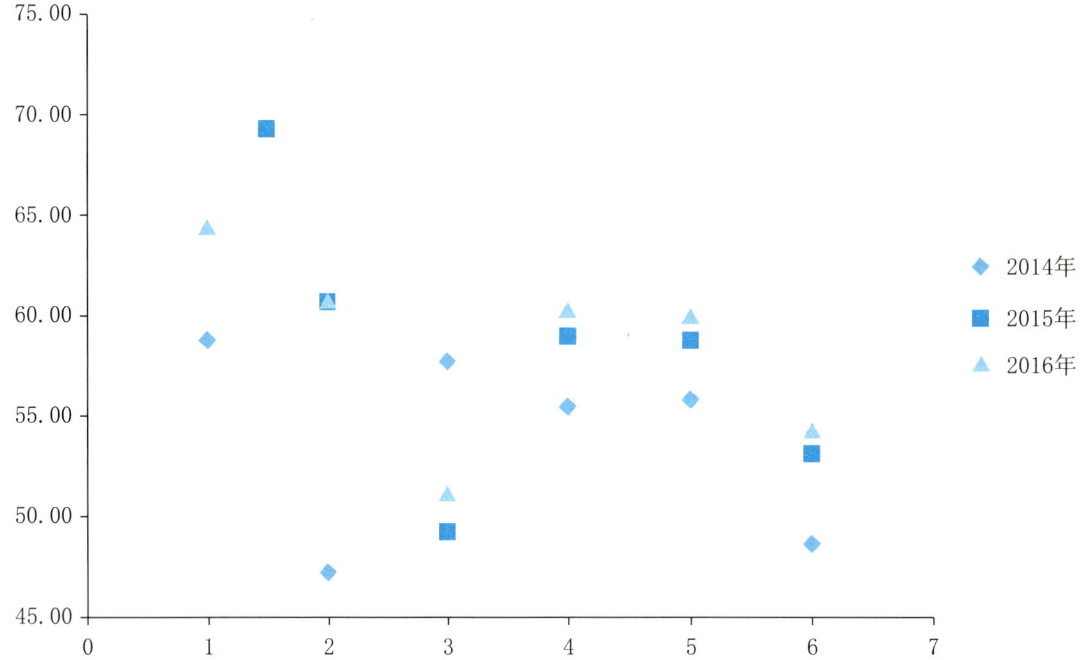

附图 2-1　公众卷：2014 年、2015 年、2016 年三年跨年问题均值对照图

从上图可以清楚地看出，与 2014 年、2016 年相比，2015 年公众对作为陪审员参与庭审的意愿最强烈；2015 年与 2016 年公众认为无法通过协商、调解解决纠纷的矛盾双方到法院起诉的可能性较高，均高于 2014 年；与 2015 年、2016 年相比，2014 年公众认为法院平等对待贫富不同的当事人的可能性最高；三年对比来看，公众对法官、检察官、警察的满意度逐年提高。

2015 年与 2016 年司法文明指数调查报告的评价标准趋于一致，问卷改动不大，可挖掘的相似或相同题目较多，排除掉以上三年相同的题目，对 2015 年与 2016 年司法文明指数调查公众卷部分均涉及的题目进行对比分析：

问题 1：在您所在地区，律师与法官有不正当利益往来的可能性有多大？

问题 2：您对自己所在地区法院允许公众旁听审判的总体满意度如何？

问题 3：您对自己所在地区法院及时公开判决书的总体满意度如何？

问题 4：总体来说，您觉得自己所在地区法院审判过程公正吗？

问题 5：总体来说，您觉得自己所在地区法院判决结果公正吗？

问题 6：假设法院审判程序没有问题，但判决结果对您不利，您尊重裁判的可能性有多大？

问题 7：与枪决相比，您对注射执行死刑这种方式有何看法？

问题 8：在您所在地区，警察对犯罪嫌疑人刑讯逼供的可能性有多大？

问题 9：在您所在地区，被告人如果请不起律师，他/她得到无偿法律援助的可能性有多大？

问题 10：在您所在地区，刑事案件审判久拖不决的可能性有多大？

问题 11：在您所在地区的民事诉讼中，法官强迫当事人接受调解的可能性有多大？

问题 12：在您所在地区，民事案件生效判决得到有效执行的可能性有多大？

问题 13：在您所在地区，行政机关败诉的生效判决得到有效执行的可能性有多大？

问题 14：在您所在地区，老百姓家里被盗，到公安局报案后得到及时受理的可能性有多大？

问题 15：在您所在地区，老百姓因借款纠纷到法院起诉，得到及时受理的可能性有多大？

问题 16：在您所在地区，老百姓到法院状告政府（“民告官”），得到及时受理的可能性有多大？

我们整理了 2015 年与 2016 年对于上述问题的回答情况，依照前文所说的赋值方式对问卷题目的选项进行了处理，求出结果均值进行对照比较，得到结果如下：

附表 2-2　公众卷：2015 年、2016 年跨年问题均值对照表

编　号	题　　　　目	2015 年 均　值	2016 年 均　值
1	律师与法官存在不正当利益往来的可能性	51. 04	48. 09
2	对法院允许公众旁听审判的总体满意度	60. 96	61. 73
3	对法院及时公开判决书的总体满意度	59. 56	60. 50
4	法院审判过程的公正度	61. 00	65. 91
5	法院判决结果的公正度	59. 72	63. 95
6	审判程序没问题，判决结果不满意，尊重裁判的可能性	53. 28	53. 68
7	对注射方式执行死刑的态度	74. 59	72. 23
8	警察对犯罪嫌疑人刑讯逼供的可能性	51. 78	49. 55
9	被告人请不起律师，得到无偿法律援助的可能性	47. 84	49. 54
10	刑事案件久拖不决的可能性	46. 63	48. 58
11	法官强迫当事人接受调解的可能性	43. 96	43. 43
12	民事案件生效判决得到有效执行的可能性	59. 08	61. 79
13	行政机关败诉的生效判决得到有效执行的可能性	51. 68	52. 34
14	老百姓家里被盗，到公安局报案后得到及时受理的可能性	59. 29	60. 94
15	老百姓因借款纠纷到法院起诉得到及时受理的可能性	59. 42	61. 16
16	“民告官”得到及时受理的可能性	43. 89	45. 78

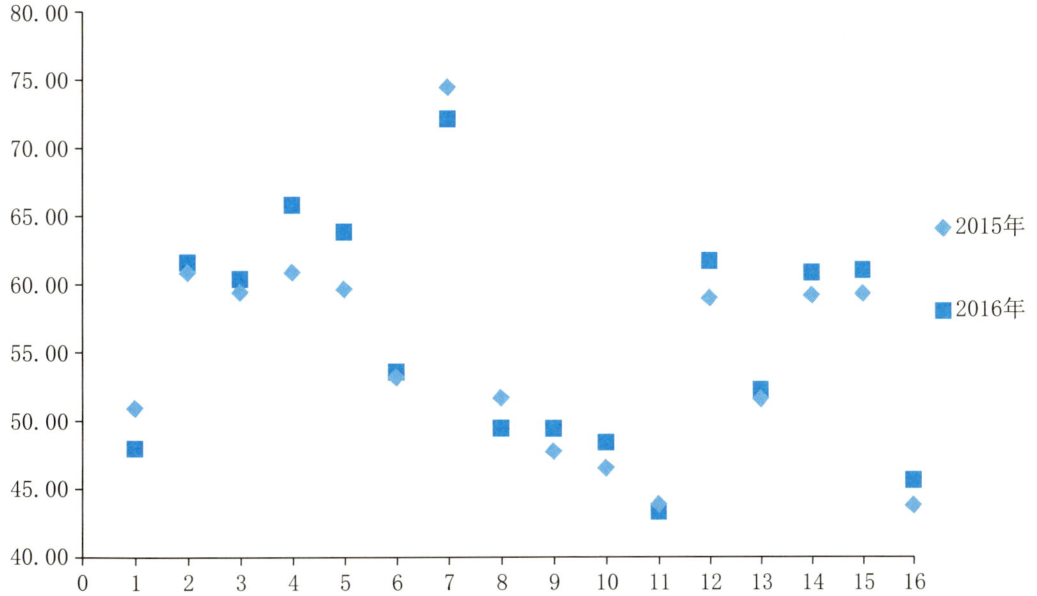

附图 2-2　公众卷：2015 年、2016 年跨年问题均值对照图

从上图可以清楚地看出，2016 年公众卷均值普遍高于 2015 年。2016 年公众认为律师与法官存在不正当利益往来可能性的均值低于 2015 年；2016 年公众认为警察对犯罪嫌疑人刑讯逼供可能性的均值低于 2015 年；与 2015 年相比，2016 年公众对法院司法公开和法院司法公信力的满意度的均值更高。

2 专业卷跨年对照

2014 年的专业卷按照检察官、法官、警察、律师四类职业群体单独成卷，为完成三年司法文明指数调研结果的跨年对照工作，我们对三年的问卷结果进行了如下处理：提取 2016 年、2015 年和 2014 年的专业卷中相同的问题，将 2016 年和 2015 年专业卷依照受访人职业进行拆分，截取与 2014 年专业卷中职业相同的部分，将三年的问卷结果进行赋值求均值计算。具体结果如下所示：

2.1 法官群体跨年对照

2014 年、2015 年、2016 年三年的司法文明指数调研专业卷法官群体部分均涉及的问题包括：

问题 1：在您所在地区，法院对民事诉讼中贫富不同的当事人“不偏不倚”的可能性有多大？【均值结果越高代表可能性越大】

问题 2：辩护律师向法庭申请排除非法口供，并履行了初步证明责任，法官排除该证据的可能性有多大？【均值结果越高代表可能性越大】

问题 3：在您所在地区的民事诉讼中，法官强迫当事人接受调解的可能性有多大？【均值结果越高代表可能性越大】

问题 4：在您所在地区，民事案件生效判决得到有效执行的可能性有多大？【均值结果越高代表可能性越大】

我们整理了三年来对于上述问题的回答情况，依照前文所说的赋值方式对问卷结果进行了处理，求出结果均值进行对照比较，得到结果如下：

附表 2-3　专业卷：2014 年、2015 年、2016 年三年跨年问题均值对照表

问题 年份	1	2	3	4
	民事诉讼中对贫富不同的当事人“不偏不倚”的可能性	排除非法口供的可能性	强迫当事人接受调解的可能性	生效的民事判决得到有效执行的可能性
2014 年	76.55	74.05	35.9	75.31
2015 年	79.93	57.6	28.56	66.28
2016 年	77.12	56.85	25.75	66.38

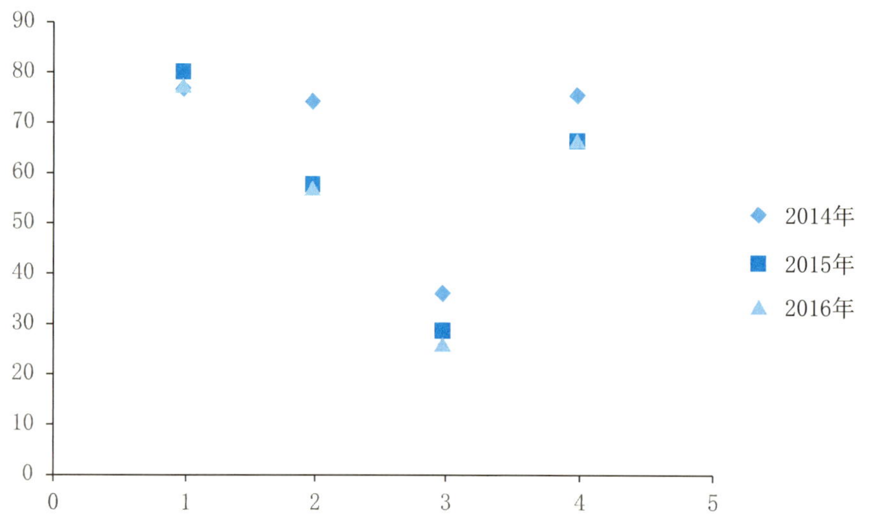

附图 2-3　专业卷：2014 年、2015 年、2016 年三年跨年问题均值对照图

从上图可以清楚地看出，与2015年和2014年相比，2016年法官群体认为其排除非法口供和强迫当事人接受调解的可能性更低；而2015年法官群体认为其在民事诉讼中对贫富不同的当事人“不偏不倚”的可能性最高；2014年法官群体认为生效的民事判决得到有效执行的可能性最高。

2.2 检察官群体跨年对照

2015年和2016年的司法文明指数调研专业卷检察官群体部分均涉及的问题包括：

问题1：您对自己所在单位职务晋升前景的满意度如何？【均值结果越高代表满意度越高】

问题2：您对自己所在单位职业待遇的满意度如何？【均值结果越高代表满意度越高】

问题3：您对自己所在单位履行法定职责保护机制的满意度如何？【均值结果越高代表满意度越高】

问题4：在您所在单位，您感到来自绩效考核的工作压力如何？【均值结果越高代表压力越大】

问题5：在您所在单位，您感到来自当事人及其家属的工作压力如何？【均值结果越高代表压力越大】

问题6：在您所在单位，您感到来自媒体舆论的工作压力如何？【均值结果越高代表压力越大】

问题7：在您所在地区，检察官办“关系案”的可能性有多大？【均值结果越高代表可能性越大】

问题8：在您所在地区，检察机关审查起诉时，充分听取辩护人意见的可能性有多大？【均值结果越高代表可能性越大】

问题9：在您所在地区，律师去检察院阅卷，遇到无理障碍的可能性有多大？【均值结果越高代表可能性越大】

问题10：在您所在地区，对于公安机关移送审查起诉的案件，检察机关经过审查后认为证据不足，直接作出不起诉决定的可能性有多大？【均值结果越高代表可能性越大】

问题11：您对自己所在地区检察官的满意度如何？【均值结果越高代表满意度越高】

我们整理了两年来对于上述问题的回答情况，依照前文所说的赋值方式对问卷结果进行了处理，求出结果均值进行对照比较，得到结果如下：

附表2-4　专业卷：2015年、2016年跨年问题均值对照表

编　号	题　　　目	2015年	2016年
		均　值	均　值
1	职务晋升前景满意度	46.04	47.80
2	职业待遇满意度	41.76	45.40
3	履行法定职责保护机制满意度	47.96	49.60
4	来自绩效考核的压力	57.52	52.35
5	来自当事人及其家属的压力	41.31	40.06
6	来自媒体舆论的压力	41.82	40.99
7	办“关系案”的可能性	33.46	29.58
8	充分听取辩护人意见的可能性	72.90	75.83
9	无理阻碍律师去检察院阅卷的可能性	25.05	22.33
10	证据不足，不起诉的可能性	56.91	60.41
11	对检察官的满意度	74.58	76.20

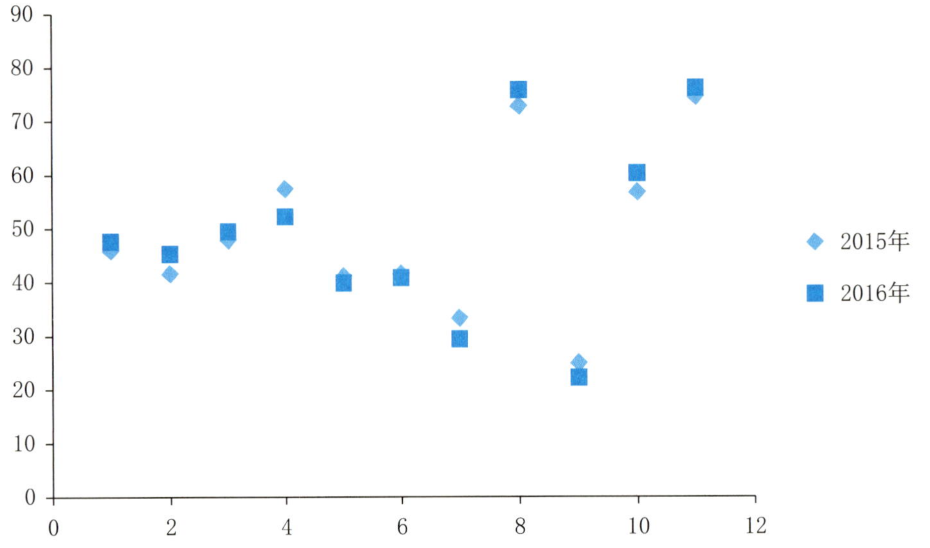

附图 2-4 专业卷：2015 年、2016 年跨年问题均值对照图

从上图可以清楚地看出，2016 年检察官群体对法律职业保障的满意度均值均高于 2015 年；2016 年检察官群体感到工作压力程度的均值和认为其办“关系案”可能性的均值均低于 2015 年；2016 年检察官群体认为其无理阻碍律师去检察院阅卷可能性的均值低于 2015 年；2016 年检察官群体认为其充分听取辩护人意见可能性的均值和对检察官的满意度均高于 2015 年。

2.3 警察群体跨年对照

2014 年、2015 年、2016 年三年的司法文明指数调研专业卷警察群体部分均涉及的问题包括：

问题 1：假设您所在地区的一所高中发生一起失窃物品价值 5 万元左右的盗窃案，警方为破案对全校 1000 多名师生强制提取指纹。您认为这样做是否可能？【均值结果越高代表可能性越大】

问题 2：在您所在地区，警察对犯罪嫌疑人刑讯逼供的可能性有多大？【均值结果越高代表可能性越大】

问题 3：在您所在地区，对于公安机关移送审查起诉的案件，检察机关经过审查后认为证据不足，直接作出不起诉决定的可能性有多大？【均值结果越高代表可能性越大】

我们整理了三年来对于上述问题的回答情况，依照前文所说的赋值方式对问卷结果进行了处理，求出结果均值进行对照比较，得到结果如下：

附表 2-5 专业卷：2014 年、2015 年、2016 年三年跨年问题均值对照表

问题 / 年份	1	2	3
	强制提取指纹的可能性	刑讯逼供的可能性	检察机关认为证据不足，最终作出不起诉决定的可能性
2014 年	67. 04	30. 14	62. 05
2015 年	30. 84	24. 93	51. 35
2016 年	28. 54	35. 15	53. 74

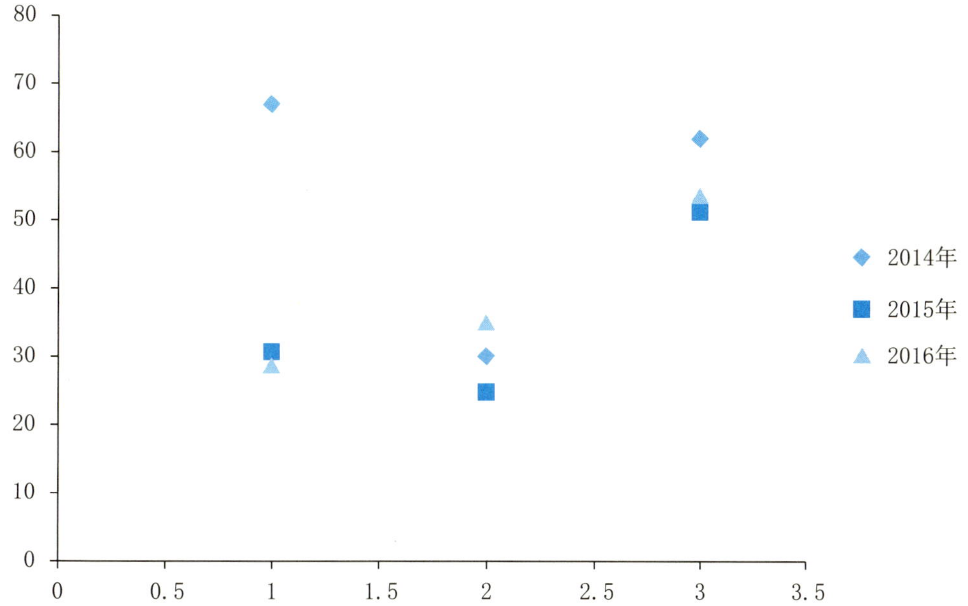

附图 2-5　专业卷：2014 年、2015 年、2016 年三年跨年问题均值对照图

从上图可以清楚地看出，与 2015 年和 2014 年相比，2016 年警察群体对强制提取指纹这一行为的判断更倾向于认为其不可能发生；2015 年警察群体认为刑讯逼供发生的可能性最低；2014 年警察群体认为检察机关以证据不足对公安机关移送的案件作出不起诉决定的可能性最高。

2.4　律师群体跨年对照

2014 年、2015 年、2016 年三年的司法文明指数调研专业卷律师群体部分均涉及的问题包括：

问题 1：在您所在地区，律师到看守所会见犯罪嫌疑人，遇到无理障碍的可能性有多大？【均值结果越高代表可能性越大】

问题 2：在您所在地区，律师去检察院阅卷，遇到无理障碍的可能性有多大？【均值结果越高代表可能性越大】

问题 3：在您所在地区，律师与法官之间存在不正当利益往来的可能性有多大？【均值结果越高代表可能性越大】

我们整理了三年来对于上述问题的回答情况，依照前文所说的赋值方式对问卷结果进行了处理，求出结果均值进行对照比较，得到结果如下：

附表 2-6　专业卷：2014 年、2015 年、2016 年三年跨年问题均值对照表

问题 / 年份	1 律师到看守所会见犯罪嫌疑人遇到无理障碍的可能性	2 律师去检察院阅卷遇到无理障碍的可能性	3 律师与法官之间存在不正当利益往来的可能性
2014 年	55.38	51.58	58.23
2015 年	33.66	34.63	54.55
2016 年	31.92	33.30	48.00

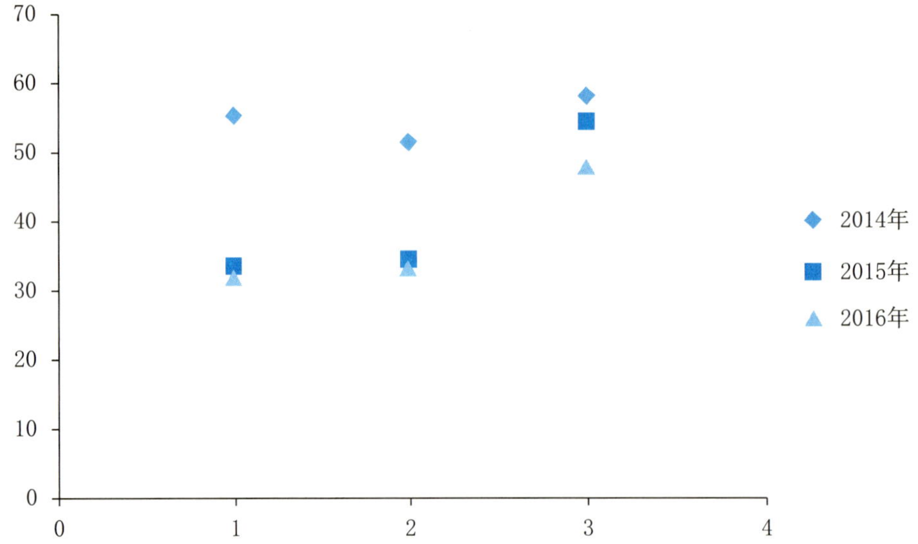

附图 2-6　专业卷：2014 年、2015 年、2016 年三年跨年问题均值对照图

从上图可以清楚地看出，三年来，律师群体认为其到看守所会见犯罪嫌疑人和去检察院阅卷受到无理阻碍以及律师与法官之间存在不正当利益往来的可能性逐年降低。

图书在版编目（CIP）数据

中国司法文明指数调查数据挖掘报告. 2016/张中主编. —北京：中国政法大学出版社，2018. 12

ISBN 978-7-5620-8047-3

Ⅰ. ①中…　Ⅱ. ①张…　Ⅲ. ①司法制度－研究报告－中国－2016　Ⅳ. ①D926. 04

中国版本图书馆CIP数据核字(2018)第298066号

出 版 者　中国政法大学出版社

地　　址　北京市海淀区西土城路 25 号

邮寄地址　北京 100088 信箱 8034 分箱　邮编 100088

网　　址　http://www.cuplpress.com (网络实名：中国政法大学出版社)

电　　话　010-58908289(编辑部) 58908334(邮购部)

承　　印　北京中科印刷有限公司

开　　本　889mm×1194mm　1/16

印　　张　19.75

字　　数　600 千字

版　　次　2018 年 12 月第 1 版

印　　次　2018 年 12 月第 1 次印刷

定　　价　108.00 元